Der herausgeforderte Superorganismus

Eckhard Schindler

Der herausgeforderte Superorganismus

Analyse der Gesellschaft aus einer Neuromodell-Perspektive

Bibliografische Information der Deutschen Nationalbibliothek: Die Deutsche Nationalbibliothek verzeichnet diese Publikation in der Deutschen Nationalbibliografie; detaillierte bibliografische Daten sind im Internet über dnb.dnb.de abrufbar.

1. Auflage 2023 (Titel: „Der überforderte Superorganismus")
2. überarbeitete Auflage 2024

© 2024 Eckhard Schindler

Lektorat: Frank Piegeler, Dr. Manfred Ecker
Herstellung und Verlag: BoD – Books on Demand, Norderstedt

ISBN: 978-3-7578-8383-6

Inhalt

Teil 1 – Ein Anfang des integrativen Denkens

Das *Ende der Evolution* ist der *Anfang* des integrativen Denkens oder – genauer – *des systemisch-integrativen Denkens und Handelns.*

Matthias Glaubrecht stellt in seinem Buch „**Das Ende der Evolution**" ausführlich dar, wie der Mensch den Artenreichtum auf *seinem* Planeten vernichtet und wie er somit *das Ende der Evolution* einläutet (für Details siehe Glaubrecht 2019 und im vorliegenden Buch Teil 5, Abschnitt E1). Laut Glaubrecht (und weiterer Wissenschaftler) ist ein neues Erdzeitalter angebrochen – das Anthropozän. Es ist dadurch charakterisiert, dass der Mensch aus den begrenzten ökologischen Nischen, die ihm die Natur – nicht zuletzt seine eigene – jeweils zugewiesen hatte, heraustritt und dass er dabei ist, sich zum maßgeblichen globalen biologischen Einflussfaktor aufzuschwingen. Er hat sich in einem Maße verbreitet und derart wirkmächtige Technologien in Gebrauch genommen, dass kein Stück Natur mehr vor ihm sicher ist. Die Natur setzt ihm keine Grenzen mehr. Er hat die Ketten gesprengt.

Dadurch hat der Mensch etwas gewonnen – nämlich Macht und Einfluss und die Möglichkeit, sich seine Umgebung so zu formen, wie sie ihm am besten passt. Dadurch hat der Mensch aber auch – so hier die These Nr. 1 – etwas verloren, das es zu ersetzen gilt: kostenlose Führung und Regulierung. Er kann sich nicht mehr darauf verlassen, dass die Naturgesetze oder wahlweise die Götter ihn behüten (oder dass sie die durch ihn verursachten Schäden begrenzen) (oder dass ein einziger Gott dafür verantwortlich zeichnet). Der Mensch ist selbst zum Gott geworden – und zugleich zum Elefanten im Porzellanladen der Arten. (Die regulierende Wirkung der Naturgesetze wird uns ganz sicher irgendwann einholen, dann aber gewiss nicht in einer Art und Weise, wie wir sie uns wünschen könnten.)

Dieser Verlust ist – so soll hier als These Nr. 2 behauptet werden – durch **systemisches und integratives Denken**

und Handeln zu ersetzen. Das hat etwas mit dem Gehirn des Menschen zu tun, mit der Fähigkeit, Naturphänomene immer präziser in seinem Denkapparat abzubilden, Naturgesetzen auf die Schliche zu kommen und sie für seine Zwecke zu gebrauchen. Das hat etwas mit der Fähigkeit zu tun, Kognitionen – also Kenntnisse, Meinungen, Überzeugungen etc. – zu teilen und gemeinsam zu entwickeln sowie gesellschaftliches Bewusstsein und sozialen Zusammenhalt zu kultivieren. Und es hat vor allem etwas mit der Fähigkeit zu tun, im Denken einen großen raumzeitlich-erkenntnistheoretischen Bogen zu spannen – über alle Völker der Erde, über Vergangenheit, Gegenwart und Zukunft, über alle kulturellen, technologischen, wirtschaftlichen und politischen Strukturen, über alle Fachgebiete, über alle Formen des Stoffwechsels (Essen, Fäkalien, Rohstoffe, Kunststoffe, Müll, Emissionen etc.), über die Einbettung des Menschen in den Schoß der Natur und der Naturgesetze sowie über alle Systemzusammenhänge und Spannungsfelder. Wenn es der Mensch schafft, in diesem multidimensionalen Variabilitätsraum alle wesentlichen Systemzusammenhänge zu begreifen und sich selbst ins rechte Verhältnis zu allen natürlichen Regulierungsvorgängen zu setzen, dann könnte man von systemisch-integrativem Denken und Handeln sprechen. Dann würden wir eine heutige Welt verlassen,

- die als expansiv und stark materialisiert wirtschaftende Vorteilsgemeinschaft gelebt wird,
- in der alle Formen des Reichtums – Kultur, Wissen, Bildung, Zusammenhalt, materieller Reichtum, menschliches Leben, Natur – letztlich im Namen des Rechts des Stärkeren (in Kriegen) viel schneller wieder ausgelöscht oder konterkariert werden, als sie entstanden sind oder geschaffen wurden,
- in der technologischer Fortschritt zuvorderst der Motivation folgt, Menschen und ihren Reichtum effektiv (durch

Militärtechnologie) vernichten zu können, sodann derjenigen, Menschen und ihren künstlichen, naturfeindlichen Reichtum gedeihen zu lassen (um ihn später wieder vernichten zu können) und erst danach derjenigen, sich mit der Natur ökologisch zu integrieren.

Dann würden wir eine künftige Welt betreten,
- in der Wachstum vor allem im Kopf, in den Sozialbeziehungen und in den internationalen kulturellen Beziehungen stattfindet,
- gepaart mit der gemeinsam zu entwickelnden Fähigkeit, materialisierte menschliche Präsenz auf ein naturverträgliches Maß zu reduzieren,
- gepaart mit der Fähigkeit, machtpolitisch auf dem Teppich einer dauerhaft gedeihlichen internationalen Diplomatie zu bleiben.

Bisher steht der Mensch bestenfalls an der Schwelle zu dieser Entwicklung. Aber er hat keine andere Wahl. Alles muss in seinen Kopf hinein. Alles muss in den neuronalen Assoziationsnetzwerken abgebildet und in ihnen in Übereinstimmung gebracht werden. Alles muss in der globalen Menschengemeinschaft ausdiskutiert werden. Die Weltbevölkerung muss sich einig werden, wie sie den einzigen Planeten, auf dem sie leben kann, rettet.

Dass es an intellektuellen Rohstoffen mangeln würde, kann man nicht sagen. Formen von Spezialwissen oder von lexikalischem Wissen sind eher eine ständige Flut denn Mangelware. Mit komplexeren oder interdisziplinären Formen von Systemverständnis und mit dem *großen Bogen* hapert es allerdings noch gewaltig.

Dabei sind durchaus viele gute Ansätze vorhanden. Es gibt unzählige Menschen, Initiativen, Organisationen und Institutionen, die sich dem Fortschritt, der Integration, dem

Umweltschutz, dem sozialen Ausgleich, der Nachhaltigkeit oder der Erhaltung des Weltfriedens verschreiben. Man denke z. B. an Umweltbewegungen verschiedenster Art, World Wide Fund For Nature (WWF), Umweltpolitik, Sozialpolitik, Bildungspolitik, Vereinte Nationen (UNO), internationale Diplomatie, Club of Rome, Alfred-Wegener-Institut, Wuppertal Institut für Klima, Umwelt, Energie, um nur wenige Beispiele anzuführen und unzählige andere nennenswerte zu verschweigen. Im Sinne einer gut regulierten, naturverbundenen, friedlichen und sozialen Lebensweise sowie im Sinne der Aufklärung und des Erkenntnisfortschritts gibt es praktisch keine positive Initiative, die es nicht gibt. Das ist ein guter Anfang.

Reicht das jedoch? Nein, bei Weitem nicht! Denn zugleich erlaubt sich der Mensch jede Menge Nachlässigkeiten und Schändlichkeiten. Nur einige seien hier genannt: Müllberge und Giftstoffe; naturschädliche Technologien; die faktische Kapitulation vor Rebound-Effekten, die „Nachhaltigkeit" jederzeit zunichtemachen; Kasino-Kapitalismus; die unglaubliche Fähigkeit des Menschen, sich strukturellen Imperativen auszusetzen, d. h. mit kurzsichtigen Lösungen für die Gegenwart künftiges Elend und künftige Katastrophen vorzuprogrammieren, und das ohne angemessenes Risikobewusstsein; Unterdrückung; Hunger; Kriege; die unglaubliche Fähigkeit des Menschen, (eigentlich lächerliche) Befindlichkeiten, bizarre Bedürfnisse und Egoismen so ernst zu nehmen, dass er sich mit Mitmenschen verstreitet und die Natur zerstört – mit allen Konsequenzen, die das haben kann –, bis hin zu Hass, Hetze, Mobbing, Feindschaft, Mord, Krieg und beliebigen Kollateralschäden.

Woran hängt nun die Fähigkeit des Menschen, den *großen Bogen* zu spannen? Wie kann es gelingen, alle Systemzusammenhänge so weit in den Blick zu nehmen, dass keine apokalyptischen Szenarien eintreten? Das kann nur – so hier die These Nr. 3 – in gemeinsamer Anstrengung aller Bürger dieser Erde gelingen. Es hängt an der Frage, wie sich die Volksintelligenz im globalen Maßstab entwickelt. Es hängt an der Frage, wie es möglicherweise dazu kommt, dass eine Mehrheit der Weltbevölkerung motiviert ist, alle Systemzusammenhänge dieser Welt begreifen und entsprechend den Erkenntnissen, die in dieser Richtung mühsam zu erringen sind, handeln zu wollen. Es hängt an der Frage, inwiefern es gelingt, dass überall auf dem Globus ein maßgeblicher Teil der Bürger auf diesen Pfad einschwenkt und in diesem Sinne gemeinschaftliche Bewusstseins- und Teambildung betreibt. Es hängt davon ab, ob sich so etwas wie eine „Großgruppenvernunft" – im Sinne einer allgemein verbreiteten Fähigkeit zum Denken und Handeln in globalen Systemzusammenhängen – global entfaltet und zum Tragen kommt.

Doch damit sieht es schlecht aus. Viele leben in Not, Armut oder Abhängigkeit, sodass es für sie die Möglichkeit, gemeinschaftliche oder gar globale Zielstellungen in den Blick zu nehmen, gar nicht gibt. Andere sind gut situiert und frei genug, um Spielräume zu haben, doch für sie bilden die globale Gemeinschaft und ihr Wirken, wenn überhaupt, nur ein Nebenthema, während man sich in der Familie, im Verein, im spezialisierten beruflichen Umfeld, in der Lokalpolitik oder in Kunst und Kultur verwirklicht. Als einzelner Bürger oder als Mitglied einer begrenzten Gemeinschaft, wie Familie, Sportklub, Firma, Staat usw., richtet man zumeist auch keinen großen Schaden an, und bis zur Wahrnehmung, dass ein globales Wirken zustande kommt, welches verheerende Auswirkungen hat und auf noch viel verheerendere künftige Auswirkungen zusteuert, ist es ein weiter Weg; dieser Aspekt des Lebens spielt natürlicherweise keine besonders naheliegende oder zentrale Rolle in unserem Bewusstsein. Abgesehen davon gibt es eine starke Neigung, mit den komplexen Anforderungen, die ständig auf uns einstürmen, überfordert zu sein. Also scheint es gesünder zu sein, sich auf die naheliegenden und leichter zu überblickenden Kontexte zu beschränken. Und so ist es nur folgerichtig, wenn sich die Mehrheit der Zeitgenossen für gut regulierte Beschränktheit entscheidet, getreu dem Gelassenheitsgebet: „Gott, gib mir die Gelassenheit, Dinge hinzunehmen, die ich nicht ändern kann, den Mut, Dinge zu ändern, die ich ändern kann, und die Weisheit, das eine vom anderen zu unterscheiden." Grundsätzlich steckt viel Weisheit und Klugheit in dieser Form der Begrenztheit und Gelassenheit. Psychisch gesund zu bleiben, heißt diesem Paradigma zu folgen.

Gleichzeitig ist es jedoch genau diese Form der Gelassenheit, die uns das Genick bricht. Sie bestimmt, wie sehr die Gesellschaft von Schicksalsschlägen gebeutelt wird. Sie hat die Konsequenz, dass die Entwicklung eines global-systemisch-integrativen Bewusstseins und eines entsprechenden politischen Handelns eben nicht oder nur sehr langsam stattfindet. So gesehen ist diese Form der Weisheit und Klugheit heute einfach nicht mehr angebracht. Heute wäre es viel klüger, der Tatsache, dass uns ohnehin eine immer größere Zahl zunehmend komplexer Probleme die innere Ruhe nimmt, dadurch zu begegnen, dass man Komplexität radikal und gnadenlos annimmt. Nur eine eigenkonfrontative, proaktive Haltung zur Thematik der globalen systemischen Komplexität, nur der radikale Wille, alle Informationen aufzunehmen, alle Zusammenhänge zu verstehen und alle Problemlösungsprozesse zu integrieren, kann heute eigentlich noch richtig sein. Nur wenn diese Form der Radikalität zu einer globalen, Bewusstseinsbildung und politisches Handeln bestimmenden Bewegung wird – so hier die These Nr. 4 – kann Regulierung heute noch funktionieren; das Ausbleiben dieser Form der Radikalität würde hingegen direkt in die Apokalypse führen.

Hier eine Zusammenfassung der vier Thesen:
1) Durch ihre Wirkmächtigkeit, die insbesondere aus Populationsgröße, Wohlstand und Technologien entspringt, hat die Menschheit die kostenlose Dienstleistung der Natur verloren, von ihr (halbwegs harmonisch) reguliert zu werden.
2) Dieser Verlust ist durch systemisch-integratives Denken und Handeln zu ersetzen.
3) Das kann nur in gemeinsamer Anstrengung aller Bürger dieser Erde gelingen. Es ist nur durch allgemeines Wachstum von Bildung, Intelligenz, Vernunft und Klugheit zu erreichen.
4) Regulierung – im biologischen wie auch im politischen Sinne – kann zunehmend nur noch dadurch funktionieren, dass ein Pfad der radikalen Eigenkonfrontation mit Problemkomplexität gemeinschaftlich beschritten wird.

Zu These Nr. 3 ist noch Folgendes zu ergänzen:
Kluge oder reiche Eliten und starke Führungspersönlichkeiten sind ganz sicher ein wichtiger Faktor in jedem gesellschaftlichen Szenario, welcher jedoch ab einem gewissen Ausprägungsgrad dazu neigen dürfte, kontraproduktiv zu werden, denn ein allgemeines Wachstum von Intelligenz und Systemverständnis ist nur zu erreichen, wenn jedem Bürger möglichst große Entscheidungsspielräume und ein möglichst hoher Grad an Eigenverantwortung zukommen. Und die Volksintelligenz bzw. die allgemeine oder durchschnittliche Intelligenz und die politischen Kompetenzen der Volksmassen sind das, was letztlich zählt – das ist ein entscheidender Punkt bei dieser These.

So gesehen sind wir zum systemisch-integrativen Denken und Handeln in einem Maß verdammt, wie es heute noch längst nicht vorstellbar ist. Es führt kein Weg an der radikalen proaktiven Eigenkonfrontation mit Problemkomplexität vorbei. Doch ob dieser Prozess tatsächlich stattfindet und ob er schnell genug erfolgt („by design"), sodass man nicht immer nur von der einen Krise zur nächsten Katastrophe stolpert („by disaster"), ist fraglich. Ich bin da eher skeptisch, und so gesehen ist der Titel des Teils 1 – „Ein Anfang des integrativen Denkens" – nicht nur ernst, sondern zugleich auch ironisch und fragend gemeint. Der Titel des Teils 2 – „Der überforderte Superorganismus" – ist ehrlicher: Wenn ich meine Zeitgenossen betrachte – einschließlich meiner selbst – ist der nötige erhebliche Zuwachs an integrativer Gewitztheit einfach nicht sichtbar; wir alle sind Teil eines Superorganismus, der mit viel Leidenschaft und Schicksalsergebenheit, aber wenig Hirn gesegnet ist. Was soll man heutigen und künftigen Generationen – rund um den Globus – wünschen, die sich nicht in der Lage zeigen, die zur Rettung der Welt nötige Einigkeit herzustellen? Dass sie durch ein gemeinsam heraufbeschworenes globales General-Desaster zur Notgemeinschaft werden und so zusammenfinden? Es sieht so aus, als könne die „Großgruppenvernunft", die längst fällig wäre, nicht ohne Denkanstöße in Form größerer Kollateralschäden zustande kommen. Man beweise mir gerne das Gegenteil, ich nehme daran auch gerne aktiv teil. So gesehen kann der Titel des Teils 2 als Provokation verstanden werden, die hoffentlich zur Stärkung des Willens beiträgt, zu beweisen, dass man die Zukunft gesittet meistern kann.

Das war es. Um mehr geht es in diesem Buch nicht.

Wer diese Intention bereits verstanden zu haben glaubt oder wer nichts mit ihr anzufangen weiß oder sie ablehnt, braucht nicht weiterzulesen. Die restlichen Teile dieses Buches liefern lediglich Hintergrundinformationen darüber, wie ich zu meinen Thesen gelangt bin und wie ich sie verstanden wissen möchte.

Einige Hinweise zur Lektüre dieses Buches: Seine Teile sind nach dem Zwiebelschalenprinzip aufgebaut: Jeder weitere Teil liefert Hintergrundinformationen zu den vorangehenden Teilen, und laufend wird – durch die Zwiebelschalen hindurch – auf Abschnitte verwiesen, die weiterführende Information enthalten. Die fundamentale Basis, auf der die vorliegende Analyse aufbaut, wurde bereits in einem anderen Buch gelegt (zunächst nur in Englisch): Schindler, Eckhard (2020): The Brain is a Suitability Probability Processor; A macro model of our neural control system. Die Grundzüge dieses Neuromodells werden unten in Teil 3 dargelegt.

Teil 2 – Der überforderte Superorganismus

Einführung

Der Mensch ist eine eigenartige Spezies. Mit Zuversicht betrachtet, hat er sein Leben sehr weitgehend im Griff. Er entwickelt Kultur, Kunst, Wissenschaft und Technologien und führt ein Leben in Wohlstand und Überfluss. Bei weniger optimistischen Perspektiven bröckelt der Lack. Da ist der Mensch ein überfordertes, verletzliches Wesen, das jederzeit die Kontrolle zu verlieren droht. Da gibt es alle erdenklichen Formen des Scheiterns, wie Streit, Gewalt, Krieg, Armut und Elend, und selbst sein vermeintlicher (wachstumswirtschaftlicher) Erfolg wird dem Menschen zum Verhängnis, wie die Folgen in Form von Atommüll, Artensterben, Klimawandel und allerlei sonstigen negativen Umweltbilanzen zeigen.

Das Tückische dabei ist, dass der Mensch als Familienmensch, Arbeitnehmer, Staatsbürger, Urlauber, Sportler, Vereinsmitglied usw. – wenn überhaupt – in der Regel nur wenig Schaden anrichtet und dass fatale Folgen erst im Rahmen großer oder gar globaler Bewegungen – wie z. B. der einer globalisierten Wirtschaft – zustande kommen. Erst das Zusammenwirken aus Populationsgröße, Technologien und Reichtum hat ernsthafte, in der heutigen Zeit zunehmend fatale Konsequenzen. So gesehen liegt das Problem, das es hier zu analysieren gilt, bei der Menschheit als Ganzes, also beim menschheitlichen Superorganismus, der sich jedoch zugleich in jedem einzelnen Menschen verkörpert und im Kopf eines jeden Menschen widerspiegelt und realisiert. In diesem Buch wird der Mensch als Vertreter und Verantwortungsträger des menschheitlichen Superorganismus betrachtet, und es wird die sich in diesem Zusammenhang besonders fatal auswirkende ambivalente Vernunft aufs Korn genommen – seine Fähigkeit, nahezu alles zu schaffen, was er erstrebt und letztlich auch alles wieder zu verderben oder zu vergiften.

Wir haben es hier mit einem vielschichtigen, nicht leicht zu lösenden Problem zu tun, und in diesem Buch ist es bestenfalls möglich, gewisse Teilaspekte dieses Themas anzusprechen, nicht jedoch, sie vollständig zu analysieren oder fertige Lösungen zu präsentieren. Zunächst wird im vorliegenden (zweiten) Teil die gesellschaftliche Realität der heutigen Zeit einer Analyse unterzogen. Es werden einige rätselhafte gesellschaftliche Phänomene und aktuelle Dilemmata präsentiert, in denen sich die Zerrissenheit des Menschen in besonders fataler Art und Weise zeigt. Es geht um gesellschaftliches Verhalten, geopolitisch-historische Systemzusammenhänge und das ständige Risiko des Scheiterns, das uns auf allen Ebenen unseres Tuns und Handelns begleitet. Dabei ist es nur konsequent, die verschiedenen Eigenarten nicht nur zu beschreiben und im Rahmen des jeweiligen Kontexts zu analysieren, sondern auch die Verbindung zu Naturgesetzen herzustellen, denen Mensch und Gesellschaft womöglich unterworfen sind und die bei der Ausprägung unseres Handelns eine wichtige Rolle spielen könnten. So wartet der vorliegende Teil 2 zu jedem der beschriebenen Phänomene und Dilemmata mit einer Bewertung auf, die sich auf die in den nachfolgenden Teilen 3ff. zusammengetragenen Erkenntnisse und Thesen – jederzeit markiert durch entsprechende Verweise – stützt.

Im dritten Teil wird der Mensch als biologisches, anthropologisch geprägtes Wesen betrachtet. Der Schlüssel zum Verständnis ist dabei am ehesten über die Neurowissenschaften zu erlangen sowie über ihre Verbindungen zu Psychologie, Soziologie und Medizin. In diesen Domänen gibt es viele neue Studien, Theorien und Erkenntnisse, vor allem aber auch noch zahlreiche ungeklärte Fragen – und von einem regelrechten Verständnis des Systems Mensch und Gesellschaft ist man noch weit entfernt. Vorgestellt wird eine Neuromodell-Perspektive, die sich auf aktuelle wissenschaftliche Erkenntnisse stützt und außerdem einige der unzähligen Erkenntnislücken, die es trotz aller Forschung noch gibt, auf hypothetischer Basis zu schließen versucht.

Viele der Themen, die in Teil 2 und Teil 3 angepackt werden, sind hochkomplex. Um den Stoff bewältigen zu können, muss jedoch versucht werden, sie auf möglichst wenige und verständliche Nenner zu bringen. Das gelingt nur durch die Reduktion bestimmter Sachverhalte auf vereinfachte Formeln. Dabei kann jedoch auf detailliertere Darstellungen nicht gänzlich verzichtet werden, ohne in fatale Oberflächlichkeit abzugleiten. Um die Teile 2 und 3 nicht zu überfrachten, wurden deshalb viele Details in weitere Teile ausgelagert, auf die immer wieder verwiesen wird. So stellt Teil 4 einen Katalog regulatorischer Variabilitätsparameter (RV) zur Verfügung. Teil 5 – „Ausflüge in ausgewählte Quellen" – hält ausführlichere Analysen zu ausgewählten Spezialthemen bereit. Das wichtigste Spezialthema – das des Neuromodells – wurde, wie bereits erwähnt, in einem anderen Buch aufbereitet (siehe Schindler 2020).

Bei der Komplexität der Themen dieses Buches ist es kaum möglich, zu gestellten Fragen und aufgeworfenen Problemen durchgängig mit evidenzbasierten Aussagen aufzuwarten. Würde man auf weitgehender wissenschaftlicher Seriosität beharren, könnte man dieses Buch eigentlich nicht schreiben. Andererseits kann es auch keine Lösung sein, dem wichtigen Thema des Vernunft- und Intelligenzproblems, das die Menschheit offensichtlich hat, aus dem Weg zu gehen. Also schreiben wir das Buch dennoch und bedienen uns – speziell in Teil 3, mit Bezug auf Schindler 2020 – der Methoden der analytischen Modellbildung, der interdisziplinären Mustererkennung und des wissenschaftlichen Beweislastaufschubs. *Analytische Modellbildung* meint, viele Wissensbausteine, Thesen und Modelle zu einem abstrakten Gesamt-Erklärungsmodell zu verbinden, welches weitgehend plausibel und konsistent erscheint. *Interdisziplinäre Mustererkennung* meint etwas Ähnliches, erstreckt sich jedoch in jedem Fall über mehrere (Teil-) Disziplinen und lässt mehr Spielraum für Zwischenschritte, bei denen kein vollständiges, in sich geschlossenes Modell erforderlich ist. *Wissenschaftlicher Beweislastaufschub* meint, zunächst vom Wahrheitsgehalt aller Einzelthesen auszugehen, abzuwarten, bis ein gewisser Entwicklungsstand eines kohärenten Gesamtmodells vorliegt, diesen wohlwollend nachzuvollziehen und ihn erst dann in seiner Gesamtheit der Notwendigkeit zu unterziehen, bewiesen zu werden. Da das bei einem so komplexen Thema ein äußerst steiniger Weg ist, bleibt zunächst nur die Möglichkeit, das Modell zu verwerfen oder es als unwahre Komplexthese nach bestem Wissen und Gewissen weiterzuentwickeln und zugleich abzuschätzen, inwiefern mit den jeweiligen neuen Versionsständen der Abstand zur Wahrheit eventuell verkleinert werden könnte. Gleichzeitig muss man jederzeit nach Mitteln suchen, mit deren Hilfe die Komplexthese empirisch falsifiziert oder verifiziert werden kann.

An die Art und Weise, wie unser gesellschaftliches Leben abläuft, wie Menschen miteinander und mit der Natur umgehen, haben wir uns gewöhnt. Einiges davon – wie z. B. die Pflege einer Freundschaft oder eines Gartens – ist auch durchaus angemessen. Aber auch anderes, was vielleicht nicht ganz angemessen oder nicht uneingeschränkt angenehm ist – wie z. B. die Einführung und Durchsetzung von Regeln des gesellschaftlichen Zusammenlebens oder der großflächige Anbau von Lebensmitteln –, scheint folgerichtig und kaum vermeidbar zu sein. Daneben tut der Mensch allerdings auch viele Dinge, die, wenn man sie sich ausnahmsweise auf der Zunge zergehen lässt, komplett absurd erscheinen. Wieso kann ein vergnüglicher Abend oder eine großartige Fußballveranstaltung in eine Schlägerei münden?

Wozu sind Hass, Hetze und Feindschaft gut? Wie konnte es dazu kommen, dass sich Atommüll und Plastikmüll zunehmend verstetigen? Wie kam es zum massiven Einsatz von Herbiziden und Neonikotinoiden und in der Folge zur massiven Dezimierung von Insekten, sonstigen Wirbellosen und Vögeln und wieso kann man das nicht einfach stoppen, nachdem die Folgen bekannt geworden sind? Wozu sind teure Militärtechnologien gut, warum werden Kriege geführt, warum wird den Verantwortlichen Rückhalt statt Ächtung zuteil und warum wird das Führen von Kriegen und Bürgerkriegen nicht mit Kriminalität gleichgesetzt? Was ist eine Zivilisation wert, die von Krise zu Naturkatastrophe, von Naturkatastrophe zu Krieg und von Krieg zu Krise gelebt wird? (siehe hierzu unten Abschnitt „Antworten auf Fragen aus der Einführung")

Von dieser Warte aus betrachtet, kann man sich nur wundern, was der Mensch für ein absurdes Wesen ist, und man müsste den ganzen Tag schreien vor lauter unerträglichen Schmerzen, wenn man in der Lage wäre, diesen Unsinn in seinem ganzen schändlichen Ausmaß zu realisieren. Doch man kann sich an alles gewöhnen, und man muss es auch, will man mental nicht jede Kraft verlieren. Wie auch immer, hier soll nun versucht werden, dieser unerträglichen Seite des Menschen, diesen tiefen gesellschaftlichen Abgründen, ein wenig nachzugehen. Ein Vergnügen wird das freilich nicht.

Im Zentrum steht die Frage: Warum machen wir solchen Unsinn, aus welcher Quelle speist sich dieses rätselhafte Verhalten des Menschen und wie wäre es abzustellen? Diese Frage pauschal zu beantworten, ist einfach: Der Mensch stinkt vom Kopf her, er ist zu dumm, Kultur so aufzubauen, dass sie nachhaltig funktioniert und es nicht immer wieder zu tieferen Einschnitten kommt. Die Frage, wie sich dieses Kopfproblem konkret realisiert, wie das Gehirn des Menschen funktioniert, wie daraus gesellschaftliches Bewusstsein resultiert und wie neuronal-mentale Mechanismen dazu führen, dass sich die Gesellschaft so merkwürdig entwickelt, wie wir das heute erleben, und nicht anders oder besser, ist hingegen unendlich schwer zu beantworten. Doch genau das soll in diesem Buch versucht werden.

Nun zu ein paar der bedeutenderen rätselhaften gesellschaftlichen Phänomene und aktuellen Dilemmata und ihrer Bewertung im Lichte der Neuromodell-Perspektive des nachfolgenden dritten Teils.

Der Idee, dabei Erkenntnisse herauszuarbeiten, die in gewissem Maß allgemeingültig sind und dem Faktor „Zeit" standhalten, ist kaum zu genügen, denn es können nur Phänomene betrachtet werden, die in der Zeit bis zur Erstausgabe dieses Buches 2023 zu beobachten waren. Im Verlaufe der weiteren Entwicklung werden sich die Phänomene wandeln, welche die Gesellschaft prägen. Schön wäre es, wenn sich dadurch einige der kritischeren Bewertungen der folgenden Kapitel entkräften ließen. Ebenso gut könnte jedoch auch das Gegenteil eintreten: Neue Zeiten bringen neue Eskapaden mit sich, die alles bisher Dagewesene in den Schatten stellen, sodass die Art und Weise, wie menschliches Verhalten im Folgenden bewertet wird, neue Nahrung erhält und sich eine noch viel kritischere Sicht auf die Welt als notwendig erweist.

Rätselhafte gesellschaftliche Phänomene

Zerstörung der natürlichen Grundlagen des Lebens

Beschreibung

Der Themenkreis Umwelt und Artenvielfalt ist in aller Munde, und es gibt nahezu unendlich viele Quellen und Darstellungsformen. Hier soll vor allem an Matthias Glaubrecht angeknüpft werden, der in seinem Buch „Das Ende der Evolution" (2019) ein umfassendes Werk zum Thema Biodiversität vorgelegt hat.

Matthias Glaubrecht (2019) spricht vom Menschen als einer „Unkrautart" (167–171), „der sich wie ein Ökovandale sondergleichen benimmt" (206), und führt dazu im Weiteren aus:

„Das Dasein an der Pionierfront des Lebens hat den Menschen mit seiner tief in der einstigen Umwelt des afrikanischen Kontinents verwurzelten Vergangenheit maßgeblich geprägt. Und wir verhalten uns weiterhin so, als lebten wir noch immer im Steinzeitalter. Wir sind weiterhin gewohnt, unsere Umwelt zu plündern und uns zu verschaffen, was wir brauchen. Dadurch entstehen heute immense Probleme für uns, unsere Umwelt und die Natur auf der Erde. Wir sehen das vielfach, aber, so scheint es, können kaum etwas dagegen tun. Die Pioniermentalität liegt uns Menschen eben offensichtlich zu sehr im Blut, ist ein universelles Muster unserer ureigenen Natur. Deshalb ist *Homo sapiens* evolutiv der ewige

Pionier mit geradezu selbstmörderischen Eigeninteressen, die es stets zu bändigen galt." (207)

Und:

„Wir selbst haben uns im Verlauf unserer Evolution prächtig entwickelt, aber wir taten dies zunehmend auf Kosten unserer Mit-Lebewesen. Mit gegenwärtig mehr als siebeneinhalb Milliarden Menschen sind wir zweifellos eine höchst erfolgreiche Art; zu erfolgreich offensichtlich. Denn wir sind dabei, dadurch eine Vielzahl anderer Arten auszurotten. Die Lebensvielfalt ist in Gefahr, gerade weil wir so erfolgreich geworden sind. Inzwischen dominieren wir jedes Ökosystem auf der Erde. Doch unsere Kinder und Enkelkinder werden auf einem biologisch verarmten Planeten leben müssen, dessen Vielfalt wir ihnen genommen haben.

[…] Wir rasen unaufhörlich und immer schneller weiter, auch weil wir irrigerweise meinen, wir könnten ohne Umwelt und die anderen Arten überleben. Aber wir sind von all diesen Arten abhängig. Es ist die irdische Natur mit all ihren Lebewesen und Lebensfunktionen, die uns mit all dem versorgt, was wir zum Leben und Überleben brauchen. Ohne die Artenvielfalt und ihre Lebensräume wird es nicht nur einsam um uns herum; es wird unmöglich zu überleben." (362f.)

Matthias Glaubrecht macht deutlich, dass es nicht nur um die Anzahl der Arten geht, sondern um Biodiversität auf drei Organisationsniveaus (vgl. 363–367): Arten (Artenvielfalt), Gene (genetische Diversität, damit Auslese überhaupt wirken kann), Ökosysteme (Diversität der Lebensräume). Dazu reicht es nicht, jede uns bekannte Tier- und Pflanzenart gewissermaßen auf eine Arche zu retten, sprich in einen Zoo oder ein Reservat, sondern dazu muss man allen bekannten und unbekannten Arten genügend Räume überlassen, in denen sie sich vielfältig entwickeln können, was wir zunehmend unterlassen, weil wir uns trotz unserer Dominanz weiterhin so verhalten, als müssten wir um das Überleben unserer Art kämpfen.

Dabei ist längst klar, dass wir in dieser Hinsicht die absoluten Gewinner sind. Zum Zusammenhang zwischen den biologischen Ressourcen unserer Erde, Ökonomie, Wohlstand und dem Wachstum der Weltbevölkerung schreibt Matthias Glaubrecht unter anderem das Folgende (276f.):

„Was treibt die Weltbevölkerung?

Es mag noch weitere zu betrachten geben, aber hier wollen wir nur vier der wesentlichen Faktoren näher in den Blick nehmen. Nennen wir sie die vier Reiter der Apokalypse, in Anlehnung an jene bereits eingangs erwähnten biblischen Figuren des Untergangs. Diese Reiter sind in unterschiedlichem Maß für die Gefahr einer Überbevölkerung beim Menschen verantwortlich; und zudem in unterschiedlichen Regionen der Erde. Da wäre als der erste Reiter die Geburtenrate, der wichtigste und zentrale Faktor im globalen Süden. Dann als zweiter Reiter die sinkende Sterberate und damit verknüpft die Alterung der Menschen. Diese führt dazu, dass vor allem im globalen Norden, aber nicht nur dort, die gesamte Menschheit gleichsam ergraut. Als ein weiterer Reiter der Bevölkerungsapokalypse – und dies sei ohne Übertreibung und Überzeichnung der Gefahr für unseren Planeten gesagt – sind die wirtschaftliche Entwicklung, also Wachstum allgemein, und die eng damit verknüpfte Frage der Ressourcen und ihres Verbrauchs zu nennen. Schließlich ist ein vierter Reiter von zentraler Wichtigkeit: die Ernährung des Menschen und damit verknüpft die Frage, wie sich unsere Nahrung auch angesichts der Zunahme der Bevölkerung weiterhin sichern lässt oder ob der Hungertod das Wachstum der Menschheit begrenzt. Über die Bewirtschaftung von Land und die Entnahme wesentlicher Ressourcen, angefangen beim Wasser, betrifft das Geschehen um diese beiden letzten Reiter unmittelbar unsere Frage nach der Zukunft der Natur und der Arten."

Und:

„Zum demographischen Übergewicht der Entwicklungsländer kommt das ökonomische Übergewicht der Industrieländer hinzu.

Das Boot sei voll, ist deshalb oft zu hören. Doch das Boot könnte kentern, nicht weil wir an sich zu viele wären, sondern weil einige viel zu viel wiegen. Nummerisch mag die Bedeutung der Bevölkerung im globalen Norden zwar zurückgehen, doch ökologisch tickt die wahre Bombe dort. Tatsächlich werden im Norden besonders viele Ressourcen verbraucht, Nahrung und Energie verschwendet und die Umwelt belastet. Würden alle Menschen so leben wie brasilianische Urwaldindianer, meinen einige Experten, könnte die Erde 20 bis 30 Milliarden Menschen tragen. Würden alle so viele Ressourcen verbrauchen wie die Einwohner der USA, wäre die ökologische Tragfähigkeit schon heute überschritten." (290)

Ferner:

„Global betrachtet lässt sich die eine Antwort auf eine einfache Formel verdichten, die da lautet: weniger Kinder im Süden, weniger Konsum im Norden. Doch das Vertrackte daran, wir haben es gesehen: Ohne wachsenden Wohlstand im globalen Süden wird die Geburtenrate nicht sinken. Eine Zunahme von Wohlstand und wirtschaftlichem Wachstum als Motor wird indes weitere Ressourcen beanspruchen, die nicht endlos zur Verfügung stehen. Keine Frage: Wir sollten uns um den Wohlstand aller Menschen kümmern; nicht nur, weil dann voraussichtlich auch die Bevölkerungszahl abnimmt.

Doch schon jetzt überfordert die Menschheit die Natur. Wollen wir dies zukünftig verhindern oder wenigstens vermindern, müssen wir uns in den Industriestaaten beschränken und gleichzeitig den Milliarden Menschen in Asien und Afrika mehr Raum und Möglichkeiten zur Entwicklung lassen, für wenigstens etwas mehr Wirtschaftswachstum. Wie aber wird sich wohlstandsfördernde Entwicklung gerade dort mit der Natur und dem Überleben der Artenvielfalt vertragen?" (293)

In diesem Zusammenhang sei noch auf einige der (bekannten) schädlichen Nebenwirkungen hingewiesen, die mit der ausufernden Industrialisierung verbunden sind, zu der wir uns auf unserem Erfolgspfad offensichtlich gezwungen sehen. Wir verschmutzen, verseuchen und zerstören die Umwelt in gigantischem Ausmaß. Hier nur einige herausragende Beispiele: Müll ganz allgemein; Atommüll; Plastikmüll, der Kontinente und Weltmeere überzieht; Überfischung der Meere; Bergbau, Ölsandabbau und Fracking zerstören Biotope, Landschaften und Geostrukturen; Intensivlandwirtschaft mit Insektizid- und Neonikotinoid-Einsatz mit weit über die Grenzen der Felder hinausreichenden verheerenden Nebenwirkungen; Vernichtung der Regenwälder; Zerstörung geochemischer Gleichgewichte wie Nitratgehalt in Böden und Gewässern; Versauerung der Meere, CO_2-Gehalt der Atmosphäre.

Für mehr Details zu dieser Thematik siehe Teil 5, Kapitel „Evolutionsbiologie", Abschnitt „E1 – Glaubrecht, M: Das Ende der Evolution".

Bewertung

Um das Phänomen der Zerstörung der natürlichen Grundlagen des Lebens bewerten zu können, ist es notwendig, zunächst die kapitalistische Wachstumswirtschaft zu betrachten, ohne die die Umweltprobleme viel geringer wären. Es wird hier also zunächst auf dieses Phänomen eingegangen, um danach die Bewertung unseres Verhaltens in Hinsicht auf Artenvielfalt und Umwelt nicht zuletzt in diesen Zusammenhang stellen zu können.

Kapitalistische Wachstumswirtschaft

Beschreibung

Die kapitalistische Wachstumswirtschaft hat sich mit all ihren Spielarten und Facetten im Wettbewerb der Gesellschaftssysteme der zurückliegenden Jahrhunderte als das erfolgreichste System durchgesetzt. Es wird zugleich hochgepriesen und am meisten gehasst. Realistisch betrachtet muss man feststellen, dass es offenbar das System ist, das unsere Vorfahren und auch wir Heutigen gewollt haben und wollen. Viele andere mögliche Formen der gesellschaftlichen Übereinkunft wurden überlebt (wie z. B. Feudalismus und Merkantilismus), man hat sie ausprobiert und sie konnten sich nicht durchsetzen (wie z. B. der Sozialismus des Ostblocks) oder sie wurden relativ schnell verworfen oder sofort als Utopien abgetan.

Wenn von Kapitalismus die Rede ist, denkt man zuerst an die in der westlichen Welt ausgeprägte Spielart des Wirtschaftssystems. Doch es ist klar, dass es sich inzwischen um ein globales Phänomen handelt, das alle Länder und Gemeinschaften in seinen Bann zieht, nur eben mit teilweise drastisch unterschiedlichen Auswirkungen. Es zeigt sich, dass Kulturen und Mentalitäten in unterschiedlichem Maß kompatibel zu den marktwirtschaftlichen Prinzipien sind. So gelingt es in vielen Ländern des globalen Südens nicht, in gleichem Maß erfolgreich zu partizipieren, wie das im globalen Norden möglich ist. Es gibt Gegenden oder Milieus, in denen sich wirtschaftlicher Status eher über tribalistisch gelebten politischen Einfluss, kriminelle Energie oder militärische Gewalt definiert als über offenen unternehmerischen Wettbewerb. So gibt es Länder, in denen totalitäre Regime die politische Macht und den Löwenanteil des Volksvermögens vereinnahmen, sodass die Prinzipien des Eigentums und des Marktes so sehr verletzt werden, dass erfolgreiches Wirtschaften zum Wohle aller nicht möglich ist (siehe Venezuela oder Nordkorea). Niemand kann sich jedoch dem Bann des globalisierten, kapitalistisch-marktwirtschaftlich geprägten Wirtschaftssystems entziehen. Alle nehmen teil, und wo man sich dagegen wehrt – z. B. in Form von anti-kapitalistischer ideologischer Ausrichtung oder in Non-Profit-Organisationen –, führt das viel eher zur systematischen Benachteiligung als zu echten Alternativen.

So gesehen kann man dem globalisierten Wirtschaftssystem nicht entrinnen. Allerdings sollte es möglich sein, es zu entwickeln und dabei unterschiedliche Prioritäten zu setzen. Dabei könnte ein Prozess in Gang kommen, der wiederum zu einer neuen gesellschaftlichen Übereinkunft führte, die man später im geschichtlichen Rückblick als echte Alternative zum Kapitalismus des 20. Jahrhunderts beschreiben dürfte. Doch wie steht es um diese Entwicklungsziele, Prioritäten und Alternativen?

Grundsätzlich könnte man sich ein Wirtschaftssystem wünschen, das von ausreichender Versorgungs-Leistungskraft und Solidität gekennzeichnet ist. Ein System, in dem alle auf ihre Kosten kommen und in dem nicht zu viel riskiert werden muss, um es am Laufen zu halten. Ein System, das allen, die sich bemühen, ein von Zufriedenheit und Glück charakterisiertes Leben ermöglicht. Größere Risiken sind etwas für Menschen, die es mögen, ihr Glück herauszufordern, und die so besser spüren können, dass sie am Leben sind, die nach besonders intensiven Erfahrungen streben. Das ist jedoch nichts für größere Gemeinschaften oder einen Staat oder die globale menschliche Gesellschaft als Ganzes, sollte man meinen. Der Schaden, der entsteht, wenn Risiken eintreten, ist sonst viel zu verheerend, sodass sich diese Art der Orientierung eigentlich verbietet.

Eine auf klugem Wirtschaften, Solidität und Genügsamkeit basierende Art des Glücks ist ganz sicher auch eines der Leitbilder, denen die Menschen heute folgen, leider ist es jedoch nicht das dominierende. In der Realität taumelt die Wirtschaft zwischen Prosperität und Rezession hin und her. Sie ist immer auf der Flucht vor Abschwung und Depression – mit der Konsequenz des ständigen zwanghaften Wachstumswettbewerbs. Sie kennt nur zwei Modi: entweder aufs Ganze gehen oder Verfall und Zusammenbruch. Vielen Volkswirtschaften gelingt es auch, zwischen diesen Extremen längerfristig stabil zu bleiben, doch dieses Gelingen gleicht in der Regel eher einem nervösen Tanz auf Messers Schneide als einem Wirtschaften in ruhigem Fahrwasser. Die Weltwirtschaft ist so aufgestellt, dass jeder Akteur – jedes Unternehmen, jedes Land – ständig um seine Existenz kämpfen muss, um nicht unterzugehen. Das ist oder mutet an wie evolutionärer Wettbewerb auf einer menschengemachten Meta-Ebene.

Der geradezu zwanghafte Wachstumsanspruch oder auch „Wachstumsimperativ" (vgl. Wiegandt 2013, 75f.) ist charakteristisch für die Wirtschaft (wie auch für die Menschheit). Das ist eine statistisch belegte Tatsache, und die ökonomischen und psychologischen Mechanismen, denen das System folgt, sind wohlbekannt.

Spätestens seit den 1950er-Jahren ist die sogenannte „große Beschleunigung" („Great Acceleration") zu beobachten. „Kennzeichnend für die Phase der großen Beschleunigung ist neben der Beschleunigung des Bevölkerungswachstums die Etablierung und Ausbreitung von Massenproduktion und Massenkonsum und damit ein dynamisch steigendes Wirtschaftswachstum." (Sommer 2013, 16; vgl. Teil 5, Abschnitt „W1"). Der „gesellschaftliche Stoffwechsel" beschleunigt sich sowohl auf der Input-Seite, also bei den Ressourcenverbräuchen, als auch auf der Output-Seite, also bei den Emissionen. Beides führt zur signifikanten und teilweise sogar massiven bis existenziellen Beeinträchtigung der Umwelt. Auf der Output-Seite droht, angetrieben von den Multiplikatoren *Bevölkerung, Technologie* und *Wohlstand*, die Überschreitung gewisser planetarischer Grenzen. Bereits im Jahr 2009 waren die folgenden planetarischen Belastbarkeitsgrenzen womöglich überschritten: der Verlust an biologischer Vielfalt, der Nitrogenzyklus und der Klimawandel, und seitdem hat sich die Situation noch drastisch verschlimmert. Weitere Grenzen drohen ebenfalls überschritten zu werden, wie der Phosphorzyklus und die Versauerung der Meere. Im Alltag zu beobachten (z. B. in Europa) sind bereits die folgenden alarmierenden Phänomene: Schrumpfung der Gletscher, drastische Verringerung der Zahl der Insekten, Trockenheit, desolater Zustand vieler Wälder und Häufung von extremen Wetterereignissen. (vgl. Sommer 2013, 13–24)

Viele Bürger, Organisationen und staatliche Institutionen bemühen sich um die Umweltthematik, Umwelttechnologien boomen, und ständiges Umdenken, Effizienzsteigerungen und ökologische Transformationen gehören zum Alltag. In der Gesamtbilanz ergibt sich jedoch kein Paradigmenwechsel. Das Wachstum in alle möglichen Richtungen bleibt weiterhin der prägende, die Umweltschäden und -risiken ständig steigernde Faktor. Einerseits ist wohl das Umdenken noch lange nicht radikal genug und andererseits gibt es noch kaum ökologische Optimierungen, deren Wirkung nicht postwendend durch den sogenannten Rebound-Effekt zunichtegemacht worden wäre. So werden die durch Effizienzsteigerungen freigesetzten Spielräume und Mittel regelmäßig für zusätzliches umweltschädigendes Verhalten ausgereizt. Beispiele: Effizientere Motoren beflügeln den Trend zu schwereren Autos, energieeffiziente Kühlschränke oder Heizungen schonen das Familienbudget und machen teurere Urlaubsreisen möglich. Ein wichtiges Indiz für die Dominanz des Wachstumszwangs ist auch die Tatsache, dass Wirtschaft und Handel eher von Modezyklen, Obsoleszenzmanagement und Erneuerungs-Aktionismus gekennzeichnet sind (Letzteres z. T. sogar im Namen der Ökologie) als von nachhaltiger Bewahrung von Gebrauchsgegenständen und Werten sowie von ausgeprägter Ersatzteil- und Reparaturwirtschaft. (vgl. Sommer 2013, 25–27, und Wiegandt 2013, 67–74)

Die Psychologie funktioniert so, dass es absolut gewollt ist, Menschen zu möglichst guten Konsumenten zu machen.

„Schon im Jahr 1955 formulierte Victor Lebow, ein amerikanischer Marketingfachmann, ein neues Konsumleitbild: ‚[...] unsere ungeheuer produktive Wirtschaft verlangt, dass wir den Konsum zu unserem Lebensstil und den Kauf und die Nutzung von Gütern zu einem Ritual machen, dass wir unsere spirituelle Befriedigung und die Erfüllung unseres Selbst im Konsum suchen.‘ (Worldwatch Institute 2010: 49) Dieses Leitbild hat im Laufe der Jahrzehnte seinen Siegeszug um die Welt angetreten und ist längst dabei, auch in den Schwellen- und Entwicklungsländern Fuß zu fassen. / Um den privaten Konsum zur tragenden Säule des Wirtschaftswachstums zu machen, bedurfte es aber einer Reihe flankierender Maßnahmen, allen voran das Hervorrufen ständig neuer Bedürfnisse beim Verbraucher. [...] Die kreativen Möglichkeiten in der Schöpfung neuer oder vermeintlich neuer Bedürfnisse, für die seitens der Verbraucher bisher keine Nachfrage bestanden hatte und deren Befriedigung in der Regel auch keinen Beitrag zur Steigerung der Lebensqualität leistet, wurden daher perfektioniert." (Wiegandt 2013, 68)

Siehe auch „Zusammenfassung ausgewählter Inhalte" und „Bewertung" in Teil 5, Abschnitt „W1 – Wachstumsgesellschaft".

Die Idee des glücklichen Wirtschaftens in ruhigem Fahrwasser wird auch durch viele weitere Trends und Systemeigenschaften konterkariert, so durch den *Neoliberalismus, mangelnde Steuergerechtigkeit* und *verschiedene Entgleisungen*, wie die beim *Verhältnis zwischen Finanz- und Realwirtschaft*, bei den *Schuldenständen* und jene bezüglich des *Verhältnisses des Menschen zu seiner Umwelt*. Auf jeden dieser Punkte wird nun im Detail eingegangen.

Das Wohlergehen westlicher Demokratien hängt maßgeblich davon ab, dass eine gewisse Machtbalance zwischen Volk, Staat und Markt aufrechterhalten wird. Mit der **neoliberalistischen** Chicagoer Deregulierungslehre, die sich im Zusammenhang mit der Globalisierung der Wirtschaft als tragendes wirtschaftspolitisches Konzept durchgesetzt hat, hat sich diese Machtbalance jedoch verschoben. Laut Colin Crouch (2011) führte diese Lehre zur Abkehr von einer *Vielfalt konkurrierender Anbieter, nahezu perfekten Märkten* und *reichhaltiger Wahlfreiheit für die Konsumenten* zugunsten einer Herangehensweise, der zufolge die *Konsumentenwohlfahrt*, niedrige Preise und wachsender Wohlstand vor allem durch Großkonzerne gewährleistet werden können (vgl. 38f.). Zur Frage der Einkommensverteilung wurde nun darauf verwiesen, dass das „kein Problem der Ökonomie, sondern eine Angelegenheit der Politik" sei und „daß das Vermögen der Reichen zu großen Teilen ‚nach unten durchsickere', sich also von selbst verteile" (vgl. 94f.; Stichwort: „Trickle-down-Effekt").

Der Umstand, dass mit dieser Lehre rigoros auf maximale Entfaltungsmöglichkeiten für Großkonzerne gesetzt wurde und dass dies darüber hinaus im Zusammenhang mit der Globalisierung geschehen ist, hatte weitreichende Konsequenzen für die Art, wie sich Machtgleichgewichte einstellen und wie Märkte funktionieren. Die Machtbalance wird nicht mehr nur zwischen Volk, Staat und Markt aufgeteilt, sondern mit den transnationalen Großkonzernen ist ein vierter maßgeblicher Faktor ins Spiel gekommen, der sich den üblichen marktwirtschaftlichen und machtpolitischen Gesetzmäßigkeiten entziehen darf (vgl. Crouch 2011, 137–140). Aus der üblichen wechselseitigen Abhängigkeit ist eine eher einseitige Abhängigkeit der Staaten von den Großkonzernen geworden. Der Wettbewerb zwischen Unternehmen, der durch den Staat reguliert wird, hat sich erweitert um einen Wettbewerb der Standorte, bei dem sich Staaten den globalen Playern anzudienen haben. So können sich die Letzteren über viele der üblichen Regularien – wie z. B. Kartellrecht, Steuergesetzgebung (siehe auch unten „Mangelnde Steuergerechtigkeit"), Wirtschaftsrecht (siehe Investitionsschutz bei Freihandelsabkommen) oder Umweltschutz (siehe Monsanto etc.) – hinwegsetzen und als dominanter Faktor die Weltpolitik vor sich hertreiben.

Diesem Trend könnten sich Staaten auch entgegenstemmen, das allerdings nur, wenn sie es schaffen würden, der florierenden globalisierten Wirtschaft eine solide globalisierte Politik entgegenzusetzen. Davon kann jedoch nicht die Rede sein. Zarte Ansätze zur gemeinsamen politischen Willensbildung werden regelmäßig durch wirtschaftliche, militärische, nationalistische und ideologische Egoismen konterkariert. Gemeinsamkeiten werden bejaht, aber Machtpolitik hat Vorrang. Dass man sich auf diese Weise nur umso mehr zum Spielball der größten transnationalen Konzerne macht, wird übersehen oder hingenommen. Das Gedeihen dieser

Konzerne ist der Schlüssel zu allem. Ohne sie gibt es keinen funktionierenden Staat, keinen Wohlstand und keinen Frieden, und weder Wähler noch Konsument haben die Wahl, dieses Prinzip infrage zu stellen, weil der Preis gegenwärtig einfach zu hoch wäre.

Wodurch werden die uns dominierenden Großkonzerne jedoch gesteuert? Hier gilt das Prinzip der „Maximierung des Shareholder value" (Crouch 2011, 154). Und das hat längst nichts mehr mit Werten („values") zu tun, die sorgfältig gemehrt werden wollen, sondern es geht (primär) nur noch um kurzfristige Aktienhandelsgewinne und um einen Nährboden für eine globale Finanzwirtschaft, die sich längst von der Realwirtschaft losgelöst hat (siehe auch unten „Verschiedene Entgleisungen"). Das ist mittlerweile ein System, das sofort zusammenbrechen würde, falls der irrationale Glaube daran verloren gehen würde. Dieser Glaube ist heute viel stärker als jede Weltreligion, weil wir es uns – auch ganz ohne Glaubensbekenntnis – nicht leisten können, von ihm abzufallen.

Siehe auch „Zusammenfassung ausgewählter Inhalte" und „Bewertung" in Teil 5, Abschnitt „W3 – Das befremdliche Überleben des Neoliberalismus".

Mangelnde Steuergerechtigkeit herrscht vor allem auf dem globalen Parkett vor. Laut Saez und Zucman (2022) wurde in den USA in der Roosevelt-Ära und in den nachfolgenden Jahrzehnten in beeindruckender Weise demonstriert, dass ausgeprägte und hoch solidarische Steuerprogression wunderbar mit kapitalistischem, profitorientiertem Wirtschaften verträglich ist. In einem politischen Klima, das von dem Bestreben geprägt war, Demokratie, Gemeinwohl und Internationalismus zu stärken und die Herausforderungen der großen Depression und des Zweiten Weltkriegs zu meistern, galten quasikonfiskatorische Spitzensteuersätze als erstrebenswert. „Zwischen 1944 und 1981 betrug der Spitzensteuersatz bei der Einkommensteuer im Durchschnitt

81 Prozent." (vgl. 64f.) Doch dann folgte aus der Globalisierung die unaufhaltsame Auflösung dieses Konzepts – es kam zum „Triumph der Ungerechtigkeit". Der Wettbewerb der Steueroasen hat Steuerbehörden und Steuerpolitik weltweit so nachhaltig eingeschüchtert, dass ein solidarischer Grad der Steuerprogression als undurchführbar gilt. Wähler, Politiker und Steuerbehörden sind vor den Möglichkeiten, die sich in der heutigen globalisierten Welt zur Kapitalflucht bieten, nachhaltig eingeknickt, und der Kampf zur Wiederherstellung der Balance zwischen dem Steuern zahlenden Durchschnittsbürger und den erfolgreich Steuern vermeidenden Großkonzernen und Superreichen ist schier aussichtslos. (vgl. Saez und Zucman 2022, 100–148)

Besonders schlimm sind dabei auch die Auswirkungen unter dem Machtaspekt. So führt die heutige Realität der Steuersysteme zu extremen Kapital- und damit auch Machtkonzentrationen in wenigen Händen. Im Sinne der großen Mehrzahl der Bürger und Wähler kann das nicht sein. Indem der Staatsbürger und Souverän im Zusammenhang mit der Abgabe seiner Wählerstimme und mangelndem politischem Engagement fatal auf die Herstellung von Steuergerechtigkeit verzichtet, gibt er die Macht, die ihm eigentlich gebührt, sehr weitgehend aus den Händen. Indem er den Steuerflucht-Wettbewerb zulässt, setzt er sich einem System aus, das seinem Souveränitätsanspruch nur zuwiderlaufen kann.

Dabei geht es auch anders. Wo ein Wille ist, ist auch ein Weg. Wie man eventuell aus der Steueroasenfalle wieder herauskommen könnte, ist in Saez und Zucman (2020) sehr eindrücklich beschrieben. Mehr dazu siehe in Teil 5, Abschnitt „W2 – Der Triumph der Ungerechtigkeit".

Nun zu den **verschiedenen Entgleisungen**, die im Zusammenhang mit dem globalen Finanz- und Wirtschaftssystem zu beobachten sind. Das **Verhältnis zwischen Finanz- und Realwirtschaft** ist völlig aus dem Ruder gelaufen. Die Realwirtschaft ist derjenige Faktor, der uns den Wohlstand bringt. Nur dieser Teil der Wirtschaft ist es, der unsere Bedürfnisse befriedigen kann. Die ursprüngliche Berechtigung der Finanzwirtschaft besteht darin, die Realwirtschaft zu unterstützen, indem sie Handel, Risikoausgleich und Investitionen ermöglicht. Dazu scheint es sinnvoll, ein gewisses Gleichgewicht zwischen beiden Teilen der Wirtschaft zu wahren. Doch davon sind wir weit entfernt. In Wissenschaftliche Dienste des Deutschen Bundestages (2020, basierend auf Sony Kapoor 2011, 30) wird z. B. festgestellt (7f.): „Die Globalisierung der Finanzwirtschaft hat ein größeres, schnelleres und internationaleres Finanzsystem hervorgebracht. Der Umsatz auf Finanzmärkten ist von rund dem 15-fachen des weltweiten BIP 1990 auf fast das 70-fache des weltweiten BIP im Jahr 2007, kurz vor Ausbruch der Krise, gewachsen. Verantwortlich dafür war eine Erhöhung der Transaktionsgeschwindigkeit und der gesamten im Umlauf befindlichen Werte. Nach Angaben der BIZ-Bank für Internationalen Zahlungsausgleich hat allein das Derivategeschäft vom 10-fachen des weltweiten BIP in 1990 auf über das 55-fache des weltweiten BIP bis heute zugenommen." Also haben wir es hier mit einem System zu tun, das gigantische finanzwirtschaftliche Handelswerte auf der Basis vergleichsweise geringer realer Werte erzielt.

Eine derart hochgradig virtualisierte Finanzwirtschaft, die sich von realen Werten sehr weitgehend entkoppelt hat, ist ein doppelt riskantes Spiel. Erstens verkehrt sie den Marktmechanismus ins Gegenteil und trägt so das Risiko der Blasenbildung und entsprechender Zusammenbrüche umso stärker in sich, je mehr sie realer Werte entbehrt. Laut Heiner Flassbeck (2012) beseitigen normale Märkte Knappheit, während Finanzmärkte Knappheit schaffen und zu Preiserhöhungen tendieren. Es wird der Investor belohnt, dem es gelingt, andere in einen Markt zu locken und als Erster wieder auszusteigen (vgl. 14). Dieter Schnaas (2013, Teil 2) schreibt dazu: „Die ‚Entkopplung' der Finanzmärkte von der so genannten Realwirtschaft ist unbedingt gewollt, ja: zwingende Voraussetzung dafür, dass das Wohlstandsversprechen überhaupt noch einigermaßen aufrechterhalten werden kann."

Zweitens gerät auf diesem Weg die Realwirtschaft zunehmend zum bloßen Anhängsel der Finanzwirtschaft. Wenn die Finanzwirtschaft nicht wie geölt funktioniert, kann die geringste Unregelmäßigkeit ganze Volkswirtschaften oder die Weltwirtschaft in die Krise ziehen – mit möglichen Konsequenzen wie wirtschaftliche Not, Versorgungsengpässe, Zusammenbrüche von Märkten und Währungen, Inflation, politische Zerstrittenheit, Nationalisierung, Tribalisierung, verstärkte Kriminalität, Radikalisierung und Krieg. Aus diesem fatalen Risiko-Kaleidoskop resultiert letztlich der Zwang, die Finanzwirtschaft zu pflegen und zu nähren, wie ein besonders liebgewordenes Kind oder wahlweise wie ein Monster, das uns sonst jederzeit zu verschlingen droht. Hierbei handelt es sich längst um eine globalwirtschaftliche Entgleisung, die völlig außer Kontrolle geraten ist und bezüglich der das mögliche Streben, sie zu beheben, in ferner Zukunft liegt, wahrscheinlich nicht vor der nächsten ernsthaften Weltwirtschaftskrise.

Hierzu sei auf „Zusammenfassung ausgewählter Inhalte" und „Bewertung" in Teil 5, Abschnitte „W4 – Finanzmärkte, Effizienz und Wohlstand", „W5 – Verhältnis zwischen Finanz- und Realwirtschaft" und „W6 – Krise? Welche Krise?" verwiesen.

Schulden und insbesondere auch Staatsschulden sind ein wichtiges Instrument, um Wirtschaft und Konsum anzukurbeln. Wenn man es damit übertreibt, kann das jedoch auch zu Abschwüngen, wirtschaftlicher Lähmung, Krisen und Generationenungerechtigkeit führen. Darin, hierbei das richtige Gleichgewicht zu wahren, liegt die Kunst. Womöglich kommt diese Kunst jedoch zunehmend aus der Mode. Dieter Schnaas (2013, Teil 2) spricht in diesem Zusammenhang von „Schuldfabriken, in denen wie am Fließband (Anti-) Geld produziert wird" sowie von der „permanenten *Verzeitlichung*" der Schulden. Die Europäische Zentralbank hat mindestens bis 2021 in nie da gewesenem Umfang Geld gedruckt und Staatsanleihen aufgekauft, sodass Europa unter den Niedrigzinsen ächzte, wobei dies alles nur dem einen Vorteil diente: dass stark überschuldete Staaten vorläufig dem Bankrott entgingen. In anderen Wirtschaftsräumen, wie z. B. dem nordamerikanischen oder asiatischen, herrschten zur gleichen Zeit andere Verhältnisse, die aber nicht unbedingt besser waren.

Doch es geht nicht nur allein um die Frage, wie gesund oder krisenschwanger die Wirtschaft ist, sondern es geht um viel mehr. Aus einer stark auf Schulden basierenden Art zu wirtschaften folgt auch eine weitere Konsequenz, die vielleicht noch viel wichtiger ist als der Bauchnabel des Wirtschaftssystems. Das Schuldenproblem wird dadurch sehr stark abgemildert, dass die Wirtschaft ständig wächst und dass sich dadurch und durch kontinuierliche Inflation die Schulden von heute in der Zukunft relativieren. Dass man heute mit Staatsschulden nicht so zurückhaltend wie „eine schwäbische Hausfrau" umgehen muss und kann, hat unter anderem etwas damit zu tun, dass dieser abmildernde Faktor bereits einkalkuliert wird. Genau das ist jedoch auch ein wichtiger Grund, warum es schier unmöglich ist, die Wachstumswirtschaft zu stoppen oder zumindest auf den Teppich zurückzuholen. Die Art zu wirtschaften ist heute so gepolt, dass man nur aufs Ganze gehen kann oder sich dem Verderben preisgibt. Und das heißt: weiteres gnadenloses Wirtschaftswachstum, Steigerung der Ressourcenverbräuche und Emissionen, Steigerung des Konsums und des Wohlstandes, weitere Beschleunigung aller Prozesse. Wenn man das jedoch stoppen wollte, müsste unter anderem auch der Staatsschuldenkapitalismus einer entsprechenden Revision unterzogen werden. Angesichts der Tatsache, dass die kapitalistische Wachstumswirtschaft bereits mit ihrem eigenen Nabel nicht zurechtkommt, scheint es paradox, von ihr diese Mehrleistung zu verlangen. Aber vielleicht wartet das System ja auch auf eine neue Sinngebung, die einige der bestehenden Gleichgewichtsverhältnisse und Trends abwandelt und so unser Wirtschaftssystem trotz komplett neuer Anforderungen in die Zukunft rettet – wie auch immer das möglich sein sollte.

Siehe auch „Zusammenfassung ausgewählter Inhalte" und „Bewertung" in Teil 5, Abschnitt „W6 – Krise? Welche Krise?".

Das **Verhältnis des Menschen zu seiner Umwelt** scheint im heutigen Kapitalismus teilweise einer merkwürdigen Logik zu folgen. Normalerweise würde man davon ausgehen, dass die Natur uns viele Reichtümer bereithält, die wir in gewissem Ausmaß für uns nutzen können, wobei jedoch die Gefahr der Übernutzung besteht, der wir klugerweise zu begegnen hätten. Das Denkmodell, dass es uns gnädigerweise erlaubt ist, im Schoß der Natur (oder wahlweise der Schöpfung) zu gedeihen, impliziert die Erkenntnis, dass es klug sein könnte, diesen Schoß gleichzeitig zu schonen, so gut es geht. Dass dem nicht so ist, sondern, dass offenbar ein Denken weitverbreitet ist, gemäß dem wir im Schoß der Wirtschaft leben, sodass es klug sein müsste, vom Nabel der Wirtschaft auf die Natur zu schauen, zeigt sich unter anderem am sogenannten Coase-Theorem. Folgt man diesem Theorem, so spielen externe Effekte, also Umwelteffekte, nur insofern eine Rolle, als andere Marktteilnehmer geschädigt werden. Klöckner (2013) wartet dazu unter anderem mit den folgenden Statements auf:
- Das Coase-Theorem „beschreibt, wie sich Verursacher

und Betroffene von externen Effekten einigen können, wenn der Marktmechanismus versagt. Coase legte damit den Grundstein für die Umweltökonomie."

- „Die Ideen von Coase sind ein wichtiger Baustein der Umweltökonomie und wissenschaftliche Grundlage des Emissionshandels in der Europäischen Union, also des Handels mit CO_2-Verschmutzungsrechten für Unternehmen."
- „Umweltschäden sind in der Gedankenwelt des Coase-Theorems nicht per se schlecht, sondern haben durchaus einen wirtschaftlichen Nutzen – den Output der Fabriken und den damit zusammenhängenden Wohlstand. Aus Umweltgründen geschlossene Fabriken kosten Umsatz und Arbeitsplätze – und die Technologie, die nötig ist, um CO_2 zu vermeiden, ist für das Unternehmen mit hohen Kosten verbunden."
- „Coase hat mit seinem Theorem ein ökonomisches Instrument für die goldene Mitte geliefert."

Bezeichnend ist, dass dabei die *Natur an sich* als Faktor, der möglicherweise zu berücksichtigen wäre, keine Rolle spielt.

Mehr Details siehe unter „Zusammenfassung ausgewählter Inhalte" und „Bewertung" in Teil 5, Abschnitt „W7 – Das Coase-Theorem – Die guten Seiten der Umweltschäden".

Bewertung

Darüber, ob die in diesem Abschnitt beschriebenen Phänomene echte Probleme sind oder ob sie es überhaupt verdienen, ihnen besondere Aufmerksamkeit zukommen zu lassen, kann man streiten. Aus gewissen und vielleicht gerade explizit diesseitigen Perspektiven betrachtet, handelt es sich womöglich um Panikmache und Alarmismus, wenn man derartige Themen hervorhebt und darauf hinweist, dass in diesen Zusammenhängen signifikante Ungleichgewichte, Entgleisungen oder besondere Risiken vorliegen. So sei mir bitte verziehen, dass ich mich dieser Art der Diesseitigkeit nicht anschließen möchte, sondern sie als Teil eines menschheitlichen Intelligenz- und Vernunftproblems betrachte. Doch dazu später (siehe „Bewertung" im folgenden Abschnitt).

Außerdem gibt es sehr viele Perspektiven, aus denen heraus der Kapitalismus als ausgesprochen kritikwürdig gilt. Entweder wird er als System abgelehnt, oder man verweist auf viele Punkte, in denen er verbessert oder reformiert werden müsste. Hier sind insbesondere linke und grüne Positionen zu erwähnen, aber der Kapitalismus ist auch generell, in allen Kreisen, ein System, an dem man sich gerne reibt. Das ist definitiv ein interessantes Themenspektrum, aber auch diese üblichen Formen der Kapitalismuskritik sollen hier nicht als Ausgangspunkte dienen.

Vielmehr geht es um eine Verbindung zur Neuromodell- und Psychologie-Ebene, die in Teil 3 des Buches aufbereitet wird. Aus diesem Ansatz ergibt sich vor allem die Frage, wie gut unsere dominierende Gesellschaftsordnung mit Positionen der Vernunftintelligenz und der regulatorischen Variabilität als vereinbar gelten könnte. Mit dieser Herangehensweise, so viel kann an dieser Stelle schon gesagt werden, ergibt sich eine gemischte Bilanz für das System an sich sowie eine definitiv fragwürdige für den Gebrauch dieses Systems durch seine Betreiber.

Nimmt man die Fiktion *des glücklichen Wirtschaftens in ruhigem Fahrwasser* einmal zum Ausgangspunkt, so hat sich gezeigt, dass der Kapitalismus grundsätzlich wie auch partiell ganz offensichtlich dazu in der Lage ist, seinen Betreibern einen solchen Dienst zu erweisen – es hat schlicht und einfach in bestimmten (reichen) Ländern Phasen gegeben, in denen man von einer Annäherung an diese Fiktion oder an dieses eine Ideal von vielen möglichen sprechen kann. Zumindest kann es sein, dass einige Zeitgenossen in der Retrospektive erzählen mögen, dass sie dieses System für eine Zeit lang genau so – als erfüllend, glücklich machend und gute Perspektiven bietend – erlebt haben. Außerdem sind diese Gesellschaftsordnung und die Art, wie sie heute ausgestaltet wird, Produkte des Wettbewerbs der Gesellschaftssysteme, und viele Generationen haben daran mitgearbeitet und mit optimiert, sodass dieses gigantische Stück *strukturierter Komplexität* (siehe „Strukturierte und akute Komplexität" in Teil 3) in vielerlei Hinsicht extrem leistungsfähig und tendenziell sozial friedensstiftend sein kann, wenn zufällig gerade keine größeren Pannen auftreten. So gesehen ist dieses System von großem und unschätzbarem Wert für uns, den wir vermutlich erst ermessen können, wenn wir seine Gunst verloren haben (oder wenn wir irgendwann merken, dass sie bereits heute längst dahin war).

Nun zur Kritik aus der Neuromodell-Perspektive gemäß Teil 3. Da muss man zunächst fragen, ob der Mensch sein Tun steuert bzw. in welchem Grad von zielbewusster Regulierung die Rede sein kann oder in welchem Grad er eher von irgendwelchen Einflussfaktoren geritten wird. Dazu kann man festhalten, dass der Mensch gewiss eine kritisch denkende und alles hinterfragende Spezies ist, die sehr geschickt alle möglichen Umwege zur risikobewussten Bedürfnisgestaltung und -befriedigung zu beschreiten vermag. In einem bestimmten Rahmen oder in seinem konkreten Lebensumfeld agiert jeder von uns aufmerksam und zielorientiert. Was ist jedoch der Rahmen, inwiefern hat er Einfluss auf unsere Zielfindung, wie stark ist dieser Einfluss und wie realisiert er sich? Dazu kann man nur feststellen, dass natürlich das System einen großen bzw. eigentlich sogar maßgeblichen Einfluss auf die Zielfindung hat, ja haben muss. Das System, in dem wir in der westlichen Kultur leben, besteht im Wesentlichen aus der Kombination aus kapitalistischem Wirtschaftssystem und den politischen Systemen der Staatswesen. Es verkörpert, wie gesagt, ein gigantisches Stück strukturierte Komplexität, das von unseren Vorfahren und Zeitgenossen errungen wurde und sich in einem evolutionären Wettbewerb durchgesetzt hat, so wie es in den heute üblichen Varianten auf der ganzen Welt betrieben wird. In diesem Zusammenhang kann man feststellen, dass die Zielfindung das Werk vieler Menschen ist, die alle auch ständig um Alternativen ringen und dabei Sinn, Zweck und Auswirkungen hinterfragen. Doch das ist ein Prozess, der im jeweiligen Alltagskontext (Beruf, Hobbys, Familie, politisches Engagement etc.) seinen Lauf nimmt, und es gibt übergeordnete Metaprozesse, die auf die konkreten (Mikro-) Zielfindungsprozesse zurückwirken und diese bestimmen. So gesehen muss man fragen, welchen Prinzipien das ganze System folgt, dem wir uns aussetzen, und in welchem Grad wir diese obersten Prinzipien bewusst kontrollieren oder sie uns mehr oder weniger zwanglos im Griff haben.

Und in dieser Frage kann man zunächst Folgendes feststellen:

- Es gibt einen Wachstumsimperativ, dem wir uns nicht entziehen können. Die kapitalistische Wirtschaft kommt regelmäßig in Bedrängnis, wenn das Wachstum nachlässt, also ist man, solange man diesem System und gewissen, heute essenziell scheinenden Paradigmen folgt, klüger beraten, ständig nach Wachstum zu streben. Dann geht es unserer Wirtschaft, unseren Staatswesen sowie den einzelnen Bürgern scheinbar am besten.
- Psychologisch unterwerfen wir uns dem Paradigma, dass ständig möglichst viele neue Bedürfnisse hervorzurufen sind, dass Produkte ausdifferenziert werden müssen, sodass jeder viele Varianten von allen möglichen Produkten persönlich besitzen muss (wo früher wenige Alltagskleider und ein Sonntagsanzug reichten, sind heute Kleiderschränke und Regale voller modischer Kleidung

für alle möglichen speziellen Kontexte der Standard; wo früher ein TV oder PC genügte, ist heute die Kombination aus Notebook, Smartphone, Tablett, Smart-TV, Disk Station und LAN/WLAN üblich). Im Einzelnen haben wir die Wahl, was wir davon benötigen. Doch übergreifend und statistisch gesehen unterwerfen wir uns den psychologischen und ökonomischen Prinzipien der marktwirtschaftlichen Werbewirtschaft. Wenn ein saturierter Verbraucher womöglich nicht mehr für alle Modetrends zu haben ist, folgen junge, naive Mitmenschen den neuesten Hypes umso eifriger (oder sie machen sie), sodass er am Ende nur die Wahl hat, sich anzuschließen.

Beide Faktoren gehören zum gewollten Prinzip der ständigen Verkomplizierung künstlicher Bedürfniswelten. Nun könnte man sich noch fragen, ob dieser Prozess nicht insofern ein bewusster Prozess ist, als wir und insbesondere einige einflussreichere Mitmenschen sowie die Masse der Verbraucher wenigstens dahin gehend die Kontrolle haben, dass wir bestimmen, welche konkreten Bedürfnisse sich durchsetzen. Von Kontrolle kann hierbei tatsächlich gesprochen werden, andererseits aber auch nicht. Gewiss, die Ausgestaltung der Ziele (Produkte, kulturelle Güter, wissenschaftliche Neugier) und der Wege, wie diese Ziele zu erreichen sind (Technologien, Logistik, Design, Forschung), fordert viel Kreativität und Engagement von allen Beteiligten und es werden viele Wunder wahr. Andererseits ist die konkrete Ausgestaltung bedeutungslos, wenn man fragt, vor welchem konkreten Hintergrund sie passiert, welchen obersten Prinzipien sie folgt und wo das ganz grundsätzlich hinführt. Und hier kommt man zu einem Punkt, an dem sich zeigt, dass nahezu keine Kontrolle vorhanden ist und kritisches Hinterfragen, wenn es überhaupt erfolgt, regelmäßig wirkungslos ins Leere läuft. Mit Bezug auf die oben beschriebenen Phänomene reichen wenige Stichworte, um das zu illustrieren: Shareholder-Values, Globalisierungsphänomene, Entgleisungen.

Der Begriff **Shareholder-Value** klingt so, als wenn es um Werte ginge, nicht zuletzt im Sinne von „value-guided decision making" (siehe „Konzepte der Vernunftintelligenz" in Teil 3 sowie Schindler 2020, 42–49 und darin zitierte Quellen). Das trifft auch das ursprüngliche Konzept, welches auch weiterhin als eine Art Ideal mitschwingt. Grundsätzlich ist das jedoch längst zur Farce geworden, denn diese Ebene, die es durchaus noch gibt, wird wiederum vom Metaprinzip des kurzfristigen Handelsgewinns beherrscht, dem sich alles andere unterzuordnen hat. Echte und konkrete Unternehmenswerte sind dazu durchaus noch nötig, jedoch nur als Handelsware, die im konkreten Fall von einem Tag zum anderen aufgegeben werden kann, solange es genügend andere Investitionsmöglichkeiten gibt, d. h. solange genügend Handelsware dieser Art auf dem Markt ist.

Neoliberalismus und mangelnde Steuergerechtigkeit sind maßgebliche **Globalisierungsphänomene**, die nichts anderes darstellen als massive Kontrollabgabe. Der Staat und sein Souverän, der Wähler, sollten die Kontrolle haben. Diese wird jedoch an transnationale Konzerne und im Unterbietungswettbewerb stehende Steueroasen abgegeben, die wiederum dem Prinzip der Maximierung des Reichtums und Shareholder-Values für die dahinterstehenden Investoren folgen. Diese Kontrollabgabe ist nicht zwingend, sondern irrational, fahrlässig und dumm. Sie ist einfach so geschehen (im Rahmen der fortschreitenden Globalisierung), ohne dass man (der Wähler, die Staaten) ernsthaft versucht hätte, sich dagegen zu wehren (über zaghafte Ansätze hinausgehend).

Verschiedene Formen der **Entgleisung** unterstreichen den „Willen" zur Kontrollabgabe (den mangelnden Willen, die Kontrolle zu behalten). Es wäre sinnvoll, das *Verhältnis zwischen Finanz- und Realwirtschaft* in einem gewissen Rahmen zu halten. Tatsächlich aber bläht sich die Finanzwirtschaft uferlos auf, ohne Rücksicht darauf, ob man sich für das viele Schein-Geld überhaupt noch etwas Fassbares kaufen kann, sei es materiell oder immateriell bzw. ideell (Kunstwerke, Know-how etc.).

Uferlos wachsende *Schulden* werden nicht mehr zurückgezahlt, sondern nur noch abgelöst und damit permanent verzeitlicht (Schnaas 2013), mit dem Nebeneffekt, dass der Wachstumsanspruch umso mehr zum Zwang gerät, weil nur das in den Schuldenberg bereits eingepreiste Wachstum noch eine gewisse relative Beherrschbarkeit (vorläufig und scheinbar) zusichern kann (weil die Schulden von heute vor dem Hintergrund des gemehrten Reichtums der Zukunft wiederum relativ gering sind). Wehe, die Wachstumsspirale kommt ins Stocken.

Ein *Verhältnis des Menschen zu seiner Umwelt*, sosehr es auch beschworen wird – denn mithilfe ökologischer Themensetzung erregte Aufmerksamkeit liegt absolut im Trend –, existiert nicht real, solange die Prinzipien des kapitalistischen Wirtschaftens die obersten bleiben, ihre beliebige Verstärkung hingenommen wird (siehe die anderen Entgleisungen), und solange Theorien wie das Coase-Theorem „als ökonomisches Instrument für die goldene Mitte" (Klöckner 2013) gelten.

Bei all diesen Entgleisungen kann man nur von gesamtgesellschaftlichen Suchtphänomenen sprechen, die dem bipolaren Prinzip des kurzfristigen Finanzmarktgewinns und der Angst vor seinem Verlust folgen (siehe Teil 4, RV01.03[2]). Wir laufen immer schneller vor dem Schrecken davon, den wir uns selbst einjagen. Es gibt kein Halten. Ein ökologisches Bewusstsein entwickelt sich, jedoch nicht die Erkenntnis, wie sehr wir am üblichen Umgang mit *dem System* rütteln müssten, um nicht auch dies wieder nur zur werbewirtschaftlich und finanzmarkttechnisch verwerteten Farce werden zu lassen.

So gesehen haben wir die Kontrolle abgegeben und sind nicht mal in der Lage, diesen Fakt in seiner Tragweite zu erkennen. Der Parameter „Grad der Zielfindungskontrolle" (Teil 4 – RV01.04) ist niedrig ausgeprägt. Bezüglich der Parameter RV01.05 „Sozialer Fremdeinfluss bei der Zielfindungskontrolle" und RV01.06 „Pfadabhängigkeit/Glaubensrichtung" ergibt sich, dass wir uns einem System ausgeliefert und es mehr oder weniger fahrlässig so parametrisiert haben, dass es kaum eine Alternative zum beschleunigten Wachstum künstlicher Bedürfnisse gibt, egal als wie bizarr, masochistisch oder umweltschädlich sich das am Ende erweist. Dass dieser Prozess mit hoher Intensität stattzufinden hat, ist mehr oder weniger definitiv als oberstes Ziel gesetzt. Bei der konkreten Ausgestaltung der Detailziele und insbesondere bei ihrer schweißtreibenden Erfüllung dürfen wir dann unsere Kreativität und Wahlfreiheit gern einbringen – so viele Freiheitsgrade haben wir uns immerhin gelassen.

Das bedeutet nicht, dass wir nicht intelligent genug oder nicht in der Lage wären, unsere Angelegenheiten bewusst und zielorientiert zu regulieren, sondern es bedeutet, dass wir in einem sehr wesentlichen Punkt und in einer Schlüsselfrage das Nachdenken eingestellt haben und dem entsprechenden Affen uferlos Zucker geben (dem „Scheinreichtumsvermehrungsaffen").

Eine solche Kontrollabgabe ist uns nicht das erste Mal in unserer Geschichte passiert, sondern sie ist eher die Regel. Schließlich basieren alle Glaubenssysteme und Weltreligionen auf einer ähnlichen Art der selbst verschuldeten Unmündigkeit. Es geht hier um den Kapitalismus als Pfadabhängigkeit und Glaubensrichtung (im Sinne des Parameters RV01.06, Teil 4) oder um eine modernere, extremere und kühnere Form dieses Glaubens, den Finanzmarktkapitalismus, der nur noch auf Versprechungen basiert, bei dem reale Werte eine untergeordnete Rolle spielen und der in seiner irrationalen Anziehungskraft unerreicht ist – keine (sonstige) Weltreligion kann da auch nur näherungsweise mithalten.

Grundsätzlich ist das nichts Schlimmes, ebenso wenig wie z. B. der Buddhismus etwas Schlimmes ist. Bei der Lage der Dinge bringt es nur wenigstens zwei bemerkenswerte fatale Probleme mit sich: Erstens ist es ein riskantes Spiel – es ist quasi das Schneeballsystem der Schneeballsysteme, extrem gekonnt aufgezogen, aber gerade auch deshalb hochriskant. Und zweitens passt es so gar nicht zu unserer dominanten Stellung innerhalb der globalen Ökosysteme – Näheres dazu nun im nächsten Abschnitt.

Zerstörung der natürlichen Grundlagen des Lebens

Beschreibung

Oben wurde davon berichtet, dass der Mensch als Spezies „sich wie ein Ökovandale sondergleichen benimmt" (Glaubrecht 2019, 206), der seiner anthropologisch vererbten „Pioniermentalität" folgt, seine Umwelt hemmungslos plündert (ebd., 207) und sich trotz seiner Dominanz nach wie vor benimmt, als müsse er als Mini-Population in einer feindlichen Umwelt um sein Überleben kämpfen. Geologische und biologische Umweltparameter, wie Temperatur, Klimazonen, Populationsgrößen folgen immer auch kurzfristigen Schwankungen. In welchem Ausmaß wir heute jedoch innerhalb eines Menschenlebens einen allgemeinen Schwund der Gletscher, Insekten, Vögel und sonstigen Arten beobachten können, in welchem Ausmaß sich klimatische Bedingungen innerhalb eines so kurzen Zeitraumes auf der ganzen Welt verändern, ist ebenso einzigartig wie anthropogen. Es ist unglaublich aber wahr: Milliarden von schlauen Menschen sorgen sich um alles Mögliche und gehen Risiken wohlweislich aus dem Weg – siehe Sicherheitsgurte, Schutzhelme, Sicherheitsvorschriften, Versicherungspolicen etc. –, aber wenn es um große, sehr wesentliche Dinge geht, die unser aller Leben entscheidend bestimmen – von wichtigen geologischen und biologischen Systemparametern bis zu Kriegswaffen und Atommüll –, wird hemmungslos russisches Roulette gespielt. Die „Bevölkerungsapokalypse" greift um sich (siehe Glaubrecht 2019, 276f.). Im Rahmen der sogenannten großen Beschleunigung weitet sich der industrielle Metabolismus seit den Fünfzigerjahren des letzten Jahrhunderts drastisch aus (siehe Sommer 2013, 14–22) – mit verheerenden Folgen für Umwelt und Artenvielfalt. Im Bermudadreieck zwischen Bevölkerungswachstum, Technologie und Wohlstand (vgl. ebd., 22–34) scheinen nur zwei Wege offenzustehen: weiteres extremes Wachstum der Weltbevölkerung oder zügige Gleichverteilung des Wohlstands. Beides führt zum Umweltkollaps, das Letztere über einen besonders starken Anstieg der Ressourcenverbräuche und Emissionen, das Erstere tendenziell etwas stärker über Migrationsdruck, Konflikte und Kriegswaffeneinsatz. Die globalisierte, vom Kapitalismus westlicher Art geprägte Wirtschaft ist ein wesentlicher Faktor, über den sich der Raubbau an der Umwelt realisiert.

Bewertung

Will man mit grundsätzlichen Erwägungen beginnen, kann man zunächst festhalten, dass es sich hierbei um ein Intelligenzproblem handelt. Dieses Intelligenzproblem könnte man folgendermaßen charakterisieren:

- Es geht um einen allgemeinen Mangel an 4D-Intelligenz und an mentaler Kapazität (siehe Teil 3, Kapitel „4D-Intelligenz"), der im Zusammenhang mit dem steigenden Ausbreitungsgrad unserer Spezies und mit der zunehmenden Vernetzung zum Problem wird, weil die statistisch und kumulativ verfügbaren 4D-Intelligenz-Ressourcen mit den Anforderungen nicht Schritt halten können.

- Es geht vor allem um einen Mangel an „Großgruppenvernunft" (siehe auch Abschnitt „Konzepte der Vernunftintelligenz" in Teil 3). Der intelligente, kluge und vernünftige Umgang mit den Anforderungen des Lebens, die im Rahmen kleinerer Gruppen zu bewältigen sind, lässt weniger zu wünschen übrig. Kleingruppen in diesem Sinne sind jene Gemeinschaften, sozialen Entitäten oder *Teams*, die wohletabliert sind, die unser Leben traditionell bestimmen und innerhalb derer große Bindungskräfte bestehen. Dazu gehören durchaus auch Gemeinschaften mit unermesslich großer Mitgliederzahl, wie z. B. die Weltreligionen, die Weltwirtschaft oder der indische Staat. Großgruppenvernunft beginnt da, wo Teams zwischen diesen *Kleingruppen mit starken Bindungskräften*, also Großgruppen, gebildet werden müssen und wo es Folgendes zu bewältigen gilt: 1. Spannungsfelder und Konflikte zwischen den *Kleingruppen mit starken Bindungskräften* und 2. Spannungsfelder und Konflikte zwischen Großgruppe(n) und Natur. Die größte aller Gruppen ist dabei die Menschheit.

- Dieses Intelligenzproblem und dieser mangelnde Wille zur Vernunft ist sowohl ein Problem der breiten Volksmasse als auch der politischen Eliten.

- Dieses Intelligenzproblem ist nicht *gottgegeben*, sondern selbst verschuldet.

Die beiden letzteren Aussagen sind erklärungsbedürftig.

Warum ist dieses *Intelligenzproblem* gleichermaßen ein Problem der breiten Volksmasse und der politischen Eliten?

Weil beide Seiten über mentale Gravitation miteinander verbunden sind! (siehe Teil 3, Abschnitt „Soziale Vernetzung und mentale Gravitation")

Man könnte hoffen, dass Politiker, die vom Volk gewählt sind, oder Herrscher, die von ihm geduldet werden, in seinem Auftrag das Wunder vollbringen, alle politischen Probleme einigermaßen gut bis hervorragend zu lösen. Letztlich ist genau das eine wichtige Intention hinter dem Mandat oder der Duldung. Doch dann muss man fragen: Von welchen sonstigen Intentionen ist dieses Mandat (oder diese Duldung) getragen? Was erwartet der Wähler oder der „Untertan"? Welche Haltung hat er zu seinem Leben in der Gesellschaft? Inwieweit geht es ihm nur um das Wohl seiner Familie, seiner Ethnie, seiner Region, seines Landes oder inwieweit nimmt er zur Kenntnis, dass es auch außerhalb dieses Gesichtskreises Menschen gibt, mit denen es sich zu kooperieren lohnt? Inwieweit ist seine politische Haltung oder Religion für ihn etwas Absolutes oder inwieweit hält er andere Lebensentwürfe für legitim oder gar interessant? Wie vehement verschanzt er sich in seinem gewohnten Umfeld bzw. wie steht er zu pluralistischen und multikulturellen Ansätzen? Inwieweit wird sein Streben nur vom Hier und Jetzt getragen oder inwieweit vielleicht auch von Geschichtsbewusstsein und Zukunftsperspektiven? Inwieweit kann er sich Letzteres überhaupt leisten? Inwieweit stürzt er von einer Not in die andere oder inwieweit hat er sein Leben im Griff? Inwieweit ist er willens und in der Lage, sein eigenes Leben zielorientiert zu regulieren und mit einem wie großen Gesichtskreis tut er dieser grundlegenden Lebensnotwendigkeit Genüge? Inwieweit möchte er sein politisches Bewusstsein schulen und entwickeln oder inwieweit möchte er sich eher nur an starke Persönlichkeiten anlehnen?

Diese politische Haltung des Wählers (oder wahlweise des Untertans) und der Grad der Vernunftintelligenz, der sich darin ausdrückt, sind für den Politiker (oder wahlweise den Herrscher) maßgebend. Wenn ein entscheidender Teil der Wähler nur die eigenen egoistischen Interessen für legitim hält oder wenn er wahlweise dem „starken Mann" mehr vertraut als seiner eigenen politischen Kompetenz, dann hat das für den Politiker (oder Herrscher) die Konsequenz, dass er dazu den adäquaten Gegenpol bildet und die Räume ausfüllt, die ihm überlassen werden. Je nach Konstellation bedeutet das, dass er Klientelpolitik oder Günstlingswirtschaft betreibt, dass er die Macht, die ihm zuwächst, egoistisch ausnutzt, dass er starke und selbstherrliche Entscheidungen trifft. Genau dann gefällt er dem Wähler (oder Untertan) am besten. Genau dann haben Politiker mit integrativem Weltverständnis, die womöglich von Umsicht und Weitsicht getragene Konzepte zu entwickeln und umzusetzen in der Lage wären und die die dringend gebotene Wahrnehmung der Komplexität der Realität verkörpern, keine Chance, sich durchzusetzen. So wird der Wähler (oder Nichtwähler oder Untertan) zum Verhinderer kluger Politik, und er bekommt genau die Politiker (oder Herrscher), die er verdient. Der Ruf nach guten Politikern und das beliebte Spiel des Politiker-Bashings ist alles andere als nicht hochgradig verlogen. So gesehen steht hinter einem Trump, einem Putin oder einem Bolsonaro ein ebenso kurzsichtiges, egoistisches und beschränktes oder wahlweise von großer Not beherrschtes Volk, ebenso wie hinter einem Gorbatschow oder Joe Biden ein Aufschwung der Gruppenintelligenz vermutet werden darf.

In der Sprache der Teile 3 und 4 dieses Buches haben wir es hier mit folgenden Phänomenen zu tun: „Soziale Vernetzung und mentale Gravitation", „Soziale Bindung und Distanz", „Soziales Integrationsgefälle" (siehe entsprechende

Abschnitte in Teil 3), RV01.07 „Integrationsgefälle (mental)", RV02.07 „Sozialer Integrationsgrad" und RV02.09 „Integrationsgefälle (4DI)" (siehe Teil 4 „Regulatorische Variabilität (RV)").

Warum ist dieses Intelligenzproblem nicht *gottgegeben*, sondern selbst verschuldet?

Einerseits gibt es genügend Gründe, ein wenig schwachköpfig und unvernünftig zu sein. In diesem Buch werden mehr als genug Anhaltspunkte dafür geliefert, warum Beschränktheit gewissermaßen **gottgegeben** bzw. ein normales Naturphänomen ist. Anknüpfend an die Konzepte und Analysen aus den Teilen 3ff. ergeben sich, kurz zusammengefasst, unter anderem die folgenden Punkte:

- Das Spannungsfeld zwischen Information, Emotion, Motivation, Problemkomplexität, sozialen Komplikationen und drohender mentaler Verletzlichkeit, das der Mensch in seinem Kopf auszuhalten hat, ist jederzeit potenziell überwältigend, es muss geschickt gemanagt werden, und die mentale Kraft, die man dem entgegenzusetzen hat, ist limitiert (siehe Abschnitte über 4D-Intelligenz, mentale Kapazität, Vulnerabilität usw. in Teil 3).
- Die Fähigkeit des Menschen, sein Leben klug und erfolgreich zu kontrollieren bzw. zu regulieren, ist limitiert durch LA1 „Naturgesetze und Zufall", LA2 „Kumulierte strukturierte Komplexität", LA3 „Begrenzte mentale Kapazität", LA4 „Kognitive Eigenheiten" und LA5 „Illusion der Kontrolle" (siehe Teil 3, Abschnitt „LA – Die Limitiertheitsannahme").
- Es gibt eine Reihe wissenschaftlicher Erkenntnisse und Theorien, die beschreiben, inwiefern und warum der Mensch zur Irrationalität neigt und wie sich das typischerweise auf seine Lebensgestaltung auswirkt. Einige

wenige davon werden in Teil 5 im Kapitel „Psychologie" behandelt – siehe folgende Abschnitte: Ps1 „Theorie der kognitiven Dissonanz", Ps2 „Das kognitionspsychologische Zwei-Systeme-Modell" und Ps3 „Soziale Medien". Beispielhaft sei auf das Konzept „Kognitive Dissonanz" und auf die WYSIATI-Regel des Zwei-Systeme-Modells hingewiesen. Kognitive Dissonanz zwingt den Menschen, Widersprüche zwischen verschiedenen Kenntnissen, Meinungen oder Überzeugungen (Kognitionen) durch Vermeidung zu glätten. So gelangt er unter anderem dadurch zu einem kohärenten und damit mental einigermaßen erträglichen Weltbild, dass er bestimmten Fragen ausweicht (siehe Ps1). Die WYSIATI-Regel im Sinne von „What you see is all there is" (zu Deutsch: „Nur was man gerade weiß, zählt") führt dazu, dass man in jeder Situation dazu neigt, nur diejenigen Fakten wahrzunehmen, die man unmittelbar vor Augen hat, dass man jedoch allen weiteren möglichen Einflussfaktoren, wie auch dem Zufall, intuitiv keine große Bedeutung zumisst (siehe Ps2). Das menschliche Gehirn wartet mit vielen weiteren Eigenheiten auf, die zu kognitiven Verzerrungen, also Fehlurteilen führen (siehe Ps2).

- In Zusammenhang mit den regulatorischen Variabilitätsparametern kann vermutet werden, dass die Mentalität von Mensch, Gruppen und Gesellschaft tendenziell und statistisch gesehen durch einige Unausgewogenheiten charakterisiert ist, die teilweise fatale Konsequenzen haben (siehe dazu Teil 4 „Regulatorische Variabilität (RV)" und „konkretere Bewertungen" weiter unten in diesem Abschnitt).

Andererseits hat der Mensch diesem schier überwältigenden Problemberg auch einiges entgegenzusetzen, nur nutzt er diesen Spielraum viel zu wenig, was dafür spricht, dass sein

Intelligenzproblem **selbst verschuldet** ist (siehe Konzepte in Teil 3):

- Der Mensch kann sich (ganz allgemein gesehen) mit seinen Limitierungen wissenschaftlich auseinandersetzen und diese Erkenntnisse bei seinen Entscheidungen und seiner Weltsicht berücksichtigen.
- Er kann sich mit 4D-Komplexität konfrontieren, mentale Verletzlichkeit wagen, was zugleich seiner Neuro-Plastizität zugutekommt, und er kann dem *Tunnelblick-Paradoxon* durch Kontextwechsel-Taktiken die Stirn bieten.
- Er kann *mentale Akkumulation* kultivieren, d. h. er kann sich anstrengen, Probleme zu lösen und dabei seine verfügbaren mentalen Ressourcen bestmöglich zu mobilisieren.
- Er kann sich bei allen möglichen Aspekten des Lebens Rechenschaft darüber ablegen, wo jeweils die Grenze zwischen *strukturierter und akuter Komplexität* verläuft, sowie über die Frage, welche Dynamiken in dieser Hinsicht drohen oder proaktiv gemanagt werden können.
- Er kann „Konzepte der Vernunftintelligenz" verstärkt zu kultivieren versuchen. Dabei geht es um „4D-Intelligenz", „Großgruppenvernunft", „Balance zwischen mentaler Akkumulation und Konsumption" und „Komplexitätstransformations-Kompetenz".
- Er kann versuchen, regulatorische Variabilität (RV) so zu kultivieren, dass sie zu gedeihlichen Verhältnissen zwischen Natur und Mensch sowie Mensch und Mensch führt (siehe dazu Teil 4, „Regulatorische Variabilität (RV)" und Diskussion weiter unten).

Nun zu einer etwas **konkreteren Bewertung** der Zerstörung der natürlichen Grundlagen des Lebens.

Ein entscheidender Punkt ist das Verhältnis des Menschen zur strukturierten Komplexität. Wie im Abschnitt

„Strukturierte und akute Komplexität" (in Teil 3) ausgeführt, ist unter strukturierter Komplexität alles zu verstehen, was sich der Mensch antrainiert, schafft und erarbeitet. Dazu gehören sowohl immaterielle Ressourcen wie Wissen, Kompetenzen, Fähigkeiten, Bildung, Kunst, Religionen, Lehren, Glaubensrichtungen (inklusive Aberglaube und Verschwörungstheorien), wissenschaftliche Erkenntnisse, Patente und Technologien als auch materielle Ressourcen wie Werkzeuge, Maschinen, Warenbestände, Währungen, Besitztümer, Kapital und Reichtum als auch soziale Prozesse, Institutionen und Elemente von Kultur. Der Reichtum, über den wir heute in dieser Hinsicht verfügen, ist ein Langzeitprodukt, in das die Bestrebungen und Leistungen unserer Vorfahren eingeflossen sind – bis zurück zu den Anfängen der menschlichen Kultur. Es handelt sich hierbei um ein integratives Langzeit-Speichermedium für die Gesamtintelligenz der menschlichen Spezies. So gesehen beruht unser Wohlstand auf der Gesamtleistung aller Individuen der menschlichen Art, die vor uns gelebt haben und neben uns leben. So gesehen verfügen wir über ein gigantisches System (zur Problemlösung), von dem wir gehörig profitieren können.

Das Restproblem dabei ist, dass wir weder über genügend Kompetenz noch genügend Ressourcen verfügen, um dieses System ernsthaft infrage stellen zu können. Die Infragestellung und Umstrukturierung werden nicht durch zielorientiertes Denken und Handeln bestimmt, sondern durch Naturgesetze und Zufall. Wir sind davon abhängig, welcher Teil der Strukturen sich jeweils als Nächstes auflöst und somit wieder zur akuten Problemkomplexität wird. Mit der Notwendigkeit, den entsprechend akuten Handlungszwängen zu folgen, sind wir so stark ausgelastet, dass wenig Spielraum für zusätzliche vorsorgliche Schritte des Strukturwandels bleibt. So ist zwar prinzipiell ein Bewusstsein für Naturschutz vorhanden, aber Vorrang haben einerseits akute Krisen, wie z. B. die europäische Flüchtlingskrise, die Corona-Pandemie, der Ukraine-Krieg und das CO_2-(Un-)Gleichgewicht sowie andererseits Zwänge zum Erhalt des Wirtschafts- und Finanzsystems, die keine Alternativen zu Konjunkturförderung und expansiver Geld- und Finanzmarktpolitik zulassen. Durch beide Faktoren wird der Ressourcenhunger der Menschheit noch geschürt, und im Zusammenhang mit den heutigen Wirtschaftsstrukturen, den bisher verfügbaren technologischen Potenzialen sowie mit der Größe der menschlichen Population steht das grundsätzlich im Widerspruch zum Umweltschutz.

Es gibt durchaus intensive Bemühungen, neue technologische Potenziale zu erschließen und auf diesem Weg die sogenannte Nachhaltigkeit zu verbessern. Diese Entwicklung wird jedoch regelmäßig durch den sogenannten Rebound-Effekt zunichtegemacht, also dadurch, dass der Ressourcenhunger entsprechend gesteigert wird. Außerdem richten sich die Bemühungen notgedrungen verstärkt auf die Lösung akuter Probleme, sodass dem Gedanken, Artenvielfalt und Ökosysteme zu erhalten, wenn überhaupt, so doch wiederum recht einseitig – also z. B. auf dem CO_2-Einsparungspfad – entsprochen wird. Beispiel: Im Zweifelsfall gehen Monokulturen für die Herstellung von Biokraftstoffen massiv in die Fläche, was für den CO_2-Haushalt gut sein mag, aber über Pestizideinsatz und die Abholzung von Regenwäldern die Populationsgröße und Vielfalt vieler Arten massiv beeinträchtigt; hier spielt auch die so entstehende Konkurrenz zur Nahrungsmittelproduktion mit hinein; kontraproduktiv wird diese Vorgehensweise insbesondere dann, wenn die so und vielleicht auch durch sparsamere Motoren gewonnene CO_2-Effizienz wiederum durch verschwenderischen Umgang mit Ressourcen (SUV-Trend) zunichtegemacht wird. Diese Art des Selbstbetrugs ist typisch für den Menschen. Es gelingt ihm weder, aus der Umschlingung durch die Erfindungen der Vergangenheit zu entweichen, noch kann er sich von seiner Anspruchshaltung befreien, zu der er sich durch seinen im sozialen Wettbewerb errungenen und ausgelebten Reichtum provoziert sieht.

Wie oben bereits beschrieben, besteht die Gefahr der Zerstörung der natürlichen Lebensgrundlagen nur im Bermudadreieck zwischen Bevölkerungswachstum, Technologie und Wohlstand. Ohne Wohlstand mag der Mensch zwar etwas weniger komfortabel leben, aber es fehlten ihm zugleich die Mittel, um großen Schaden anzurichten. Reichtum, welcher Art auch immer, kann wiederum keine erwähnenswerten Schäden anrichten, wenn ihm der Wirkmächtigkeits-Hebel hoch entwickelter Technologien fehlt. Mit den Händen allein oder mit hundert Ochsenkarren können auch relativ reiche Menschen keinen Schaden anrichten, der im Vergleich zu dem, was wir heute beobachten, nennenswert wäre. Aber auch Wohlstand und Technologie bedürfen noch des Multiplikators „Populationsgröße", um wirklich ernsthaft gefährlich zu werden. In allen drei Dimensionen handeln und verhalten wir uns heute expansiv, wobei vorrangig der große ökologische Fußabdruck derjenigen zahlreichen Zeitgenossen zählt, die massiv in den Genuss von Wohlstand und Technologien kommen. Genau in diesem Zusammenhang ergibt sich eine ausgeprägte Schieflage des Parameters RV04.01 „Kräfteverhältnis Spezies (Mensch) – Natur" (Teil 4) zuungunsten der Natur. Genau dieser Punkt müsste im Diskurs ganz oben stehen, und es müsste die Frage im Vordergrund stehen, wie wir unsere Dominanz wieder um Größenordnungen schwächen können und wie wir dies strategisch in allen drei Dimensionen – Populationsgröße, Technologie und Wohlstand – umsetzen können: Das wäre dann als Zeichen dafür zu werten, dass sich eine adäquate Art der Großgruppenvernunft in der Entwicklung befindet. Doch was tatsächlich auf dem Prüfstand zu stehen scheint, ist lediglich die Technologie – sie soll ständig grüner werden –, doch auch hier gibt es in der Realität eher Expansion als Regression, und verkündete ökologische Effizienz fungiert viel öfter als Marketingtrick denn als tatsächlich die menschliche Dominanz mindernder Einflussfaktor. Im Grunde wird die technologische Giftküche ungebremst weiter betrieben, nur die Rezepte wandeln sich; ob CO_2-ausstoßende Verbrennungsmotoren oder giftschwangere Akku-Technologien – beides ist ein absolutes ökologisches Desaster; ebenso geht der Wettbewerb zwischen fossilen und atomaren Kraftwerken aus oder der – wie oben bereits erwähnt – zwischen fossilen und biologischen Kraftstoffen. CO_2 ist nur der aktuelle Hype, danach oder gleichzeitig rollen andere „ökologische Zwänge" auf uns zu, die „effizientere Technologien" erfordern. Von den anderen beiden Dimensionen ganz zu schweigen: Über eine mögliche Regulierung des Wohlstands oder der Populationsgröße zum Wohle der Natur – und auf diesem Umweg wiederum zu dem des Menschen – wird nicht einmal diskutiert (außer vielleicht in der Vergangenheit in China); diese Fragen stehen gar nicht im Raum. Wahlweise könnte auch der entsprechende Umgang mit dem Wohlstand diskutiert werden, was auch geschieht, allerdings nur sehr am Rande oder eher nur unter sozialen Gesichtspunkten.

Es ist also kein Anhaltspunkt dafür vorhanden, dass sich Großgruppenvernunft ernsthaft entwickelt und Parameter RV04.01 „Kräfteverhältnis Spezies (Mensch) – Natur" (Teil 4) aus der Ecke geholt wird, in die er immer stärker drängt.

Vermittelt wird diese Fehlentwicklung unter anderem durch die regulatorischen Variabilitätsparameter (siehe Teil 4) RV03.04 „Künstlichkeitsgrad des Bedürfnissystems", RV03.02 „Grad des Anthropozentrismus", RV02.08 „Naturgesetzlich vs. sozial ausgerichtete Realitätskonfrontation", RV01.07 „Integrationsgefälle (mental)", RV02.09 „Integrationsgefälle (4DI)“, RV03.05 „Materialisierungsgrad des Bedürfnissystems“, RV02.12 „Ambiguitätskompetenz“ und RV02.11 „Grad der kontextuellen Schnittmengenbildung bei der Kommunikation“, um nur die wichtigsten zu nennen.

Der „Künstlichkeitsgrad des Bedürfnissystems“ (RV03.04) dürfte insbesondere in wohlhabenden Teilen der Weltbevölkerung extrem ausgeprägt sein. Unsere Aufmerksamkeit kreist immer intensiver um immer weiter hergeholte Erfindungen, Absonderlichkeiten und Befindlichkeiten. Tugenden wie Bodenhaftung und Pragmatismus sind im Aussterben begriffen. Ganz normale Grundbedürfnisse (wie z. B. Hunger), also solche, die nicht eben gerade in höheren Bedürfnisebenen zelebriert werden (wie z. B. ein Familienessen, ein Arbeitsessen oder eine Gourmeterfahrung; siehe Schindler 2020, 128), gibt es nur am Rande der Gesellschaft, gewissermaßen als Seiteneffekte, um die sich der Mainstream nicht schert und die also mit der Entwicklung der Gesellschaft wenig mehr zu tun haben als bedauerliche Unfälle, die immer einmal passieren können. So findet die Regulierung der eigenen Angelegenheiten zunehmend nur noch in einem narzisstisch aufgeblähten Projektionsraum statt und immer weniger im ursprünglichen evolutionären Sinne. So wird der „Grad des Anthropozentrismus“ (RV03.02), in dem die wohlhabende Gesellschaft badet, ins Unermessliche gesteigert. Natur wird nicht mehr als Schoß wahrgenommen, in dem es uns erlaubt ist, zu gedeihen, sondern nur noch als Spender von Ressourcen, der schlechte Laune hervorruft, wenn er einmal nicht so zu funktionieren scheint, wie es sich das verwöhnte Menschenwesen eben vorgestellt hat. Die Realitätskonfrontation der meisten Menschen ist weitgehend nur noch sozial ausgerichtet und weniger naturgesetzlich (RV02.08), d. h. Probleme werden kaum noch der Wirkung von Naturgesetzen zugeschrieben, sondern eher nur noch Mitmenschen, die (im Rahmen der Erbringung von

Dienstleistungen) die Naturgesetze nicht zufriedenstellend bändigen (siehe z. B. die Abgasaffäre, die ab 2015 ihren Lauf nahm – hier war es Ingenieuren und Managern *leider* nicht möglich, bei der Motorenentwicklung die Naturgesetze im von der Gesellschaft gewünschten Maß zu verbiegen).

Diese Entfremdung der wohlhabenden Gesellschaft von der Natur, die den Mainstream ausmacht und die die Entwicklungsrichtung der Menschheit bestimmt, wird nicht zuletzt durch Formen von Integrationsgefällen (Teil 3, Abschnitt „Soziales Integrationsgefälle", Teil 4, RV01.07 und RV02.09) ermöglicht. Dabei entsteht ein Ungleichgewicht, bei dem mental-sozial-materiell vermögendere Menschen ihre Regulierungsansprüche weitgehend sozial ausgerichtet ausleben (indem sie sich auf Dienstleistungen stützen), und bei dem weniger mental-sozial-materiell vermögende Mitmenschen (insbesondere die Dienstleister letzter Instanz) umso mehr in die Zwickmühle zwischen sozialen und naturgesetzlichen Anforderungen geraten (indem sie z. B. verstopfte Toiletten reinigen, unter prekären Bedingungen Kleidung nähen oder palliative Pflege leisten).

Hier ist zu bedenken, dass sich grundsätzlich jeder Mensch in beiden Rollen bewegt – er ist sowohl Bezieher als auch Anbieter von Dienstleistungen. Das ist ein Gebot des Prinzips der „fortgesetzten wechselseitigen mentalen Unterstützung" (siehe Teil 3, Abschnitt „Soziale Vernetzung und mentale Gravitation"). Doch es kann starke Unterschiede beim Grad des Auslebens beider Rollen geben, die mit unterschiedlichen Stellungen von Menschen in der Gesellschaft oder von Gruppen in der Weltgemeinschaft einhergehen. Für die Beteiligten hat das unterschiedliche Konsequenzen. Hier geht es insbesondere um die fatale Folge, dass der mental-sozial-materiell wohlhabendere (über mehr Macht verfügende) Teil der Weltbevölkerung, der folgerichtig und unabwendbar (aber ungerechterweise) auch über den größten politischen Einfluss verfügt, sich umso mehr von der Naturgesetzlichkeit der Regulierung seiner Angelegenheiten und Bedürfnisse enthebt und so umso mehr die Bindung zur Natur verliert (RV02.08), je größer die Integrationsgefälle sind (RV01.07, RV02.09; siehe auch Teil 3, Abschnitte „Macht" und „Soziales Integrationsgefälle").

Dem fatalen Risiko, im Bermudadreieck zwischen Bevölkerungswachstum, Technologie und Wohlstand unterzugehen, könnte man durch adäquate Regulierung des Materialisierungsgrades des Bedürfnissystems (RV03.05) begegnen. Das würde bedeuten, künstliche Bedürfnisse zunehmend in immateriellen Richtungen auszuleben, also viel mehr intellektuell-künstlerisch und weniger auf materiellen Ressourcen basierend. Das wäre gewissermaßen ein Streben nach bescheidener Kultiviertheit, das zugleich von hohen intellektuellen Ansprüchen begleitet wird. Doch davon kann nicht die Rede sein. Der Zugriff auf Ressourcen und die Emission von naturfeindlichen Stoffen steigen ins Unermessliche, während gesellschaftlicher Diskurs und intellektuelles Klima – zumindest vorübergehend – eher eine negative Entwicklung zu nehmen scheinen. Es ist eher so, dass man größere Häuser, individuellere Produkte und mehr Autos benötigt, um seinen Mitmenschen, mit denen man sich immer weniger verträgt, immer besser aus dem Weg gehen zu können.

Eigentlich müsste man einen neuen Pfad beschreiten, bei dem man neben grünen Technologien, die ja in gewisser (wenn auch eher verlogener) Weise en vogue sind, insbesondere auch die folgenden Denkrichtungen ernsthaft in Erwägung zieht:

* Eindämmung des Bevölkerungswachstums.
* Senkung des Materialisierungsgrades des Bedürfnissystems (RV03.05).
* Stärker naturgesetzlich und weniger sozial ausgerichtete Realitätskonfrontation (RV02.08) sowie Senkung

des Grades des Anthropozentrismus (RV03.02), also
die Umkehr zu einer naturverbundeneren und weniger
spezies-narzisstischen Lebensweise (der Begriff „Rückkehr" würde hier auch passen, wäre aber utopisch). Bessere Regulierung des Kräfteverhältnisses zwischen Spezies (Mensch) und Natur (RV04.01).

- Die letztere Denkrichtung kann wiederum nur funktionieren, wenn soziale Integrationsgefälle besser reguliert
  werden (RV01.07, RV02.09). Dafür gibt es auch weitere
  Gründe, wie z. B. den des sozialen Friedens, aber hier
  – im Zusammenhang mit der Frage der drohenden Zerstörung der natürlichen Grundlagen des Lebens – steht
  das Problem des Anthropozentrismus sowie der naturfeindlichen und abgehobenen Lebensweise des wohlhabenden Menschen im Vordergrund.

- Die Erkenntnis, dass dem starken Glauben an den Kapitalismus und insbesondere an die positive Wirkung seiner
  Motivationsmechanismen für die Entwicklungsrichtung
  der Gesellschaft mindestens der Wille zur zielorientierten Regulierung der folgenden Variabilitätsparameter
  entgegenzusetzen ist: RV01.03[2] „Lust und Euphorie vs.
  Frust und Angst" (Suchtphänomene, expansive Geldund Finanzmarktpolitik, Schuldenspiralen), RV01.04
  „Grad der Zielfindungskontrolle" (bisher viel zu gering),
  RV01.05 „Sozialer Fremdeinfluss bei der Zielfindungskontrolle" (viel zu hoch und viel zu sehr von den Versuchungen und dem Wachstumsimperativ des Kapitalismus sowie von der Idee des kurzfristig zu erzielenden
  Shareholder-Value-Handelsgewinns   vereinnahmt),
  RV01.06 „Pfadabhängigkeit/Glaubensrichtung" (viel
  zu große Abhängigkeit vom Pfad des ressourcenintensiven kapitalistischen Wirtschaftens; Details siehe oben
  im Abschnitt „Kapitalistische Wachstumswirtschaft" –

in dieser Hinsicht wären mehr Problembewusstsein und weniger „Diesseitigkeit" besser).

Doch all das scheitert nicht zuletzt an der mangelnden (seelisch-moralisch-geistigen) Größe des Durchschnittsmenschen der heutigen Zeit, der nicht besonders entschlossen nach eigenständiger Zielorientierung (RV01.04), gesteigerter intellektuell-emotional-motivationaler Bandbreite (3D-Intelligenz), ausgeprägter Ambiguitätskompetenz (RV02.12) oder einem hohen Grad der kontextuellen Schnittmengenbildung bei der Kommunikation (RV02.11) strebt.

Damit sind wir am Ende des Hauptthemas dieses Buches. Die restlichen rätselhaften gesellschaftlichen Phänomene sind nur noch eine Art Begleitmusik, die die Anstrengungen des Menschen, sich ein gutes Leben aufzubauen, neben den bis hier analysierten Torheiten noch zusätzlich konterkarieren. Demgemäß werden sie nun im Folgenden etwas weniger ausführlich behandelt.

Das politische Spektrum

Beschreibung

Hier geht es zunächst nicht um ein *rätselhaftes gesellschaftliches Phänomen*, sondern um ein wohlbekanntes, das es allerdings mit Blick auf den folgenden Abschnitt aus neuropsychologischer Sicht zu deuten gilt.

Die politische Landschaft ist insbesondere durch das Links-(Mitte-)Rechts-Spektrum charakterisiert. Danach werden linke politische Positionen eher mit den folgenden Werten verknüpft: Gleichheit, Gerechtigkeit, Nähe, Wärme, Formlosigkeit, das „Du", Spontaneität, das Internationale, das Kosmopolitische, Solidarität mit den Schwächeren. Linke Wirtschaftspolitik läuft tendenziell eher auf staatliche

Planung, öffentliche Kontrolle, auf die Ausgestaltung des Wohlfahrtstaates und nicht zuletzt auf Verstaatlichung hinaus. Linke werden tendenziell eher als progressiv gesehen. Rechte Werte sind dagegen eher die folgenden: Betonung der Unterschiede, Autorität, Distanz, geregelte Umgangsformen, das „Sie", Disziplin, das Nationale, Anstrengung, Risikobereitschaft, Eigenaktivität. Rechte Politik kann insbesondere mit den Begriffen Privatwirtschaft, Wettbewerb, Privateigentum und Ordnung beschrieben werden. Rechte werden eher als konservativ gesehen. Näheres siehe in Teil 5, Abschnitt Po1 „Das politische Links-Rechts-Schema".

Außerdem gibt es eher identitäre und im Gegensatz dazu eher liberale Tendenzen, die sich in allen Teilen des Rechts-Mitte-Links-Spektrums in verschiedenen Formen wiederfinden.

Im Zusammenhang mit dem rechten Lager könnte man vielleicht noch hinzufügen, dass bei den Menschen, die einer entsprechenden Orientierung folgen, eine gewisse Verbundenheit mit der Heimat eine besondere Rolle spielt und dass es ihnen wichtig ist, in der Bewahrung des Kontextes, in dem sie aufgewachsen sind – z. B. die Region, den Nationalstaat, die Kultur betreffend – einen gewissen Halt zu finden und sich darin verankern zu können. So gesehen kann beim rechten Teil des politischen Spektrums eine konservativ-identitäre Komponente in gewissem Maß als natürlicherweise zugehörig betrachtet werden, während links in dieser Hinsicht eher eine große Variabilität besteht – von der totalen ideologischen (identitären) Verblendung bis zu großer Liberalität und zur Infragestellung aller möglichen Werte.

Bewertung

Es gibt viele mögliche Beschreibungen mentaler Dispositionen, die für Wechselwirkungszusammenhänge mit allen möglichen Schattierungen im politischen Spektrum herhalten könnten. Besonders gut sind womöglich die regulatorischen Variabilitätsparameter RV02.04 „Vehemenz – Sensitivität" und RV02.03 „Präzision – Bandbreite" dafür geeignet (siehe Teil 4). Sie beziehen sich auf das Konzept der 3D/4D-Intelligenz und entsprechen der Balance zwischen emotivationaler Bandbreite (EB) und informationeller Komplexität (IP*IB) sowie zwischen den beiden informationellen Faktoren Präzision (IP) und Bandbreite (IB) (siehe Teil 3, Kapitel „4D-Intelligenz").

Letztlich geht es um Lebensweisen, die verschiedenen Schwerpunktsetzungen folgen und darum, dass davon wiederum mentale Dispositionen sowie auch politische Haltungen geprägt sein können. Je nachdem, in welchen Verhältnissen und unter welchen Bedingungen der Mensch sich sozialisiert, lebt und arbeitet, ergeben sich nahezu zwingend unterschiedliche mentale Dispositionen, und Letztere wirken wiederum auch auf die Lebensart zurück.

Wenn man es sich einmal erlaubt, das stark zu pauschalisieren und statistisch zu abstrahieren, geht es dabei (unter anderem bzw. insbesondere) um die Variabilitätsfelder Vehemenz – Sensitivität (RV02.04, 3DI: EB vs. IP*IB) und Spezialisierung – Universalität (Präzision – Bandbreite, RV02.03, 3DI: IP vs. IB) sowie um mögliche Zusammenhänge zwischen beiden Feldern.

Die erstere Form der Variabilität – Vehemenz – Sensitivität – hat mit der Frage zu tun, in welcher Art des Umfeldes man aufwächst und lebt und mit welcher Art von Erfahrungen und Anforderungen man konfrontiert ist. Ein Mensch, der verstärkt psychischem Druck oder Gewalt ausgesetzt ist oder der diese Art der Erfahrung – aus welchem Grund auch immer – verstärkt sucht, ist nahezu zwingend mit stärkeren emotionalen Spannungsfeldern konfrontiert und muss häufig einen höheren Grad an Vehemenz aufbringen als ein anderer, der weniger aus diesem Kelch trinkt. Letztlich korrespondiert diese Art der Erfahrung mit den Gewohnheiten, und wer tendenziell eine stärkere Emotionalität oder eine größere mentale Stärke – im Sinne der Bündelung seiner Kräfte – gewohnt ist, der wird auch (weiterhin) ein Umfeld suchen, das zu dieser Lebenseinstellung passt. Letztlich korrespondiert Vehemenz auch in gewissem Maß mit körperlicher Kraft – sowohl mit ihrem Bedarf als auch mit der Fähigkeit, diese zu entwickeln und zu entfalten.

Den Gegenpol bilden Lebensweisen und Arbeitsumfelder, in denen informationelle Komplexität und die Fähigkeit, zu differenzieren, verstärkt gefragt sind. Die hobbymäßige oder professionelle Auseinandersetzung mit komplexen Sachverhalten, bei denen die sorgsame Abwägung verschiedenster Randbedingungen, Parameter und Stilelemente gefragt ist, verträgt sich nicht mit monokausaler Vehemenz. Hier ist eher Gelassenheit in dem Sinne gefragt, dass zwar alle möglichen Emotionen und Empfindungen zugelassen werden, dies jedoch eher im Sinne einer Sinfonie, bei der eine Vielzahl von Klangfarben und Instrumenten, sprich eine Vielzahl von emotivational-informationellen Aspekten berücksichtigt und zusammengeführt wird. Das erfordert Sensitivität im Sinne der Abwesenheit von starker Bündelung der inneren Kräfte.

Die Lebenswirklichkeit hält für uns alle (in wohlhabenden Gesellschaften) beide Formen der Erfahrung bereit. Jeder durchläuft ein Schul- und Bildungssystem und lernt, zwischen verschiedenen Aspekten von Sachverhalten abzuwägen. Jeder lernt, sich auf einen theoretischen Stoff zu konzentrieren, sensibel abzuwägen und komplexen Problemstellungen mit sinnvollen Schlussfolgerungen zu begegnen. Andererseits kommt auch niemand ohne psychischen Druck und leidvolle Erfahrungen durchs Leben, die intellektuelle Ambitionen oder die Konfrontation mit hochkomplexen Problemstellungen zumindest partiell konterkarieren. Beide Pole gehören zum Leben eines jeden von uns.

Unterschiedlich sind allerdings die individuellen Schwerpunktsetzungen. Als Handwerker, Arbeiter oder Polizist muss man durch bestimmte schwierige Situationen, die die Bündelung der inneren Kräfte, starke Motivationen und Durchsetzungsvermögen benötigen, immer wieder hindurch. In diesen Situationen steht eine allzu ausgeprägte Sensitivität im Weg. Sicher, in Berufen dieser Art ist ebenfalls komplexes Wissen erforderlich, aber es gibt immer wieder Momente, in denen es den entsprechenden Empfindungs-Cocktail beiseitezuschieben gilt, weil die folgerichtige Nachdenklichkeit und Unentschlossenheit jetzt fehl am Platz wären. Ohne diese Fähigkeit würden Handwerker oder Arbeiter es niemals schaffen, ordentliche Arbeit abzuliefern, und der Polizist wäre nicht in der Lage, in kritischen Situationen Recht und Ordnung mit der gebotenen Autorität Geltung zu verschaffen.

In anderen Berufen ist es regelrecht erforderlich, stärkere Emotionen auszusperren und den Pfad der inneren Zerrissenheit (negativ ausgedrückt) bzw. der Ambiguität (positiv ausgedrückt) niemals zu verlassen. Als Lehrer, Journalist, Ingenieur oder Wissenschaftler darf man niemals die kritische Distanz zu den Gegenständen seines Schaffens verlieren, man muss also permanent zwischen verschiedenen Aspekten abwägen. Extreme Emotionen oder monokausale Motivationen stehen dabei im Weg und können sich, selbst wenn man entsprechenden Impulsen nur partiell nachgibt, sehr störend auswirken. Das bedeutet nicht, dass diese Menschen völlig blutarm sein müssen, aber die Fähigkeit, stärkere Impulse über einen längeren Zeitraum gut zügeln zu können, ist zumindest äußerst wichtig, während es in mehr von Vehemenz geprägten Umfeldern und Berufen häufiger Gelegenheiten gibt, Impulse auszuleben.

In beiden Fällen ist das nicht mit einer schicksalhaften oder fatalen Prägung verbunden. Zum Glück bewegt sich jeder Mensch in ganz unterschiedlichen Kontexten, und es gibt eine starke Tendenz, parallel zueinander mehreren unterschiedlichen Hobbys oder gar Berufen nachzugehen. Es gibt immer einen Gestaltungsspielraum, und die Mischung macht das Ergebnis, sprich die mentale Disposition und Konstitution. Ein Handwerker mag in der Freizeit viel lesen, oder er kümmert sich in seinem Beruf neben der Ausführung auch um planerische und kaufmännische Aufgaben. Ein Wissenschaftler, der in seinem Beruf immer sehr bedacht und reflektiert vorgeht, mag sich in seiner Freizeit in Outdoor-Abenteuer oder gar in besonders adrenalinintensive Erfahrungen stürzen.

Daneben gibt es auch Umfelder und Berufe, die der gekonnten Kombination von Vehemenz und Sensitivität bedürfen. Man denke an Chirurgen, Piloten oder Fluglotsen. Diese Art des Stresses gibt es letztlich partiell in fast jedem Umfeld und Beruf. Allerdings kann man ihm in vielen Fällen in die eine oder andere Richtung gut ausweichen, indem man situationsgerecht mehr auf Haltung oder mehr auf Nachdenklichkeit setzt. Und man ist immer gezwungen, die Möglichkeiten zur Komplexitätsreduktion zu nutzen, da ja die mentale Kraft begrenzt und die bestmögliche Adaption der mentalen Disposition immer in gewissem Maß geboten ist.

So weit so gut und plausibel. Nun soll hier behauptet werden, dass in diesem Variabilitätsfeld einer der wichtigsten Hintergründe für die Auffächerung des politischen Spektrums in rechte, mittlere und linke Positionen zu finden ist. Vereinfacht kann man feststellen, dass Vehemenz eher mit rechten und Sensitivität eher mit linken Positionen korreliert. Das ist zunächst nur eine These, die man jedoch erst einmal aufstellen muss, um sie verifizieren oder falsifizieren zu können. Das (Henne-Ei-) Problem besteht hier darin, dass es keine empirischen Belege gibt, weil entsprechende Studien fehlen, und dass es wiederum keine entsprechenden Studien geben kann, solange man die These nicht aufstellt. Also ist es zwingend erforderlich, hier – wie in allen anderen Fällen wissenschaftlicher Innovation – zunächst mit einer unbewiesenen Behauptung anzutreten. Also tun wir das, nehmen zunächst an, dass diese Behauptung stimmt, und versuchen, soweit es geht, ihre Plausibilität abzusichern, d. h. sie im Zusammenhang mit möglichst vielen anderen wichtigen Aspekten zu betrachten.

Die **zweite Form der Variabilität:** Spezialisierung – Universalität (Präzision – Bandbreite, RV02.03, 3DI: IP vs. IB) hat mit der Frage zu tun, wie stark im jeweiligen Umfeld oder Beruf Fokussierung erforderlich bzw. gängig ist oder inwiefern eher ein weitgefächertes Spektrum an Aspekten und Positionen eine Rolle spielt. Man könnte meinen, dass hochgradige Sensitivität bzw. das Baden in informationeller Komplexität implizit auch viel eher mit universalen Neigungen verknüpft ist, als das im Zusammenhang mit ausgeprägter Vehemenz und Stärke der Fall ist. Diesen Zusammenhang kann man jedoch wahrscheinlich so nicht herstellen, weil ihm der generelle Konflikt zwischen Präzision und Bandbreite entgegensteht. Auch ein noch so intellektualisierter oder auf Sensitivität und maximale Rücksicht ausgerichteter Lebensentwurf stellt nicht im Geringsten die mentale Kapazität bereit, um alle Betätigungsfelder und Fachgebiete mit maximaler Präzision durchdringen zu können. Man hat immer nur die Wahl, sich, wenn überhaupt, auf ganz wenige Felder oder auf ein Feld zu spezialisieren und alles andere bestenfalls sehr oberflächlich zu begreifen. Der Weg für informationelle Durchdringung steht niemandem von uns offen – dafür ist das Wissens- und Kompetenzportfolio der Menschheit einfach viel zu umfangreich. Die Wahl, die einem bleibt, besteht eher darin, ob man überhaupt in beiden Richtungen – Spezialisierung und Universalität – ein Stück weit vordringt. Prinzipiell kommt man auch als Dilettant (ohne tiefer gehende Spezialisierung) durchs Leben (wenig IP), ohne nach einem komplexen (universellen) Weltbild zu streben (wenig IB). Das ist sicher wahrscheinlicher, je stärkere emotionale Belastungen man erfahren oder durchzustehen hat (RV02.04, EB), aber andererseits ist es bei Weitem nicht zwingend, dass sensiblere Gemüter die Welt der Informationen (IP*IB) in der einen oder anderen Richtung besonders ausgeprägt kultivieren.

Was bedeutet das für das politische Spektrum? Es bedeutet, dass die zweite Form der Variabilität (Spezialisierung – Universalität, RV02.03) das politische Spektrum ergänzend zur ersten Form der Variabilität (Vehemenz – Sensitivität, RV02.04) maßgeblich mitprägen kann. Dementsprechend wird hier behauptet, dass ausgeprägte Formen von Spezialisierung und von fokussierter Denkweise mit identitären politischen Positionen korrelieren und dass Formen von universelleren, ambiguitiveren Orientierungen eher mit liberaleren, toleranteren und pluralistischeren politischen Positionen korrelieren, und dies wiederum in allen Teilen des politischen Rechts-Links-Spektrums (bzw. des Vehemenz-Sensitivitäts-Spektrums).

Ergänzend kann man vermuten, dass sich an den Rändern des politischen Spektrums extreme Haltungen in besonderem Maße konzentrieren und dass das im Zusammenhang mit Komplexitätskrisen (siehe Teil 3, Abschnitt „Komplexitätskompetenzwachstum als diskontinuierlicher Prozess"), insbesondere mit kompensatorischen Phänomenen, also mit Formen der Flucht aus der Information, einhergeht. Das trifft sowohl auf extreme Formen von Nationalismus und rechte identitäre Bewegungen als auch auf Linksextremismus und linke identitäre Bewegungen zu.

Wenn man **drittens** nach möglichen Zusammenhängen zwischen den Variabilitätsfeldern „Vehemenz – Sensitivität" und „Spezialisierung – Universalität" fragt, so ist zu beachten, dass sich Vehemenz wahrscheinlich weniger gut mit informationeller Komplexität verträgt als Sensitivität. Das ergibt sich aus dem Fakt, dass die mentale Kapazität des Menschen begrenzt ist, sowie aus der These, dass sie sich als Produkt aus informationeller Präzision (IP), informationeller Bandbreite (IB) und emotivationaler Bandbreite (EB) berechnet (siehe Abschnitt „Mentale Kapazität (MC)" in Teil 3). Folgt man dieser These, so sind die Spielräume für intellektuelle Offenheit gegenüber anderen Lebensentwürfen, Identitäten oder Nationalitäten am vehementen (rechten) Ende des politischen Spektrums natürlicherweise weniger groß als am sensitiven (linken) Ende. Des Weiteren kann vermutet werden, dass diese Vehemenz-Konstellation wiederum die folgenden beiden mentalen Profile begünstigt: Entweder ist man politisch engagiert, dann jedoch eher identitär (konservativ, heimatverbunden, nationalistisch), oder man ist zwar liberal gegenüber anderen Lebensentwürfen, Nationalitäten und Identitäten eingestellt, das jedoch eher passiv und in dem Sinne, dass man ihnen mehr aus dem Weg geht, als sie willkommen zu heißen. So ist die aktive Konfrontation mit multikulturellen, pluralistischen, internationalistischen oder progressiven Ansätzen bei der Vehemenz-Konstellation eher nicht begünstigt.

Am sensitiven (linken) Ende des Spektrums ist das anders. Hier ist die Konfrontation mit informationeller Komplexität, Ambiguität und neuartigen Ideen eher ein Trend als ein Problem. Hier werden die multikulturellen, pluralistischen, internationalistischen und progressiven Ideen hochgebracht, die in das Leben weniger oder anders politisierter Mitglieder der Gesellschaft unnötig erscheinende Unruhe hineintragen. Grundsätzlich scheint die Sensitivitäts-Konstellation damit der bessere, zukunftsorientiertere, lebenstüchtigere Ansatz zu sein, der bessere Voraussetzungen für die Herausforderungen der Zukunft bietet. Allerdings gibt es damit mindestens zwei Probleme. Die Annahme, dass Liberalität der natürliche Partner von Sensitivität ist – weil dafür bei dieser Konstellation grundsätzlich eine bessere Ressourcenbasis gegeben ist –, stimmt ganz offensichtlich nicht. Vielmehr zeigt sich, dass identitäre Strömungen zur Linken ebenso gehören wie zur Rechten, nur dass sie sich anders definieren (siehe z. B. Caroline Fourest (2020) zum Umgang mit kultureller Aneignung und zu Formen des Antirassismus; siehe auch z. B. linke Ideologien, die ebenso regelmäßig zum Totalitarismus führen wie rechte Ideologien). Erklären lässt sich das dadurch, dass das menschliche Informationsportfolio (alles Wissen, alle Ideen, alle Technologien) mittlerweile so gigantisch groß ist, dass jeder auch noch so komplexitätsorientierte Denker sich bescheiden bzw. sich spezialisieren muss und so gezwungen ist, einen großen Teil des Angebots auszublenden. Die Versuchung, mehr oder weniger stark in eine gewisse Scheuklappenmentalität zu verfallen und Schutzräume zu suchen, ist also am sensitiven Ende des Spektrums kaum geringer als am vehementen. Im Gegenteil – die tendenziell höhere Verletzlichkeit (siehe Abschnitt „Mentale Kapazität und die mentale Vitalitäts-Vulnerabilitäts-Achse" in Teil 3) führt bei „komplexeren" Gemütern tendenziell zu einem ausgeprägteren Schutzbedürfnis, als das „schlichteren" Gemütern jemals notwendig erscheint.

Des Weiteren verbindet sich informationelle Komplexität bei gut moderierter Emotionalität zugleich mit einem hohen Künstlichkeitsgrad des Bedürfnissystems (siehe auch RV02.02 „Künstlichkeitsgrad der Problemkomplexität" und RV03.04 „Künstlichkeitsgrad des Bedürfnissystems" in Teil 4). Dabei spielt die regelrechte Erfahrung existenzieller Nöte tendenziell eine eher geringe Rolle, das Bewusstsein dafür, wie sehr der Mensch dem evolutionären Kontext eigentlich ausgeliefert ist (bzw. von Fall zu Fall wieder ausgeliefert sein wird), ist unterentwickelt, und das Leben dreht sich mehr um künstlich überformte Bedürfnisse und bizarre Formen von Kultur als um echte Probleme, die auch noch zu lösen sein würden, wenn man den daraus resultierenden Befindlichkeitszirkus einmal ablegen könnte. Die Unterrepräsentation emotivationaler Komponenten kann hierbei unter anderem auch als eine spezielle Art des Bewusstseinsverlustes gedeutet werden („Bewusstsein ist die Projektion von Information auf Zweck oder Emotivation" – siehe Abschnitt „Ein systemisches Menschenbild" in Teil 3; „consciousness is information enlightened by emotivational evaluation" – siehe Abschnitt „Conscious experiences" in Schindler 2020, 93–101).

So gesehen entsteht aus dem Zusammenhang zwischen den Variabilitätsfeldern Vehemenz – Sensitivität und Spezialisierung – Universalität nur oberflächlich betrachtet ein Bild, das zuungunsten vehementerer, stärkerer oder schlichterer Persönlichkeiten und zugunsten sensiblerer, rücksichtsvollerer oder intellektuellerer Gemüter spricht. Letztere finden sich leicht in einer moralisch überlegenen oder eloquenteren Position wieder, neigen jedoch ebenso dazu, die Realität in ihrer Gesamtheit aus dem Auge zu verlieren wie ihre etwas robusteren oder schlichteren Mitbürger.

Die **politische Mitte** kann wiederum als derjenige Teil der Bürger verstanden werden, die den Versuchungen der Vereinfachung, wie sie sich in ausgeprägt vehementen, sensitiven oder identitären Kontexten laufend darbieten, am wenigsten erliegen.

In diesem Zusammenhang ist es wichtig, einerseits die verschiedenartigen, teilweise antagonistischen, jedoch legitimen Interessen unterschiedlicher politischer Lager zur Kenntnis zu nehmen und dies andererseits sorgfältig von den fragwürdigen Methoden zu trennen, mit denen der politische Kampf teilweise ausgefochten wird. Es ist niemandem geholfen, wenn aus der Tatsache, dass abstoßende, illegitime, kriminelle oder einfach nur unsympathische Mittel in Anwendung kommen, die legitimen Interessen aller moderateren, anständigeren und gesetzestreuen Vertreter desselben politischen Lagers einem Stigma oder Bann unterworfen oder in irgendeiner Form in eine Abseitsposition manövriert werden oder sich dorthin manövrieren lassen (so ist es nicht sinnvoll, rechte Positionen pauschal mit Verachtung zu strafen, nur weil in diesem Lager einige besonders unsympathische Zeitgenossen anzutreffen sind). Das kann nur dazu führen, dass der politische Interessenausgleich blockiert und die Spannungen verstärkt werden.

Die in diesem Abschnitt vorgestellte Idee, wie das politische Spektrum neuropsychologisch zu erklären sei, bezieht sich zunächst auf die legitime Polarisierung der Interessen, wie sie typischerweise in einer Gesellschaft vorkommen kann, und die Grundannahme ist zunächst, dass ein friedlicher und gesitteter Ausgleich zwischen den politischen Schattierungen und den mentalen Gruppenprofilen, die dahinterstehen, möglich ist und mit „anständigen" Mitteln geführt werden kann. Dass die Realität teilweise anders aussieht und wie das zu bewerten ist, wird in nachfolgenden Abschnitten diskutiert (siehe insbesondere auch Abschnitt „Extremismus und Terror" in diesem Kapitel).

Gesellschaftsklimatische Absonderlichkeiten

Beschreibung

Die menschliche Kultur scheint die Fähigkeit zu beinhalten, die Regulierung der Angelegenheiten aller Beteiligten in einem gesitteten Rahmen ablaufen zu lassen. Sie gibt Anlass zur Hoffnung, dass Engpässe und Probleme gelöst werden können, ohne in Konflikte und gewaltsame Auseinandersetzungen zu geraten. Alle Zutaten für die nötige Rücksicht und Achtsamkeit sowie für die gemeinschaftliche Lösung aller Probleme mithilfe von Wissenschaft und Technologie scheinen gegeben. Eine typisch menschliche Art der Regulierung, die nichts Raubtierhaftes an sich hat, scheint möglich. Also haben wir die Evolution im ursprünglichen, existenziellen Sinne hinter uns gelassen und sie durch eine paradiesisch anmutende menschliche Kultur ersetzt, in der jeder seinem Beruf nachgeht, Familie und Hobbys pflegt, in Theater, Kino und zur Wahlurne geht usw., und in der auch sonst alles bestens geordnet abläuft.

Doch erstens ist das nur die Oberfläche, d. h. dieses Paradies existiert nur für *die Reichen und Schönen* – daneben gibt es *Schattenbereiche* mit Armut, Elend, Ausbeutung, Müll, Tierquälerei, Naturzerstörung, Kriminalität, Krieg und Bürgerkrieg –, und zweitens bekommt selbst der *heile Teil der Gesellschaft*, mit dem wir uns nun in diesem Abschnitt auseinandersetzen wollen, ständig Risse. Unter anderem sind die folgenden gesellschaftsklimatischen Phänomene zu beobachten:

- Verständigungsprobleme, Polarisierung mit verstärkter Kultivierung antagonistischer Positionen und erklärter Feindschaften.

- Populismus im Sinne der Dramatisierung bestimmter Spannungen, die sonst als leicht lösbare Probleme oder leicht regulierbare Differenzen wahrgenommen würden.

- Zunehmende Ausbreitung von Respektlosigkeit in allen möglichen Zusammenhängen, wie z. B. gegenüber Erziehern, Ordnungskräften oder Journalisten, insbesondere aber auch in solchen Kontexten, in denen man das früher nicht vermutet hätte, wie z. B. gegenüber Brandbekämpfern, Rettungskräften und Unfallopfern.

- Wachsende Aggressivität und Gewaltbereitschaft, z. B. im Zusammenhang mit Formen von Respektlosigkeit (siehe vorangehender Punkt), bei zufällig aufflammenden Alltagskonflikten oder gegenüber der Polizei bei Großeinsätzen (Fußballspiele, Demonstrationen).

- Sprachliche Aggressivität in sozialen Medien, Shitstorms, Mobbing, Hass, Hetze, Morddrohungen, Todeslisten. Einiges davon findet sich auch in Umgangsformen außerhalb des Internets wieder. Das entsprechend aufgeheizte Klima mündet zum Teil in körperliche Gewalt bis hin zum Mord. Es kommt zu völlig überzogenen Übertragungen von Begrifflichkeiten aus ernsthaften Kontexten der Weltgeschichte (Nazi-Regime und Holocaust, DDR-Diktatur und Fall der Mauer) in Problemkontexte der Gegenwart („Merkel-Diktatur", Stand 2020), die weit davon entfernt sind, auch nur ansatzweise adäquat bzw. vergleichbar ernst zu sein und die zur gleichen Zeit existierenden ernsthaften Kontexten Hohn sprechen (Kuba, Nicaragua, Venezuela, …).

- Anfeindungen von Politikern mit Konsequenzen: Es besteht ein gewisser Druck auf Politiker, sich sehr genau zu überlegen, was man noch sagen kann, und klare Aussagen zu vermeiden, die zum Stein des Anstoßes werden könnten, denn es droht jederzeit ein gigantischer Shitstorm. Politisch ambitionierte Menschen treten teilweise vom Ansinnen, politisch aktiv zu werden oder zu bleiben, zurück. Gerade für Mitmenschen, die eine gewisse Geradlinigkeit mit einer gewissen Sensitivität zu vereinen in der Lage sind und die bei all der geschmeidigen Beliebigkeit, die in der politischen Landschaft vorzufinden ist, doch gewisse Orientierungen zu vermitteln imstande wären, entsteht aus dem vorherrschenden Klima der Missgunst und Feindschaft eine abschreckende Wirkung.

- Verschwörungstheorien, die jeglicher wissenschaftlicher Überprüfbarkeit Hohn sprechen.

- Verstärkte Präsenz rechtsextremer, identitärer rechter und neonazistischer Bewegungen; verstärkte Gewaltbereitschaft; verstärkte Pflege rechter und antisemitischer Verschwörungsmythen; wieder verstärkt aufkeimender Antisemitismus.

- Konjunktur linker identitärer Strömungen, die einen Kampf gegen kulturelle Aneignung und für Antirassismus führen und die dabei nicht nur gegen anders oder reaktionär Denkende Front machen, sondern ebenso auch gegen „zweifelhafte" kulturelle Traditionen, gegen Bürger, die lediglich „naiv" gewissen traditionellen Denkschemata weiterhin folgen mögen, sowie gegen liberale Linke (siehe dazu u. a. Fourest 2020).

- Sprache als Kulturkampfzone. Auf der einen Seite die Verwendung abwertender, rassistischer oder rechtsextremer Sprachcodes; zum Teil geht es dabei auch „nur" um traditionell verwendete Begrifflichkeiten, die jedoch heute als anstößig wahrgenommen werden. Auf der anderen Seite ein Geist der erhöhten Sensibilität und Achtsamkeit mit Versuchen, durch Veränderung von Sprache das Denken im „positiven Sinne" zu beeinflussen. Dieser Kulturkampf wird heute insbesondere auch auf der Wort-, Wortbedeutungs- und Morphemebene von Sprache ausgetragen. Es geht um politisch korrekte Wortwahl und gendergerechte Sprache.

Bewertung

Um diese Phänomene – wie auch viele sonstige Eigenheiten des Alltags in einer reichen Gesellschaft – bewerten zu können, muss man zunächst zwei Fragen stellen und zu beantworten versuchen:

- Was trennt die Menschen?
- Warum drohen Konflikte jederzeit ein existenzielles Ausmaß anzunehmen?

Was trennt die Menschen? Was hindert sie daran, sich gegenseitig zu verstehen und zu respektieren? Wie entstehen die Differenzen, die wiederum durch Kommunikation und demokratische politische Willensbildung ausgeglichen werden müssen?

Darauf gibt es zwei Antworten: Komplexität und soziale Integrationsgefälle.

Komplexität: Der Mensch befindet sich auf dem Weg der zunehmenden Abbildung der Realität in seinem Gehirn. Auf die Gegebenheiten in seiner natürlichen und sozialen Umgebung reagiert er mit wachsender Verknüpfungskomplexität in seinen Assoziationskortexen. Das Wissen der Menschheit und die Summe aller Kompetenzen wachsen explosionsartig. Jeder von uns nimmt an diesem Prozess teil. Einmal geschieht das in der Rolle des Komplexitätstreibers, indem man für anstehende Probleme neue Lösungswege, Reaktionsweisen, Fähigkeiten, Konzepte, Technologien entwickelt. Zum anderen geschieht das in dem Sinne, dass man der wachsenden Komplexität ausgesetzt ist, dass einem viele Mitmenschen das Leben dadurch erschweren, dass sie alles immer komplizierter machen. Wir leben in einer Zeit, in der wir uns mehr oder weniger stark als Komplexitätstreiber betätigen – in dieser Hinsicht gibt es große individuelle Unterschiede –, in der wir aber auf jeden Fall alle unter der ständig wachsenden Problemkomplexität zu leiden haben.

Das erfordert zunehmend starke Regulierung. Man hat nur die Wahl zwischen Überforderung und Krankheit oder der Entwicklung von Schutz-, Abwehr-, Vermeidungs-, Kompensations- und Bewältigungsstrategien. Unsere Zeit ist mehr von den vielfältigen – zumeist unbewusst erfolgenden – Formen der Regulierung von Komplexität gekennzeichnet als von jeder anderen Kausalität, so soll hier behauptet werden. Letztlich ergibt sich das auch als zwingende Konsequenz aus dem Gesetz der limitierten mentalen Kapazität – siehe Abschnitte „Mentale Kapazität (MC)" und „Mentale Kapazität und die mentale Vitalitäts-Vulnerabilitäts-Achse" in Teil 3. In dieser Hinsicht kann man nach einem ausgewogenen Gleichgewicht suchen, das jedoch immer auch die Auseinandersetzung mit mentalen Risiken und Problemen beinhaltet. Ebenso ist es jedoch legitim, dem Komplexitätsdruck entschiedener aus dem Weg zu gehen –

- indem man z. B. in ein Spezialgebiet flieht (in Wissenschaft, Beruf, Hobby, Sport …),
- indem man sich einer Ideologie, einem Glauben, einer Verschwörungstheorie verschreibt, sodass alles andere weniger wichtig wird und man das Leben durch die entsprechende Vereinfachungsbrille betrachtet und es mit ihrer Hilfe bewältigt,
- indem man auf Stärke und Vehemenz setzt, sich in einem begrenzten Umfeld einrichtet und sonstiger informationeller Komplexität in der einen oder anderen Form aus dem Weg geht (z. B. durch die Ablehnung allzu starker Veränderungen oder durch Abgrenzung gegenüber „fremden" Identitäten),

- oder indem man Formen von Komplexitätsabwehr oder -aversion auslebt (siehe Teil 3, Abschnitt „Komplexitätsabwehrpotenziale").

Alle diese Regulierungsbemühungen und Polaritäten gehören erstens zur Natur des Menschen und der Gesellschaft und stellen zweitens kein grundsätzliches Problem für den gesellschaftlichen Zusammenhalt dar. Jede der möglichen Positionen ist grundsätzlich legitim. Das Problem fängt erst dort an, wo Ernst gemacht wird, wo sich Menschen zu allem Überfluss auch noch extrem wichtig nehmen und wo sie hinsichtlich ihres Lebensentwurfes auf Exklusivität beharren. Siehe dazu die Ausführungen zur Warum-Frage unten.

Soziale Integrationsgefälle: Integrationsgefälle zwischen mental-sozial-materiell Vermögenderen, Stärkeren bzw. Mächtigeren und in diesen Hinsichten weniger Vermögenden, Starken bzw. Mächtigen stellen sich gesetzmäßig und unvermeidbar in der Gesellschaft ein (siehe Teil 3, Abschnitt „Soziales Integrationsgefälle"). Sie sind ein wichtiges Regulativ im Netzwerk der fortgesetzten wechselseitigen mentalen Unterstützung (siehe Abschnitt „Soziale Vernetzung und mentale Gravitation", ebenfalls in Teil 3). Zugleich sind sie auch eine Quelle von Polaritäten. Insbesondere teilt sie die Menschen in solche, die verstärkt in die Zwickmühle zwischen sozialer und echter Realität geraten (z. B. Sanitärinstallateur, indische Näherin) und andere, die sich vorwiegend um Sozialbeziehungen sorgen müssen (Kommunikation, monetäre Wechselbeziehungen) und so von der Konfrontation der ersteren mit der naturgesetzlichen Realität profitieren können (siehe auch RV02.08 in Teil 4). Außerdem kann es zu extremen mental-sozial-materiellen Ungleichgewichten kommen, die entsprechendes Konfliktpotenzial in sich bergen.

Das bedeutet nicht, dass soziale Integrationsgefälle zu eliminieren wären. Derartige Versuche führen nur zu neuen

Gefälleformen; im Sozialismus des Ostblocks gelang es z. B., die monetär-materiellen Unterschiede (im Vergleich zum Westen) zu verkleinern, dafür spielten jedoch Beziehungen zu wichtigen Ressourcenlieferanten und zur Staatsbürokratie sowie die Fähigkeit zur ideologischen Anbiederung umso wichtigere Rollen. Vielleicht ist es jedoch möglich, Integrationsgefälle in den Blick zu nehmen, ein Verständnis für die Dilemmata zu entwickeln, in denen sich die unterschiedlichen Teilnehmer am System der wechselseitigen mentalen Unterstützung befinden und sie (die Integrationsgefälle) so zu managen, dass am Ende ein Konsens darüber zu erzielen ist, dass es sich um Formen von menschlicher Kultur handelt.

Grundsätzlich ist das alles lösbar, nicht allerdings, wenn Ernst gemacht wird und wenn Menschen ihre Positionen extrem wichtig nehmen und darauf pochen, im alleinigen Besitz der Wahrheit zu sein. Siehe dazu nun die folgenden Ausführungen zur Warum-Frage.

Warum drohen Konflikte jederzeit ein existenzielles Ausmaß anzunehmen? Wodurch ist das Risiko verursacht, dass aus kleinen Differenzen nicht existenzieller Art jederzeit ernsthafte Konflikte zu folgen drohen, die Existenzen vernichten? Warum sind Menschen, denen es eigentlich gut geht, teilweise so zerstörerisch?

Grundsätzlich hängt das zunächst einmal mit der evolutionären Natur des Menschen zusammen. Wenn zu wenig *echte Probleme* vorhanden sind, die es vor einem mehr oder weniger existenziellen Hintergrund zu lösen gilt – wie Hunger bekämpfen, Gefahren abwehren, Obdach finden, Kriegsschäden beseitigen und alles wieder aufbauen usw. –, dann sucht oder schafft sich der Mensch unter Umständen Probleme, auf die er seine Energien ausrichten kann, sonst wäre das Leben einfach zu fad und es würde zu wenig lohnenswert erscheinen. Die differenzielle Arbeitsweise des menschlichen Gehirns verlangt nach Unterschieden zwischen erstrebenswerten Werten und entsprechenden Mangelzuständen, und wo es an natürlichen Mangelzuständen mangelt, müssen sie künstlich geschaffen werden. So gesehen bedarf das menschliche Bewusstsein des Dramas, um sich nicht in zwar friedlicher, zugleich aber auch tödlicher Ruhe aufzulösen.

So gesehen ist das Risiko, dass sich das Leben wie ein endloses Theaterspiel weiterentwickelt, unvermeidbar, ebenso wie sich das Immunsystem des Menschen gern gegen den eigenen Körper oder gegen lebenswichtige Teile des eigenen Mikrobioms richtet, wenn zu wenige Bedrohungen durch Umweltkeime vorhanden sind (Stichwort „Autoimmunerkrankungen"). So gesehen müssen Frieden und Wohlstand zwingend zum überbordenden Künstlichkeitsgrad des Bedürfnissystems (Teil 4, RV03.04) und der Problemkomplexität (Teil 4, RV02.02) führen.

Des Weiteren ist nicht garantiert, dass es beim reinen „Theater der hochgezüchteten Befindlichkeiten" bleibt. Der Mensch ist vielmehr gezwungen, seine Angelegenheiten, welcher Art auch immer, ernst zu nehmen. Er muss sich geradezu – mit „heiligem Ernst" – in mentale und Sachzwänge verwickeln, durch die er sich in antagonistisch anmutende Konflikte gedrängt sieht, die unter Umständen in letzter Konsequenz die volle Härte seines Handelns verlangen, zu der er noch fähig ist. Die Befriedigung künstlicher Bedürfnisse, die sich zunächst ohne tiefere Notwendigkeit zufällig einstellen, führt über adäquate Problemlösungen zu strukturellen Zwängen theoretischer (Lehren, Erfindungen, Ideologien) wie auch praktischer Art (Technologien, materielle Ressourcen, territoriale Abhängigkeiten), die sich auf diesem Weg als knallharte Imperative in die menschliche Kultur einschleichen (siehe auch Abschnitte über „Komplexitätstransformation" und „Strukturierte und akute Komplexität" in

Teil 3). Im Extremfall bedeutet dies den Kampf um Ideologien und Ressourcen sowie Gewalt, Krieg, Vernichtung, und das, wenn es sein muss, aus ursprünglich absolut nichtigen Beweggründen heraus. Der Mensch trägt das Potenzial in sich, ohne Not Pfade einzuschlagen, die später ernste und teilweise unabwendbare Folgen haben, und es ist eher verwunderlich, dass nicht noch mehr Schlimmes in dieser Welt passiert.

In diesem Zusammenhang spielen auch Komplexitätsabwehrpotenziale eine Rolle, die gesetzmäßig aus dem Prozess der verstärkten Internalisierung von Problemkomplexität resultieren (siehe auch entsprechender Abschnitt in Teil 3).

Hinzu kommt die in reichen Gesellschaften provozierte Anspruchshaltung. Jeder, der sich halbwegs in der Gesellschaft etabliert hat, kann über vielfältige Dienstleistungen verfügen. So entsteht der Irrtum, dass das gesamte Leben nichts weiter ist als eine Abfolge von Dienstleistungen, die für einen erbracht werden und auf die man Anspruch hat. Alles, was diesem Muster nicht entspricht, wird zum Gegenstand des Zorns, und man neigt dazu, die vermeintlichen Ursachen oder Verursacher mit heiligem Ernst zu bekämpfen, und sei es die Politik, der Staat, Bill Gates, der asylsuchende Mitbürger oder „das System" – welches auch immer. Hier besteht auch ein Zusammenhang mit der Frage, inwieweit Menschen überhaupt noch mit der Erfahrung eines „Dienstleisters letzter Instanz" konfrontiert sind; am oberen Ende von Integrationsgefällen ist dieser Aspekt des Lebens tendenziell unterrepräsentiert (siehe Abschnitt „Soziales Integrationsgefälle" in Teil 3).

Nun noch Bewertungen zu einigen der oben genannten Einzelphänomene und gebrauchten Formulierungen.

Verständigungsprobleme und **Polarisierungsphänomene** sind, abgesehen vom grundsätzlichen Problem des heutigen Menschen mit *Komplexität, Befindlichkeitstheater* und *heiligem Ernst* (siehe oben), wahrscheinlich auch noch dem hohen Grad der Spezialisierung und Ausdifferenzierung geschuldet, den heute das Know-how- und Ressourcenportfolio der Menschheit zunehmend aufweist (IP*IB). Dadurch ist es kaum möglich, den Überblick zu behalten, und die Bildung kontextueller Schnittmengen für unfallfreie Kommunikation wird beträchtlich erschwert (Teil 4, RV02.11 etc.). Wenn in interdisziplinäre und integrative Projekte deutlich weniger Energie hineinfließt als in die der heutigen Gesellschaft wesenseigenen Prozesse der Spezialisierung und Ausdifferenzierung, ist ein auseinanderstrebender Kosmos der Verständigungskontexte die unabwendbare Konsequenz.

Populismus (im Sinne der Dramatisierung, der Vereinfachung und des Schürens von Spannungen) ist eine mögliche Art, den Menschen in seiner evolutionär angelegten Existenzialität, in seiner Scheu vor (weiterer) Komplexität, in seinem *Theater der Befindlichkeiten* und in seinem Streben nach dem *heiligen Ernst* zu erreichen. Es ist eine geschickte Art, Menschen zu gewinnen. Wer sich darüber beklagt, hat den Menschen weniger verstanden als die sogenannten Populisten. Wie kann man Kriminalfilme gut finden oder zumindest als legitime und beliebte künstlerische Ausdrucksform akzeptieren und sich zugleich darüber wundern, dass Populismus populär ist? Allerdings kann man sich die Frage stellen, wie hochgradig populistische Anwandlungen jeweils von Beschränktheit geprägt sind oder ob es womöglich doch gelungen ist, den zelebrierten Bewusstseinsverlust einigermaßen im Zaum zu halten (siehe auch Abschnitt „Bewusstsein als Balanceakt zwischen Unter- und Überkomplexität" im Kapitel „4D-Intelligenz" in Teil 3).

Respektlosigkeit ist die Vorbedingung, um sich von historisch bedingten Imperativen (von alten Traditionen, Konventionen, strukturellen Zwängen etc.) lösen zu können. Dass nachfolgende Generationen endgültig auf alle Benimmregeln pfeifen, die bereits ihre Eltern nur halbherzig vorgelebt haben, ist – im Sinne der Komplexitätstransformation – absolut geboten (siehe entsprechender Abschnitt in Teil 3). Dass auf diese schöpferische Phase-(1)-Zerstörung („Aggregation von Komplexität") die Aufbau-Phasen (2) „Akkumulation von Lösungspotenzialen" und (3) „Problemlösung" folgen müssen, um nicht alles im Chaos versinken zu lassen, sollte man jedoch nicht aus dem Auge verlieren; das muss man so nicht wissen oder darstellen können, wie es hier geschrieben steht, aber man müsste es irgendwie fühlen können, wenn man halbwegs mit den Füßen auf dem Boden der Tatsachen steht. Sich ausgerechnet an Rettungskräften oder Unfallopfern abzuarbeiten, scheint mir allerdings – bei allem Respekt gegenüber der Respektlosigkeit – doch ziemlich absurd und wahnhaft; vermutlich hat das jedoch etwas damit zu tun, dass, wenn der Stein gefestigter Konventionen einmal ins Rollen gekommen ist, eine Art länger anhaltender Rauschzustand entstehen kann (ein „Respektlosigkeitsrausch"), der weder Unterschiede noch ein Innehalten kennt.

Aggressivität und **Gewaltbereitschaft** kann man sich aus dem Wohlstandskontext wunderbar wegdenken. Aus so mancher Perspektive scheinen diese Formen des menschlichen Ausdrucks völlig überflüssig, abnorm und heutigen Maßstäben nicht mehr angemessen. Die *glücklichen* Menschen, die so denken (die sich dabei allerdings nicht zwangsläufig glücklich fühlen), führen entweder ein behütetes Leben oder sie sind in erfolgreich verlaufende (oder wenigstens irgendwie weiterlaufende) Projekte eingebunden. Doch die Realität hält immer auch andere Facetten bereit, und es gibt Menschen oder Phasen in der Biografie von Menschen, bei denen härtere Realitäten zuschlagen. Grundsätzlich sind die Menschen den ihre Existenz bedrohenden Naturgesetzen ausgeliefert, welchem Umstand sie durch Selbstregulation zu begegnen haben, und in der Gesellschaft sind die entsprechenden existenziellen Bedrohungen unterschiedlich verteilt. Insbesondere trifft es die „Dienstleister letzter Instanz", die den Druck, dem sie ausgesetzt sind, nicht mehr innerhalb der Gesellschaft weitergeben können (siehe Abschnitt „Soziales Integrationsgefälle" in Teil 3). Wer nicht dafür sorgt, dass Spannungen, Bedrohungen, existenzielle Nöte für alle Mitmenschen behoben werden (und das kann niemand), der muss damit leben, dass dies irgendwann ernsthafte Folgen hat – unter anderem in Form von Aggressivität und Gewalt, die an irgendwelchen Stellen – wenn es sein muss, mitten unter uns – zutage tritt.

Auf die Frage, warum Aggressivität und Gewalt nicht nur in ärmeren, sondern auch reichen westlichen Ländern ein Problem sind, gibt es folgende Antwort: Der Prozess der Internalisierung von Problemkomplexität resultiert zugleich gesetzmäßig in der verstärkten Entstehung von „Komplexitätsabwehrpotenzialen" (siehe entsprechender Abschnitt in Teil 3). Je reicher man ist – egal ob mental oder kaufmännisch gesehen –, desto größer kann schließlich die Zahl der Felle sein, die man womöglich davonschwimmen sieht, oder desto *teurer* kann einem das (Luft-) Schloss sein, das durch die Zerstörung oder Blockierung bestimmter Systembausteine in sich zusammenzufallen droht.

So gesehen ist der Hang des Menschen zur Aggressivität grundsätzlich nicht überwindbar. Im Gegenteil: Er wird gefährlicher und treibt in Krisensituationen umso schlimmere Auswüchse, je weiter wir vermeintlich mit dem wissenschaftlich-technischen Fortschritt vorangekommen sind.

Dass **sprachliche Aggressivität in sozialen Medien** zunehmend zur Tagesordnung gehört, ist eher gesetzmäßig. Auch im „normalen" Leben (außerhalb des Internets) ist dem Menschen ein Hang zu existenziellen Aspekten, zum *Befindlichkeitstheater* und zur Verfolgung bizarrer *künst-*

licher Bedürfnisse und selbst verursachter Zwänge mit *heiligem Ernst* nicht abzusprechen (siehe oben). Das bedeutet unter anderem, dass spannende Geschichten und Dramatisierungen (siehe Populismus) des Menschen Aufmerksamkeit (statistisch gesehen) deutlich besser zu vereinnahmen imstande sind, als das mit Nachrichten oder Geschichten möglich ist, die vorwiegend positive Aspekte und kaum Übertreibungen beinhalten. So gesehen muss es bereits nicht verwundern, wenn auch in sozialen Medien schrille Auftritte besondere Aufmerksamkeit genießen. (Anmerkung: Tatsächlich gibt es natürlich auch Aufmerksamkeit für unzählige gut gemachte moderate Auftritte.) Hinzu kommt die Wirkung von selbstlernenden Algorithmen, Trollen und Bots. In sozialen Medien implementierte selbstlernende Algorithmen folgen dem Optimierungsziel, für die Auftraggeber – die Werbekunden – ein Maximum an Verkaufserlösen zu erzielen. Ohne dass die Schöpfer der Algorithmen dies vorsätzlich (im Auftrag ihrer Kunden) herbeigeführt haben müssen, ergibt sich dabei offenbar regelmäßig eine Betonung und Förderung aggressiver Auftritte und Verhaltensweisen – schlicht und einfach, weil damit die größte Aufmerksamkeit zu erzielen ist. So werden Menschen – die Anwender der sozialen Medien – mit dem Ziel manipuliert, den Auftraggebern (Manipulatoren) in die Arme zu laufen, und das Mittel dazu ist das verstärkte Schüren existenzieller und aggressiver Wesensmerkmale, die in der Natur des Menschen angelegt sind und die ihn speziell im Internet zum sogenannten Troll werden lassen. Daneben wird die Fähigkeit eines sozialen Mediums, eine zersetzende Wirkung in der Gesellschaft zu entfalten, gern auch durch externe Teilnehmer, ausgenutzt – sei es durch echte Menschen, die einer bestimmten politischen Agenda folgen (Stichwort „Trollfabrik"), sei es mithilfe von Bots bzw. „Fake People", über die versucht wird, mit maschineller Kraft gewisse (politische) Stimmungslagen massiv zu beeinflussen oder schlicht und einfach nur Unfrieden zu säen. (Anmerkung: Die in diesem Absatz zusammengefassten Thesen und Fakten sind aus Lanier 2019 entlehnt und werden im Abschnitt Ps3 „Soziale Medien" ausführlicher betrachtet.)

Auch wenn hier Maschinen im Spiel sind und wenn wir es hier mit den Vorboten künftiger Formen von künstlicher Intelligenz zu tun haben – letztlich sind es die Schwächen des Menschen – sowohl die der Manipulatoren als auch die derjenigen, die sich der Manipulation aussetzen –, um die es hier geht. Maschinen wirken lediglich als Verstärker und das Problem liegt in gewissen Wesensmerkmalen der menschlichen Psyche, die durch Maschinen (wie z. B. auch durch Waffen) jedoch eine besonders verhängnisvolle Wirkung entfalten können. Wo liegt also das Problem? Im mangelnden Willen, ein selbstbestimmtes Leben zu führen (siehe Teil 4, RV01.04) und in der wenig entschiedenen Ablehnung von Fremdeinflüssen (siehe RV01.05, RV01.05a). Der Mensch optimiert seine kaufmännische Existenz (alles kostenlos oder mindestens preisgünstig) und verrät dabei ohne Hemmungen seine seelische bzw. mentale Existenz (kaum ausgeprägter analytischer Bewertungsprozess zur selbstbestimmten Auswahl von Zielen und künstlichen Bedürfnissen, zur Bewahrung einer kritisch-distanzierten Haltung gegenüber Beeinflussungsversuchen sowie zur Abwehr von Fremdbestimmung; naive Haltung zum Datenschutz).

Menschliche Beschränktheit wie auch ausgesprochene Dummheit sind eigentlich nichts Fatales. Sie liegen in der normalen Streuung der Naturphänomene und lösen sich im evolutionären Wettbewerb immer wieder ebenso schnell auf, wie sie entstanden sind. Wohlstand, Maschinen und Waffen wirken jedoch wie Brenngläser – sie lassen mentale Stärken zu Ideen und Erfindungen werden, die Millionen von Menschen über Jahrzehnte oder Jahrhunderte Existenz, Komfort und Zusammenhalt ermöglichen, und sie wirken als verhängnisvolle Brandbeschleuniger, sodass aus kleinen mentalen Schwächen fatale Entwicklungen folgen können – von verstärkten Konflikten bis hin zu Kriegen und menschengemachten Naturkatastrophen.

Das Thema „soziale Medien" ist auch ein guter Anknüpfungspunkt für die Hervorhebung einer weiteren Eigenheit der menschlichen Psyche: der Art, wie sie Problemkomplexität mit Formen von Spannung und Entspannung bewältigt. Siehe dazu nächster Abschnitt „Zum Umgang mit mentalen Spannungen".

Zum **Klima der Missgunst und der Anfeindungen**, das sich in maßgeblichen Teilen der politischen Diskurse etabliert hat, kann man ergänzend sagen, dass die Gesellschaft die Politiker bekommt, die sie verdient (siehe dazu auch „Bewertung" im zweiten Abschnitt „Zerstörung der natürlichen Grundlagen des Lebens"). Genau die Leute, die auf Hass, Hetze, Feindschaft und letztlich auch auf Gewalt setzen, sorgen dafür, dass die *Unfähigkeit der Politik*, die sie beklagen, überhaupt erst entsteht, indem sie durch ihr Verhalten qualifizierteres Personal, das durchaus vorhanden wäre, abschrecken. Aber es liegt eben in der Natur des Menschen, auch destruktiv sein zu können (siehe dazu auch nächster Abschnitt „Zum Umgang mit mentalen Spannungen"). Auf jeden Fall muss klar sein, dass von *der Politik* keine Wunder zu erwarten sind, wenn man sich selbst nicht im Griff hat.

Verschwörungstheorien sind ebenso unvermeidbar wie beliebige andere Formen von Glauben. Wissenschaft ist eine gute Sache, doch sie bietet der menschlichen Psyche nicht alles, was sie benötigt. Wissenschaft schafft Wissen „nur" evidenzbasiert, doch das hat seine Grenzen. Sie vollbringt Wunder in allen speziellen Feldern, denen sie sich widmet. Doch zwischen den Disziplinen (Physik, Chemie, Biologie, Neurowissenschaften, Medizin, Sozialwissenschaft etc.), Forschungsfeldern (posttraumatische Belastungsstörungen, dissoziative Störungen, somatoforme Störungen, Schlafstörungen etc.) und Wirklichkeitsschichten (subatomare, atomare, molekulare Schichten, die biologisch-neurophysiologische „Tiefenstruktur" des Menschen, „kulturspezifische Wissensbestände und Normen", „Verhalten von Einzelmenschen", „soziales Handeln in Kleingruppen", „soziale Netzwerke", „politische Systeme" etc.; vgl. Patzelt 2013, 47–49) bleiben unbeantwortete Fragen und weiße Felder, die jedoch für das naturgemäß nach Konsistenz strebende menschliche Gehirn unzumutbar sind. Also muss Wissen immer mit Glauben gekittet werden. (Siehe auch Abschnitt „Leidensfähigkeit, Kohärenz, Intelligenz und Glaube" im Kapitel „4D-Intelligenz" in Teil 3.) Das erfolgt typischerweise ganz harmlos und unauffällig. Man ignoriert Widersprüche und offene Fragen und baut sich gewisse Erklärungs-Brücken, oder im sozialen Umfeld erlangen bestimmte Erzählungen eine gewisse Popularität und werden gemeinsam weitergesponnen. Wer sich nicht in einer der Weltreligionen aufgehoben fühlt, was immer weniger Menschen gelingt, benötigt eine andere Strategie, um mit dem gigantischen Nichtwissen fertigzuwerden, welches unsere Denk- und Handlungsfähigkeit bedroht. So gesehen ist klar, dass der Mensch neue Formen des Glaubens entdecken muss, an denen er sich aufrichten kann (mit deren Hilfe er mentale Verletzlichkeit vermeiden kann). Also warum nicht auch Verschwörungstheorien oder sonstige pseudowissenschaftliche Konzepte? Den Menschen als evolutionäres und zugleich kreatives Wesen zu akzeptieren, heißt immer auch, bizarre Geschichten zu akzeptieren, die sich letztlich jedoch auch im Beliebtheitswettbewerb zu beweisen haben.

Im Grunde ist die Rechnung ganz einfach. Die Erhöhung des emotivationalen Drucks, die in krisenhaften Situationen eintritt, beinhaltet zwingend eine entsprechende Steigerung des Glaubensdrucks, also die gesteigerte Notwendigkeit,

Dissonanzen, die aus Informationsdefiziten resultieren, mit beliebigen Formen von Glauben auszugleichen. Ein bestimmtes Maß an mentaler Erbarmungswürdigkeit hat ein proportionales Maß an Verklärung zur Folge. Die Errungenschaften des Zeitalters der Aufklärung werden mühelos zunichtegemacht. Welche konkreten Formen das annimmt, ist letztlich egal, und die menschliche Fähigkeit zur kreativen Vorbereitung (siehe Steuerungsebene (5) im Abschnitt „Ein systemisches Menschenbild" in Teil 3) befähigt ihn in diesem Fall ganz besonders dazu, internalisierte Information beliebig bizarr miteinander zu verknüpfen. Man muss sich also eher wundern, wie sehr es vielen Mitmenschen immer noch gelingt, ganz pragmatisch auf dem Teppich der Realität zu verbleiben.

Links-rechts- oder Sensitivität-Vehemenz-**Polarisierung** ist (in Wohlstandskontexten) im Grunde völlig unnötig (Weiteres siehe unten im Abschnitt „Extremismus und Terror"). Dass es einerseits Menschen gibt, die sich irgendwo heimisch fühlen wollen – in einer Kultur, in einer Region, in einem Nationalstaat, in einer Ethnie, in konservativ definierten Werten – oder die eher auf Eigenverantwortung setzen als auf staatliche Fürsorge (rechts, vehement), ist plausibel, ebenso wie die andere Seite, auf der Gerechtigkeit, Solidarität mit den Schwächeren, internationale Verbundenheit sowie staatliche Fürsorge und Kontrolle im Vordergrund stehen (links, sensitiv). Im Grunde könnte es für (fast) jeden einsichtig sein, dass man nicht die Politik vollständig für sich beanspruchen kann, sondern dass man stattdessen Kompromisse mit anderen Lebensentwürfen eingehen muss, um zum gegenseitigen Vorteil miteinander kooperieren und so in friedlichem Einvernehmen leben zu können.

Es ist auch längst bewiesen, dass dieser Ansatz sehr weitgehend funktionieren kann. Wie wäre sonst das friedliche Leben in den westlichen Demokratien seit dem Zweiten

Weltkrieg möglich gewesen? Letztlich kann man nicht erwarten, dass das Leben stets reibungslos verläuft und gar keine Konflikte eskalieren. So gesehen bestätigen spannungsgeladene Ausnahmesituationen nur die Regel, dass Frieden und gedeihliche Kooperationsbeziehungen die westliche Welt zu einer Art Paradies haben werden lassen (wenn man dies z. B. mit dem ehemaligen Ostblock, armen Ländern oder totalitären Regimen vergleicht).

Dennoch zeigt sich gerade in letzter Zeit (spätestens seit 2015), dass die Ruhe trügerisch ist und dass unheilschwangere Konfliktpotenziale immer unterschwellig lauern und jederzeit Raum greifen können. Letztlich folgt aus der (trivialen) Mathematik der begrenzten mentalen Kapazität (MC = IP * IB * EB; siehe Teil 3, Kapitel „4D-Intelligenz"), dass gesteigerte Problemkomplexität, mit der wir heute zweifellos ständig zu kämpfen haben, zunächst zur allgemeinen mentalen Überforderung führen muss und dass bestenfalls die Gesellschaft als Ganzes durch den systematischen Aufbau neuer Kompetenzen eine Chance zur Regulierung dieses Defizits hat. Sprich: Die 4D-Intelligenz wird gesamtgesellschaftlich so entwickelt, dass dieser Prozess mit den Anforderungen Schritt halten kann. Solange dieses gesamtgesellschaftliche Bemühen nicht stark genug ist oder nicht schnell genug greift, müssen zwingend informationell-kognitive Defizite die Folge sein. Wie oben bereits angedeutet, kann das zu unzähligen Phänomenen und Formen der Regulierung führen. Erwähnt seien hier die folgenden: Emotionalisierung, Spezialisierung und Anspruchsdenken.

Emotionalisierung ist die natürlichste aller Reaktionen auf gesteigerte Problemkomplexität. Sie geht auf die übliche zwingende Schmerzreaktion zurück, die im Extremfall bis zur Bewusstlosigkeit führt. Das Prinzip ist einfach: Schmerzvermeidung durch Reduktion der informationellen Vielfalt oder Gefahrenabwehr durch verstärkte Fokussierung auf das

Notwendige (siehe auch „Das Tunnelblick-Paradoxon" in Teil 3). Und aus dauerhaft *schwierigen* Kontexten folgen auch dauerhaft von Vehemenz geprägte Haltungen und Weltbilder. Das bedeutet, sich auf Naheliegendes zurückzuziehen und sich von der Vielfalt der Welt in gewissem Maß abzugrenzen. Im Prinzip ist das ebenso unvermeidbar wie legitim. Es führt jedoch ebenso zwingend zu Problemen, wenn Konflikte mit anderen Facetten des Daseins eintreten (z. B. unerwartete Veränderungen, vermeintliche Eindringlinge), auf die man dann naturgemäß unzureichend vorbereitet ist.

Spezialisierung ist die intellektuelle Variante des Umgangs mit gesteigerter Problemkomplexität. Hier wird zwar – trotz des latenten Schmerzes – auf Information gesetzt, jedoch mit starken Einschränkungen in der Bandbreiten-Dimension. Man fokussiert sich auf ein oder einige wenige Spezialgebiete, lässt jedoch Interdisziplinarität oder andere Bereiche des gesellschaftlichen Lebens zu kurz kommen. Ebenso wie Emotionalisierung führt dies zur eingeschränkten Diskursfähigkeit (siehe Teil 4, RV02.11 „Grad der kontextuellen Schnittmengenbildung bei der Kommunikation"). Man versteht sich weder mit Anhängern anderer Disziplinen, politischer Richtungen, Glaubensrichtungen, noch mit handfesteren (vehementeren) Zeitgenossen.

Anspruchsdenken ist – wie oben bereits erklärt wurde – ein aus dem Reichtum heraus wucherndes Geschwür. Jeder, der ein bisschen Geld auf dem Konto hat, denkt (womöglich), dass er Anforderungen an seine Mitmenschen zu stellen hat, jedoch nicht mit gleicher Münze zurückzahlen muss (denn dafür gibt's ja die monetären Ressourcen). Diese Denkungsart, die sich in jedem Wohlstandsbürger mehr oder weniger verfestigt (letztlich auch unabhängig vom aktuellen Kontostand), äußert sich im Anspruchsdenken in allen möglichen Richtungen, sodass man nur noch Dienstleistungen sieht, aber nicht mehr den Schweiß und die Zwickmühlen, die dahinter erkennbar wären, wenn man das wissen wollte (siehe auch RV01.07 „Integrationsgefälle (mental)", RV02.09 „Integrationsgefälle (4DI)" in Teil 4 und Abschnitt „Soziales Integrationsgefälle" in Teil 3). Besonders fatal wirkt sich die Anspruchshaltung auch in der Politik aus, wo dieses Denken zu dem Widerspruch führt, dass man selbst völlig unpolitisch (ignorant, beschränkt) sein darf, während *die Politik* zu liefern hat.

Wenn politisches oder unpolitisches Denken – je nachdem – von Emotionalisierung, Spezialisierung (Fokussierung) und Anspruchsdenken oder von anderen Formen der Beschränktheit beherrscht wird, ist klar, dass die kontextuellen Schnittmengen der Kommunikation austrocknen (RV02.11) und dass Formen von Polarisierung, identitärer (linker/rechter) Kontraposition, Feindschaft und Extremismus Land gewinnen.

Der Wohlstand in den reichsten Ländern der Erde bringt heutzutage das Kunststück zustande, dass er die für uns alle überlebensnotwendige Offenheit und Diskursfähigkeit partiell untergehen lässt. Das ist eine wirklich bemerkenswerte Leistung.

Dass **Sprache** das wichtigste und auch zugleich beste Mittel der Auseinandersetzung ist, ist klar. Besser man redet miteinander – und sei es mit starker emotionaler Aufladung („Sprache **als Kulturkampfzone**") –, bevor man sich die Köpfe einschlägt. Üblicherweise ist es jedoch die Bedeutungsebene der Sprache, in der Spannungen aufgebaut und Konflikte ausgetragen werden – in dem Sinne, dass die Bedeutung von Sätzen, Absätzen, Texten und Kontexten eine Rolle spielt. Eine Besonderheit der heutigen Zeit besteht darin, dass der Kulturkampf nun verstärkt in die Wort-, Wortbedeutungs- und Morphemebene hineingetragen wird. So ist es zunehmend üblich, Worte unabhängig vom Kontext oder Text, in dem sie benutzt werden und durch den sie ihre

Bedeutung eigentlich erst erlangen, als Codes zu deuten (siehe N-Worte, politisch korrekte Worte, generisches Maskulinum), und es gibt eine Tendenz, Worte mit Morphemen zu verzieren, um bestimmte Bedeutungsvarianten zu betonen (siehe Gendersternchen, Binnen-I oder ähnliche Phänomene).

Dass es solche Entwicklungen gibt, ist nur folgerichtig. In einer Gesellschaft, in der der Prozess der Internalisierung von Problemkomplexität in neuronale Verknüpfungen sowie in alle möglichen Formen von gesellschaftlichem Bewusstsein voranschreitet, müssen zugleich auch gegenteilige Prozesse ablaufen. So entstehen regelmäßig Komplexitätsabwehrpotenziale (siehe entsprechender Abschnitt in Teil 3) und Komplexitätsaversionen. Letztlich ist es auch eine Frage des Haushaltens mit limitierten Ressourcen und der Optimierung des Umgangs mit Informationen. Wenn man mit zunehmend komplexeren Arbeitsprozessen, Ansprüchen an die Freizeitgestaltung sowie immer komplizierterer Bürokratie und Informationstechnik konfrontiert ist, bleibt umso weniger Zeit, um sich einzelnen Themen oder Lebensäußerungen (wie z. B. auch Texten) eingehend widmen zu können. Das führt dazu, dass kurze Statements (wie z. B. Twitter-Nachrichten) und Symbole in Mode kommen, Aussagen längerer Texte haben hingegen immer weniger die Chance, entschlüsselt zu werden. So gesehen ist unsere Zeit zwar durch immer komplexere Informationen geprägt, zugleich aber auch durch gegenteilige Tendenzen wie Komplexitätsabwehr, Komplexitätsaversion, Vereinfachungen aller Art sowie durch das Ausweichen ins Symbolische, wo die „Strapaze" fundierter Formen von Kommunikation (mehr als drei Worte oder Sätze) immer weniger verkraftet wird.

Zu sprachlichen Missverständnissen führt auch die Nichtbeachtung der beiden Modi, innerhalb derer sich die menschliche Psyche bewegt (siehe Abschnitt „Zum Umgang mit mentalen Spannungen" unten). Im Modus der mentalen Akkumulation kann man an den Menschen ohne Weiteres hohe Maßstäbe anlegen. Daneben muss es ihm jedoch auch gestattet sein, im Modus der mentalen Konsumption unterkomplex zu agieren oder zu reagieren, ohne dass in diesem Fall seine Lebensäußerungen allzu ernst genommen würden. Das ist eine Frage des Gleichgewichts zwischen Anspannung und Entspannung. Außerdem besteht zuweilen das Missverständnis, dass Sprache immer von positivem Denken geprägt sein muss. In Kontexten der mentalen Akkumulation (siehe genannter Abschnitt) mag das zutreffen – da ist positives Denken, konstruktives Miteinander und „politisch korrekte Sprache" tendenziell eher erforderlich. Ebenso ist Sprache jedoch auch dazu da, von Negativität und Simplifizierung geprägte Stimmungen und Sichtweisen auszudrücken und dies nötigenfalls auch mit Nachdruck und Vehemenz zu tun. Deshalb können Versuche, Sprache so zu wandeln, dass weitgehend nur noch positives Denken widergespiegelt wird, nur zum Scheitern verurteilt sein. Emotionen sind ein Pendel, man kann nicht Ausschläge in die eine Richtung wollen und sie in die andere Richtung unterbinden. Man kann die Schwingungen des Pendels dämpfen oder zum Stillstand bringen – aber ist dieser lebensferne Zustand ein legitimes oder erstrebenswertes Ziel? Eher nicht.

Bei der Sprache als Kulturkampfzone geht es auch um den spannungsgeladenen Widerspruch zwischen Vehemenz und Sensitivität. Bürger mit eher sensitiven mentalen Profilen fühlen sich durch vehementere, robustere Lebensäußerungen potenziell verunsichert, verletzt oder geängstigt und bekämpfen diese Phänomene mit Informationen, die moralische Überlegenheit demonstrieren. Bürger mit vehementeren mentalen Profilen fühlen sich dadurch wiederum eingeengt oder überfordert (oder gegängelt) und nehmen weitere Verunsicherungen, Verletzungen oder Ängstigungen ihrer moralisierenden Gegenspieler unter Umständen gern in Kauf. Letztendlich zeugt das aber alles von Ignoranz und Beschränktheit gegenüber anderen, als fremd empfundenen Schicksalen, Lebensentwürfen und mentalen Profilen, sowie von wenig ausgeprägten Kompetenzen zur kontextuellen Schnittmengenbildung (siehe auch Teil 3, Abschnitt „Kommunikation und kontextuelle Schnittmengenbildung").

Davon abgesehen gibt es auch Menschen, die respektvollen Umgang gewöhnt sind und sich nicht vorstellen können, wie man all die negativen Bedeutungen ernsthaft (dauerhaft) in Worte hineinlegen kann (abgesehen von vorübergehenden negativen Gemütszuständen) und die sowohl auf die Schimpfwortbenutzer als auch auf die Schulmeister, die „verdorbene Worte" stigmatisieren, herabschauen, ohne recht zu verstehen, worum es dabei geht. Das ist wie in einem Krieg, in dem alle Unbeteiligten gezwungen werden, sich zu einer Seite zu bekennen und das sich zunehmend ausbreitende Freund-Feind-Denken sich zu eigen zu machen.

In den nächsten Jahrzehnten hat die Menschheit ohne Zweifel riesige Probleme zu lösen – man denke nur an den menschengemachten Klimawandel, drohende Ressourcenengpässe, die unzähligen Konfliktherde und geopolitischen Spannungsfelder sowie die Risiken der kapitalistischen Wachstumswirtschaft und die drohende Zerstörung der natürlichen Grundlagen des Lebens wie oben diskutiert. Gleichzeitig könnte man meinen, dass es ebenfalls zum Schicksal des modernen Menschen gehöre, dass er von bizarren künstlichen Bedürfnissen umgetrieben ist, sich entsprechend absonderlich verhält und dass er sein Leben dem im *Theater der Befindlichkeiten* mit *heiligem Ernst* kultivierten Drama widmet. Beide Aspekte – ernste Probleme und künstliche Dramen – prägen das gesellschaftliche Leben der heutigen

Zeit. Versucht man allerdings, beides im Zusammenhang zu betrachten, so kann man nur feststellen, dass der Mensch sich selbst im Weg steht, indem er es seiner bizarren, absonderlichen, theatralischen Seite erlaubt, den Blick auf die wirklichen, ernsten Probleme, die ihn demnächst einholen werden, zu verstellen. Das ist eine grandiose Verzettelungsstrategie, und es wäre dringend geboten, sich von dem ganzen bizarren Befindlichkeitszirkus zumindest so weit zu befreien, dass genügend Energien zur Lösung der wirklichen Probleme übrig bleiben.

Zum Umgang mit mentalen Spannungen

In diesem Abschnitt geht es nicht um *rätselhafte gesellschaftliche Phänomene*, sondern um ein weiteres Konzept, deshalb erfolgt hier keine Trennung in „Beschreibung" und „Bewertung".

Ein ganz wichtiger Aspekt, der in alle oben genannten Absonderlichkeiten mit hineinspielt, ist das Wechselspiel zwischen mentaler Akkumulation und Konsumption (siehe entsprechender Abschnitt im Kapitel „Anschlusskonzepte" in Teil 3). Die Übergänge sind fließend, aber im Grunde kennt der Mensch zwei mentale Modi, in denen er prinzipiell unterschiedlich denkt und agiert. Mentale Akkumulation findet dann statt, wenn er das Gefühl hat, dass er sich anstrengen und an seine Grenzen gehen muss. Dann nimmt er alle Kraft zusammen, um ein hohes Leistungsniveau zu erreichen. Dann konfrontiert er sich nach besten Kräften mit den anstehenden Problemen, bemüht sich, die gesamte Bandbreite an Motivationen, Emotionen, Fähigkeiten und Wissensbausteinen auszuschöpfen, über die er verfügt und mit maximaler Präzision zu denken und zu agieren. Dann spannt er sich an, bemüht sich, seine ganze Persönlichkeit in die Waagschale zu werfen und seinen Mitmenschen eine Stütze zu sein, einen Trainingseffekt zu erzielen oder ein Arbeitsergebnis zu erreichen. Dann entstehen neue Reflexe, neue Fähigkeiten, neue Erkenntnisse, die einen Wert für die Zukunft haben. Das passiert z. B. regelmäßig in professionellen Kontexten, in denen um gute Geschäftsergebnisse oder Aufmerksamkeit gerungen wird, oder in beliebigen anderen Wettbewerbskontexten.

Das hält man unmöglich lange durch; Linderung ist durch mentale Konsumption möglich, indem man zu gegebener Zeit die Anspannung und Motiviertheit lockert und sich vorübergehend weniger um alle möglichen Details sorgt. Damit entschärft sich die Dissonanzempfindung, die im 4D-Raum der Konfrontation mit Problemkomplexität jederzeit in einem gewissen Maß präsent ist (vgl. Teil 3, Abschnitt „Mentale Kapazität" ff.), vorübergehend, und macht positiveren Gefühlen Platz, wie z. B. einem gewissen Wohlgefühl oder einem angenehmen Gefühl der Leere und Entspanntheit. Man kann die inneren Zügel lockern und sich ein wenig fallen lassen, und der Anspruch, alle Informationen im Auge und alle Fäden in der Hand zu behalten, ist für eine Weile nicht so wichtig. Das hat unter anderem die Konsequenz, dass vorübergehend keine wertvollen neuronalen Verknüpfungen im Sinne von Reflexen, Fähigkeiten oder Erkenntnissen hergestellt werden. Nun bleibt noch der Bestand, den man weiterhin nutzen kann; was jedoch pausiert, ist seine zielorientierte Optimierung, sodass in diesem Zustand, würde man ihn länger auskosten, der Bestand an wertvollen Nervenverknüpfungen tendenziell dahinschwinden würde – ganz einfach deshalb, weil das Feedback in diesem angenehmeren Modus unterkomplex ist.

Das Wechselspiel zwischen Anspannung und Entspannung gibt es nicht nur pur, sondern auch partiell, als Interaktion zwischen verschiedenen Betätigungsfeldern. So kann es z. B. beim Joggen oder Radfahren gelingen, berufliche Probleme, die es gerade zu lösen gilt, ganz entspannt und locker zu sehen und auf diese Weise kreative Potenziale zu erschließen. Kehrt man ins Büro zurück und wendet sich den anstehenden Aufgaben erneut mit voller Ernsthaftigkeit zu, ist es wiederum dem Körper möglich, sich von den Strapazen zu erholen, denen er beim sportlichen Freizeitprogramm ausgesetzt war.

So lebt der Mensch zwischen Anspannung und mentaler Akkumulation auf der einen Seite sowie Entspannung und mentaler Konsumption auf der anderen Seite, was noch durch den Schlaf ergänzt wird, auf den hier nicht weiter eingegangen werden soll.

Was hat das mit den gesellschaftsklimatischen Absonderlichkeiten zu tun? Ganz einfach: Viele der oben genannten Phänomene sind nur deshalb ein Problem, weil ihr Wechselwirkungszusammenhang mit den beiden mentalen Modi nicht beachtet wird. Was regelmäßig passiert, ist, dass der Mensch im Konsumptionsmodus unterkomplexe Outputs erzeugt, die dann im Nachhinein viel zu ernst genommen und zu wenig von den tatsächlich wertvollen Verhaltensweisen, Leistungspotenzialen und Ideen abgegrenzt werden.

In professionellen und Wettbewerbskontexten kann man dem Menschen trauen. Damit gibt es auch kaum Probleme. Dort sind Kooperativität, Rücksichtnahme, Achtsamkeit, Perspektivwechsel, anständiger Umgang sowie analytisches und planvolles Vorgehen Bedingungen, ohne dass sie explizit eingefordert werden müssten. Dort strengt man sich an, agiert geschickt, ist umsichtig und liefert die besten Ideen, die man zustande bringen kann. Das ist auch die Domäne, in der politische Korrektheit eher selbstverständlich oder zumindest ganz natürlich ist, weil Ausrutscher die Ziele gefährden würden, die man langfristig verfolgt.

Wenn der Mensch entspannt, kann man ihm auch trauen, aber dann darf man ihn um Himmels willen nicht so ernst nehmen, wie wenn er regelrecht performt. Im relativen Wohlfühlkontext ist er vielleicht unterhaltsamer als sonst und macht einen sympathischeren Eindruck, aber er vollbringt keine kognitiven Spitzenleistungen. Das ist auch alles völlig in Ordnung. Was jedoch problematisch ist, ist der Umgang mit den Ergebnissen.

Ein gutes Modell für den Umgang mit unterkomplexem Output ist die Familienfeier, der Grillabend oder der Abend in der Kneipe. Da wird viel gelacht und Spaß gemacht, es wird „philosophiert", am nächsten Tag gibt es ein wenig Katerstimmung, und danach ist alles vergessen. Dann wird wieder gearbeitet, trainiert oder Kunst gemacht, und dann stimmt die kognitive Leistung wieder. In diesem Fall gibt es keinerlei Probleme mit dem Yin-Yang-Wechselspiel zwischen mentaler Akkumulation und Konsumption.

Heute ist der Umgang damit zumeist ein völlig anderer. Der Anspruchsmensch der Gegenwart hält in seiner Hybris jede Regung für wertvoll, die aus ihm herauskommt, egal in welchem Kontext das geschieht. Und alle Ergüsse, egal wie schwach die Stunde war, in der sie ergangen sind, werden festgehalten, verewigt, zu Resultaten von Selbstverwirklichung stilisiert und am Ende ebenso ernst genommen wie beliebige Arbeits-, Wettbewerbs- oder Prüfungsergebnisse. Oft handelt es sich dabei um gute Geschichten, die ebenso spannend erzählt werden, wie sie den Nagel neben den Kopf treffen oder wie sie an der Wahrheit haarscharf vorbeigehen.

Was dann damit passiert, ist genau das Falsche. Das Ergebnis wird verewigt, zumeist im Internet mit seinen sozialen Medien und Kommentarspalten, und es bildet so den Rohstoff für Polemiken, Hass, Hetze und Verschwörungstheorien. Gelegentlich folgen dann auch Konsequenzen im wirklichen Leben – es wird ein Arbeitnehmer entlassen, ein

Künstler wird nicht mehr gebucht, Politiker kommen auf beängstigende Todeslisten, für die sich letztlich einer findet, der sie abzuarbeiten beginnt.

Das alles könnte man vermeiden, wenn es spätestens nach 4 bis 24 Stunden mit regelmäßiger Konsequenz gelöscht würde, doch damit ist man beim Internet genau an der falschen Adresse (der WhatsApp-Status ist ein positives Gegenbeispiel).

Doch Vorsicht, völlig wertlos sind die Ergebnisse mentaler Konsumption nun auch nicht, und mentale Akkumulation hat nicht nur Vorteile. Der Modus der mentalen Akkumulation ist vielmehr insofern verhängnisvoll, als er den Menschen in einem gewissen Wettbewerbshamsterrad festhält, in dem Aktion gefragt ist, jedoch kaum Spielräume für Nachdenken und für das Hinterfragen des Sinns, den das ganze Spiel hat, oder für Skrupel übrig bleiben. In diesem Modus ist die Neigung, das Verhalten des Menschen im Kontext der Evolution und der Natur zu hinterfragen, eher gering (geringer Grad der Zielfindungskontrolle im Sinne von RV01.04 in Teil 4), und die Neigung, wechselseitigen sozialen Impulsen und also gewissermaßen in einer Art Herdentrieb den Pfaden unbeirrt zu folgen, die die Gesellschaft einmal eingeschlagen hat, ist entsprechend stark ausgeprägt (hoher sozialer Fremdeinfluss bei der Zielfindungskontrolle im Sinne von RV01.05, ausgeprägte strukturelle Fremdsteuerung im Sinne von RV01.06).

So gesehen bewegt sich mentale Akkumulation auf einem verhängnisvollen Pfad, der zwar jederzeit einen zielorientierten Eindruck vermittelt, der jedoch vor allem sich selbst reproduziert und bei dem sich dabei die Ziele vorwiegend von selbst einstellen, quasi als Naturereignisse, immer entweder den eingeschlagenen Pfaden, den neuesten Krisenphänomenen oder den aktuellen Markttrends folgend. Siehe auch Diskussionen rund um das Thema „Zielfindungskontrolle" (RV01.04ff.) oben in den Abschnitten „Zerstörung der natürlichen Grundlagen des Lebens" und „Kapitalistische Wachstumswirtschaft".

An dieser Stelle kommt der Wert ins Spiel, den mentale Konsumption – neben der Entspannungsfunktion – auch hat: Hier findet sich der kreative Freiraum, in dem Ausbruchsversuchen aus dem Akkumulations-Hamsterrad der Weg bereitet werden kann. Nur hier werden viele neue Ideen geboren, die zumeist wertlos und destruktiv sein mögen, die zugleich aber den Rohstoff darstellen für wichtige zündende Funken, die neue Feuer entfachen und neue Pfade gangbar machen können (analog zu Mutationen bei der genetischen Evolution). So gesehen ist mentale Konsumption nicht nur ein Verbrauchsprozess, der für Entspannung sorgt und den Energiesparmodus des Menschen (die Faulheit) befriedigt, sondern auch ein künstlerischer Prozess, der die Kultur bereichert.

Also doch nicht alles löschen, aber richtig bewerten. In den Kneipen und Internetforen dieser Welt muss man sich austoben können. Es muss aber klar sein, dass es sich nicht um wertvolle Produkte menschlicher Kognition handelt – dafür gibt es andere Plattformen (wie z. B. wissenschaftliche Publikation) –, sondern um einen destruktiv-kreativen Gedankenrohstoff, der entweder zu ignorieren oder wahlweise kritisch zu hinterfragen ist, bei dem jedoch die Betrachtung mit heiligem Ernst und die Ableitung ernsthafter Konsequenzen völlig unangebracht sind. Hier muss Narrenfreiheit erlaubt sein, und Streit gehört ganz sicher dazu, aber direkte Verknüpfungen zu Ernsthaftigkeits- und Akkumulationskontexten, die noch dazu womöglich zur Zerstörung von Lebensentwürfen und Karrieren oder zu extremistischen Handlungen, Anschlägen und Morden führen, sind völlig unangebracht. Spiel muss vielmehr Spiel bleiben.

De facto hat der Mensch also mindestens zwei Identitäten, wahrscheinlich können es auch noch mehr sein. Wie löst man nun die Schwierigkeit, die Produkte desselben menschlichen Geistes, die er jedoch in verschiedenen Modi fabriziert, adäquat voneinander zu trennen? Das ist eine gute Frage, die sicher nicht immer sehr leicht zu beantworten ist. Aber der erste und wichtigste Schritt ist bereits damit getan, dass man sie stellt. Abgesehen davon sollte man jedem Mitmenschen das Recht zugestehen, für unterkomplexe Äußerungen entweder nicht be- oder abgeurteilt zu werden oder sich auf einer komplexeren Zusammenhangsebene erklären zu können. Bei der letzteren Variante müsste man sich allerdings die Zeit nehmen, ihm bis zum Ende seiner Ausführungen zuzuhören. Hat man diese nicht, so kann man bestenfalls mit unterkomplexen und damit ebenso wertlosen „Urteilen" in die konsumptiv-kreative Unterhaltungs- und Streitkultur eintreten.

Diese Ebene des Umgangs mit mentalen Spannungen wird in vielen Fällen bereits intuitiv richtig gehandhabt. Man erkennt die jeweilige Stimmung seines Mitmenschen und ordnet die Produkte seines Geistes, die er in diesem Moment in den Raum stellt, entsprechend ein. Das ist eine wichtige soziale Kompetenz, die das Zusammenleben in der Gemeinschaft erst möglich macht. Doch bei technisierten Formen der Kommunikation ist das nicht einfach – da versagt diese Kompetenz (durch die fehlende körperliche Nähe), und man muss die besonderen Umstände bedenken, um auf einer höheren und bewussteren Ebene die passenden Zuschreibungen und Umgangsformen entwickeln zu können. Das ist ein Prozess, der ganz sicher noch nicht die nötige Fahrt aufgenommen hat.

Extremismus und Terror

Beschreibung

Neben den vielen Beispielen erfolgreicher Kooperation und Integration ist die Welt von verschiedenen Formen des Scheiterns und des Missstands gekennzeichnet, die mit verschiedenen Formen von Extremismus einhergehen. Genannt seien Rechtsextremismus, Linksextremismus und religiöser Extremismus. Gewisse Extreme muss es letztlich in jeder Richtung geben. Radikale Gruppierungen und Netzwerke, die vor Hass, Hetze, Verbrechen, Terror, Bürgerkriegen und Kriegen nicht zurückschrecken, sind jedoch nichts, was der Gesellschaft dienlich sein könnte. Hier geht es insbesondere um Extremismen, bei denen Terrorismus zum Programm gehört (siehe z. B. Rote Armee Fraktion (RAF), Nationalsozialistischer Untergrund (NSU), Al-Qaida, Islamischer Staat (IS)).

Bewertung

Wenn es bereits in Wohlstandskontexten zu Formen der Links-Rechts- oder Sensitivitäts-Vehemenz-Polarisierung kommt (siehe oben Abschnitt „Gesellschaftsklimatische Absonderlichkeiten"), so ist es nahezu zwingend, dass sich im Zusammenhang mit ausgeprägten Missständen, die in vielen Teilen der Welt – und nicht zuletzt auch mitten in Wohlstandsländern – vorkommen, daraus Formen des Links- oder Rechtsextremismus entwickeln.

Zum Thema „Glaubensrichtungen und Religionen" ist festzustellen, dass sie den großen Anteil des Nichtwissens in den Vordergrund stellen, mit dem sich der auf dem Weg der Erkenntnis befindliche Mensch jederzeit konfrontiert sieht. Insofern sind sie zunächst eine sinnvolle Strategie, um den menschlichen Grenzen im Umgang mit Informationen Rechnung zu tragen (IP*IB). Sobald dies jedoch mit dem Anspruch auf Exklusivität und der identitären Verneinung anderer Perspektiven einhergeht (als Form der Spezialisierung), ist Polarisierung die Folge (siehe z. B. islamischer Fundamentalismus im Vergleich zur toleranten Bahai-Religion). Kommen Elend und Missstände hinzu, die gerade auch des Glaubens besonders bedürfen, ist die Entstehung religiösen Extremismus eine nahezu zwingende Folge.

Extremismus hat immer etwas mit der Verneinung von Information und mit der Verweigerung des Prozesses der Internalisierung von Problemkomplexität (in die Assoziationskortexe) zu tun, sei es pauschal oder selektiv. Extremismus beginnt insbesondere dann, wenn Positionen und Perspektiven so geartet sind, dass sie bestimmte Aspekte und Wechselwirkungszusammenhänge des Lebens sowie andere Denkungsarten, Positionen und Perspektiven verneinen und wenn sie sich so in selbstzerstörerischer Art und Weise gegen einen Teil der gesellschaftlichen Realität stellen. Extremismus ist immer ein Vernunftintelligenz-Desaster. Zunächst für die Extremisten (und deren Ziele und Opfer). Ebenso jedoch für diejenigen, die sich am oberen Ende beliebiger Integrationsgefälle auf der sicheren Seite wähnen. Mangelnde Teilhabe und Extremismus zuzulassen und zu hoffen, dass die folgerichtig entstehenden radikalen bzw. militanten Formen von Extremismus nicht eines Tages den Zugang zu den modernsten und teuersten (Waffen-) Technologien finden, ist ganz sicher mindestens grob fahrlässig.

Geostrategischer Machtpoker (Macht und Integration)

Beschreibung

Die globale Völkergemeinschaft verfügt über viele verbindende Elemente – wie z. B. das Weltwirtschaftssystem, die internationale Reisetätigkeit, die Diplomatie, internationale Hilfsorganisationen, die Vereinten Nationen, den UN-Sicherheitsrat, die G8- und G20-Gruppe, die Internationale Kampagne zur Abschaffung von Atomwaffen (ICAN) usw. – aber auch über eine gehörige Menge an machtpolitischen Antagonismen – von religiöser oder ideologischer Polarisierung, dem Schüren von Spannungen, politischen Drohungen und wirtschaftlichen Sanktionen über Gebiets-, Rohstoff- und Vormachtansprüche bis hin zu Kriegen, Völkermorden und dem atomaren Gleichgewicht des Schreckens.

Wir könnten uns wie soziale Wesen verhalten, die Kultur entwickeln, rücksichtsvoll miteinander umgehen und Konfliktherde kontrolliert einhegen und bewältigen; in gewissen Grenzen tun wir das auch, sodass Beweiskraft vorhanden ist, dass dieser Weg gangbar ist. Gleichzeitig leisten wir uns den Luxus, einer anderen, dämonischeren Seite unseres Wesens Raum zu geben, die uns zur Androhung und Ausübung von Gewalt verführt und die uns das ständige Risiko der Totalvernichtung wie selbstverständlich hinnehmen lässt.

Das ist ebenso absurd, wie es der alltäglichen Realität entspricht.

Was soll dieser Unsinn? Warum können wir nicht einfach in Frieden leben? Wie wäre es zu erreichen, dass der vergleichsweise lang anhaltende Frieden, der in Europa vom Zweiten Weltkrieg bis 2021 geherrscht hat, zum dauerhaften weltweiten Phänomen wird? Wie wäre es zu erreichen, dass auch solche bekannten Schandflecken dieser Friedensperiode – wie der Kalte Krieg, die Jugoslawienkriege, der Ukraine-Konflikt (bis 2021) und das feindschaftliche Gebaren zwischen den USA und der EU auf der einen Seite sowie Russland auf der anderen Seite – künftig vermieden werden können? Wie kann ein Krieg, wie er 2022 in der Ukraine begonnen wurde, verhindert werden?

Wie wäre eine Welt zu erreichen, in der der Integrationszusammenhalt substanziell existiert, statt nur auf einer fragilen Vorteilsgemeinschaft zu basieren, die jederzeit zerfallen und im Inferno eines weiteren Weltkriegs verglühen kann?

Bewertung

Eine friedliche Welt, in der der Integrationszusammenhalt gelebt wird, ist durch ein allgemeines Streben nach 4D-Intelligenz (oder nach einem vergleichbaren Vernunftkonzept) und durch die Regulierung von Integrationsgefällen erreichbar. Getragen werden kann ein entsprechender Fortschritt nur vom ausgeprägten Willen, einerseits ein selbstbestimmtes Leben zu führen und andererseits diesen Prozess durch die verstärkte Internalisierung von Problemkomplexität (in unsere Gehirne) zu forcieren. Eine realistische Chance auf Erfolg besteht nur, wenn die große Mehrheit der Weltbevölkerung auf diesen Pfad einschwenkt.

Das geostrategische Elend, das wir heute erleben, ist der Tatsache geschuldet, dass dieser Prozess zwar stattfindet, aber nur als Bewegung von Minderheiten, aus deren Kreisen sich einige, die über besonderes Durchsetzungsvermögen verfügen, ganz oben in der Hackordnung wiederfinden, also am oberen Ende von Integrationsgefällen (siehe auch Abschnitt „Soziales Integrationsgefälle" in Teil 3). Besser wäre es, wenn sich der Wille zur Selbstbehauptung der großen Mehrheit zu einem Wettbewerb entwickelte, bei dem jeder dem anderen so aufmerksam auf die Finger schaut, dass kaum noch Spielraum für Schwachheiten und Übergriffe bleibt. Leider sind wir davon weit entfernt. Viele Mitmenschen versuchen, sich an die Konzepte und Strategien anzulehnen, die andere erdacht haben oder die von anderen forciert werden. Auf die Idee, selbst zu denken, alles kritisch zu hinterfragen und politischen Willen auszuüben, kommen sie entweder nicht, oder sie fühlen sich angesichts der Alltagslasten, die sie zu tragen haben, in dieser Hinsicht überfordert, oder sie versuchen es, kommen jedoch über Stadien stark verkürzter Wahrheiten nicht hinaus (siehe z. B. Populismus oder Verschwörungstheorien). Ohne regelrechte politische Ambitionen einer Mehrheit bei gleichzeitiger Einsicht in die Tatsache, dass man in einer großen Weltgemeinschaft lebt, in der es auf allen Ebenen der Integration – regional, nationalstaatlich, international – Kompromisse auszuhandeln gilt, wird jedoch eine einigermaßen ausgeglichene Machtbalance nicht herzustellen sein (siehe auch Teil 4, RV04.03).

Das aggressive, auf militärische Macht setzende Gebaren vieler politischer Akteure (Staaten, Terrororganisationen) ist zum Teil dadurch zu erklären, dass die Integrationsgefälle innerhalb dieser Gemeinschaften maßgeblich auf Angst, der Androhung von Gewalt oder auf anderen hochwirksamen Disziplinierungsmechanismen beruhen (wie z. B. auf Sozialkreditsystemen oder Kapital). Das interne politische Klima spiegelt sich dann auch folgerichtig im Auftreten dieser politischen Akteure auf der internationalen politischen Bühne wider (Beispiele: China und expansive Machtpolitik; Russland und Ukraine; Nordkorea als Atommacht; USA und militärisches Gebaren in der Welt; transnationale Konzerne und Steuervermeidungsindustrie).

Umgekehrt ist es jedoch auch so, dass die Welt von zwischenstaatlichen Spannungen und Extremismen (siehe vorangehender Abschnitt) geprägt ist, die wiederum nachhaltig auf das nationale und internationale politische Klima zurückwirken und es zum Nachteil beeinflussen (Beispiele: Koreakrieg, Nahostkonflikte, Ost-West-Konflikt, Islamischer Staat). Doch auch diese Konflikte sind letztlich maßgeblich durch die Abwesenheit von internalisierter Komplexität, einen Mangel an 4D-Intelligenz und zu stark ausgeprägten Integrationsgefällen verursacht und können nur durch einen entsprechenden Aneignungsprozess gelöst werden, bei dem auf allen Seiten politische Ambitioniertheit und Problembewusstsein für die Gesamtsituation aufzubauen wären.

Eine Welt, die frei von (politischen) Problemen wäre, kann es jedoch niemals geben. Das ist der Tatsache geschuldet, dass informationelle Durchdringung der Welt oder totales Wissen nicht möglich ist und dass Emotionen, Motivationen, Nichtwissen, Improvisation und Glaube unumstößliche, evolutionär angelegte Wesensmerkmale des Menschen sind, sodass Politik immer auch ein Kräftemessen bleiben wird.

Eine tendenziell bessere informationelle Durchdringung der Realitäten dieser Welt könnte allerdings der Erkenntnis mehr Geltung verschaffen, dass Drohungen und Gewalt nur den Weg der Verständigung und der gemeinsamen Suche nach Lösungen blockieren, wodurch wiederum nur Nachteile für alle entstehen. Das Gleiche gilt für alle Formen des Cyberkriegs oder von verdeckten Operationen, die letztlich ebenfalls dem politischen Klima Schaden zufügen.

Am Ende könnte die Welt vom respektvollen Umgang miteinander charakterisiert sein. Das kann allerdings wohl nur dann einigermaßen gut funktionieren, wenn neben einer Sphäre der aktiven und konstruktiven politischen Konsensbildung (im Sinne von mentaler Akkumulation) im politischen Leben der Gesellschaft zugleich auch genügend Freiräume für das harmlose Ausleben destruktiver Energien und kreativer Potenziale offenbleiben (für politische Formen von mentaler Konsumption; siehe oben Abschnitt „Zum Umgang mit mentalen Spannungen"), und wenn es gelingt, zwischenstaatliche Spannungen und Extremismusherde einzuhegen.

Anders ausgedrückt: Die Chancen für eine friedliche, von Vernunft beherrschte Welt stünden besser, wenn wir uns die folgenden beiden Irrtümer jederzeit klarmachen würden:

- Ein häufiger Irrtum des großen (an der Spitze eines starken Integrationsgefälles stehenden) Mannes besteht darin, dass er Macht auf ökonomische, militärische und territoriale Parameter reduziert. Tatsächlich ist sie jedoch mental-sozial-materiell zu begreifen. Rigorose Macht, die auf die Befindlichkeiten eines Teils der Mitmenschen oder auf einen Teil der sozialen Verflechtungen dieser Welt keine Rücksicht nimmt, ist also keine. Siehe auch Abschnitte „Macht" und „Soziales Integrationsgefälle" in Teil 3.

- Ein häufiger Irrtum des kleinen (in einem sozialen Integrationsgefälle auf verlorenem Posten stehenden) Mannes besteht darin, dass er keinen Einfluss auf die Weltpolitik hat und dass er ohnehin nichts ausrichten kann. Das Gegenteil ist der Fall! Die Summe aller fatalistischen Haltungen dieser Art ist es, welche die Bildung ausgeprägter Integrationsgefälle sowie *große Männer* und ihre fatalen Irrtümer erst möglich macht.

Aufgrund dieser Irrtümer leben wir heute in einer Welt, in der auf nationaler Ebene typischerweise Recht und Ordnung vorherrschen, in der auf dem globalen politischen Parkett jedoch das Recht des Stärkeren gilt, als hätten wir aus den unzähligen blutigen Jahrhunderten der Menschheitsgeschichte nichts gelernt. Alle hergestellten Waffen werden letztlich auch zum Einsatz kommen. Nur ein globales Staatswesen könnte dieses Dilemma auflösen – mit einem globalen Rechtssystem, das allgemein respektiert wird, unter dem es nur noch kriminelle Gewalt gibt statt Kriege und dem sich kein Staatenlenker mehr entziehen kann. Doch der dazu nötige Wille zur Einigkeit entsteht wohl frühestens im verstrahlten Rest der Weltbevölkerung nach dem ersten nuklearen Weltkrieg, und auch dann wird er ein flüchtiges Element sein.

Psychische Probleme und Krankheiten

Beschreibung

Die heutige Zeit ist (in der westlichen oder verwestlichten Gesellschaft) unter anderem von der epidemischen Ausweitung bestimmter Krankheitsbilder geprägt. Das trifft auf viele Krankheiten zu, wie z. B. Diabetes mellitus, Typ 2, und koronare Herzkrankheiten. Hier soll insbesondere auf psychische und psychosomatische Krankheitsbilder eingegangen werden, die ebenfalls ein herausragendes Zeitphänomen sind. Stichworte: Somatisierungsstörungen, Depression, Burn-out, bipolare Phänomene oder Störungen (depressive abwechselnd mit manischen Phasen), dissoziative Phänomene oder Störungen (Formen von Bewusstseinsspaltung und kontextabhängiger Leistungsfähigkeit), Suchtverhaltensweisen und Suchterkrankungen, Schlafstörungen. Derartige Phänomene und Krankheitsbilder werden ebenso wie die entsprechenden Therapien durch wissenschaftliche Beobachtung erforscht, eindeutige Kausalzusammenhänge lassen sich jedoch selten herstellen.

Bewertung

Hier wäre zu klären, inwiefern die epidemische Ausweitung psychogener Phänomene und Krankheitsbilder im Wechselwirkungszusammenhang mit dem Pfad der Komplexitätskonfrontation steht, den die Menschheit zurzeit beschreitet, sowie mit den Phänomenen, die insbesondere auch in Teil 3, Abschnitt „Mentale Kapazität und die mentale Vitalitäts-Vulnerabilitäts-Achse" betrachtet werden. Vor diesem Hintergrund lassen sich viele der heute zu beobachtenden psychischen Probleme und Krankheiten womöglich als Transformationsprobleme bei der fortschreitenden neuronalen Internalisierung von Realität deuten.

Psychologen sehen den Menschen – gemäß ihrer Rolle, die sie in der Gesellschaft innehaben (als Ärzte) – typischerweise als Opfer der gesellschaftlichen Entwicklung, und sie suchen nach Bewältigungsstrategien und Lösungen, die diese Not lindern helfen. Für den Gedanken, dass der Mensch (teilweise derselbe) gleichzeitig auch Treiber dieser Entwicklung ist und diese Entwicklung nur folgerichtig ist, bleibt dabei wenig Raum. Psychologen mögen die zunehmende Komplexität als Problem kritisieren, tatsächlich ist dieser Prozess jedoch zugleich auch als Aufgabe zu betrachten, die sich die Menschen aus guten Gründen selbst gestellt haben und durch die sie hindurch müssen. Psychologen neigen (folgerichtig) eher dazu, den Menschen als von der Gesellschaft getrieben zu betrachten, während er tatsächlich zugleich auch als Komplexitätstreiber zu betrachten ist, der gelegentlich ins Straucheln kommt oder sich im Wettbewerb gegenseitig ins Straucheln bringt. Um beide Aspekte in der richtigen Weise würdigen zu können, benötigt man einerseits medizinisch-psychologische Positionen, andererseits jedoch auch systemische Modelle wie das in diesem Buch in Teil 3 vorgeschlagene Neuromodell.

Antworten auf Fragen aus der Einführung

Wieso kann ein vergnüglicher Abend oder eine großartige Fußballveranstaltung in eine Schlägerei münden? Wozu sind Hass, Hetze und Feindschaft gut?

Antwort: Beschränktheit muss man nicht nur leben, sondern auch aktiv kultivieren, damit sie die gewünschte Wirkung entfaltet. Nur so kann sie die Seele sofort heilen (auf Kosten des Seelenheils anderer und des eigenen Seelenheils in der Zukunft).

Wie konnte es dazu kommen, dass sich Atommüll und Plastikmüll zunehmend verstetigen?

Antwort: Wenn man jeweils den akuten Imperativen und den Zeichen der Zeit folgt, ohne sich ernsthaft Gedanken über die künftigen Konsequenzen zu machen, hat man nichts Besseres verdient, als im Müll der Geschichte zu ertrinken.

Wie kam es zum massiven Einsatz von Herbiziden und Neonikotinoiden und in der Folge zur massiven Dezimierung von Insekten, sonstigen Wirbellosen und Vögeln und wieso kann man das nicht einfach stoppen, nachdem die Folgen bekannt geworden sind?

Antwort: Hier kann man das beliebte Bild vom großen Tanker bemühen, der nur sehr langsam eine Kurve, eine Wende vollziehen kann. Außerdem ist die Vermutung naheliegend, dass dieser Tanker sehr weitgehend blind geführt wurde, sodass die genannten Teile der Natur, die zerstört wurden, viel zu spät bemerkt wurden. Außerdem ist die Vermutung naheliegend, dass sich an dieser Form der Blindheit bisher nicht wirklich etwas gebessert hat – dass sie also prinzipiell noch genauso vorhanden ist wie eh und je.

Wozu sind teure Militärtechnologien gut, warum werden Kriege geführt, warum wird den Verantwortlichen Rückhalt statt Ächtung zuteil und warum wird das Führen von Kriegen und Bürgerkriegen nicht mit Kriminalität gleichgesetzt?

Antwort: Der Mensch liebt Kultur im Kleinen. Dass er sie nur behalten kann, wenn er sie auch global realisiert, hat er (offenbar) noch nicht wirklich verstanden. Er konnte es bislang noch nicht verstehen, weil Nachdenken wehtut.

Was ist eine Zivilisation wert, die von Krise zu Naturkatastrophe, von Naturkatastrophe zu Krieg und von Krieg zu Krise gelebt wird?

Antwort: Nichts! Sie ist eine Kette vorübergehender Rauschzustände, die sehr weitgehend von Bewusstlosigkeit der überkomplexen Art begleitet wird, aufgeladen mit künstlichen Scheinwerten, die bei eingehender Prüfung regelmäßig in sich zusammenfallen.

Im Zentrum steht die Frage: Warum machen wir solchen Unsinn, aus welcher Quelle speist sich dieses rätselhafte Verhalten des Menschen und wie wäre es abzustellen?

Antwort (ergänzend zur Antwort in Teil 1): Dieses unser Handeln geschieht aus Mangel an 4D-Intelligenz und an systemisch-integrativem Denken. Diesen Mangel könnte man durch stetiges gemeinschaftliches Bemühen um die entsprechenden Kompetenzen schrittweise beheben, wenn man zugleich die Tatsache verinnerlicht, dass wir unwiderruflich zur

globalen Schicksalsgemeinschaft geworden sind – eben zum
menschheitlichen Superorganismus.

Aktuelle Dilemmata

Hier verlassen wir die Sphären, die man mit Abstand und einem gewissen Grad der Objektivität abwägend betrachten kann. Hier mischen wir uns in Angelegenheiten ein, in die wir *ganz aktuell* (2023) persönlich gefühlsmäßig involviert sind und über die wir noch zu wenig wissen, um alle wichtigen Argumente auf den Tisch legen zu können. Hier geht es um Themen, bei denen man sich nur irren kann, sich angreifbar macht und bei denen erst die Zukunft zeigen wird, was wirklich passiert ist. Deshalb wird auf diese Themen entweder nur sehr zurückhaltend und wenig konkret eingegangen oder man wagt konkretere Bewertungen und begibt sich damit mit hoher Wahrscheinlichkeit auf einen polemischen Holzweg.

Man kann also nur alles falsch machen. Diese Themen ganz auszusparen, ist jedoch auch nicht der richtige Weg. Bei der Lektüre dieses Kapitels wird darum gebeten, diese besondere Konstellation zu berücksichtigen.

Inselwissenschaft

Beschreibung

Wissenschaft findet heute hoch spezialisiert statt. Es gibt viele Disziplinen, die sich immer weiter ausdifferenzieren. Der Umfang an Detailwissen steigt exponentiell, ebenso wie der Aufwand, um in den einzelnen Disziplinen zu neuen Erkenntnissen zu gelangen.

Es gibt auch Disziplinen, die auf die Erforschung von Systemzusammenhängen ausgerichtet sind, wie z. B. die systemischen Neurowissenschaften. Letztlich folgt man dabei jedoch wiederum bestimmten Formen der Abstraktion und bestimmten Methoden, und man betrachtet bestimmte Teilaspekte des Lebens, diese allerdings eben möglichst systemisch. Heraus kommen letztlich auch wieder bestimmte Disziplinen, und die Möglichkeiten, zu anderen Teildisziplinen starke Brücken zu bauen und starke konzeptionelle Achsen herzustellen, sind begrenzt.

Hier gibt es nicht zuletzt deshalb so viele Schwierigkeiten, weil die Methoden, um wissenschaftliche Evidenz herzustellen, eng begrenzt sind. Beim Gehirn des Menschen kann man z. B. erstens lediglich die Verteilung energetischer Stoffwechselprozesse über einzelne Areale beobachten (mittels funktioneller Magnetresonanztomografie), nicht jedoch die Informationsverarbeitungsprozesse, die in und zwischen diesen Arealen stattfinden und die das eigentliche Forschungsziel sind, zweitens ist dies nur in stark eingeschränkten, künstlich hergestellten Versuchsanordnungen möglich, nicht jedoch unter den Bedingungen des realen Lebens, unter denen das Gehirn seine Bewährungsproben zu bestehen hat, und drittens würde man, wenn die ersteren beiden Schranken nicht bestünden, an der Menge und Komplexität der anfallenden Daten scheitern (an die Informationsverarbeitungsprozesse selbst käme man mit Elektroden heran, doch das ist kein gangbarer Weg, und er würde die Sache nicht einfacher machen). So gesehen ist Naturwissenschaft ein Lavieren mit provisorischen Techniken und Methoden und es ist erstaunlich, wie viel an konkreter Erkenntnis und Evidenz dennoch bereits hergestellt werden konnte – teilweise war das nur auf ungewöhnlichen Wegen erreichbar, bei der Hirnforschung z. B. durch die Untersuchung von Kriegsopfern.

So ist jede Disziplin für sich genommen bereits ein schwieriger Balanceakt. Wer dann noch versucht, wahrhaft interdisziplinär zu arbeiten, begibt sich aufs Glatteis. Das Risiko, der Unwissenschaftlichkeit bezichtigt zu werden, steigt, je mehr man sich zwischen die Stühle setzt und sich an übergreifenden Deutungen versucht. Schnell ist ein Zustand erreicht, bei dem man Wissenschaftlichkeitskriterien verletzt oder Merkmale der Wissenschaftsleugnung erfüllt (siehe z. B. Sceptical Science 2021).

Die Geisteswissenschaften versuchen, gewisse Lücken zu füllen, die durch die Naturwissenschaften (vorläufig) hinterlassen werden. Doch heraus kommt nur eine Mischung aus Spekulation, Glaube und weitschweifiger Verwaltung von Unwissen oder Halbwissen. Gewiss, das braucht der Mensch. Was jedoch geschehen kann, wenn man dieses Pseudowissen allzu ernst nimmt, zeigt sich, wenn man die Geschichte des Marxismus (als sogenannter „wissenschaftlicher Weltanschauung") und seiner totalitär geprägten Folgen betrachtet.

Wir machen uns selten die Tatsache klar, dass der weitaus größte Wissen(schaft)sbereich der des Nichtwissens ist. Bei genauerer Prüfung überstrahlen die weißen Felder alles, und konkrete Erkenntnisse, beweisbare Naturgesetze sind nicht viel mehr als Oasen in einer großen Wüste des Unwissens. Zwischen unseren Erkenntnis- und Kontrollzonen regieren Zufälle und strukturelle Imperative unser Denken und Handeln. Beim lexikalischen Wissen sind wir hervorragend (zumindest, solange elektronische Medien greifbar sind), systemische Wechselwirkungszusammenhänge und Verbindungen zwischen Wirklichkeitsschichten haben wir jedoch so gut wie gar nicht im Blick. Vor dieser Form des Wissens, dem Verstehen, drücken wir uns, bis es nicht mehr anders geht, oder wir verweigern uns bis zuletzt. Zum weitaus größten Teil basiert unser Denken – auch das von Wissenschaftlern – auf Intuition, Glaube, zufälligen Einflussfaktoren, Imperativen und Kapital, gelegentlich auch auf Manipulationen.

Eigentlich hätte man sich Allwissenheit gewünscht, und am liebsten wäre man – in der womöglich bewahrten naiven

Kindlichkeit – mit dem Anspruch gesegnet, alle Systemzusammenhänge dieser Welt zu durchdringen. Doch nachdem man diesen Impuls irgendwann in seiner Biografie für kurze Zeit hatte, wurde schnell klar, dass dieser Wunsch völlig unrealistisch ist. Tatsächlich will jedes Quantum an Erkenntnis und Kontrolle hart erkämpft sein und schnell verliert man sich in Unwägbarkeiten, Zwängen und Zufällen. So ist es nicht unklug, Inselwissen zu kultivieren und die weißen Felder mit Glauben zu kaschieren.

Hinzu kommt, dass der Weg der Erkenntnis einerseits aufwendig ist und andererseits Macht verleiht. Wissen, Know-how, Erfindungen, Techniken und Technologien sind ein wesentlicher Teil von Macht, da Macht auf mental-sozial-materiellem Vermögen beruht (siehe auch Abschnitte „Macht" und „Soziales Integrationsgefälle" in Teil 3). So geht die Wissenschaft natürlicherweise eine enge Bindung mit anderen Aspekten von Macht ein, so auch mit wirtschaftlichen, sozialen oder militärischen Schwerpunktsetzungen.

Wissenschaft neigt dazu, sich als etwas Großartiges, Hehres zu präsentieren. Sich diesen Gedanken zu bewahren, kann auch niemals falsch sein, denn nur so kommen großartige Motivationen zustande. Gleichzeitig muss uns klar sein, dass wir es mit einer Inselwissenschaft zu tun haben, die jederzeit mit allen anderen Aspekten von Macht eng verwoben ist und somit ihren Imperativen folgt. Und da sich sowohl Produktwelten wie auch politische Interessenlagen zunehmend ausdifferenzieren, neigt auch die Wissenschaft dazu, ein expandierender Kosmos zu sein.

Angesichts des großen Einflusses des Nichtwissens und des Zufalls wäre es vernünftig, beunruhigt zu sein und dagegen anzugehen. Doch wir scheinen uns mit der heutigen Art der Inselwissenschaft arrangiert zu haben. Ausbruchsversuche gibt es vorwiegend in Richtung vereinfachter Wahrheiten wie Glauben, Verschwörungstheorien oder pseudowissenschaftlicher Konzepte, die sich der Kritik entziehen, kaum jedoch im Sinne maximaler Konfrontation mit der Komplexität von Realität.

Ist Inselwissenschaft alles, was wir benötigen, wollen oder können?

Bewertung

Nein! Eine Gegenströmung könnte durch die sich durchsetzende Erkenntnis entstehen, dass alle Menschen dieser Welt zunehmend dazu verdammt sind, ihr Schicksal zu teilen und dass dieses gemeinsame Schicksal von Wechselwirkungszusammenhängen geprägt ist, die zwischen allen möglichen Aspekten des Lebens bestehen.

Dann könnte das Folgende gefragt sein: Ambiguitäten, Systemzusammenhänge, Zusammenhänge zwischen disziplinären Erkenntnissen und unterschiedlichen Wirklichkeitsschichten. Folgt man diesem Anspruch, wird es komplex. Diese Komplexität verführt den Menschen typischerweise dazu, die Verbindung zur Realität zu verlieren und sich in bizarren Seitenwegen und abstrusen Konzepten zu verirren, die nichts mehr mit dem Anspruch der nüchternen Regulierung der gesellschaftlichen und der eigenen Angelegenheiten zu tun haben, sich von der Realität abkoppeln und bizarren künstlichen Beweggründen folgen. So wie die Entwicklung verläuft, könnte die Fähigkeit, ambigue Erkenntnissysteme zu analysieren und zu konzipieren und dabei gleichzeitig die Bodenständigkeit, die Verbindung zur Lebenswirklichkeit und zu den Dingen, die wirklich zählen, wenn es eng wird, nicht zu verlieren und so das Chaos sinnvoll zu verwalten, die wichtigste Schlüsselressource werden.

Es braucht eine systemische Wissenschaft mit vollständigem Wissensanspruch. Nichts weniger als die vollständige Erkenntnis muss ihre entscheidende Motivation sein. Zugleich darf die Klarheit, dass die Mittel, um auf diesem Weg auch nur ein kleines Stück voranzukommen, eng begrenzt sind, nicht verloren gehen; die Erkenntnisgrenzen müssen immer mitgedacht werden. Versuche, das Chaos der weißen Felder interdisziplinär in den Griff zu bekommen, sollten ebenso hoch geschätzt werden, wie disziplinäre Inselexpertisen, wie sie heute der Standard sind. Gleichzeitig darf der Anspruch, sich mit Ambiguität, Komplexität und systemischen Zusammenhängen zu konfrontieren und *alles* verstehen zu wollen, nicht dazu verführen, die Prinzipien der Wissenschaftlichkeit, wie sie heute gelten, zu verletzen, zu verraten oder aufzugeben (vielleicht sind sie auch weiterzuentwickeln).

Wichtige Fragen bleiben offen: Wie gelangen wir zu einer vollständigen und ausgewogenen Wissenschaft, die nicht nur der Spur des Geldes folgt? Wer finanziert eine wahrhaft systemische und integrative Wissenschaft? Wer hat genügend Mittel und ist gleichzeitig stark motiviert, diese Art des Denkens zu fördern? Wer hat einen großen Nutzen davon oder sieht ihn darin? Oder, anders gefragt, wie könnten größere Freiräume entstehen, in denen systemischen und integrativen Formen von Wissenschaft zur Geltung verholfen werden kann? Wer will das? Wer kann das? Brauchen wir das? In welche Richtungen soll und darf sich das entwickeln? Wer stellt sicher, dass hier nicht laufend fatale Irrwege mit problematischen bis fatalen Folgen beschritten werden, wie das beim Marxismus zu beobachten war? Wie wird dabei für die richtige Balance zwischen Glauben und naturwissenschaftlicher Evidenz gesorgt?

Flüchtlingskrise

Beschreibung

Migrationsbewegungen und ihre Ursachen und Folgen sind ein Dauerthema in der Weltgeschichte. Beziehen wir uns auf die Flüchtlingskrise in Deutschland 2015/16 und stellen den Zusammenhang zu ukrainischen Kriegsflüchtlingen 2022 her.

2015/16 entwickelte sich in Deutschland einerseits eine „Willkommenskultur", die sich der Aufnahme und Integration der Migranten widmete. Gleichzeitig formierte sich auch Widerstand gegen verstärkte Zuwanderung bis hin zu ausgeprägten Formen von Fremdenfeindlichkeit. Die Spannungen zwischen beiden Lagern führten zu Polarisierungserscheinungen und die politische Landschaft hat sich dadurch verändert.

2022 war man sich hingegen weitgehend einig, dass ukrainische Flüchtlinge zu unterstützen sind.

Nebenthema: 2015/16 trat die Fremdenfeindlichkeit rechter Milieus gerade in Gegenden besonders stark hervor, in denen zuvor eine besonders geringe Konfrontation mit Migration zu verzeichnen war.

Bewertung

Im Grunde ist es einfach. Die meisten in Deutschland lebenden Menschen sind, wenn man in die Welt schaut, privilegiert und viele fühlen sich auch so. Dass die Maßstäbe, nach denen man gern lebt, Verbreitung finden oder zumindest Würdigung erfahren, ist ohnehin ein natürlicher Reflex. So gesehen könnte man sich einig sein, dass weniger privilegierten Mitmenschen zu helfen ist. Und im Jahr 2022 war man sich auch einig.

Was war 2015/16 anders?

2015/16 war das Risiko erkennbar, dass sich weniger privilegierte Mitmenschen aus der halben Welt auf den Weg nach Europa und insbesondere nach Deutschland machen. Zugleich sind Hilfsbereitschaft und Menschenfreundlichkeit Eigenschaften, die es durchaus verdienen, als unteilbare Tugenden gelebt zu werden. In diesem Sinne setzten sich viele Menschen und nicht zuletzt die politische Führung in Deutschland dafür ein, Flüchtlinge aufzunehmen und ihnen Asylverfahren zu gewähren, die bestmöglichen Menschenrechtsmaßstäben genügen sollten. Dass man sich angesichts der Krisen- und Überforderungssituation zunächst dediziert den großen, akut anstehenden Aufgaben widmet, die in diesem Zusammenhang zu bewältigen sind, ist dann eine mehr oder weniger unvermeidliche Reaktionsweise.

Nicht schnell genug und deutlich genug zu signalisieren, dass man auch die Kehrseite der Medaille zu würdigen gewillt ist, ist andererseits jedoch auch ein fataler Fehler. Selbstverständlich wäre Deutschland mit dem Anliegen, die Probleme dieser Welt auf dem eigenen Territorium lösen zu wollen, vollständig überfordert. Dass das nicht geht und man Vorkehrungen treffen muss, um auch andere Lösungsansätze zu stärken, ist klar. Dass diesem Gedanken in der zugegebenermaßen sehr schwierigen Anfangsphase der Flüchtlingskrise zu wenig Raum gelassen wurde, ja, dass Personen, die Gedanken in dieser Richtung mehr oder weniger (!) diplomatisch zum Ausdruck brachten, teilweise gegen Formen von Stigmatisierung anzukämpfen hatten, ist sicher nicht besonders glücklich gewesen, und dieser Umstand mag zur Eskalation einiger Formen von Unversöhnlichkeit beigetragen haben, wo gesittete Verständigung und das wechselseitige Respektieren unterschiedlicher Haltungen der bessere Weg gewesen wäre. So zerschlägt man Porzellan. Aber Überforderung und Ungeschick sind letztlich auch Geschwister, die geradezu siamesisch aneinanderhängen.

Also war die Entwicklung, die diese Krise in Deutschland nahm, im Grunde ganz folgerichtig, und gewisse Blessuren waren, wie in jeder Krise, unvermeidbar.

Zum Nebenthema: Dass die Fremdenfeindlichkeit rechter Milieus gerade in Gegenden besonders stark hervortrat, in denen zuvor eine besonders geringe Konfrontation mit Migration zu verzeichnen war, mag die unterschiedlichsten Gründe haben. Aber vielleicht sollte man mit den betreffenden „Türstehern" und „Sicherheitsspezialisten" auch *ein wenig Mitleid haben*. Sie mögen sich nicht stark genug gefühlt haben, angesichts des Risikos, mit Mitmenschen aneinanderzugeraten, deren Rigidität und Skrupellosigkeit die eigene übersteigt, weil sie sich unter deutlich härteren Bedingungen zu sozialisieren hatten als man selbst. Den präventiven Handlungsdruck, der aus der Angst resultiert, von einer taffen, konfrontativen und auf der Straße respektierten Persönlichkeit zu einem zögerlichen Taktiker werden zu müssen, sollte man nicht unterschätzen. Ein Handlungsdruck dieser Art war dann vermutlich in Gegenden, in denen man sich zuvor bereits zu arrangieren hatte, deutlich geringer.

So gesehen resultiert Fremdenfeindlichkeit wohl nicht zuletzt aus den besonderen Ängsten bzw. „Knappheitsfantasien" „besonders starker" Mitmenschen.

Klimawandel

Beschreibung

Die sogenannte, spätestens seit den 1950er-Jahren zu beobachtende „große Beschleunigung" („Great Acceleration"), die oben im Abschnitt „Kapitalistische Wachstumswirtschaft" erwähnt wurde und sodann als wesentliche Ursache für die „Zerstörung der natürlichen Grundlagen des Lebens" ausgemacht wurde, führt unter anderem auch dazu, dass durch die massive Verbrennung fossiler Energieträger das CO_2-Gleichgewicht in der Atmosphäre unseres Planeten durcheinandergebracht wird. Die fatalen Konsequenzen sind prinzipiell seit Langem bekannt, werden uns zunehmend genauer vor Augen geführt, und das Problem wird mit jedem Jahr drängender. Erste Anzeichen sind die Schrumpfung der Gletscher, Häufung von extremen Wetterereignissen, Anstieg des Meeresspiegels, veränderter Wärmehaushalt wie auch Versauerung der Ozeane (siehe Korallenriffe; Überlastung des wichtigsten Klimapuffers) und die gestiegene Durchschnittstemperatur (2021 etwa 1,1 Grad über dem vorindustriellen Niveau). Das Zwei-Grad-Ziel berücksichtigt bereits drastische Klimaänderungen, doch die Zeit, um es noch einhalten zu können, ist beinahe abgelaufen, und eine politische Einigkeit über ausreichende Maßnahmen ist nicht absehbar. Es droht eine so starke Temperaturerhöhung, dass höchstwahrscheinlich weite Teile unseres Planeten unbewohnbar werden. Wie das Klima durch Überschreiten bestimmter Kipppunkte (z. B. auftauende Permafrostböden, sich verändernde Meeresströmungen) zusätzlich durcheinandergebracht wird, ist nicht absehbar. Wir gehen voll ins Risiko, unendlich zu leiden und alles zu verlieren.

Den drohenden Klimaveränderungen stehen unausgegorene Lösungsstrategien, ihre zögerliche Umsetzung sowie eine weitgehende Uneinigkeit der globalen Staatengemeinschaft gegenüber. Der Ausbau der erneuerbaren Energien entwickelt sich, doch selbst in optimistischen Szenarien kommt der Energiemix auf lange Sicht (über Jahrzehnte) nicht ohne fossile, CO_2-belastete Energieträger aus. Da die wichtigsten erneuerbaren Energien (Sonne, Windkraft) leicht in Strom umgewandelt werden können und da der Stromverbrauch typischerweise mit sehr hohen Wirkungsgraden möglich ist, liegt es nahe, diesen Energieträger zu favorisieren.

Bewertung

Der Klimawandel reiht sich in die unzähligen Abgründe ein, in die wir uns ständig begeben. Er ist nur ein akutes Symptom auf dem Pfad der *Zerstörung der natürlichen Grundlagen des Lebens*. Alle bewertenden Aussagen, die oben zum letzteren Thema getroffen wurden, gelten auch für den Umgang mit dem menschengemachten Klimawandel. Hinzu kommt, dass nun viel zu spät, hektisch und kopflos gegen den CO_2-Anstieg vorgegangen wird, ohne dabei das generelle Problem im Auge zu behalten: dass Intelligenz systematisch entwickelt, der sorgfältige Umgang mit strukturierter Komplexität gelernt und Problemlösungseffizienz im Sinne von RV04.04 (siehe Teil 4) und im Sinne des bedachtsamen Umgangs mit strukturierter Komplexität, insbesondere mit ihren materialisierten Spielarten, schrittweise aufgebaut werden muss und dass dazu ein gewisses Mindestmaß an globaler Einigkeit herzustellen ist.

Nun etwas konkreter: Der beste Weg, Schaden abzuwenden, ist die Vermeidung. Von der Suche nach einem regelrechten „Weg aus der Wachstumsgesellschaft" im Sinne von Wiegandt 2013 ist jedoch nichts zu spüren. Die Notwendigkeit, Formen der nachhaltigen Verwendung einmal hergestellter Produkte und die Ersatzteilwirtschaft zu fördern, wird gelegentlich formuliert, es gibt jedoch kaum ernsthafte Schritte in diese Richtung. Vielmehr scheut man sich nicht, die Bekämpfung des Klimawandels als materialintensive Transformation zu zelebrieren und somit dem Wirtschaftswachstumsimperativ im Sinne des Abschnitts „W1 – Wachstumsgesellschaft" in Teil 5 und im Sinne von Wiegandt

(2013, 75f.) zu folgen. Ernsthafte Versuche, zu irgendeiner Form der bescheidenen Kultiviertheit zu finden (siehe auch Abschnitt „Zerstörung der natürlichen Grundlagen des Lebens"), werden nicht unternommen.

Also versucht man, den CO_2-Ausstoß vorrangig mit neuen Technologien zu reduzieren. Das ist ein weites Feld, und über die verschiedenen Pfade, die man alternativ oder parallel beschreiten könnte, um letztlich klimaneutrale Formen der Gewinnung und Nutzung von Energie zu etablieren, könnte man endlose Bewertungen verfassen, was jedoch viel zu weit weg vom hier zu behandelnden, eher neuronal-mental-sozial orientierten Themenkreis führen würde. Also soll hier nicht weiter darauf eingegangen werden.

Auf jeden Fall darf man darauf gespannt sein, wie sich die internationale Einigkeit formiert, die nötig ist, um einen gravierenderen Verlauf der Klimakrise abzuwenden, und welche neuen Formen der massiven ökologischen Giftmischerei sich dabei im ewigen Problemberg der strukturierten Komplexität anreichern werden.

Ukraine-Krieg

Beschreibung

Spätestens seit der Annexion der Krim durch Russland 2014 schwelt ein militärischer Konflikt zwischen Russland und der Ukraine. Am 24. Februar 2022 hat Russland die Ukraine überfallen, mit dem Ziel, das gesamte Land oder wenigstens wichtige Teile im Osten und Süden unter russische Kontrolle zu bringen. Daraus wurde ein verheerender Eroberungskrieg, bei dem auf ukrainischem Territorium Wohngebiete zerschossen und Zivilisten massakriert werden. Die Ukraine hat mobilgemacht und leistet erbitterten Widerstand. Westliche Länder unterstützen die Ukraine, tun das jedoch eher indirekt (z. B. durch Waffenlieferungen und Sanktionen) und verhalten sich dabei zögerlich, nicht zuletzt, um eine internationale Eskalation des Konflikts und einen Atomkrieg abzuwenden.

Russland versucht „zu alter Stärke zurückzufinden“, was auch immer das bedeuten könnte, und dabei scheint jedes Mittel recht zu sein – von dreisten Lügen bis zu massiver militärischer Gewalt. Dieser Wesenszug der russischen Politik des beginnenden 21. Jahrhunderts ist nicht neu, sondern er war z. B. bereits in Tschetschenien, Georgien und Syrien klar erkennbar.

Die westlichen Demokratien haben nach dem Fall der Mauer und dem Zerfall der Sowjetunion in Europa stark an Einfluss gewonnen, dies jedoch eher zwanglos, also vorwiegend dadurch, dass ihnen Kapital und Sympathien zugeflossen sind.

Das Verhältnis zwischen Russland und dem Westen war lange Zeit durch den „Kalten Krieg“ bestimmt. Danach stand wirtschaftliche Zusammenarbeit im Vordergrund. Nun ist mit dem Ukrainekonflikt wiederum eine erneute Phase der verschärften Konfrontation angebrochen. Der Krieg in der Ukraine ist so verfahren, dass inzwischen ein nicht enden wollender Zermürbungskrieg stattfindet und die Aussichten auf Verhandlungen gering, die auf Eskalation – bis hin zum Atomkrieg – jedoch umso größer sind (Stand: Februar 2023).

Bewertung

Angesichts eines solch brutalen Angriffskrieges, den man sich im Europa des 21. Jahrhunderts eigentlich nicht mehr vorstellen konnte, verschlägt es einem die Sprache, und man ist von großer Betroffenheit und Ratlosigkeit erfüllt. Vernunft und Menschenwürde werden in einer Weise mit Füßen getreten, wie sie für zivilisierte Menschen völlig unwürdig ist. Wie kann es sein, dass ein führender Politiker beschließt, Städte zu zerstören, Mitmenschen unendliches Leid zuzufügen und Zigtausende zu töten? Wie kann es sein, dass ihn das Volk seines Landes gewähren lässt? Wie kann es sein, dass eine Atommacht, statt als Felsen in der Brandung weniger mit Machtfülle ausgestatteten Ländern Halt zu geben, völlig ausflippt? Wie kann es sein, dass der Mensch auf hohem zivilisatorischem und technologischem Niveau erneut zum Tier wird? Oder viel mehr zum „schrecklichsten der Schrecken" … wer war das doch gleich? Ach ja: „das ist der Mensch in seinem Wahn"!

Friedrich Schiller bringt uns mit seinem „Lied von der Glocke" auf die richtige Spur. Der Mensch ist zwar ein zivilisiertes Wesen, und seine Vernunft gewinnt oft und teilweise sogar länger anhaltend die Oberhand, aber es ist ihm nicht möglich, seine biologisch-animalisch-anthropologische Natur völlig abzulegen. Die im Verhaltens-Portfolio enthaltene Fähigkeit zur rücksichtslosen Gewalt bricht sich immer wieder Bahn. Militärtechnologien potenzieren die Auswirkungen. So schrecklich uns das heute in Europa angesichts des direkt vor der Haustür stattfindenden Krieges erscheint – eine Überraschung kann es nicht sein, denn wenn man den Blick weitet, ist vielmehr klar, dass Kriege eine weltgeschichtliche Konstante sind. Fortschreitende Zivilisation ändert daran nichts, de facto führt sie nur dazu, dass die Brutalität, mit der Kriege geführt werden, immer größer wird, weil es immer wieder auch dazu kommt, dass alle verfügbaren Mittel eingesetzt werden, und die Mittel werden immer verheerender.

Das deckt sich auch mit Befunden, die man aus dem SPP-4DI-Modell (oder auch anderen neurowissenschaftlichen/psychologischen/soziologischen) Konzepten ableiten kann.

Der Mensch definiert sich ebenso informationell-rational wie auch emotional-motivational; er ist vom ständigen Konflikt zwischen Leidenschaft und Vernunft geprägt; er ist von Natur aus ein limitiertes, nicht rationales Wesen (siehe Hinweise zu „seesaw models" in Schindler 2020, 111, 121 und 203–206, insbesondere das Zitat zu „Descartes's ideas about the dichotomy between passion and reason", 203; siehe Teil 3, Kapitel „4D-Intelligenz", insbesondere auch Abschnitt „Bewusstsein als Balanceakt …"). Seiner Natur kann der Mensch nicht entfliehen, auch wenn er meint, er habe das längst getan (siehe auch Einlassungen zur „Rationalitätsannahme" in Teil 3, Abschnitt „Bewusstsein als Balanceakt …" und Teil 5, Abschnitt „Ps2"). Machtverhältnisse – ob ausgeglichen oder mit starken Gefällen behaftet – definieren sich wiederum mental-sozial-materiell, sie beinhalten also eine breite Bandbreite von Werten – von den ambiguitivsten Softskills bis zu den härtesten ökonomischen, militärischen oder territorialen Tatsachen (siehe auch Teil 3, Abschnitte „Macht" und „Soziales Integrationsgefälle"). Welche Werte jeweils am meisten zählen, hängt vom jeweils kultivierten Glauben ab, insbesondere vom Glauben, welche Ressourcen als knapp angesehen werden (siehe auch Teil 3, Abschnitt „Künstliche Bedürfnisse und Knappheitsfantasien"). Kulturelle Entwicklung macht Wissen und Sozialbeziehungen tendenziell immer mehr zum Machtausgleichsfaktor. Diese Entwicklung geht jedoch diskontinuierlich vonstatten. Vehemenz und Beseeltheit gehören ebenso untrennbar zum Leben wie Sensitivität (siehe Teil 4, RV02.04); der Konflikt zwischen sensibleren Gemütskonstellationen und ihren komplexen Erklärungsmodellen auf der einen Seite und vehementeren, emotionsgeladeneren, tendenziell unterkomplexen, und möglicherweise verletzend wirkenden Attitüden auf der anderen Seite ist unausweichlich und unabänderlich, nur seine Erscheinungsformen wandeln sich ständig;

die Aufbereitung immer komplexerer Wahrheiten und ihre ständige, mehr oder weniger monokausal erscheinende oder beängstigende Verletzung gehört also zum Leben wie das tägliche Brot; *wenn es sein muss*, warum auch immer, beinhaltet das die Ausschöpfung aller Mittel – bis hin zu physischer Gewalt und brutaler Vernichtung; wer vermeintlich klug ist und diesen Konflikt nicht auf seiner Landkarte hat, ist es nicht wirklich.

Wer jedoch eine eher von Softskills, Vernunftintelligenz (siehe letzter Abschnitt in Teil 3) oder zivilisatorischen Errungenschaften getragene Welt schätzt und bewahren will, muss versuchen, das Risiko, dass Übergriffe stattfinden und eskalieren, vorsorglich abzuwenden. Dann müsste es als absolut notwendig erscheinen, ein globales Gremium zu etablieren – und hieße es „Vereinte Nationen" –, in welchem sich die von den Völkern der Welt beauftragten Diplomaten immer wieder über das richtige Austarieren der Machtbalance so lange auseinandersetzen, bis sie jeweils einen akzeptablen Konsens ausgehandelt haben, der bis zum nächsten Treffen durchgehalten werden kann. Diese Auseinandersetzung müsste – im Gegensatz zu heute – von gegenseitigem Respekt gekennzeichnet sein und vom absoluten Willen, alle Interessenlagen zu berücksichtigen und auszugleichen. Und dann müsste eine wichtige Forderung lauten, dass es keine militärische Aktion mehr gibt, die nicht von diesem Gremium legitimiert ist und die nicht konsequent als krimineller bzw. terroristischer Akt verfolgt wird. Dann würde die globale Machtbalance genau nur in diesem Gremium errungen, und nirgendwo sonst! Dann könnte Völkerrecht – entsprechend den ursprünglichen Intentionen, denen die Gründung der Vereinten Nationen folgte – zur Realität werden.

Solche Anforderungen könnten die Bürger dieser Welt durchsetzen. Dazu müssten sie lediglich ihre Politiker und Machthaber mit dem entsprechenden Auftrag ausstatten.

Doch dazu müsste die bezüglich der systemischen und integrativen Aspekte des Lebens weitverbreitete Dumpfheit einer gewissen Aufgewecktheit und Cleverness in dieser Hinsicht weichen.

Jeder Krieg ist ein Affront gegen die Menschlichkeit und ein Verbrechen an den getöteten, verletzten und ihrer Infrastrukturen beraubten Mitmenschen. Die Frage, um wie viel mehr die natürlichen Grundlagen des Lebens zerstört und die klimatischen Verhältnisse aus dem Gleichgewicht gebracht werden, nur weil wir uns den Luxus leisten, uneins zu sein, Feindschaften zu *pflegen* und uns mit Militärtechnologien gegenseitig an die Gurgel zu gehen, sollte jedoch ebenfalls nicht völlig unberücksichtigt bleiben.

Abschlussbewertung

In diesem Buch werden zwei sehr unterschiedliche Haltungen zum Leben beschrieben. Da ist einerseits der evolutionäre Wettbewerb, in dem sich diejenigen Individuen und Arten durchsetzen, die sich am besten an neue Lebensbedingungen anpassen können. Das ist ein ständiger Verdrängungswettbewerb, in dem Stärke, Geschicklichkeit und die Fähigkeit zur Bildung von Symbiosen und Allianzen zählen. Da ist zweitens die menschliche Kultur, die Fähigkeit, sich „zivilisiert" und rücksichtsvoll zu verhalten und womöglich auf den Pfad einer *bescheidenen Kultiviertheit* einzuschwenken, um mit Natur und Mitmensch noch deutlich achtsamer umzugehen, als das heutzutage üblich ist.

Wie passt beides zusammen? Ist es nicht eher eine Utopie, zivilisiertes Handeln einzufordern, wenn der Mensch doch ein Kind der Evolution ist? Ist es nicht eher gesetzmäßig, dass der Mensch immer wieder in raubtierhafte Attitüden verfällt und dabei Schäden anrichtet, die jedes Maß übersteigen?

Nun, beides passt sehr gut zusammen. Die Natur hält eine breite Streuung an Phänomenen bereit. Sie ist vom ständigen Werden und Vergehen gekennzeichnet, und jede wohlbalancierte Symbiose kann eines Tages in einen Vernichtungsrausch münden. Ein Kind der Evolution zu sein, heißt einerseits, zu regulieren und die eigenen Interessen und die der eigenen Art möglichst gut zu wahren. Dazu gehört es dann auch, andere Arten, mit denen man symbiotisch verbunden ist, zu schützen, wie das z. B. beim Zusammenleben von Ameisen und Blattläusen der Fall sein kann. Es heißt andererseits, sich durchzusetzen und zu rauben, was man bekommen kann, wie das z. B. bei „Schädlingen" wie dem

144

Borkenkäfer, Räubern wie dem Hai oder bei Schmarotzern wie der Mistelpflanze der Fall ist.

So gesehen ist es zunächst normal, dass der Mensch mit seiner hochgradigen Anpassungsfähigkeit beides kann – sowohl Allianzen zu bilden, nicht zuletzt auch mit der Natur, und diese zu hegen und zu pflegen als auch Vernichtungsfeldzüge beliebiger Art durchzuführen. Letztlich spiegelt sich dieser Konflikt in seiner Natur wider – in dem ständigen Konflikt zwischen Vernunft und Emotion (siehe „Seesaw models and more advanced approaches" und Verweis zu Descartes in Schindler 2020, 203–206) oder zwischen Information (IP*IB) und Emotivation (EB), aber auch in der Fähigkeit, über 4D-Intelligenz zwischen beiden Aspekten zu vermitteln (siehe Schindler 2020, 111–160). So gesehen ist die ausgeprägte Widersprüchlichkeit des menschlichen Wesens ganz und gar folgerichtig.

Mit dem gigantischen Erfolg des Menschen, mit seiner ausgeprägten Fähigkeit, alle Naturprozesse global-systemisch zu überschatten, hat jedoch eine Inversion der üblichen evolutionären Logik stattgefunden, die man beachten sollte. Bisher bekannte Räuber und Schmarotzer können sich darauf verlassen, dass ihnen Grenzen gesetzt sind, und sie nehmen ggf. große Populationsschwankungen in Kauf. Borkenkäfer breiten sich immer nur begrenzt aus, und die Umweltbedingungen dafür unterliegen starken Schwankungen. Haie tummeln sich nur in den Meeren und auch darin bleiben genügend Nischen für die Entwicklung einer Vielzahl von Arten und nicht zuletzt für die der Beutetiere. Mistelpflanzen schaffen es oft nicht, ihren Wirt zu vernichten, und breiten sich nur begrenzt aus. Der Mensch hat hingegen – mit seiner globalen Dominanz – einen Status erreicht, bei dem er sich sowohl mit allen Arten dieser Erde als symbiotisch verbunden betrachten kann – oder bei dem er auch die Wahl hat, vieles oder nahezu alles zu vernichten und sich somit zur globalen Naturkatastrophe zu entwickeln (und somit auch zur Eigenkatastrophe). Es kommt ganz darauf an, ob er sich als intelligent-vernünftiges Wesen begreift, das in der Lage sein möchte, Selbstregulierung auf hohem Komplexitätsniveau durchzuführen, oder ob er es bei der „Vernunft" eines bösartigen Tumors belässt, der seinen Wirt (ebenso wie sich selbst) zuverlässig vernichtet. Beides ist möglich, und das Schicksal der Menschheit liegt irgendwo dazwischen.

Alles hängt davon ab, wie konsequent wir die Komplexität der Welt – sowohl die der Natur als auch die der von uns geschaffenen künstlichen Kulturelemente – in unser Bewusstsein aufzunehmen und regulatorisch zu verarbeiten in der Lage sind. Da unser Wirken global und systematisch stattfindet, ist die These, dass wir ein Superorganismus sind, kaum abzustreiten. Wo finden aber die Bewusstseinsprozesse dieses Superorganismus statt? Im Kopf eines jeden von uns, in den öffentlichen Diskursen sowie in den sozialen Strukturen und Institutionen, die wir uns schaffen und denen wir uns unterwerfen. Ohne Zweifel kann es nur falsch sein, diese Prozesse nicht mit der allerhöchsten Qualität und Konstruktivität zu betreiben, zu der wir jeweils fähig sind. Jede Schwäche, die wir uns in dieser Hinsicht leisten, führt uns näher an das fatale Schicksal eines Krebsgeschwürs heran.

Es gibt unzählige Menschen, Initiativen, Organisationen und Institutionen, die sich dem Fortschritt, der Integration, dem Umweltschutz, dem sozialen Ausgleich, der Nachhaltigkeit oder der Erhaltung des Weltfriedens verschreiben. Man denke z. B. an Umweltbewegungen verschiedenster Art, World Wide Fund For Nature (WWF), Umweltpolitik, Sozialpolitik, Bildungspolitik, Vereinte Nationen (UNO), das Völkerrecht, internationale Diplomatie, Club of Rome, UN-Umweltgipfel, Alfred-Wegener-Institut, die Internationale Kampagne zur Abschaffung von Atomwaffen (ICAN), Wuppertal Institut für Klima, Umwelt, Energie, Klaus

Wiegandt (2013), Nico Paech (2013), Matthias Glaubrecht (2019), um nur ganz wenige Beispiele zu nennen – neben unzähligen anderen nennenswerten Bestrebungen. Im Sinne einer gut regulierten, naturverbundenen, friedlichen und sozialen Lebensweise sowie im Sinne der Aufklärung und des Erkenntnisfortschritts gibt es praktisch keine positive Initiative, die es nicht gibt. Das ist ein guter Anfang.

Reicht das jedoch? Nein, natürlich nicht! Worauf es ankommt, ist, dass der Wille, maximal-vernetztes Denken mit der Alltagswirklichkeit zu verbinden, bei der Majorität der Weltbevölkerung Raum greift. Nur, wenn der Wille, das eigene Leben in den Griff zu bekommen und gleichzeitig zu begreifen, dass jeder Mitmensch ebenfalls ein Anrecht auf diesen Willen hat, sodass nur mit gemeinschaftlich entwickelten Strategien Erfolg möglich ist, zur dominierenden Bewegung wird, ist der nötige zivilisatorische Fortschritt möglich. Nur dann wird das Bewusstsein des menschheitlichen Superorganismus zum Leben erweckt. Nur dann bekommen wir die Politik und die Führungspersönlichkeiten, die in der Lage sind, das fatale Krebsgeschwür-Schicksal abzuwenden. Nur dann sind wir nicht länger die Verhinderer dieser fälligen Entwicklung. Nur dann zwingen wir die Politik nicht mehr auf die Linie unseres beschränkten egoistischen Anspruchsdenkens. Das gilt sowohl für Demokratien als auch für Diktaturen, in denen sich Herrscher nur etablieren können, wo sich Untertanen finden, die das eigene Denken zurückstellen, den Anspruch stellen, geführt zu werden, und den Herrschern zujubeln.

In dieser Hinsicht steht es jedoch schlecht um uns. Stattdessen finden viele von uns aus den eigenen Limitierungen nicht heraus oder sie versuchen es gar nicht erst. Sie können sich nicht aus ihrer Not retten, verlieren sich in Ängsten und Zweifeln, folgen abstrusen Glaubensrichtungen oder vereinfachenden Weltbildern, machen sich zum Untertanen einer starken Herrscherclique oder verschreiben sich den Glücksversprechen und strukturellen Zwängen der Wachstumswirtschaft. In der Regel ist der Mensch ausgesprochen geschickt und engagiert, wenn es darum geht, einmal gestellte Ziele zu verfolgen und zu erreichen, egal wie einfach und naheliegend oder wie komplex und schier unmöglich sie sein mögen. Woran es ihm jedoch mangelt, ist die Fähigkeit zur Hinterfragung des Zielfindungs- und Pfadauswahlprozesses, was jedoch der entscheidende Teil von Vernunftintelligenz ist (siehe „Ziel-Entscheidung" bzw. „goal decision" in Teil 3, Kapitel „Anschlusskonzepte", Abschnitt „Konzepte der Vernunftintelligenz"). Dieses Terrain wird tunlichst vermieden, sodass es vom Zufall, von strukturellen Zwängen oder von Tonangebern regiert wird, wobei die Zielfindung der Letzteren auch nur vom Zufall und von strukturellen Zwängen bestimmt ist, namentlich von zufälligen Ereignissen des Komplexitätstransformationskreislaufprozesses, also von den üblichen (zufällig) akut werdenden Problemen und Krisen (siehe auch Abschnitt „Komplexitätstransformation" im Kapitel „Anschlusskonzepte" in Teil 3). Statt Risiken vorauszudenken und Alternativen systematisch vorzubereiten, steckt man den Kopf in den Sand und lässt Schicksal Schicksal sein, ganz nach dem Gelassenheitsgebet („Gott, gib mir die Gelassenheit, Dinge hinzunehmen, die ich nicht ändern kann, den Mut, Dinge zu ändern, die ich ändern kann, und die Weisheit, das eine vom anderen zu unterscheiden."). Es gibt keinerlei Scheu, den Berg der verdeckten Probleme, die wir vor uns herschieben, ins Unendliche wachsen zu lassen. Genau das ist jedoch der Punkt, der uns das Genick bricht und uns tendenziell zum Schicksal des Krebsgeschwürs führt.

Was gebraucht wird, ist mehr proaktive Konfrontation mit den komplexen Problemen dieser Welt und insbesondere auch mit den Implikationen, die im Dunkelfeld der kognitiven WYSIATI-Verzerrung (siehe Teil 5, „Ps2", „Die WYSIATI-Regel" – „What you see is all there is") oder in dem der strukturierten Komplexität (siehe die zugehörigen Abschnitte in Teil 3) vor sich hin schwären. Was gebraucht wird, ist, sich neben wohlfundierter (natur)wissenschaftlicher Expertise auch an wichtige weiße Felder des Nichtwissens und des fehlenden Systemverständnisses ernsthaft heranzuwagen und dabei jederzeit die Grenzen dieses Anspruchs im Blick zu behalten. Ohne signifikantes Breitenwachstum dieser Denkungsart, ohne eine gewisse Radikalität in dieser Hinsicht, die zur weltweiten Bewegung wird, dürften die Glücksversprechen, denen wir heute zu folgen geneigt sind, bald vollständig verwirkt sein. Die ganzen löblichen Pionierleistungen für eine bessere Welt verpuffen, wenn die Volksmasse nicht mitzieht oder selbst in großen Teilen zum Initiator wird.

Das geht natürlich nur, wenn man aus der Armut und Not sowie aus den psychischen Problemen und Ängsten herausfindet, denen man womöglich mehr oder weniger stark ausgesetzt ist. Doch oft liegt der Schlüssel zur Überwindung einer Notlage auch darin, dass man sich um ein höheres Ziel bereichert, sodass der Weg zum eigenen Glück damit befruchtet wird. Genau dieser Strategie folgend, finden viele von uns aus den zahlreichen Sackgassen heraus, die das Leben ständig aufbietet. Nun wäre es allerdings an der Zeit, darauf zu achten, dass die *höheren Ziele*, denen man sich dementsprechend verschreibt, nicht länger allzu unterkomplex angelegt sind.

Zugleich muss klar sein, dass in dieser Hinsicht jeder seinen eigenen Weg finden muss und dass jede Komplexitätsstufe sowie jeder Grad und jede Form der neuronalen Internalisierung der Realität (jede Haltung, Meinung, Annahme, Überzeugung, Kognition), die es heute oder künftig gibt, ihre legitime Berechtigung hat, sodass es sich gebietet, erhöhte Anforderungen zuallererst an sich selbst zu adressieren. Ein dirigistischer, autoritativer oder identitärer Ansatz, bei dem einige führen oder starre gesellschaftliche Normen festlegen, und die Volksmasse folgt, ist keine Lösung, weil er die Konzentration von 4D-Intelligenz und das Integrationsgefälle zum Rezept erheben würde, was nur scheitern kann, da die Psychen aller Menschen durch mentale Gravitation miteinander verbunden sind.

Zusammenfassend kann man sagen: Der Superorganismus hat ein Problem.

Ein politisches Konzept zur Lösung einiger Zivilisationsprobleme

Zwei Politikfelder

Wie kann eine Politik aussehen, die all die Probleme, mit denen wir uns heute konfrontiert sehen, einer Lösung zuführt? Wie ist es zu erreichen, dass die Menschheit nicht auf einen umfassenden *Kontrollverlust* zusteuert? Wie können die Schieflagen, die es heute gibt, behoben werden?

Politik bewegt sich mindestens in zwei wichtigen Feldern, die eng zusammenhängen, jedoch womöglich auch getrennt voneinander betrachtet werden sollten, weil in ihnen unterschiedliche Regeln gelten: In dem einen Feld geht es um die Aufgabe, lokal, regional, nationalstaatlich oder im Rahmen von Bündnissen dafür zu sorgen, dass Infrastrukturen, Regeln des Zusammenlebens, wirtschaftliche Prozesse, soziale Verhältnisse usw. so gestaltet werden, dass sie dem Wohl aller dienen. Nennen wir diesen Bereich *Regionalpolitik* (weltpolitisch gesehen sind nicht nur Regionen, sondern auch Länder und Staatenverbunde regional begrenzt). Beim zweiten Feld besteht die Aufgabe darin, auf überregionaler, internationaler bzw. globaler Ebene so für Verständigung und Regulierung zu sorgen, dass sich die Gesellschaft auf diesen Ebenen gut entwickelt. Nennen wir diesen Bereich *Globalpolitik*.

Regionalpolitik ist eine relativ transparente, vor (und hinter) den Haustüren der betroffenen Bürger sichtbare Angelegenheit. Wie gut funktionieren Verkehrsnetz und Datenautobahnen, wie steht es mit sozialer Teilhabe und Bildung, gibt es genügend Arbeitsplätze und bezahlbaren Wohnraum, wie entwickeln sich die ländlichen und urbanen Regionen, wie sicher fühlen sich die Bürger, gibt es gute Freizeit- und Kulturangebote? Diese und viele andere Fragen sind tagesaktuell und nachhaltig zu klären. Dabei geht es insbesondere auch um Interessenausgleich und die Vermittlung zwischen den verschiedenen politischen Lagern, die je nach Wählerstimmen unterschiedlich stark beteiligt sind.

Dieses Geschäft funktioniert so, dass die Bürger Anforderungen stellen und die Politik versucht, diese zu erfüllen, so gut es geht. In diesem Rahmen ist die Idee, dass der Bürger etwas bestellt und die Politik zu liefern hat, nicht von vornherein von der Hand zu weisen. Hier ist es nicht unbedingt falsch, wenn die Bürger gegenüber den von ihnen gewählten Politikern eine gewisse Anspruchshaltung einnehmen. Gleichzeitig fällt es auch nicht besonders schwer, sich in die Dilemmata, die es in der Regionalpolitik durchzustehen gilt, hineinzuversetzen, da alles mehr oder weniger transparent vor der Haustür stattfindet. Das ist mit den üblichen mentalen Ressourcen leicht lösbar.

In der **Globalpolitik** herrschen völlig andere Regeln. Hier sind fremde Länder und Kontinente im Spiel, und man ist mit verzwickten überregionalen bis globalen Wechselwirkungszusammenhängen, schier unlösbaren politischen Spannungsfeldern und globalen Herausforderungen konfrontiert. Was auf dieser Ebene geschieht, ist abstrakt und intransparent. Es gibt unendlichen Interpretationsspielraum und überbordende Komplexität. Aus der nötigen Vogelperspektive betrachtet, vor dem Hintergrund von (mehr als) acht Milliarden Bürgern, die auf dem Planeten leben, scheinen die eigene Region und die eigenen Interessen bedeutungslos. Jede Idee, in diesem Rahmen etwas bewirken zu wollen, scheint von vornherein zur Wirkungslosigkeit verurteilt. Für diese Ebene ist der Taumel zwischen Ohnmacht und Machtpolitik sowie zwischen desaströsen Entwicklungen und nationalen Egoismen charakteristisch. Auf dieser Ebene werden Umwelt und Artenvielfalt zerstört, entsteht die Klimakrise, schwelen oder lodern militärische Konflikte, werden Staaten von transnationalen Konzernen, Finanzwirtschaft, Steuerungerechtigkeit und Kriminalität ausgehöhlt, droht der nukleare GAU.

Auf dieser Ebene läuft die Idee, dass der Bürger etwas bestellt und die Politik zu liefern hat, völlig ins Leere. Hier ist es eher so, dass wir alle – Politiker und Bürger – gemeinsam im Regen stehen und alle gefordert sind, einen steinigen Ausweg zu suchen und zu beschreiten. Hier gilt es, die nötigen mentalen Ressourcen gesamtgesellschaftlich zu erschließen: z. B. Vernunftintelligenz, mentale Kraft, mentales Leistungsvermögen, mentale Bandbreite, die Fähigkeit mit komplexen Wahrheiten und Halbwahrheiten so umzugehen, dass man den Überblick nicht verliert, die Fähigkeit trotz großer Spannungen alles mit Abstand und aus ambiguen Perspektiven betrachten zu können, die Fähigkeit systemisches und integratives Denken zu kultivieren, die Fähigkeit Risiken und Bedrohungen in ihrer vollen Tiefe abzuwägen, ohne mental in die Knie zu gehen. Dieser Reifeprozess sollte auch die Fähigkeit implizieren, überregionale und internationale Kommunikations- und Entscheidungsprozesse so gut in den Griff zu bekommen, dass – im Gegensatz zu heute – gemeinsames Handeln zum Wohle aller Bürger dieser Erde möglich scheint. Erst wenn so der Boden bereitet wird, haben Politiker eine Chance, die Zivilisationsprobleme auf globaler Ebene einer Lösung zuzuführen. Erst dann steht die allgemeine Beschränktheit diesem Anspruch nicht mehr im Weg. Erst dann sind die Bürger nicht mehr die Verhinderer einer klugen Globalpolitik. Erst dann können sie womöglich auch auf dieser Ebene zu Recht Ansprüche an ihre Politiker stellen und erwarten, dass sie erfüllt werden.

Dummerweise präsentiert sich uns heute eine Welt, in der die Globalpolitik umso zuverlässiger zu scheitern scheint, je mehr sich erfolgreiche Regionalpolitik als von ihr abhängig erweist. Keine Region bleibt verschont, wenn durch die verheerende Wirkungsmacht, die die Menschheit im globalen Maßstab entfaltet, die natürlichen Lebensgrundlagen erodieren oder wenn Katastrophen ihren Lauf nehmen. Wo noch Frieden herrscht und das Klima noch verträglich ist, wächst der Einwanderungsdruck umso mehr.

Vor diesem Hintergrund scheint es besonders wichtig, sich mit Fragen der Globalpolitik auseinanderzusetzen und auf dieser Ebene nach Lösungsansätzen zu suchen.

Bevor wir beginnen, uns mit diesem Thema näher auseinanderzusetzen, ist es jedoch wichtig, festzuhalten, dass die Regionalpolitik der wichtigste Auftraggeber der Globalpolitik ist. Internationale politische Konzepte müssen scheitern, wenn sie die partielle Auflösung regionaler Identitäten beinhalten oder zur Folge haben. Sie sind nichts wert, wenn sie sich von der Rückkopplung zu den einzelnen Staaten, Regionen, Gemeinden, individuellen Bedürfnissen und politischen Besonderheiten lösen. Es ist also wichtig, festzuhalten, dass lokale, regionale, nationalstaatliche Egoismen und Anspruchshaltungen nichts Schlimmes sind, sondern als Auftraggeber, Kunde und Motor einer Globalpolitik betrachtet werden müssen – vorausgesetzt, sie setzen sich ebenfalls nicht absolut und stellen ihrerseits die globalpolitischen Dilemmata und die Notwendigkeit, sie gemeinschaftlich zu lösen, nicht in Abrede.

Nun zur globalen Ebene. Wie kann eine erfolgreiche Politik auf dieser Ebene in Gang kommen? Das ist eine sehr schwierige Frage. Die Menschheit als großes Ganzes vermittelt heute, gelinde gesagt, den Eindruck, überfordert zu sein. Die Komplexität ist überbordend. Die Ungewissheiten sind schier unendlich. Die Interessenlage ist extrem unübersichtlich. Es gibt kaum ein Politikfeld, das nicht durch Unvereinbarkeiten und Antagonismen vergiftet ist. Regelrechte Lösungskonzepte, die systematisch erdacht und umgesetzt werden, haben es äußerst schwer. Wenn internationale oder globale Einigkeit in einzelnen Fragen hergestellt wird, dann sind es eher Kompromisse – im Sinne eines kleinsten gemeinsamen Nenners oder eines Breis, den viele Köche verderben – als politische Konzepte, die man als intellektuelle Meisterleistung einstufen könnte (die Meisterleistung besteht eher in der Kommunikations- und Kompromissfähigkeit). Noch dazu bedarf es oft größerer Krisen oder Kriege oder zumindest entsprechender Bedrohungslagen, ehe Kompromissbereitschaft überhaupt möglich ist. So gesehen scheint es sinnlos, hier Vorschläge mit globalpolitischer Orientierung zu unterbreiten, weil sie eigentlich nur im Spannungsfeld der Interessenlagen, im Desinteresse oder in Abwehrhaltungen untergehen können. Aber lassen wir uns von diesen Bedenken nicht zum Pessimismus verleiten und versuchen lieber auszutesten, was dennoch möglich ist.

Ideen zur Globalpolitik

Eine hinreichende Globalpolitik kann und muss meiner Ansicht nach mindestens auf den folgenden sieben Säulen basieren:

*   Lösung *akuter Krisen,*
*   Adäquater Umgang mit der *Komplexität* unserer Zeit,
*   *Globale Einigkeit in wichtigen Fragen,*
*   *Marktwirtschaft mit Köpfchen,*
*   *Regulierung der menschlichen Präsenz,*
*   *Regulierung von Machtkonzentrationen,*
*   *Verhältnis zwischen Regulierung, Freiheit und Selbstbestimmung.*

Akute Krisen sind zu lösen. Bekommt man sie nicht in den Griff, sind Zukunftsstrategien letztlich sinnlos. Diese Säule wird hier nur der Vollständigkeit halber erwähnt. Auf sie muss man nicht besonders hinweisen, denn sie hat eher die Neigung, von sich aus eine starke Dynamik zu entfalten und die Politik in einen kurzsichtigen, anforderungs- und krisengesteuerten Modus zu versetzen. Ein großer Teil der verfügbaren Ressourcen wird eigentlich für Fortschritte in den folgenden sechs, eher strategisch und systematisch ausgerichteten Problemfeldern, benötigt. Der Grad, in dem diese Ressourcen bereits durch akute Krisen in Anspruch genommen werden, zeigt an, wie groß die Versäumnisse der Vergangenheit sind und wie defizitär das System ist, das gerade genutzt wird (welches auch immer). Ganz zu schweigen von Maßnahmen, zu denen man sich womöglich genötigt sieht, die jedoch im Sinne eines der folgenden Problemfelder kontraproduktiv sind. Beispiel: Aufrüstung und Diskussionen über atomare Bewaffnung aufgrund eines militärischen Brandherdes (Ukraine-Krieg), obwohl man eigentlich das Gegenteil erreichen will (siehe unten unter „Globale Einigkeit in wichtigen Fragen").

Komplexität. Die heutige Zeit ist nicht nur stark von zunehmender Problemkomplexität charakterisiert, sondern vor allem auch von allen möglichen Formen der Flucht vor ihr. Der Umgang mit den zahlreichen Konsumangeboten und -anreizen folgt Tendenzen, bei denen sich die Menschen mehr von der Wachstumswirtschaft vereinnahmen lassen, als dass es ihnen gelingt, das verheißene Glück zu realisieren. Elektronische Fetische (Smartphones) werden dafür geliebt, dass sie dieses Hamsterrad zu keiner Tages- und Nachtzeit zum Stillstand kommen lassen (oh wie *smart*!). Formen von Stress und mentaler Überforderung prägen den Alltag. Zugleich erfreut sich das Streben nach Teilzeitarbeit und Work-Life-Balance großer Beliebtheit. Durch politische Spannungsfelder und Algorithmen in sozialen Medien lassen sich viele Menschen dazu verleiten, Formen von Kästchendenken und Konflikteskalationsspiralen zur Konjunktur zu verhelfen. Zugleich gibt es Tendenzen, Schutzräume und

Abgrenzungsmöglichkeiten zu benötigen. Das politische Bewusstsein reicht noch sehr gut bis hin zur Formulierung von Ansprüchen an die Lokalpolitik. Eine Haltung gegenüber der Globalpolitik, wenn überhaupt vorhanden, erschöpft sich in vielen Fällen ebenfalls im Anspruchsdenken. In anderen Fällen kommt es zur Pflege von bizarren Mythen, Glaubensrichtungen oder Verschwörungstheorien. Man könnte meinen, Komplexitätsvermeidung und wahlweise das Ertrinken in ihr sind die beiden Reflexe, die den Alltag und die politische Entwicklung heute am meisten prägen. Die Gesellschaft scheint zunehmend krisen- und angstgesteuert zu funktionieren.

So kann Globalpolitik nur scheitern. Ambitionierte Schritte auf dieser Ebene sind unmöglich, weil der Rückhalt aus der Bevölkerung fehlt; weil das politische Bewusstsein fehlt; weil Scheu vor der Komplexität die Oberhand gewinnt. So werden die Bürger zum Verursacher einer defizitären Globalpolitik. Regionalpolitische Egoismen, die, wie gesagt, prinzipiell legitim sind, führen durch die Übertreibungen, die aus der Flucht vor der Komplexität resultieren, über defizitäre Globalpolitik letztlich zur Vergiftung der Lokalpolitik. Bizarr ist der nun folgende Reflex, die regionalen oder nationalen Egoismen zu stärken, weil er durch eine Rückkopplungsschleife zur endgültigen Blockierung aller Chancen führt, die Gesellschaft politisch zu retten.

Aber es muss auch anders gehen. Irgendwann wird sich die Erkenntnis, dass diese Tendenzen nur immer tiefer in eine katastrophale (mentale!) Sackgasse führen, durchsetzen. Dann lernt man, sich der Komplexität zu stellen und sie wie das tägliche Brot anzunehmen. Dann lebt man Work-Life-Balance im Sinne von Work-Policy-Life-Balance. Dann findet man Wege, sich über soziale Medien zusammenzuraufen, politisch zu organisieren und eine Achse der Verständigung herzustellen, statt sich von Algorithmen entzweien zu lassen oder bizarre Mythen zu nähren. Dann setzt sich die Erkenntnis durch, dass erfolgreiche Regionalpolitik erfolgreiche Globalpolitik benötigt und dass man an die Globalpolitik(er) keine höheren Ansprüche stellen kann als an sein eigenes politisches Bewusstsein.

Globale Einigkeit in wichtigen Fragen. Die Welt, in der mehr als 8 Milliarden Menschen leben, ist längst zu einem globalen Ganzen zusammengewachsen. Die ökonomischen, technischen und logistischen Verflechtungen haben eine Realität hergestellt, in der de facto alle Menschen auf dem Planeten Erde miteinander verbunden und voneinander abhängig sind. Das politische Denken und Handeln trägt dieser Realität leider nicht entsprechend Rechnung. Die beteiligten Menschen – also wir alle in unserer Gesamtheit – vermitteln in dieser Hinsicht, gelinde gesagt, einen unreifen Eindruck. Sie (wir!) lassen es zu, dass Ressentiments und Machtansprüche geschürt werden, deren logische Konsequenz nur in verheerenden Vernichtungskriegen bestehen kann. Die Erkenntnis, dass das so nicht weitergeht, ist überfällig. Man kommt nicht umhin, im politischen Denken und Handeln die Verflechtungen so weit voranzutreiben, dass auch in dieser Hinsicht von Integration die Rede sein kann. Das Blatt wendet sich von einer desaströsen, bauchgesteuerten, von Ökonomie, Technik, Logistik und machtpolitischen Egoismen bestimmten zu einer kopfgesteuerten Globalpolitik, die vom Bewusstsein geprägt ist, eine Gemeinschaft zu sein.

Das erfordert keine Weltbürokratie, die in die Souveränität von Ländern und Regionen hineindiktiert. Es reicht, die richtigen Prioritäten zu setzen und sich genau über jene Lösungsansätze zu verständigen und ihnen Geltung zu verschaffen, die nur gemeinsam gestemmt werden können. Dazu gehört, ganz allgemein, die Wahrung des Weltfriedens. Ein konkretes Beispiel wäre ICAN – die internationale Kampagne zur Abschaffung von Atomwaffen. Weitere Punkte werden im Folgenden vorgeschlagen.

Marktwirtschaft mit Köpfchen. Die wichtigste Kompetenz des Menschen liegt in der Fähigkeit, sich beliebige Ziele setzen zu können, seien sie auch noch so schwierig zu erreichen, diese Ziele mit großer Vehemenz zu verfolgen, das, wenn nötig, gemeinschaftlich zu tun, und so nahezu beliebige Wunder Realität werden zu lassen. Diese Kompetenz ist zweigeteilt – die höchste Fähigkeit (Kompetenz 1) besteht in der Zielauswahl bzw. in der Wahl, welche Pfade man beschreiten möchte. Danach kommt eine weitere Fähigkeit (Kompetenz 2), die Ziele tatsächlich zu erreichen bzw. den gewählten Pfaden zu folgen (die Pfad-Terminologie ist in diesem Zusammenhang geeigneter, weil sie dem Fakt besser Rechnung trägt, dass sich Ziele ständig wandeln).

Was hat das mit der Marktwirtschaft zu tun? Ganz einfach: Die beteiligten Menschen – also wir alle in unserer Gesamtheit – frönen der Kompetenz 2, schwächeln jedoch in der wichtigeren Kompetenz 1. Sie (wir!) lassen sich (uns) vom Kapitalismus reiten, gestalten ihn *aus dem Bauch heraus* und folgen seinen *Verlockungen*, statt Pfadentscheidungen bewusst zu treffen und in wichtigen Fragen Maß zu halten. **Bauchsteuerung**: Neue Wege werden so beschritten, wie sie von schicksalhaften Ereignissen eröffnet wurden. Hohe progressive Steuersätze wurden z. B. von Franklin D. Roosevelt in den USA infolge der Großen Depression von 1929 und des Zweiten Weltkrieges eingeführt. Infolge der Globalisierung wurden sie wieder zerschlagen – die entsprechenden Generationen ließen und lassen das einfach geschehen. Politik und Wissenschaft begründen jederzeit meisterhaft, warum das jeweils der richtige Weg ist. **Verlockungen**: Manisches, werbewirtschaftlich gesteuertes, den Alltag mehr vereinnahmendes als verschönerndes Konsumverhalten (insbesondere seit in den USA nach der Kriegswirtschaft des Zweiten Weltkrieges Arbeitslosigkeit drohte und die moderne Werbewirtschaft erfunden wurde), ein im Vergleich zur Realwirtschaft um ein Vielfaches aufgeblähter Umsatz auf den Finanzmärkten (bis zum 70-fachen), Staatsschuldenkapitalismus auf Kosten nachfolgender Generationen, übermächtige der Vermehrung des Shareholder-Values verpflichtete transnationale Konzerne. Ein Lernprozess ist überfällig, bei dem es gelingt, solche Formen der Fremdsteuerung zu erkennen, entspannt zu diskutieren, zu priorisieren, sich in wichtigen Fragen auf gezielte globale Regulierung zu verständigen und gerade dadurch einem ansonsten liberalisierten Kapitalismus weiterhin zur Blüte zu verhelfen. So wird es möglich, die Wende vom bauchgesteuerten Kapitalismus zur Marktwirtschaft mit Köpfchen einzuleiten. Konkrete Vorschläge hierzu wären: weltweit einheitliche Körperschaft- und Einkommensteuer nach dem Vorbild der Roosevelt-Ära; Wiederherstellung eines gesunden Gleichgewichts zwischen Finanz- und Realwirtschaft durch Transaktionssteuer (insbesondere mit Zielrichtung Hochfrequenzhandel und Derivategeschäfte); gemeinsame Strategie beim Umgang mit Staatsschulden und bei der Gestaltung und Umsetzung des Kartellrechts; Hinterfragen des Umgangs mit Ressourcen und Konsumanreizen (siehe nächster Punkt „Regulierung der menschlichen Präsenz"). (Quellenangaben siehe in Teil 3 – „Konzepte der Vernunftintelligenz" und Teil 5 – W1–6)

Es geht nicht darum, den marktwirtschaftlichen Kapitalismus, der uns nicht nur ernährt, sondern die Grundlagen schafft, um in Win-win-Gemeinschaften leben zu können, zu schwächen, sondern ihn schrittweise auf den Teppich zurückzuholen, im Gegensatz zu heute die größten *Risiken* ernsthaft zu managen und ein *Minimum an Gerechtigkeit* herzustellen. **Risiken**, Beispiel „Finanzmarkt", der 70-fach aufgebläht ist: Wieso benutzt man Sicherheitsgurte, Airbags, schließt Versicherungspolicen ab usw., während man im Finanzmarkt mit realitätsfernen Schein-Werten Russisch Roulette spielt? Das ist doch schizophren oder mindestens glaubenstrunken. **Minimum an Gerechtigkeit**, Beispiel „Steuergerechtigkeit": Das Prinzip der progressiven Besteuerung dürfte allgemein anerkannt sein. Es gibt keine politische Richtung, die dieses Prinzip verneinen würde. Lediglich zur Frage der Ausgestaltung gibt es eine große Bandbreite an Haltungen. Genau die Verneinung der progressiven Besteuerung ist jedoch heute Realität – dies ist durch Globalisierung und Steueroasen zufällig entstanden und wurde von vielen Superreichen dankend angenommen. Dass es auch anders geht und die größten Verdiener auch damit gut leben können, überproportional abzugeben, und das im Mutterland des Kapitalismus, hat sich in der Roosevelt-Ära (und danach) gezeigt. Also wäre es nicht zu viel verlangt, ein gewisses Gleichgewicht zwischen Körperschaftsteuer und progressiver Einkommensteuer, die ohne adäquate Körperschaftsteuer nicht funktioniert, wiederherzustellen. Die regelrecht quasikonfiskatorischen Steuersätze der Roosevelt-Ära müssen es gar nicht sein. Je nach politisch gewünschter Staatsquote ginge auch viel weniger. Aber die Superreichen so an den steuerlichen Lasten zu beteiligen, dass die Mitte – also die Gutverdiener und die ganz normalen Millionäre – und die Armen entsprechend entlastet werden können, wäre doch keine übertriebene Forderung, unabhängig von der politischen Richtung, der man anhängt. Dass das heute nicht die Norm ist, kann als Unfall der (Globalisierungs-) Geschichte betrachtet werden. Die Wiederherstellung eines progressiven Konzepts, das in anderen Zeiten bereits Konsens war, erfordert nur ein wenig *globale Einigkeit in wichtigen Fragen.* (Quellenangaben siehe in Teil 5 – W2)

Regulierung der menschlichen Präsenz. Dass wir in die menschengemachte Klimakrise mehr hineinstolpern, als dass wir sie managen, ist sonnenklar (wenn auch nicht für alle). Die Erkenntnis zu gewinnen, dass es klug wäre, die nächsten großen Krisen gleich mitzudenken, fällt jedoch schwer. Rafft man sich dennoch zu dieser Erkenntnis auf, könnte es sinnvoll erscheinen, einige Grundfesten infrage zu stellen und an größeren Schrauben zu drehen, als das jetzt vorstellbar scheint. Dann würde man womöglich vermeiden wollen, der Klimakrise fast ausschließlich mit neuen Technologien und also einer neuen Eskalationsstufe der Materialschlachten und Giftmischereien zu begegnen (siehe Konsequenzen der Akku-Technologien, Umgang mit Rotorblättern von Windrädern; nachhaltig inflationärer Gebrauch des Begriffs der Nachhaltigkeit). Dann hätte man Artenvielfalt und Weltfrieden im Blick. Dann würde man ernsthafte Schritte zur Regulierung der chemisch-biologisch-technologischen Präsenz des Menschen unternehmen. Dann würde man Tendenzen des Bevölkerungsrückgangs nicht beklagen, sondern begrüßen und sich nach Anreizen strecken, die einen solchen Trend befördern und bewältigen helfen können. Dann würde man Konsum subtil auskosten, statt sich von ihm im Hamsterrad vereinnahmen zu lassen. Dann würde man fällige gesellschaftliche und wirtschaftliche Transformationen als Chance zur Reduktion materialisierter Strukturen und Gepflogenheiten willkommen heißen. Dann würde man Wege finden, beim Umgang mit Reichtum mit Augenmaß auf dem Teppich zu bleiben. Parolen hierzu könnten lauten: mehr Hirn, weniger Material; bescheidene Kultiviertheit statt uferloser Monstrosität; Gemeinschaft stiften, statt teuer getrennt leben; global denken, lokal handeln; Reparaturwirtschaft statt geplanter Obsoleszenz. Die beteiligten Menschen – also wir alle in unserer Gesamtheit – lassen sich ungebremst von Konsumsucht, Scheinreichtum (Finanzmarkt) und politischer Inkompetenz reiten. Viele gute Gedanken sind in ihnen (uns!) vorhanden, aber nur als noch viel zu zarte Pflänzchen. Was längst fällig ist, ist die nötige Gewitztheit, die kollektive Suchterkrankung zu zähmen, eine Blütezeit einer mit Köpfchen gelebten Marktwirtschaft einzuleiten, zu wissen, dass das nur in globaler Einigkeit gelingen kann, und die menschliche chemisch-biologisch-technologische Präsenz so weit zu regulieren, dass die Natur und mit ihr der Mensch wieder gedeihen können. Die Potenziale dafür sind ganz sicher vorhanden. Viele von uns sind unglaublich smart, nur leider etwas zu kleingeistig. (Quellenangaben siehe in Teil 5 – W1)

Regulierung von Machtkonzentrationen. Die Weitergabe von Macht und Verantwortung ist ein alltägliches Phänomen. In der menschlichen Gesellschaft – mit ihrem Reichtum an Wissen, sozialen Wechselbeziehungen und Kapital – ist es unvermeidlich, dass es zu sehr hohen Machtanhäufungen kommen kann. Müssen es jedoch so dominante Machtkonzentrationen sein, wie sie heute zu beobachten sind und denen alle möglichen Formen von Ohnmacht und Armut gegenüberstehen? Das kann man in Zweifel ziehen. Autokratische Regime, transnationale Mono- oder Oligopole, extreme Kapitalkonzentrationen, überbordende Staatsbürokratie und Informationsmonopole (Tech-Giganten, Geheimdienste) machen die Welt nicht besser. Im Gegenteil: Ein großer Teil der Probleme, die die Menschheit hat, rührt daher, dass man gigantische Missverhältnisse zwischen Machtkonzentrationen und Machtvakua zulässt. Ja, Spannungen und Anreize müssen sein. Wenn Bürger jedoch auf verlorenem Posten um Brot, Bildung, Teilhabe, Selbstbestimmung oder ihr Überleben ringen und anderen keine Grenzen gesetzt sind, sodass sie beim Ausleben bizarrer Ambitionen die Gesellschaft in den Abgrund reißen, ist eine ungute Grenze überschritten.

Nur so erklärt sich das Ausmaß an Kriminalität, Korruption, Zerwürfnis, Aggression und Vernichtung, mit dem wir uns heute in der Welt konfrontiert sehen. Das Schlimme ist, dass ab einer gewissen Konzentration von Macht ein Kipppunkt überschritten wird, ab dem sich die ihr gegenüberstehende Ohnmacht potenziert, ab dem Reste des Bewusstseins, dass der Machtkonzentration Grenzen zu setzen sind, zur Rarität werden. Den Weg über solche Kipppunkte zurückzufinden, ist unendlich schwer. Das zeigt sich nicht nur in Autokratien, in denen Angst und Schrecken das intellektuelle Leben ersticken und abweichende Meinungen mit Repressionen, Gefängnis oder Tod bedacht werden. Vielmehr kommt es auch durch Glaubenssysteme im positiven Sinne – durch Attraktivität, Sympathien, emotionale Bindungen und Abhängigkeiten etc. – immer wieder zu großen Machtkonzentrationen, was zunächst nicht schlimm ist. Es führt jedoch regelmäßig zu Problemen, wenn Glaubenssysteme an ihre Grenzen stoßen – sei es, weil sie extrem oder extremistisch werden, mit neuen Entwicklungen und anderen Glaubenssystemen kollidieren oder weil sie die Natur zerstören. Insofern liegt in jeder Weltreligion, in jeder Ideologie wie auch im Glaubenssystem des Kapitalismus das Risiko, die Gesellschaft, die durch diese Systeme zusammengehalten wird, auch wieder zu zerstören. So gesehen lohnt es sich, jede Form der extremen Machtkonzentration, sei sie aktuell auch noch so positiv besetzt, in den Blick zu nehmen und die entsprechenden latenten oder offensichtlichen Risiken zu regulieren. Gerade auch bei sympathisch erscheinenden Glaubenssystemen ist jedoch der Punkt, bis zu dem Regulierung noch leicht möglich ist, oft längst überschritten, ehe viel zu spät erkannt wird, dass man auf Kollisionskurs mit der Realität ist. (Quellenangaben siehe in Teil 5 – W3, Ps3)

So muss klar sein, dass das übliche allgemeine Desinteresse an der Regulierung von Macht für einen Großteil der kleinen (Kriminalität, Korruption etc.) und großen Katastrophen (Kriege, Klimakrise, Artenvielfalt etc.) mitverantwortlich ist, denen wir uns in Geschichte, Gegenwart und Zukunft ausgesetzt sehen. Folglich ist es überfällig, sich auch in dieser Hinsicht gemeinschaftlich zu qualifizieren.

Ein entscheidender Konflikt besteht im Verhältnis von Autokratien und reichen westlichen Ländern. In jedem Fall kann eine ausreichende Regulierung der Machtverhältnisse nur gelingen, wenn die Bürger das wollen und wenn sie Wege und Mittel finden, Machtkonzentrationen zu begrenzen. In Autokratien, die sich in repressiven Sackgassen bewegen, haben die Bürger dafür wenig Spielraum. Dieser ist teilweise so gering, dass es auf lange Sicht unmöglich scheint, etwas an den Machtverhältnissen zu ändern, ohne Bürgerkriegsszenarien zu riskieren (wie z. B. in Syrien). In reichen Demokratien ist der Spielraum hingegen sehr groß, aber die Motivation, ihn zu nutzen, ist gering. *Globale Einigkeit in wichtigen Fragen* und somit ein Vorankommen bei der Lösung der wichtigsten Zivilisationsprobleme sind jedoch nur unter Beteiligung aller Länder erreichbar. Wie löst man diesen Konflikt auf? Jedenfalls nicht, indem sich Finanzkapital mit autokratischen Regimen verbündet, etwa wegen Rohstoffen, Geopolitik etc. So würden nur die machtpolitischen Missverhältnisse erheblich verschärft. Gerade deshalb ist es so wichtig, auf eine *Marktwirtschaft mit Köpfchen*, die *Regulierung der menschlichen Präsenz* und die *Regulierung von Machtkonzentrationen* zu setzen, sodass Rohstoffabhängigkeiten und geopolitisches Konfliktpotenzial geringer werden.

Verhältnis zwischen Regulierung, Freiheit und Selbstbestimmung. Die gesamte belebte Materie folgt den Prinzipien der Regulierung und des Wettbewerbs der Innovationen. Das gilt auch für den Menschen, und zwar auf jeder Organisationsebene – individuell, in Gruppen, Familien,

Teams, in Unternehmen, Organisationen und Staatswesen wie auch in den vielen globalen Wechselwirkungszusammenhängen, die heute Realität sind. Auf jeder Ebene ist es eine gute Idee, sowohl zu regulieren als auch ein großes Maß an Freiheit zuzulassen. Zusammenfassen könnte man das so: Erfolg und Lebensglück durch Innovation, Innovation durch Freiheit, Freiheit durch Regulierung. Ganz wichtig ist die richtige Prioritätensetzung bei der Regulierung, um die Freiheit nicht zu ersticken.

Auf der lokalpolitischen Ebene – z. B. innerhalb der europäischen Nationalstaaten oder gar in der Europäischen Union insgesamt – ist ein starker Hang zur Überregulierung zu verzeichnen. In den autokratischen Regimen dieser Welt ist es noch viel schlimmer – da wird nicht überreguliert, sondern machtpolitisch durchregiert, sodass es dort Freiheit nur noch in Nischen gibt, in denen der autokratische machtpolitische Anspruch nicht ernsthaft infrage gestellt wird.

Regulierung auf der globalpolitischen Ebene ist jedoch völlig unterrepräsentiert. In den wichtigsten Politikfeldern – einige wurden hier genannt – herrscht auf dieser Ebene faktisch Anarchie, die durch das hochriskante nukleare Gleichgewicht des Schreckens statt durch Vernunft begrenzt ist. Die unzähligen Reisen von Diplomaten und führenden Politikern führen zu nichts, sondern dienen nur der Verwaltung des Elends, solange sich in Herz und Hirn der hinter diesen Repräsentanten stehenden Bürger der Wille nicht manifestiert, zu einer globalen Gemeinschaft zusammenzufinden.

Nun ist nicht zu erwarten, dass wir alle, die Bürger dieser Welt, uns von heute auf morgen von unseren Schwächen, mentalen Verankerungen, Gewohnheiten und Ängsten lösen, von globalgemeinschaftlich orientiertem politischen Bewusstsein nur so strotzen und uns ständig darüber im Klaren sind, dass jede noch so kleine Entscheidung womöglich globalpolitisch relevant ist. Im Gegenteil. Eine Welt, die mit idealisierten und sich vorbildlich verhaltenden Menschen gedacht wird, kann nur suspekt sein, schon deshalb, weil sich diese Denkweise für gewöhnlich mit totalitären Macht- und Unterwürfigkeitsansprüchen verbindet. Außerdem machen Schwächen das Leben erst lebenswert, und ein Leben ohne Streben nach Glücksmomenten ist sinnlos. Es gibt immer auch Bürger, Aktivisten und Politiker, die das Potenzial haben, großartige Pionierleistungen zu vollbringen und sich vorbildlich für das Gemeinwohl zu engagieren. Darauf zu setzen, dass solche Leute für alle anderen die Kastanien aus dem Feuer holen, ist allerdings auch der falsche Weg. Ein entsprechender Entwicklungsprozess kann vielmehr nur gelingen, wenn er von einer Welle des vernetzten Denkens, Kommunizierens und Handelns getragen wird, die die Weltgesellschaft durchflutet. Also wäre es für jeden von uns eine gute Idee, hier und da, gelegentlich ein wenig mehr nach mentaler Stärke zu streben und zumindest mit einer kleinen Faser des Bewusstseins das Gesamtbild ein wenig mehr in den Blick zu nehmen, als man das für gewöhnlich tut.

Schlussbemerkung

Das sind meine persönlichen Vorschläge, die größtenteils auf Quellen zurückgehen, die mir bedeutsam erscheinen. Den drängendsten Zivilisationsproblemen kann man ebenso gut mit anderen Vorschlägen begegnen. Auf die Feststellung, dass das nur dann erfolgreich sein kann, wenn sich sehr viele Menschen um dieses Gemeinschaftswerk bemühen — und zwar deutlich mehr als bisher –, würde ich jedoch Wert legen.

Teil 3 – Eine Neuromodell-Perspektive – das SPP-4DI-Modell

Einführung

Der Mensch kann aus verschiedenen Perspektiven betrachtet werden, und jede dieser Perspektiven stellt bestimmte Teilaspekte des menschlichen Daseins in den Vordergrund und vernachlässigt andere.

So gibt es die naturwissenschaftlich-anthropologische Perspektive, die den Menschen als biologisches Wesen und als eine besondere Art des Säugetieres betrachtet. Sie befasst sich vordergründig mit der biologisch-evolutiven Herkunft des Menschen und seinem Platz im Gefüge der globalen Artenvielfalt. Sie kann und will zu sozialen, theologischen, philosophischen, psychologischen oder ökonomischen Dimensionen des Daseins wenig beitragen. So gibt es die kulturwissenschaftliche Perspektive: Sie betrachtet den Menschen als von kulturellen Konventionen geprägtes und die Kultur gestaltendes Wesen und neigt zu einer gewissen Ferne von den biologisch-anthropologischen Prägungen, denen der Mensch daneben auch ausgesetzt ist. So gibt es die medizinische und die psychologische Perspektive, die das „gesunde" biologisch-psychologisch-soziale Menschenwesen als gegeben betrachten und sich genau um jene Phänomene kümmern, die Abweichungen von dieser Norm markieren; es wird versucht, die Abweichungen analytisch und therapeutisch zu durchdringen; für den Anspruch, zugleich die Norm systemisch zu erklären, verbleiben dabei jedoch vergleichsweise wenige Ressourcen. So gibt es verschiedene soziale und politische (oder auch sozialwissenschaftliche) sowie ökonomische Perspektiven, die die Mechanismen und Dynamiken betrachten, denen die Entwicklung des menschlichen Zusammenhalts und der gesellschaftlichen Wertschöpfung unterliegt; das beinhaltet politische, machtpolitische, ökonomische und sozialpsychologische Fragestellungen, mit der

Neigung, die Natur – im Sinne der biologischen Grundlagen des Lebens, der Artenvielfalt und der biologischen Natur des Menschen – eher nur als Hintergrundthema zu sehen. So gibt es philosophische, psychologische und theologische Perspektiven, die den Menschen als denkendes, fühlendes, empathisches und mit einer Seele behaftetes Wesen betrachten und sich mit dem naturwissenschaftlichen Hintergrund dieser Phänomene schwertun oder ihn gar leugnen.

So weit ist das eine sehr grobe Unterscheidung möglicher Sichtweisen auf das menschliche Dasein. Innerhalb jeder dieser Generalperspektiven gibt es wiederum unzählige Spezialvarianten und Teildisziplinen, die einzelne Teilaspekte herausheben, was immer zuungunsten aller anderen Teilaspekte und interdisziplinärer oder systemischer Sichtweisen geschieht. Wichtige Gründe für die Perspektiven-Fragmentierung liegen nicht zuletzt in der expansiven Entwicklung des Detailwissens, die zunehmend zur hoch spezialisierten Forschung zwingt, insbesondere aber auch in den großen Lücken, die zwischen verschiedenen relativ gut erforschten Wirklichkeitsschichten klaffen. So unterteilt sich die (Erkenntnis der) Wirklichkeit z. B. aus der Sicht von Werner J. Patzelt (2013, 47–49) in subatomare, atomare, molekulare Schichten, die biologisch-neurophysiologische „Tiefenstruktur" des Menschen sowie in die Schichten „kulturspezifische Wissensbestände und Normen", „Verhalten von Einzelmenschen", „soziales Handeln in Kleingruppen", „soziale Netzwerke", „politische Systeme", „supranationale politische Systeme", und ganz oben an der Spitze findet sich die „Ebene des *internationalen Systems* und der *transnationalen Beziehungen*". Laut Patzelt, der in seinem Buch eine politikwissenschaftliche Perspektive vertritt, „ist es hilfreich, jeden konkret betrachteten Ausschnitt politischer Wirklichkeit als einen ‚Schichtenbau' aufzufassen, bei dem Merkmale der jeweils unteren Schicht in die darüber liegende Schicht hinaufreichen, auf den jeweils höheren Schichten aber auch eigentümliche Merkmale nur und gerade" in „dieser Schicht festzustellen sind" (Patzelt 2013, 47, mit Verweis auf Riedl 1985 und Patzelt 2007, 184ff.).

Letztlich ist diese Trennung in Schichten der (erkennbaren) Wirklichkeit nicht nur einem unvollständigen Detail- und Systemwissen geschuldet, sondern sie ist in vielen Fällen auch objektiv unüberwindbar. So kann man sowohl das menschliche Gehirn mit seinen neurophysiologischen Strukturen und Prozessen als auch den Computer mit einer Von-Neumann-Architektur als Datenspeicherungs- und -verarbeitungsmaschinen und als Medien sehen, für die es keine klaren Vorgaben oder Limitierungen gibt, die deren Anwendungsbereich vollständig festlegen würden. So ist es zwar hilfreich, die Arbeitsweisen dieser Systeme genau zu kennen, es ist jedoch keinesfalls möglich, die konkreten psychologischen bzw. maschinellen Phänomene, Verhaltensweisen oder Datentransformationen, die damit kreiert werden, im Sinne von Epiphänomenen abzuleiten. Vielmehr bilden diese Systeme nur jeweils eine Plattform oder ein Medium, das in der darauf basierenden nächsten Wirklichkeitsschicht universell verwendbar ist und eigenen Gesetzmäßigkeiten folgt, die aus den Gesetzmäßigkeiten der darunterliegenden Schicht nicht deterministisch ableitbar sind (es sind lediglich gewisse Randbedingungen und Limitierungen ableitbar).

Die Erkenntnislandschaft ist also durch eine unermesslich komplexe Vielfalt der Perspektiven gekennzeichnet, die miteinander korrespondieren. In diesem Teil des Buches soll es um eine dieser Perspektiven gehen – die des sogenannten SPP-Modells. Beim SPP-Modell handelt es sich um eine neurowissenschaftliche Perspektive, die versucht, den Menschen auf einfache, jedoch zugleich umfassende Art und Weise als biologisches System zu beschreiben (Näheres unten im ersten Kapitel).

Komplexe Systeme, die viele Evolutions- oder Entwicklungsphasen durchlaufen und sich im Endeffekt als brauchbar erwiesen haben, zeichnen sich in der Regel dadurch aus, dass sie einige entscheidende Grundkonzepte geschickt so miteinander kombinieren, dass sie unter sich ändernden Randbedingungen ihren Dienst hocheffizient erfüllen können, wobei es in der Regel nicht ganz einfach ist, diese Grundkonzepte zu erkennen und zu verstehen. Das trifft sowohl auf vom Menschen geschaffene technische als auch auf von der Evolution geschaffene natürliche Systeme zu, wie das Säugetier oder den Menschen. Bei den Neurowissenschaften kann man feststellen, dass sehr viel Detailwissen über einzelne Hirnareale, physiologische Mechanismen und Phänomene vorliegt und dass es auch eine Disziplin gibt, die sich systemische Neurowissenschaft nennt. Jedoch sind erfolgreiche Versuche, die entscheidenden systemischen Grundkonzepte des Gehirns zu fassen, nicht bekannt geworden. Es ist einer der Ansprüche des SPP-Modells, in diese Lücke vorzustoßen. Dazu wird versucht, die Arbeitsweise des Gehirns auf die kleinste mögliche Menge an wesentlichen Grundmechanismen herunterzubrechen und auf möglichst einfache Art zu erklären.

Eine weitere Besonderheit des SPP-Modells ist es, Schnittstellen zu anderen Disziplinen und „Wirklichkeitsschichten" von vornherein mitzudenken. So wird implizit versucht, Verbindungen zur Philosophie des Geistes, Psychologie und Sozialwissenschaft herzustellen, ganz abgesehen davon, dass das Modell neben der neurowissenschaftlichen Fundierung auf Erkenntnissen aus der Anthropologie aufbaut. Letztlich wird dabei insgesamt das Ziel verfolgt, ein über mehrere Wirklichkeitsschichten, Skalierungsebenen und Wissenschaftsdisziplinen reichendes, ganzheitliches und systemisches Denken zu kultivieren, das von der Synapse bis zum menschheitlichen Superorganismus reicht.

Soweit das möglich war, wurde bei der Bildung des SPP-Modells auf empirisch belegte Fakten zurückgegriffen. Mit dem Anspruch, zwischen verschiedenen Systembestandteilen und -ebenen die nötigen Verbindungen herzustellen, gelangt man jedoch schnell an seine Grenzen, sodass es unvermeidbar war, über so manches weiße Feld mit Synthese und Thesenbildung hinwegzuschreiten und Mosaiksteine zu konstruieren, die das Gesamtbild wiederum kohärent erscheinen ließen. Bewiesene und unbewiesene Bestandteile des Gesamtgerüsts scheinen einander zu stützen und zu verifizieren, doch durch die etwas forsche Vorgehensweise beim Zusammenfügen der Einzelbestandteile ist das gesamte Modell nichts weiter als eine Theorie, die der Überprüfung bedarf (wie bereits durch die Bezeichnung „Modell" impliziert).

Nebenbei geht es auch darum, sprachliche Mittel zu finden, mit denen Beschreibungen gesellschaftlicher Prozesse näher an die wahre Natur des Menschen herangeführt werden können. In politischen und sozialwissenschaftlichen Umfeldern ist der Sprachgebrauch heute tendenziell viel zu ökonomie-zentristisch. Der mental-sozialen Dimension kommt jedoch (im Vergleich zur sozial-ökonomischen Dimension) eine (die) entscheidende Rolle zu, und das ist im Sprachgebrauch der heutigen Zeit nicht adäquat abgebildet (Näheres in Teil 5, Abschnitt „S1 – Kapitalarten").

Das SPP-Modell ist in Schindler 2020 ausführlich beschrieben. Im folgenden Kapitel wird es daher nur in den Grundzügen dargestellt. Welche Rückschlüsse aus diesem Modell möglicherweise für die menschliche Gesellschaft zu ziehen sind, ist Thema der weiteren Teile dieses Buches, angefangen von den Kapiteln „4D-Intelligenz" und „Anschlusskonzepte" über Teil 4 und 5 bis zum vorangestellten Teil 2 „Der überforderte Superorganismus".

Das SPP-Modell

Tauglichkeitswahrscheinlichkeitsprozessor (SPP)

Im SPP-Modell wird das menschliche Gehirn als „Suitability Probability Processor" (deutsch: „Tauglichkeitswahrscheinlichkeitsprozessor") aufgefasst. Warum – so die erste Frage, die sich stellt – wird das Gehirn als „Prozessor" bezeichnet? „Prozessor" klingt womöglich etwas zu technisch für ein biologisches System. Doch wurde der Begriff absichtlich gewählt, um den Anspruch zu unterstreichen, das System Gehirn nach den Maßstäben zu analysieren und zu beschreiben, die typischerweise bei technischen Systemen angelegt werden. Die Neuro- und Sozialwissenschaften haben eine starke Neigung, Einzelaspekte eines Gegenstandsbereiches herauszugreifen und diese dann zu untersuchen und zu erklären. So gibt es viele neurowissenschaftliche Arbeiten, die Phänomene wie Gedächtnis, Wahrnehmung, Schmerz, Emotion, Aktivitätssteuerung („motor control") oder Entscheidungsfindung („decision making") erforschen. Die Neurophilosophie versucht, Erklärungen für das Phänomen „Bewusstsein" zu finden. Die medizinischen Neurowissenschaften setzen sich – gemäß ihrem Auftrag – mit Krankheiten und möglichen Therapien auseinander, was auch andere neurowissenschaftliche Forschungen befruchtet (wie z. B. kognitive Neurowissenschaft). Es wird jedoch eher nicht versucht, das Puzzle zusammenzusetzen, und es bleibt im Dunkeln, wie ein gesunder Mensch oder ein leistungsfähiges Gehirn als Gesamtsystem zu beschreiben wäre. Ähnlich ist es in der Psychologie und in den Sozialwissenschaften. Stets geht es um Einzelaspekte, eher nie bis selten um Gesamtzu-

sammenhänge und die Einbettung von Einzelphänomenen
– wie Depression oder Armut – in den Kontext systemischer
neuronaler, gesellschaftlicher oder biosphärischer Gesamt-
zusammenhänge.

Diese Art der Flickschusterei ist nicht weiter verwunderlich, haben wir doch im Rahmen unserer intellektuellen Entfaltung Biosphäre und Gesellschaft als „irgendwie"
funktionierende Systeme vorgefunden und sind nur jeweils
mit speziellen vorübergehenden Schwächen dieser Systeme
konfrontiert.

Bei technischen (oder wahlweise auch logistischen oder
kaufmännischen) Systemen gelten andere Maßstäbe. Da der
Mensch sie synthetisiert, muss er wissen, welchem primären
Zweck sie dienen und wie dieser Zweck zu erreichen ist. Die
Betrachtung von Einzelphänomenen erfolgt immer vor dem
Hintergrund, dass es das Gesamtsystem zu stabilisieren und
zu optimieren gilt. Eine Kultivierung von Halbwissen, wie in
den Neuro- und Sozialwissenschaften üblich, kann hier nicht
zugelassen werden. Allerdings ist das in diesem Fall auch einfacher zu bewerkstelligen, da der Mensch in seiner Rolle als
Architekt dieser Systeme von vornherein alle Fäden in der
Hand hält, was bei der Beurteilung seines eigenen Daseins,
in das er geworfen wurde, nicht gegeben ist.

Dennoch kann und sollte man versuchen, nach dem roten
Faden im menschlichen Dasein zu fahnden. Insbesondere
deshalb, weil wir uns zunehmend der Gefahr des globalen
Kontrollverlusts gegenübersehen, wird es immer dringlicher,
Einzelaspekte, Einzelphänomene und Einzeldisziplinen
auch in ihren systemischen, interdisziplinären oder gar universellen Rahmen eingebettet zu hinterfragen.

Der Begriff „Prozessor" wird in der Bezeichnung des
SPP-Modells verwendet, um dieses Ziel zu unterstreichen.
Es geht darum, den Menschen und sein Gehirn nach ähn-
lichen Maßstäben zu beurteilen, wie man sie bei Maschinen

anlegen würde. Dabei steht die systemische Funktionalität im Vordergrund, was etwas ungewohnt ist, und Einzelphänomene werden entweder analytisch eingebunden (wie z. B. Wahrnehmung, Gedächtnis, Schmerzempfindung) oder sie werden als Seiteneffekte erklärt (wie z. B. Bewusstsein). Für die Erkenntnis, dass der Mensch eben keine Maschine und kein rein funktional zu erklärendes System ist, sondern eher eine Art beseelter Organismus, bleibt dennoch genug Raum, allerdings auf einer Ebene, die weniger mystisch oder philosophisch ist als bisher üblich. In den Neurowissenschaften findet sich eine ähnliche Herangehensweise in der Teildisziplin „Computational Neuroscience" (deutsch: „Theoretische Neurowissenschaft").

Nun zu den Begriffen „Tauglichkeit" und „Tauglichkeitswahrscheinlichkeit". Tauglichkeit meint Brauchbarkeit im Sinne des evolutionären Wettbewerbs. Der Mensch ist ein Wesen, das sich, wie alle anderen biologischen Organismen auch, im Wettbewerb der Arten zu behaupten hat. Wird das Gehirn als Prozessor aufgefasst, kann also angenommen werden, dass seine Arbeitsweise darauf ausgerichtet ist, Verhalten und Denkprozesse so zu steuern, dass diese im Sinne des evolutionären Wettbewerbs am besten brauchbar bzw. tauglich sind. Seine Strukturen und Prozesse sind dafür optimiert, dass alle Einflüsse der ständigen Bewertung und Optimierung unterliegen und dass möglichst immer jene neuronalen Erregungszustände gewinnen, die die größte Tauglichkeitswahrscheinlichkeit im Sinne der evolutionären Zielvorgabe aufweisen. Wenn man also geneigt ist, das Gehirn als funktionales „Prozessor-System" zu betrachten, dann wäre es – den Konzepten des SPP-Modells entsprechend – ein Tauglichkeitswahrscheinlichkeitsprozessor.

Im Gegensatz dazu sind technische Systeme in der Regel (bzw. immer primär) mit arithmetisch-logischen Prozessoren ausgestattet (siehe z. B. Von-Neumann-Architektur). Diese Systeme weisen beachtenswerte Leistungsmerkmale auf, aber ihr großer Nachteil besteht darin, dass sie ihre Reaktions- und Aktionsmuster (ihren Programmcode) nicht selbst optimieren können, sondern dass sie dazu stets der Nachhilfe der menschlichen Tauglichkeitswahrscheinlichkeitsprozessoren (der Gehirne) der Softwaredienstleister und Systemadministratoren bedürfen. Die sogenannte künstliche Intelligenz bedarf, damit sie arbeitsfähig ist, wiederum des arithmetisch-logischen Prozessors sowie der Tauglichkeitsbewertungsleistungen der Menschen, die die entsprechenden Systeme entwickeln und produzieren, sie am Laufen halten und optimieren, sie benutzen und die nötigen Vorlagen und Daten spenden.

Ein systemisches Menschenbild

Der menschliche Organismus ist in vielerlei Hinsicht hochkomplex. Die Fäden laufen jedoch im Gehirn zusammen, wo die Zusammenarbeit der meisten körperinternen Regelkreise organisiert wird und wo Wahrnehmung und Verhalten so gesteuert werden, dass ein sinnvolles Zusammenwirken externer und körperinterner Prozesse zustande kommt. Wenn also in diesem Abschnitt das Zusammenspiel aller wesentlichen Systemkomponenten des Gehirns zusammengefasst wird und wenn dabei die Schnittstellen zum Körper ausreichende Beachtung finden, ergibt sich ein systemisches Bild des Menschen. (Eine ausführliche Beschreibung des SPP-Modells und des entsprechenden *systemischen Menschenbildes* findet sich in Schindler 2020, 32–110)

Die Arbeitsweise des menschlichen Gehirns basiert auf der Synthese zwischen Information und Zweck. Schauen wir uns zunächst die Informationsverarbeitung an.

Information

Die zu verarbeitenden Informationen werden A aus der externen Umwelt aufgenommen (Sehen, Hören, Fühlen, Riechen, Schmecken), repräsentieren B das Verhältnis des eigenen Körpers zur Umwelt (Körperwahrnehmung, Gleichgewichtssinn), stammen C aus den verschiedenen Gedächtnissen (prozedural = unterbewusst, deklarativ = potenziell bewusst) oder es handelt sich D um motivationale oder emotionale Signale im Sinne von Schmerz, Hunger, Sehnsucht etc. Die Informationen der Kategorie D sind etwas Besonderes – sie verkörpern die Zweckkomponente, die jederzeit in die neuronale Informationsverarbeitung injiziert wird, also werden sie hier zunächst ausgeklammert, um dann unten unter der Überschrift „Zweck" thematisiert zu werden.

Die neuronale Informationsverarbeitung vollzieht sich (entsprechend dem SPP-Modell) in fünf Steuerungsebenen und zwei Modi, wobei der Erfolg des Systems vor allem aus der Art resultiert, wie diese Steuerungsebenen und Modi im Sinne der Effizienzmaximierung interagieren.

Die ersten drei Steuerungsebenen – (1) unbedingte Reflexe, (2) sensomotorische Prozeduren und (3) Aktivitätssteuerung – steuern automatisierte Verhaltensabläufe, die antrainiert sind und in Form von affektiven/impulsiven Reaktionen und Gewohnheiten sehr weitgehend unsere Feinmotorik und unser Verhalten bestimmen. Die beiden weiteren Steuerungsebenen – (4) situative Vorbereitung und (5) kreative Vorbereitung bringen die Fähigkeit zur Impulskontrolle, zum Vorausdenken, zur Werte-gesteuerten Entscheidungsfindung und zu beliebigen Formen der kognitiven Informationsverarbeitung ins Systemverhalten ein. Die Ebenen (1) bis (3) basieren sehr wesentlich auf dem prozeduralen Gedächtnis, die Mechanismen der Ebenen (4) und (5) sind wiederum eng mit dem deklarativen Gedächtnis und mit der Fähigkeit verknüpft, in assoziativen Arealen des Gehirns multi-modale Verbindungen herzustellen – z. B. zwischen Fühlen, Sehen und Benennen eines Gegenstandes.

Die beiden Modi, mit denen die Arbeitsweise des Gehirns charakterisiert werden kann, heißen (laut SPP-Modell) Aktivitätsmodus und Vorbereitungsmodus. Der letztere Begriff wurde gewählt, weil es beim Nachdenken, bei assoziativen Reflexionen, kognitiven Prozessen und Bewusstseinsprozessen letztlich immer darum geht, sich auf zukünftige Aktivitäten in irgendeiner Form vorzubereiten. Der Vorbereitungsmodus unterteilt sich wiederum in situative und kreative Vorbereitung. Der erstere Modus, der zu großen Anteilen unterbewusst stattfindet, ist stets an der aktuellen Umgebung und an der aktuellen Aktivität orientiert und zielt darauf ab, diese durch das qualifizierte Durchspielen von Handlungsoptionen zu unterstützen. Der letztere Vorbereitungsmodus, der eher einen höheren Anteil an Bewusstheit aufweist, entflieht dem aktuellen Aktivitätskontext in beliebige räumlich-zeitliche Entfernungen, und der Fantasie sind dabei keine Grenzen gesetzt. Doch auch hier besteht der Zweck letztlich darin, künftige Haltungen und Verhaltensweisen vorzubereiten und dabei insbesondere dem Risiko vorzubeugen, dass künftige neuartige Situationen immer wieder mit Versuch- und Irrtum-Strategien bewältigt werden müssen.

Es ist sehr entscheidend für die Effizienz der neuronalen Informationsverarbeitung, wie gut die fünf Ebenen, die beiden Modi sowie Unterbewusstsein und Bewusstsein miteinander kooperieren und wie gut es dabei gelingt, Aufgaben von oben nach unten zu delegieren. Es wäre z. B. absurd, wenn man bei jeder Treppenstufe jede einzelne Bewegung immer wieder austesten oder abwägen müsste. Dabei käme entweder ein ungeschicktes oder ein erratisches Verhalten heraus, das uns durch das ganze Leben begleiten würde. Aber durch die Fähigkeit der oberen qualifizierten Steuerungsebenen ((4), (5), Vorbereitungsmodus), durch rückgekoppelte Lernprozesse das in den niedrigeren Steuerungsebenen ((3), (2), Aktivitätsmodus) codierte Mikroverhalten zu korrigieren, zu trainieren und zu optimieren, ist uns das entscheidende Mittel zur Effizienzsteigerung des neuronalen Informationsverarbeitungssystems gegeben. Lernen ist ein Prozess, der uns ständig begleitet und im neurophysiologischen Sinne darauf hinausläuft, möglichst viele Informationsverarbeitungs- und Steuerungsaufgaben von den Steuerungsebenen (5) und (4) an die darunterliegenden Steuerungsebenen zu delegieren, den Vorbereitungsaufwand (im Sinne des Vorbereitungsmodus) zu minimieren, möglichst vieles unterbewusst zu erledigen und fortbestehenden Umgebungsbedingungen mittels der Entwicklung passender Gewohnheiten zu begegnen. Nur so ist es möglich, in den oberen Steuerungsebenen bezüglich der Ressourcen, die für den Vorbereitungsmodus benötigt werden, sowie im Bewusstsein jene Freiräume zu schaffen, die dort für die komplexen Herausforderungen benötigt werden, die sonst noch auf uns warten.

Zweck

Der Zweck oder die Zwecke und Ziele werden – wie oben bereits angedeutet – in Form von besonderen Informationen der Kategorie D in die neuronalen Prozesse injiziert. Laut SPP-Modell geht es dabei um Selbstregulierung, also um ein System von Regelkreisen, die bewirken, dass es dem Menschen gelingt, sich und seine Art im evolutionären Wettbewerb zu behaupten. Dabei spielen folgende Prozesse eine spezielle Rolle:
- homöostatische Regelkreise (Sauerstoff, Wasser, Salz, Zucker, Proteine, Temperatur etc.),
- die Schmerzverarbeitung,

182

- die Bildung und Verarbeitung von Emotionen, wobei insbesondere Angstgefühle im Vordergrund stehen, aber z. B. auch gegenteilige Hochgefühle, die sich nach der Bewältigung von furchtgebietenden Situationen einstellen,
- die Mechanismen des Belohnungssystems.

All diese speziellen Arten der Information, die sich im Gehirn letztlich auch nur als Erregungszustände in bestimmten neuronalen Bahnen, Arealen und Schaltkreisen repräsentieren, spielen eine besondere Rolle und sind dazu auf besondere Art und Weise in die Hirnstrukturen eingebunden, die der Informationsverarbeitung im Sinne der Steuerungsebenen (1) bis (5) und der beiden Modi dienen, wie oben unter „Information" beschrieben.

Die Einbindung der Zweck-Signale ist so organisiert, dass sie regelnd und bewertend auf die Informationsverarbeitung einwirken, und die spezielle Rolle dieser emotionalen und motivationalen Signale ist so ausgeprägt, dass sie die Resultate, deren Erreichen sich die Hirnprozesse unterwerfen, vereinnahmen. Die prinzipielle Wirkungsweise ist vergleichbar mit einfachen Regelkreisen, bei denen Abweichungen der Regelgröße von einem Sollwert (z. B. falsche Temperatur in einem Heizkessel, falsche Temperatur oder zu wenig Nährstoffe im Körper des Menschen) so lange über differenzielle Signale auf die Stellgröße einwirken, bis dadurch die Abweichung vom Sollwert ausgeglichen und das erforderliche Gleichgewicht wiederhergestellt werden konnte. Im Gehirn wirkt die Regelung so, dass spezielle emotionale oder motivationale Erregungszustände so lange aktiviert werden, bis die dadurch angeregte Gehirnaktivität den entsprechend fälligen Ausgleich herbeiführen konnte (oder bis sie wahlweise eine zufällig eintretende Besserung nicht verhindern konnte). Dabei erzwingen oder begünstigen die emotionalen oder motivationalen („emotivationalen“) Signale adäquate („taugliche“) neuronale Informationsverarbeitungs- und Entscheidungsprozesse in den fünf Steuerungsebenen, und die darauf folgende Verstärkung oder Abschwächung der Signale geht als bewertende (Erfahrungs-) Information in die entsprechenden Gedächtnisbildungs- und Prozeduroptimierungsprozesse ein, die bei jeder Gehirnaktivität implizit stattfinden. So ist gesichert, dass die enorme Plastizität des Gehirns einem ständig einwirkenden evolutionären Tauglichkeitsdruck folgend ausgenutzt wird und dass sich das Gehirn auf diese Weise ständig selbst optimiert.

Eingebunden sind die motivierenden und bewertenden „emotivationalen“ (Regel-) Signale insbesondere über die folgenden Hirn- und Körperareale: Hypothalamus und endokrines System (Homöostase), Thalamus (Schmerzverarbeitung), Amygdala (Emotionen), mesolimbisches Dopaminsystem (Belohnungen), Basalganglien (Vermittlung), vorderer (anteriorer) Teil des Gyrus Cinguli und präfrontaler Kortex (Entscheidungsfindung) sowie über den entorhinalen Kortex, Hippocampus und alle sonstigen Assoziationskortexe (Bewertung und Gedächtnisbildung).

Was im Gehirn im neurowissenschaftlichen Sinne mit homöostatischer Regelung, Emotionen und Belohnungsreizen vor sich geht, wird im psychologischen Sinne mit dem Begriff des Bedürfnisses gefasst. Also kann man diese Regelungs-, Entscheidungsfindungs-, Bewertungs-, Gedächtnisbildungs- und Optimierungsprozesse auch als Bedürfnisbefriedigungsprozesse beschreiben.

Als weiterer wesentlicher Aspekt kommt insbesondere beim Menschen die Fähigkeit hinzu, mithilfe des Belohnungssystems kreativ mit Bedürfnissen umzugehen. Das heißt, der Mensch ist in der Lage, beliebige Bedürfnisse zu erfinden und die entsprechenden Ziele mit großem Nachdruck anzustreben. Diese Besonderheit ist die eigentliche

Triebkraft hinter der Entwicklung der Kultur, ja man kann vermuten, dass sie die grundlegende Komponente menschlicher Intelligenz ist. Die Annahme, dass sich Intelligenz über kognitive und sprachliche Fähigkeiten definiert, mag nicht ganz falsch sein, doch der Prozess, der deren Herausbildung überhaupt erst beauftragt und forciert, ist die Fähigkeit, beliebige Bedürfnisse so zu kreieren, dass sie im emotivationalen System des Gehirns ebenso vehemente Wirkungen entfalten können, wie das z. B. bei Hunger oder Schmerz der Fall ist.

Im SPP-Modell steht dafür der **Begriff des künstlichen oder virtuellen Bedürfnisses.**

Die konzeptionelle Grundidee, die hinter diesen künstlichen Bedürfnissen steht, könnte darin liegen, dass über Umwege und über den in diesem Zusammenhang kultivierten Vorbereitungsmodus des Gehirns im Endresultat womöglich bessere Gesamtergebnisse für die generelle Bedürfnisbefriedigung und für den Status, den die Art im evolutionären Wettbewerb erlangen kann, zu erzielen sind, als wenn stets nur die direkte Befriedigung naheliegender Bedürfnisse angestrebt würde. Das birgt jedoch zugleich die Gefahr in sich, sich auf diesen Umwegen zu verirren und künstlichen Bedürfnissen in einem Maße nachzujagen, dass das von den naheliegenderen Realitäten, d. h. von den fundamentaleren Bedürfnissen und Lebensnotwendigkeiten, so weit wegführt, dass im Endresultat über allzu abgehobene Formen von Kultur (oder Subkultur oder Dekadenz) eine kontraproduktive Wirkung erzielt wird.

Die Schnittstelle zwischen Information und Zweck

In einer ausschließlich von physikalischen Gesetzen dominierten Welt könnte es Informationen geben, wenn diese nicht völlig irrelevant wären; sie sind vollkommen irrelevant, weil in dieser Welt nichts weiter geschieht als eine gigantische, nach physikalischen Gesetzen ablaufende Transformation ohne die geringste Abweichung (abgesehen von Quantenphysik/Unbestimmtheit); so sind potenzielle Informationen tatsächlich keine Informationen, weil sie aufgrund fehlender Alternativen keinen Unterschied machen. Mit der Entstehung von biologischer Selbstregulation ändert sich das. Zwar basiert Biologie ebenfalls zu einhundert Prozent auf physikalischen und den darauf aufbauenden chemischen Gesetzmäßigkeiten, doch es entsteht eine neue Ebene der Realität, auf der ein Wettbewerb der Selbsterhaltung biologischer Systeme stattfindet, der in gewisser Weise bedeutet, dass (scheinbar) Widerstand gegen die reine Dominanz der Physik zu leisten ist. Es entsteht ein Unterschied zwischen Zustandsänderungen, die regulatorisch begünstigt werden, und anderen, die entsprechend abgewehrt werden. Erst mit diesen Unterschieden kann es Informationen geben, die eine Bedeutung haben.

Im menschlichen Gehirn realisiert sich diese Bedeutung an der Schnittstelle zwischen Information und Emotivation (Zweck), also in den Bewertungs- und Entscheidungsprozessen wie oben beschrieben. Das hat zwei Konsequenzen:

- Es entstehen Spannungsfelder zwischen angestrebten und unerwünschten Zustandsänderungen neuronaler Muster (im neurophysiologischen Sinne) bzw. zwischen Hochgefühlen und Frustrationen (im psychologischen Sinne), und es muss **mentale Kraft** (Widerstandskraft) aufgebracht werden (im psychologischen Sinne), um die entsprechenden temporären (mentalen) Schmerzzustände aushalten zu können (sich mit ihnen konfrontieren zu können). In diesem Sinne geht von der rein physikalisch determinierten Welt, die sich gegenüber biologischen Systemen zwar nicht abwehrend, aber zumindest indifferent verhält, eine (tödlich wirkende) **„mentale**

Gravitation" aus (Erde zu Erde, Asche zu Asche, Staub zu Staub), die es im Rahmen der biologischen Selbstregulation und im Sinne des biologischen Überlebensanspruchs (des Individuums und der Art) fortgesetzt durch mentale Kraft zu überwinden gilt. Zum Zusammenhang zwischen der herkömmlichen (physikalischen) Gravitation und mentaler Gravitation ist anzumerken, dass der aufrechte Gang, der ja etwas damit zu tun hat, dass Widerstand gegen die (physikalische) Gravitation geleistet wird, letztlich durch mentale Kraft erzielt wird, die der mentalen Gravitation entgegengebracht wird. Metaphorisch betrachtet erreicht man also mit mentaler Kraft so etwas wie den aufrechten Gang im mentalen Sinne, wobei es sich letztlich aber auch um jene sich im Nervensystem entfaltende Kraft handelt, die hinter dem aufrechten Gang im körperlichen Sinne steht.

- Es entsteht **Bewusstsein**. Bewusstsein ist nichts anderes als die Projektion von Information (im Sinne der Kategorien A, B und C) auf Zweck oder Emotivation (bzw. auf Information der Kategorie D; siehe oben zu Beginn dieses Abschnitts). Bewusstsein entsteht dadurch, dass Information zu selbstregulatorischer Relevanz gelangt. Dabei ist zu beachten, dass Bewertungs- und Entscheidungsprozesse größtenteils hocheffizient im sogenannten Unterbewusstsein ablaufen und dass nur manche dieser Vorgänge ins „Bewusstsein" vordringen. Das geschieht insbesondere dann, wenn emotivationale Zustände sich nicht schnell genug auflösen und sie also resident werden, d. h., wenn sich die Behebung eines Schmerz- oder Bedürfniszustandes als ein länger andauernder und vormächtig werdender Prozess gestaltet. Das hat etwas mit dem Vorbereitungsmodus des Gehirns und mit assoziativen Prozessen zu tun, für die auch die Regel gilt, dass sie zwischenmenschlich kommuniziert werden können.

Unterbewusste und bewusste Prozesse bilden jedoch insofern eine Kontinuität, als dass sie grundsätzlich das gleiche Prinzip verkörpern und sie jederzeit dazu neigen, gleitend ineinander überzugehen. So gesehen kann Bewusstsein als Prozess der Projektion von Information auf Emotivation definiert werden, der vorbewusste (unterbewusste) und bewusste Stadien kennt. In diesem Sinne ist Unterbewusstsein ein impliziter und grundlegender Teil von Bewusstsein.

Die soziale Dimension

Die kommunikativen und insbesondere die sprachlichen Fähigkeiten ermöglichen es den Menschen, sich über informationelle und emotivationale Zustände auszutauschen und neuronale Prozesse zu koordinieren. Dem kommt zugute, dass die Sprachzentren zum Teil als integraler, in jedem Fall aber als gut integrierter Bestandteil des Systems der Assoziationskortexe ausgebildet sind und dass die Steuerung der Sprachzentren eng mit der im Vorbereitungsmodus des Gehirns ablaufenden Steuerung assoziativer Prozesse verknüpft ist. So kommt es zu **gesellschaftlichem Bewusstsein,** strategisch koordinierter Aktivität und der Ausgestaltung des evolutionären Wettbewerbs der Arten als zwischenmenschlicher Wettbewerb.

Neben der Fähigkeit, künstliche Bedürfnisse zu gestalten, ist die zwischenmenschliche Kommunikation und die Fähigkeit, Sozialverhalten auszubilden, die andere wichtige Grundlage für die Entwicklung von Kultur, und beide stehen in engem Zusammenhang.

Künstliche Bedürfnisse und Knappheitsfantasien

Als „künstlich" werden hier solche Bedürfnisse des Menschen bezeichnet, die mithilfe des sogenannten Belohnungssystems beliebig kreiert werden können (siehe auch vorangehender Abschnitt). Es ist eine Besonderheit des Menschen im Vergleich zu anderen Säugetierarten, dass er in der Lage ist, nahezu beliebige Bedürfnisse und Zielstellungen zu erfinden und sein emotivationales System so auszurichten, dass es die Befriedigung dieser Bedürfnisse und die Erreichung dieser Ziele mit hoher Priorität forciert. Als Synonym für „künstliches Bedürfnis" bietet sich auch der Begriff „virtuelles Bedürfnis" an. Bezogen auf die jüngere Geschichte, die durch Wissenschaft, Technologie und kapitalistische Wachstumswirtschaft geprägt ist, könnte auch der Begriff „Wachstumsbedürfnis" als (vorübergehend) zutreffend angesehen werden.

Jeglicher Antrieb und jegliche Motivation des Menschen haben ihren Ursprung in Grundbedürfnissen wie Hunger (homöostatische Regelung), Schmerzfreiheit, Sicherheit etc. Die Entwicklung von künstlichen Bedürfnissen ist jedoch womöglich ein Umweg, über den die Befriedigung der Grundbedürfnisse und die Erringung von Vorteilen im evolutionären Wettbewerb der Arten viel eleganter gelingen kann, als wenn stets nur unmittelbar und direkt auf die Befriedigung der Grundbedürfnisse zugestrebt würde. Die Entwicklung von künstlichen Bedürfnissen sowie die Entwicklung des Know-hows zu ihrer Befriedigung stehen in engem Zusammenhang mit der Kultivierung des *Vorbereitungsmodus* des Gehirns (siehe vorangehender Abschnitt).

Die Fähigkeit, künstliche Bedürfniswelten auszugestalten, dürfte neben der Fähigkeit, zwischenmenschliche Kommunikation und Sozialverhalten besonders umfassend auszubilden, das entscheidende Merkmal sein, welches den Menschen vom Tier unterscheidet. Die ausgeprägten kognitiven, kommunikativen und kooperativen Fähigkeiten, über die wir uns zu definieren neigen, wären ohne ihren Auftraggeber – das künstliche Bedürfnis – nicht existent.

Eine alternative Möglichkeit, den Sachverhalt des Bedürfnisses zu erfassen, ist der Knappheitsbegriff. Ein Bedürfnis ist letztlich Ausdruck irgendeiner Form von Knappheit. So signalisieren Schmerzen, dass die körperliche Unversehrtheit zur knappen Ressource zu werden droht, und Hunger signalisiert eine Knappheit an dem Körper zugeführten Nahrungsmitteln. Lässt man sich auf diese Art der Formulierung ein, so ergibt sich, dass der Mensch ein von Knappheitssignalen gesteuertes Wesen ist. Dabei ist wiederum zwischen realer Knappheit (schmerzhafte Einwirkung, echter Hunger) und vermuteter Knappheit zu unterscheiden (Angst vor Schmerz, ein leeres Fach im Supermarktregal, eine kulinarische Aversion). Folgt man dieser Ausdrucksweise, so könnte man künstliche Bedürfnisse auch als Knappheitsfantasien beschreiben.

Die westlich-marktwirtschaftliche Welt ist von nichts anderem stärker gesteuert als von ausufernden Knappheitsfantasien.

Mentale Kraft und mentale Gravitation

In diesem Abschnitt wird eine kurze Zusammenfassung bereits weiter oben erwähnter Konzepte gegeben.

Die Selbstbehauptung des Individuums findet im Kontext des evolutionären Wettbewerbs der Arten statt. Um die in diesem Kontext einwirkenden Kräfte und Gegenkräfte benennen zu können, wurde der Begriff „mentale Kraft" und die Metapher der „mentalen Gravitation" eingeführt (siehe

190

oben Abschnitt „Ein systemisches Menschenbild"). *Mentale Gravitation* resultiert aus der Indifferenz der von physikalischen Gesetzen geprägten Natur gegenüber dem Selbstregulierungsanspruch des Menschen (des biologischen Organismus). Sie wirkt letztendlich tödlich (Erde zu Erde, Asche zu Asche, Staub zu Staub) und will durch *mentale Kraft* überwunden werden, damit ein Überleben und ein aufrechter Gang im mentalen (wie auch im körperlichen) Sinne möglich ist.

Wenn man die menschliche Psyche betrachtet, so ist mentale Kraft diejenige selbstregulatorische Kraft, die den Naturgesetzen entgegengesetzt werden muss, um den eigenen Überlebensanspruch, den Überlebensanspruch der Art und den beim Menschen in diesem Zusammenhang zu beobachtenden Lebensqualitätsanspruch durchzusetzen. Mentale Gravitation ist eine Metapher für die Kraft der Naturgesetze, deren pure und indifferente Wirkung es im Rahmen der Selbstregulation mithilfe von mentaler Kraft zu überwinden gilt.

Auf die gesellschaftliche Dimension, die sich in diesem Zusammenhang auftut, wird weiter unten eingegangen (siehe Kapitel „Anschlusskonzepte", Abschnitt „Soziale Vernetzung und mentale Gravitation").

4D-Intelligenz

Vernunft und Intelligenz

Die Begriffe Vernunft und Intelligenz werden mit ganz unterschiedlichen Bedeutungen verwendet – dazu gibt es keinen einheitlichen Konsens. Vernunft wird unter anderem als menschliches Vermögen zur Erkenntnis und zur Steuerung des eigenen Verhaltens entsprechend dieser Erkenntnis beschrieben. Der Begriff Intelligenz wird eher – und insbesondere im Zusammenhang mit der Bestimmung des sogenannten Intelligenzquotienten – „als die Fähigkeit angesehen, Zusammenhänge zu erkennen und Probleme zu lösen", wobei in westlichen Ländern häufig auch das Merkmal einer hohen Denkgeschwindigkeit als bedeutend angesehen wird (vgl. Paetsch 2008).

Der Psychoanalytiker, Philosoph und Sozialpsychologe Erich Fromm hat diese beiden Begriffe unter anderem so voneinander abgegrenzt:

> *„Intelligenz* […] heißt die Dinge so nehmen, wie sie sind, und Kombinationen vornehmen, um ihre Handhabung zu vereinfachen; Intelligenz ist Denken im Dienst des biologischen Fortbestandes. – *Vernunft* dagegen möchte verstehen; sie versucht dahinterzukommen, was unter der Oberfläche ist; sie möchte den Kern, das Wesen der uns umgebenden Wirklichkeit erkennen. (…) Vernunft erfordert Bezogenheit und Selbst-Gefühl." (Fromm 1999a, 121)

> „Unter Intelligenz verstehe ich die Fähigkeit, mit Begriffen umzugehen, ohne durch die Oberfläche zum Wesen der Dinge durchzustoßen. Intelligenz will Wirklichkeit lieber gebrauchen und verzwecken, als sie verstehen.

Die Fähigkeit zu verstehen, die Vernunft *(reason)*, ist der Gegenbegriff zu manipulativer Intelligenz *(intelligence)*. Vernunft setzt immer voraus, dass wir auf das, worüber wir nachdenken, bezogen sind. Sind wir nicht bezogen, bleibt uns nichts anderes übrig, als mit der Wirklichkeit manipulativ umzugehen. Wir können sie dann wiegen und zählen und berechnen und Faktoren vergleichen." (Fromm 1999b, 253)

Ohne weiter zu untersuchen, in welchem Sinne diese beiden Begriffe heute vorrangig verwendet werden, sollen hier eigene Definitionen vorgeschlagen werden, die zur neurowissenschaftlich und anthropologisch fundierten Sichtweise auf die Systeme Mensch und Gesellschaft passen:

Vernunft ist Erkenntniswilligkeit und -fähigkeit im Kontext der Evolution. So versucht der Mensch, ausgehend von seiner biologischen Existenz und seiner Verwicklung in den evolutionären Wettbewerb der Arten, das Wesen der Dinge zu verstehen, um die so erlangten Kenntnisse letztlich wiederum in den Dienst dieser Existenz zu stellen. Dabei wird der praktische Nutzen nicht zwingend direkt angestrebt, sondern eher vermittelt über eigenständige Erkenntnisbedürfnisse, die zur Akkumulation von Wissen und Systemverständnis führen, wodurch im Endeffekt ganz allgemein die Chancen des Menschen zur Problemlösung verbessert werden (es gibt keine „reine Vernunft" ohne letztendlich evolutionären Zweck).

Intelligenz ist Vernunftintelligenz. Es kann nicht sinnvoll sein, Intelligenz als pragmatische (affektartige) Direktproblemlösungsfähigkeit zu sehen. IQ ist maximal ein kleiner Teilaspekt von Intelligenz. Im Menschen steckt viel mehr, und das muss bei der Bemessung von Intelligenz berücksichtigt werden: Er kann (unter anderem) Affekte unterdrücken (z. B. auch den Affekt, ein Intelligenztestproblem sofort und schnellstmöglich lösen zu müssen); er kann sich in seinem Denken vom aktuellen Handlungskontext entfernen (räumlich und zeitlich); er kann zwischen verschiedenen Modi (Sehen, Hören, Fühlen …) und Feldern (Tätigkeitsfelder, Erkenntnisfelder) Verbindungen herstellen (Assoziativität, Fähigkeit zur Kombination); er kann sinnvolle Entscheidungen zwischen verschiedenen Zielstellungen treffen; er kann viele Ziele über lange Zeiträume verteilt simultan verfolgen; er kann beliebige neue Ziele und Bedürfnisse erfinden und so sein Dasein weitgehend kreativ (kulturell) ausgestalten; und dazu gehört auch die Fähigkeit, über den Umweg der Erkenntnisbedürfnisse seine Problemlösungschancen allgemein zu verbessern.

Die Vernunftintelligenz, die all diese Kompetenzen berücksichtigt, kann so definiert werden: Sie „ist Denken im Dienst des biologischen Fortbestandes" (oben Fromm 1999a, 121), aber unter Ausschöpfung aller Mittel, die dem Menschen zur Verfügung stehen, wozu insbesondere gehört, dass er langfristig planen sowie Zielstellungen und Bedürfnisse (wie z. B. Erkenntnisbedürfnisse) hinterfragen und gestalten kann. In diesem Sinne ist die Intelligenz des Menschen nichts anderes als die Brillanz, mit der er seine Vernunft walten lassen kann.

Diese Art der Intelligenz, die mit der Vernunft verschmilzt, ist als kognitive Fähigkeit nicht nur geeignet, (künstliche) akute Probleme (schnell) zu lösen (wie z. B. die Aufgaben eines IQ-Tests oder Einzelprobleme im Berufsalltag), sondern vermag auch, die kleinen, mittleren und großen Alltags- und Menschheitsprobleme schrittweise einer Lösung zuzuführen. Die wichtigste Schlüsselkompetenz dürfte dabei nicht die Fähigkeit sein, hochsensibel zu sein und visuelle oder sprachliche Muster schnell erkennen und kombinieren zu können, sondern mit lang anhaltendem Problemlösungsstress fertigzuwerden, ohne dabei die Fähigkeit, Realität zu erkennen, also die Vernunft, zu verlieren. Kognitive Sensitivität ist dabei nicht im Sinne eines Highscores gefragt, sondern im Sinne einer bestimmten Rest-Sensitivität, die trotz ausgeprägter emotionaler Belastung (möglichst schnell) immer wieder zurückkehrt.

Zentrale Thesen des 4DI-Konzepts

Dem oben beschriebenen Intelligenzbegriff folgend, wartet das SPP-Modell mit dem Anschluss-Konzept der 4D-Intelligenz auf (4DI). Im Detail ist das in Schindler 2020, 111–160 beschrieben.

Gemäß SPP-Modell basieren jegliche Aktivitäten des Gehirns auf dem Zusammenspiel zwischen emotional-motivationalen Aspekten – wie z. B. Hunger, Schmerz, Belohnung – und informationell-funktionalen Aspekten – wie z. B. Bewegung auf der Basis von qualifizierter Wahrnehmung oder kognitive Informationsverarbeitung. Zwischen beiden Typen von Aspekten besteht gleichzeitig sowohl ein komplementärer als auch ein widersprüchlicher Zusammenhang.

Komplementär heißt, dass beide Aspekte – *Emotivation* und Information – ohneeinander nicht auskommen. Information – wie auch Verhalten, Denken, Funktion etc. – sind sinnloses Chaos ohne die Gerichtetheit, die durch Emotivationen ins System eingebracht wird. Emotivationen wiederum – die im Gehirn im Zusammenhang mit Homöostase, Bedürfnissen, Schmerzempfindungen, erwarteten Belohnungen etc. entstehen – liefen ins Leere, wenn sie nicht über informationell-funktionale Instrumente die Beziehung zwischen Organismus und Außenwelt regulieren könnten.

Widersprüchlich heißt, dass neuronale Erregungszustände, welche beide Aspekte – Emotivation und Information – verkörpern, nur begrenzt gemeinsam erträglich sind. Negative Signale, die Schmerz oder Mangelzustände verkörpern, wie auch Spannungsfelder zwischen angestrebten Hochgefühlen und der vorläufigen Frustration dieser Wünsche sind nur begrenzt aushaltbar. Informationelle Komplexität wirkt jedoch als Verstärker für Schmerzempfindungen, Frustrationen und gefühlte Spannungen, sodass sich starke Emotivationen und komplexe Informationsverarbeitungsprozesse gegenseitig ausschließen, wodurch sich der komplementäre Zusammenhang nur begrenzt entfalten kann (siehe dazu auch die Hinweise zu „seesaw models" in Schindler 2020, 111, 121 und 203–206 sowie Abschnitt „Emotivational amplification adaptation", ebd., 152–154).

Intelligenz des 4DI-Typs entsteht im Spannungsfeld zwischen dem komplementären und dem widersprüchlichen Zusammenhang zwischen Emotivationen und Informationen. Je größer das Produkt aus emotivationalen und informationellen Erregungszuständen ist, die ein Gehirn gleichzeitig zu vereinbaren vermag, desto höher ist der Intelligenzgrad des 4DI-Typs.

Die vier Dimensionen dieser Art von Intelligenz erklären sich wie folgt:

(1) Informationelle Präzision (IP)
(2) Informationelle Bandbreite (IB)
(3) Emotivationale Bandbreite (EB)
(4) Teamintelligenz (TI)

Bei genauerem Hinsehen besteht ein komplementärer und zugleich widersprüchlicher Zusammenhang zwischen allen vier Dimensionen. Sowohl eine gewisse Präzision (1) als auch eine gewisse Bandbreite (2) sind erforderlich, um einen Sachverhalt brauchbar abbilden zu können. Eine Landkarte zeigt z. B. einen Ausschnitt der Erdoberfläche (Bandbreite) mit einer gewissen Auflösung (Präzision). Die Verarbeitung einer Abbildung der gesamten Erdoberfläche mit der höchsten denkbaren Präzision liegt jedoch weit außerhalb der Fä-

196

higkeiten des visuellen Wahrnehmungsapparates und des kognitiven Informationsverarbeitungssystems des Menschen.

Der Zusammenhang zwischen informationellen Komponenten, also den Dimensionen (1) und (2), auf der einen Seite und emotivationalen Komponenten, also der Dimension (3), auf der anderen Seite, ist jener komplementär-widersprüchliche Zusammenhang, der oben bereits erläutert wurde. Bis hier kann man auch von individueller Intelligenz oder 3D-Intelligenz sprechen.

Die Dimension (4) – Teamintelligenz – trägt zusätzliche Komplexität in das System der ersten drei Dimensionen hinein – nämlich indem Freuden und Lasten zwischen vielen Menschen geteilt werden. Da der Mensch ein gesellschaftliches Wesen ist, kann er dieser Dimension nicht entweichen. Doch das bedeutet, dass er sich einem viel umfassenderen Komplexitätskonflikt aussetzt, als er es tun würde, wenn er sich nur um seine persönlichen Angelegenheiten kümmern wollte. So ist er prinzipiell mit der Gesamtheit aller Spannungsfelder konfrontiert, die sich im „Team" herausbilden können – das sind die 3D-Konflikte jedes einzelnen Teammitgliedes zuzüglich der Chancen (komplementär) und Problemstellungen (widersprüchlich), die sich durch das gemeinschaftliche Zusammenwirken ergeben.

Wenn man dann noch bedenkt, dass wir zunehmend zu einem großen globalen Team zusammenwachsen – ob wir es wollen oder nicht (siehe Globalisierung, Klimawandel, Biodiversität etc.) –, was jegliche verrückten Gefühlsregungen, ausgeprägten Leidenschaften, hoch entwickelten Skills und krassen Frustrationen aller 7–10 Milliarden Menschen umfasst, wird klar, dass die 4D-Komplexität, der wir uns aussetzen, unermesslich ist, und dass die 4D-Intelligenz eines Individuums, also seine Fähigkeit, mit all diesen Spannungsfeldern adäquat umzugehen, wohl sehr stark limitiert sein muss. Realistisch betrachtet wäre es also passender, von 4D-

Stupidität zu sprechen sowie es als großen Erfolg zu werten, wenn diese nahezu grenzenlose Stupidität hie und da von gewissen Lichtblicken abgemildert werden könnte.

Diskussion der Komponenten

In Bezug auf den Zusammenhang zwischen der Teamdimension (TI) mit den anderen drei Intelligenzkomponenten (bzw. -dimensionen) ist es wichtig zu verstehen, dass man zwar prinzipiell eine abstrakte Teamintelligenz (4DI) definieren kann, dass konkrete Intelligenz jedoch nur im Kopf des einzelnen Menschen stattfindet. Dem wird das 4DI-Konzept gerecht, indem es den Begriff der 3D-Intelligenz beinhaltet (3DI), der die TI-Dimension in Form der Aussage berücksichtigt, dass die Chancen und Risiken, denen das Team unterworfen ist, als zusätzliche Spannungsfelder in die drei Intelligenzdimensionen jedes beteiligten Individuums hineinprojiziert werden. So wird jeder Mensch als soziales (Team-) Wesen gesehen, mit abstrakter 4DI des Teams, zugleich aber auch als Einzelakteur im sozialen Umfeld, wobei die Anforderungen an seine 3D-Intelligenz als zusätzlich mit den Angelegenheiten und Wechselbeziehungen des Teams aufgeladen zu betrachten sind.

Grundsätzlich kann Intelligenz auch mit anderen Komponentendefinitionen dargestellt werden, als das mit der bisher beschriebenen individuellen 3D-Intelligenz und sozialen 4D-Intelligenz getan wird. Für den Bandbreiten-Begriff sind ganz unterschiedliche Definitionen möglich. Es wäre auch eine Variante denkbar, die den Konflikt zwischen Menge und Genauigkeit bereits beinhaltet. Im Lexikon der Psychologie (Wenninger 2000) wird das folgendermaßen erklärt:

„**Bandbreite**, Begriff aus der Informationstheorie: Maß für das Verhältnis von Informationsmenge und Informationsgüte je Zeiteinheit. Demnach können über einen Kanal entweder sehr viele Informationen nur ungenau oder wenige Informationen sehr genau übertragen werden.“

So gesehen ist es möglicherweise sinnvoll, die Intelligenz des Individuums als mentale Bandbreite zu definieren, die sich aus den Faktoren informationelle Bandbreite und emotivationale Bandbreite zusammensetzt. Das wäre ein Konzept einer individuellen 2D-Intelligenz, bestehend aus den Faktoren $IB_{2D}*EB_{2D}$ (statt 3D, bestehend aus IP*IB*EB). Diese Definition würde bereits die folgenden Konfliktfelder beinhalten:

- **Information (IB_{2D}):** Es könnte entweder eine große Informationsmenge ungenau oder eine kleine Informationsmenge mit höherer Genauigkeit erfasst werden. Oder es wäre z. B. möglich, auf vielen Wissensgebieten einen groben Überblick im Gedächtnis zu behalten und in einigen wenigen Feldern, auf die man spezialisiert ist, genauere Kenntnisse zu haben. Es wäre jedoch nicht möglich, in vielen Disziplinen Spezialwissen anzuhäufen. (In dieser Variante der Definition von informationeller Bandbreite wäre der Konflikt zwischen Präzision und Bandbreite bereits implizit enthalten, sodass IP als separate Komponente entfällt.)
- **Emotivation (EB_{2D}):** Es wäre möglich, den Herausforderungen des Alltags mit einer gewissen Bandbreite an Motivationen und Emotionen zu begegnen – von starken Motivationen und Gefühlswallungen bis hin zum Feingefühl, das man z. B. bei manuellen Tätigkeiten benötigt (hier im Sinne von Feinmotorik) oder das in Sozialbeziehungen gefragt ist (hier im Sinne von Empathie). Das hat jedoch seine Grenzen, und extreme Erfahrungen und Anforderungen auf der Skala zwischen Feinge-

fühl und Stärke sind nur schwer miteinander vereinbar. (Diese Definition von EB_{2D} wäre auch für die EB_{3D} des 4DI-Konzepts angemessen.)

- **Information & Emotivation ($IB_{2D}*EB_{2D}$):** Beide Arten der Bandbreite korrespondieren wiederum miteinander. Es ergibt sich ein komplementär-widersprüchliches Spannungsfeld zwischen großem Überblickswissen, hoher Informationsdichte (beides in IB_{2D}), Feingefühl und Vehemenz (beides in EB_{2D}).

So gesehen hätte ein Konzept der individuellen 2D-Intelligenz (und womöglich der sozialen 3D-Intelligenz) eine höhere Dichte, man würde mit weniger Komponenten das gleiche oder mehr fassen können, als das bei dem im vorangehenden Abschnitt beschriebenen Konzept der individuellen 3D-Intelligenz und der sozialen 4D-Intelligenz vorgesehen ist. Der Konflikt, der in der informationellen Dimension jederzeit zwischen der Anzahl der Wissens- und Betätigungsfelder (der Universalität) auf der einen Seite und dem Grad der Genauigkeit und Wissenstiefe (im Sinne von spezialisierter Expertise) auf der anderen Seite besteht, ist jedoch so bedeutsam, dass er in einem Intelligenzkonzept besser von vornherein sichtbar gemacht werden sollte, sodass wir in diesem Buch, inklusive Teil 1, den Faktor IP behalten und beim Konzept der 4D-Intelligenz des vorangehenden Abschnitts bleiben.

Letztlich ist festzustellen, dass es unterschiedliche Varianten geben kann, wie eine umfassende Vernunftintelligenz dargestellt wird. Dass in Schindler 2020 die vier Komponenten IP, IB, EB und TI zugrunde gelegt werden und dass im vorliegenden Buch daran angeknüpft wird, ist eine mehr oder weniger willkürliche Festlegung, über die man streiten kann.

Mentale Kapazität (MC)

Wie gesagt, kann sich *gesellschaftliche* 4D-Intelligenz, auch wenn dazu abstrakte Betrachtungen möglich sind, ganz konkret nur im Denken und Handeln des menschlichen Individuums realisieren. Dieser Erkenntnis wird mit den Konzepten der 3D-Intelligenz (3DI) und der mentalen Kapazität („mental capacity", MC) Rechnung getragen. Dabei wird angenommen, dass sich die vierte Dimension der Teamangelegenheiten in Form von entsprechend bedeutsamen Spannungsfeldern in die drei individuellen Dimensionen hineinprojiziert, mit dem Ergebnis, dass – je nach dem Grad der sozialen Integration – die individuelle 3D-Problemkomplexität, die durch 3D-Intelligenz zu bewältigen ist, mehr oder weniger stark von sozial bedingten Problemfeldern geprägt ist. Wenden wir uns nun dem dreidimensionalen Komplexitätsraum zu, in dem sich die Intelligenz des menschlichen Individuums zu beweisen hat.

Aus dem widersprüchlichen Zusammenhang zwischen den drei Dimensionen der individuellen Intelligenz ergibt sich zwingend, dass es eine Limitierung für diese Art der Intelligenz geben muss. Im 4DI/3DI-Modell wird diesem Umstand mit dem Konzept der mentalen Kapazität („mental capacity") entsprochen, die sich folgendermaßen berechnet:

$$MC = IP * IB * EB = \text{konstant (kurzfristig)}$$

Mentale Kapazität = Informationelle Präzision * Informationelle Bandbreite * Emotivationale Bandbreite = konstant (kurzfristig)

Das bedeutet, dass der einzelne Mensch nur in der Lage ist, ein begrenztes 3D-Spannungsfeld auszuhalten und dass aus dem Versuch, diese Limitation aufzuheben, Konsequenzen folgen, die wiederum bewirken, dass die Grenze letztlich doch nicht aufgehoben werden konnte. Dies geschieht z. B. durch folgende Arten von Mechanismen:

- Fokussierung: Verstärkte emotionale Spannungsfelder führen nahezu zwingend zur Fokussierung. Das Urmodell dafür ist die Schmerzreaktion, die augenblicklich die Aufmerksamkeit bündelt. Weitere Varianten sind mit den Grundbedürfnissen gegeben, die vormächtig werden, wenn sie akut sind. Auch eher mental bedingte Schmerzen, die im Zusammenhang mit der Frustration künstlicher Bedürfnisse oder mit verwehrten Belohnungen entstehen, führen zur Verengung der Sichtweise. Im Ergebnis ist das eine Minderung der informationellen Bandbreite (IB) infolge einer Vergrößerung der emotivationalen Belastung (EB). Erneute Defokussierung gelingt im Zusammenhang mit der Lösung des Problems oder mit der Fähigkeit der Ablenkung vom mentalen Schmerz.

- Desensibilisierung: Alternativ kann erhöhten emotivationalen Schwingungen durch Minderung der informationellen Präzision aus dem Weg gegangen werden, d. h., die (kognitive) Sensitivität wird gemindert oder die affektiven Musterverarbeitungs-Potenziale werden heruntergefahren (der IQ wird gemindert). Das gelingt z. B. durch geteilte Aufmerksamkeit (z. B. Musik hören bei einer etwas zu stupiden Arbeitstätigkeit), Alkohol oder andere Drogen, letztlich auch durch den Schlaf oder durch Bewusstseinsverlust infolge eines Unfalls.

- Vulnerabilität: Wachsender Problemstress (steigende EB) wird scheinbar bewältigt, ohne informationelle Aspekte zu vernachlässigen (IP, IB), die Konsequenz ist jedoch eine erhöhte mentale Verletzlichkeit, die schließlich eine Minderung der mentalen Fitness zur Folge hat und somit folgerichtig zu Abstrichen irgendwelcher Art bei der souveränen Bewältigung der 3D-Anforderungen führt, was wiederum einzelnen Dimensionen zugeordnet werden kann (Beispiel: Gedächtnisprobleme im Zusammenhang mit Stress und steigender mentaler Verletzlichkeit, also geminderte IB; Weiteres dazu unten im Kapitel „Anschlusskonzepte", Abschnitt „Mentale Kapazität und mentale Vitalitäts-Vulnerabilitäts-Achse").

- Evolutionäre Adaption: Hier geht es um die Selektion genetischer Intelligenzpotenziale in Abhängigkeit von den Lebensumständen. So kann angenommen werden, dass Gesellschaften die kulturell, ökonomisch und technisch hoch entwickelt sind, auch zur Bevorzugung von Zeitgenossen führen, die genetisch zur Sensibilität oder zu einem hohen IQ neigen. Des Weiteren dürften auch epigenetische Mechanismen eine Rolle spielen, die bewirken, dass aus förderlicheren Lebensumständen (mehr intellektuelle Anregungen, weniger Stress, moderatere Emotionen) eine bessere Entfaltung der genetisch angelegten informationellen Intelligenzpotenziale folgt.

- Soziales Vermeidungsverhalten: Berücksichtigt man wiederum den sozialen TI-Faktor, der üblicherweise eine wesentliche Quelle von Problemkomplexität ist, können erhöhte Anforderungen im 4D/3D-Raum auch durch soziales Vermeidungsverhalten kompensiert werden, also durch Flucht in irgendeine Form der partiellen Isolation. Zumal die Fähigkeit, sich trotz intensiven Soziallebens gewisse individuelle Freiräume zu schaffen und zu erhalten, ohnehin ein wichtiger Aspekt von mentaler Gesundheit ist.

Letztlich gibt es auch positive Rückwirkungen der Faktoren IB und EB zur informationellen Präzision (IP, IQ): Die ständige Auseinandersetzung mit einer Vielzahl von Wissensgebieten, Betätigungsfeldern oder technischen Instrumenten fordert unter anderem auch die Fähigkeit zur Präzision heraus und damit zur Entwicklung des IQ. Dieser Pfad kann nur erfolgreich beschritten werden, wenn es gleichzeitig gelingt, emotivationale Ausschläge – wie Stress oder drängende Begierden – erfolgreich zu zähmen und wenn die (eigene) materielle Situation dies erlaubt. Falls das gelingt, ergibt sich eine Ausweitung der informationellen Komponenten der Präzision (IP) und der Bandbreite (IB) zulasten der emotivationalen Bandbreite (EB). Wenn man die Ausführungen im vorangehenden Abschnitt „Diskussion der Komponenten" berücksichtigt, ist das nicht im Sinne einer emotionalen oder motivationalen Verarmung, sondern eher im Sinne einer entsprechenden emotivationalen Verfeinerung zu verstehen. Das heißt, im Gefühlsleben gibt es weniger Vehemenz zugunsten einer besser ausgeprägten Vielfalt an Empfindungen.

Bis hierhin wurde die 3D-Thematik mehr oder weniger so diskutiert, als sei die mentale Kapazität konstant, wie auch oben gesagt (siehe MC-Formel), und als sei die Erweiterung in einer Dimension nur zulasten von Einbußen in einer der anderen Dimensionen zu haben, was, so wird hier angenommen, in kurzfristiger Perspektive auch stimmen mag. Allerdings gilt das wohl nicht für die langfristige Perspektive. Hier gilt eher die Regel, dass 4D/3D-Intelligenz auch driften kann. Hier wird die These vertreten, dass sich das 4D-Intelligenz-Niveau gesellschaftlich entwickelt, dass dies in Form einer ständigen langfristigen Drift geschieht und dass dieser Prozess durch gesellschaftliche mentale Bindungskräfte bedingt ist. Mehr dazu im Kapitel „Anschlusskonzepte", Abschnitt „Soziale Vernetzung und mentale Gravitation".

Für das oben beschriebene Szenario der kulturellen Entwicklung, bei dem zunehmende Anregungen durch Bildung, vielseitige Betätigungsfelder und Technik zu wachsenden informationellen Kompetenzen führen (siehe vorletzter Punkt in der Aufzählung oben), bedeutet das, dass die emotivationale Bandbreite möglicherweise gar nicht so weitgehend *gezügelt* werden muss, wie aufgrund der Konstanzthese (siehe MC-Formal oben) anzunehmen wäre. Vielmehr kann dieser Prozess auch eine Ausweitung des allgemeinen 4D/3D-Intelligenz-Niveaus beinhalten, der die mentale Kapazität der jeweils involvierten Menschen langfristig höher werden lässt. Ob es tatsächlich eine solche Intelligenzentwicklung (nach oben) gibt oder ob eher auch langfristige Konstanz die Regel ist und somit erhöhte wissenschaftlich-technische Kompetenzen allein auf Basis des Coolness-Faktors (weniger EB) erreicht werden, wäre zu untersuchen.

Eine wichtige Begründung, warum die mentale Kapazität in kurzfristiger Perspektive wahrscheinlich als begrenzt und konstant angesehen werden muss, ist durch das Phänomen der mentalen Gravitation gegeben (siehe hierzu ebenfalls das Kapitel „Anschlusskonzepte", Abschnitt „Soziale Vernetzung und mentale Gravitation").

Größen wie mentale Kraft, mentale Kapazität, mentales Leistungsvermögen oder mentaler Leistungswille müssen nicht zwingend auf dem 4D-Intelligenz-Konzept basierend betrachtet werden. Man kann sie auch ganz allgemein mit dem Willen und der Fähigkeit des Menschen verknüpfen, sich zu behaupten, die Kontrolle zu behalten oder seine Angelegenheiten zielorientiert zu regulieren und so seiner Rolle als Geschöpf der Evolution gerecht zu werden.

Leidensfähigkeit, Kohärenz, Intelligenz und Glaube

Eine mögliche Schwäche der Konzepte 3DI (4DI) und MC besteht darin, dass sie von der Annahme ausgehen, dass die innerlich zugelassene Konfrontation mit den Komplexitätsfaktoren automatisch auch bedeutet, dass sich eine entsprechende Intelligenz (und Vernunft) realisiert. Das Konzept 3DI wird so beschrieben, als sei die Fähigkeit, die Konfrontation mit 3D-Problemkomplexität zu ertragen, automatisch mit einer entsprechend hochgradigen 3D-Intelligenz verbunden. Wie ist dieser Zusammenhang begründbar? Kann es nicht auch sein, dass die Fähigkeit zur 3D-Konfrontation lediglich den Grad der Leidensfähigkeit charakterisiert und dass es auf einem anderen Blatt steht, inwiefern man mit der Komplexität letztlich erfolgreich umgehen kann, was dann als Intelligenz zu bezeichnen wäre? Inwiefern stimmt die These, dass die Fähigkeit, sich mit 3D-Komplexität zu konfrontieren, mit 3D-Intelligenz gleichzusetzen ist?

Letztlich hat der Mensch im evolutionären Wettbewerb seinen „Mann" zu stehen. Wenn er also objektive Komplexität in seine Assoziationsfelder hineinprojiziert, kann er sich das nur leisten, wenn dies zu adäquaten Ergebnissen führt, wenn also ein Mindestmaß an Kohärenz zwischen dieser Abbildung und der durch sie gemanagten Interaktion mit der Umwelt realisiert werden kann. Mangelnder Erfolg führt im 3D-Raum zwingend zur Kompensation und zum Herunterregeln der Komplexität (üblicherweise zuerst in der IB-Dimension). Das ist ein Angriff auf das Kohärenzbedürfnis mit zwingender Komplexitätsvermeidungsreaktion (siehe „The need for coherence" in Schindler 2020, 133–135; siehe auch Teil 5, Kapitel „Psychologie", Abschnitt „Ps1 – Theorie der kognitiven Dissonanz"). Ein besonders hoher Grad der Leidensfähigkeit kann diese Reaktion erstens nur verschieben, nicht jedoch verhindern, und ist zweitens ein Teil von Intelligenz des 4DI-Typs, da genau diese Fähigkeit als wesentlicher Aspekt in der Komponente EB enthalten ist.

Internalisierte 3D/4D-Komplexität kann sich der Mensch also nur leisten, wenn er sie auch erfolgreich bewältigen kann, andernfalls wird sie automatisch abgewehrt. Deshalb kann die Fähigkeit zur Konfrontation oder zum erfolgreichen Umgang mit 3D/4D-Komplexität mit 3D/4D-Intelligenz gleichgesetzt werden.

Diese Feststellung stimmt nur dann, wenn es dem Menschen prinzipiell erlaubt ist, seine Intelligenz aus seinem eigenen Blickwinkel heraus zu beurteilen und gefühlte Kohärenz mit Intelligenz gleichzusetzen. Diese Vorgehensweise ist fragwürdig, denn man möchte annehmen, dass es eher einem externen Beobachter, sei es irgendeine abstrakte Instanz oder wenigstens ein anderer Mensch, zukommt, die Intelligenz eines Menschen zu beurteilen. Nur, wer soll diese abstrakte Instanz oder dieser Beobachter sein? Da wir hier über Intelligenz im evolutionären Kontext diskutieren, ergibt sich Intelligenz in diesem Zusammenhang implizit aus erfolgreicher Selbstregulation, und das wiederum ist genau das, was im Gehirn des Menschen stattfindet und im erfüllten Kohärenzbedürfnis gipfelt. So charakterisiert 4D-Intelligenz, wie sie hier beschrieben wird, schlicht und einfach die Fähigkeit des Menschen, Selbstregulation erfolgreich durchzuführen, was auch immer das im Detail bedeutet. Und wie gut ein Mensch vermeintlich sein Leben reguliert, welche Gefühle er dabei durchlebt und wie weitgehend das dem entspricht, was er sich wünscht, kann nur er selbst beurteilen. So ist es kaum möglich, objektive Maßstäbe für die Beurteilung von 4D-Intelligenz festzulegen. Dennoch steht uns der Weg offen, gewisse (subjektive) Maßstäbe zu erfinden und zu versuchen, uns gegenseitig zu beurteilen; einen wissenschaftlichen Königsweg im Sinne von evidenzbasierter Naturwissenschaft gibt es aber dabei wahrscheinlich nicht.

Wenn man die Konfrontation mit 4D-Komplexität im positiven Sinne betrachtet, so führt sie zur Beachtung von immer mehr Details und Zusammenhängen, je weiter man diesen Prozess vorantreibt. Das umfasst die Lebensumstände aller Mitmenschen in allen Ländern der Welt, alle ökologischen Verflechtungen, alle kulturellen Errungenschaften, alle wissenschaftlichen Methoden und Erkenntnisse, alle Technologien und Patente sowie alle institutionellen und wirtschaftlichen Verflechtungen. So gesehen ist die Konfrontation mit 4D-Komplexität mit der besten Kultur und Wissenschaftskultur sowie dem gewissenhaftesten bzw. achtsamsten Umgang mit Natur und Mitmensch gleichzusetzen, wie sie sich in einer Ära der Menschheitsgeschichte jeweils entwickeln konnten. In diesem Sinne ist 4D-Intelligenz auch mit Vernunft gleichzusetzen.

Gleichzeitig muss klar sein, dass wir erst am Anfang des Prozesses der immer umfassenderen und perfekteren Internalisierung der Realität (sprich am Anfang des Erkenntnisprozesses) stehen, sodass es viele Gründe gibt, warum eine gesunde Psyche auf geschickte Ausweichreaktionen und auf die erfolgreiche Flucht vor schwierigen Aspekten der allzu komplex erscheinenden Realität angewiesen ist. In diesem Sinne haben Erscheinungen wie Verschwörungstheorien, Kriminalität, Gewalt, Krieg, Extremismus (links, rechts, staatsfeindlich, totalitaristisch, nationalistisch, faschistisch) etwas mit der Flucht vor der Komplexität der „ganzen" Wahrheit zu tun. In diesem Sinne tragen Glaubensrichtungen, philosophische Lehren, Psychotherapien und modernes Konsumverhalten zur Bewältigung des Umstands bei, dass Erkenntnisse, 4D-Intelligenz und Vernunft nur sehr mangelhaft zur Verfügung stehen.

Je tiefer man in einem Glauben oder einer Religion verwurzelt ist, desto besser lässt sich die Kohärenz des inneren Weltbildes und damit die psychische Gesundheit regulieren. Ausgeprägte Glaubensformen halten eine pauschale Antwort für den Umgang mit Zäsuren, Ängsten und Unsicherheiten bereit. Im besten Fall wirkt das so, dass emotivationale Belastungen, egal wie stark sie sind, durch pauschal Kohärenz stiftende Glaubenselemente abgefedert werden und dass der Freiraum in den informationellen Dimensionen von Intelligenz (IP, IB) mehr oder weniger zuverlässig zurückgewonnen werden kann. So entstehen Biografien, die von der Fähigkeit charakterisiert sind, trotz widriger Lebensumstände große Intelligenz- und Vernunftleistungen zu entfalten.

Der Preis ist allerdings, dass jeder Glaube irgendwann an seine Grenzen stößt – nämlich dann, wenn es an der Zeit ist, seine Grundsätze zu überdenken. So gesehen beinhaltet jede Art von Glauben auch zugleich eine Hypothek, die irgendwann in der Zukunft zurückzuzahlen ist. Je besser und länger ein Glaube für das kohärente Weltbild und das Seelenheil seiner Anhänger sorgen konnte, umso fataler sind die Konflikte und Abwehrkräfte, die es am Ende des Glaubens und an den Schnittstellen zu anderen Glaubensrichtungen zu bewältigen gilt.

Im Abschnitt „Ps1 – Theorie der kognitiven Dissonanz" (in Teil 5, Kapitel „Psychologie") ist unter anderem vom Kohärenzbedürfnis und von der Priorität der Kohärenz vor der Realitätstreue die Rede. Es wird etwa festgestellt, dass das Kohärenzbedürfnis im Bedürfnissystem des Menschen ebensolche Wirkungen entfaltet wie jedes andere Bedürfnis. Stellt man die Verbindung zum SPP-Modell her, so ergibt sich, dass die Priorität der Kohärenz vor der Realitätstreue nichts anderes bedeutet als das Herunterregeln von informationeller Komplexität (IP*IB) zugunsten einer besseren Gefühlslage (emotivationale Bandbreite, EB). Die Thesen zum Kohärenzbedürfnis aus der Theorie der kognitiven Dissonanz können also als weitgehend konsistent mit dem Konzept der begrenzten mentalen Kapazität des SPP-Modells betrachtet werden.

Das Tunnelblick-Paradoxon

Das Tunnelblick-Paradoxon zeigt, was im 3D-Komplexitäts-konfrontationsraum typischerweise passiert, wenn wir Probleme lösen. Die folgenden Ausführungen sind weitgehend

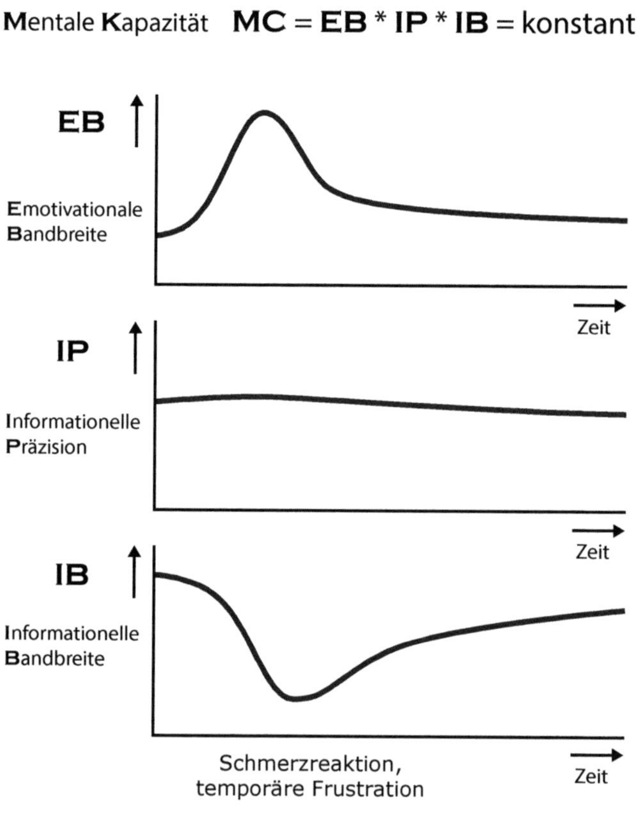

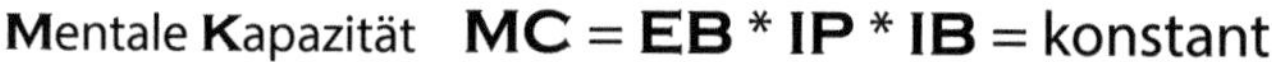

Abbildung 1 – Primärer Kompensationsmechanismus im 3D-Raum (Schindler 2020: Figure 3, 140)

eine Übersetzung (v. Verf.) des Abschnitts „The tunnel vision paradox" aus Schindler 2020, 148–152.

Eine Konsequenz der „Dynamik im 3D-Spannungsfeld" und des „Primären Kompensationsmechanismus im 3D-Raum" (siehe Abbildung 1) ist unter anderem ein Phänomen, das „Tunnelblick-Paradoxon" genannt werden kann. Der primäre oder entscheidende Kompensationsmechanismus im 3D-Komplexitätskonfrontationsraum besteht in der typischen Reaktion auf Ereignisse, die mit Schmerz, Frustration oder Stress verknüpft sind – siehe EB-Kurve in Abbildung 1. Bei solchen Ereignissen ist es unvermeidbar, dass die Gehirnprozesse auf wichtige Informationen fokussieren und dass sie andere Informationen ausblenden – siehe IB-Kurve in Abbildung 1. Das Selbstregulierungssystem, das im Gehirn und in benachbarten Systemen implementiert ist (autonomes Nervensystem, endokrines System, Körper), entfaltet dann typischerweise eine regulatorische Wirkung, die letztlich zur Reduzierung des Schmerzes oder des emotivationalen Stresses führt (EB), mit der beabsichtigten Wirkung, dass auch der zuvor gehabte informationelle Entfaltungsspielraum wiederhergestellt werden kann (IB).

Dass Probleme auf diese Weise gelöst werden können, ist jedoch nicht selbstverständlich. Insbesondere auch im Zusammenhang mit der sich heutzutage ständig steigernden Kompliziertheit gesellschaftlicher Prozesse kann es immer wieder passieren, dass für ein neues Problem keine einfache oder direkte Lösung verfügbar ist, sodass Umwege nötig sind, um zu zufriedenstellenden Ergebnissen zu gelangen. Das bedeutet, dass zusätzliche Informationen beschafft werden oder neue Fähigkeiten erlernt werden müssen oder dass weitere Analyse-, Forschungs- und Entwicklungsprojekte nötig sind, um neue Lösungsmöglichkeiten zu erschließen.

Die Konsequenz ist, dass man sich nach neuen Informationen und Anregungen umsehen muss, die helfen könnten, um ein akutes Problem zu lösen. Aber das steht im Widerspruch zu dem Fakt, dass eingeschränkte informationelle Bandbreite eine unvermeidbare Reaktion ist, die auf Schmerz und gesteigerten Problemstress folgt. Dieses Dilemma ist genau das, was „Tunnelblick-Paradoxon" genannt werden kann: die Fähigkeit, *Fokussierung und Tunnelblick zu überwinden*, ist der

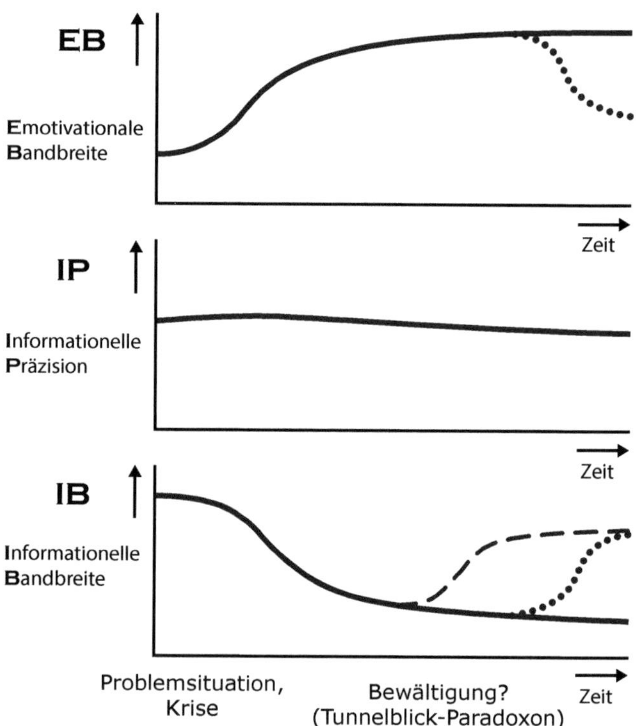

Abbildung 2 – Das Tunnelblick-Paradoxon (Schindler 2020: Figure 4, 150)

entscheidende Schlüssel zur Lösungsfindung, aber der Problemstress, den es aufzulösen gilt, verursacht und intensiviert diese Phänomene zugleich, sodass der Prozess der Lösungsfindung durch die Wirkung des Problems wiederum effektiv behindert wird. Die Kurven in Abbildung 2 zeigen dieses Dilemma – das eigentliche Bestreben besteht in der Minderung der emotivationalen Belastung (gepunktete Linie an der EB-Kurve), mit dem Ergebnis, dass die informationelle Fokussierung überwunden werden kann (gepunktete Linie an der IB-Kurve). Aber das gelingt in vielen Fällen nicht so einfach, sodass es erforderlich wäre, trotz der Pein den Blick erneut zu weiten (gestrichelte Linie an der IB-Kurve), um zu einer Lösung zu gelangen.

Ein einfaches Beispiel ist mit einer speziellen Fähigkeit beim Sportklettern gegeben – der Fähigkeit, die Füße zu nutzen, um die Hände zu entlasten. Eine naive Sichtweise auf das Sportklettern könnte zu der Annahme verleiten, dass es dabei um eine Folge von Klimmzügen geht, die mit der Muskelkraft der Arme, Hände und Finger zu bewältigen ist. Aber diese Sichtweise ist irreführend. In Wirklichkeit verbirgt sich hinter dem Klettern viel mehr. Unter anderem geht es um die richtige Nutzung der Beine und Füße.

Bei einem Kletteraufstieg ist es ein typisches Szenario, dass die Kraftreserven dahinschwinden und der Absturz droht. Das ist immer mehr oder weniger furchteinflößend, und es ist ein normaler Reflex, dass man nach dem nächsten Griff Ausschau hält, welcher hoffentlich strukturiert genug ist, um ihn mit der verbleibenden Fingerkraft halten zu können. Aber es ist eine typische Herausforderung, dass das in einigen Fällen nicht so einfach funktioniert – da mögen Strukturen sein, aber diese sind zu klein oder zu glatt, um sie mit purer Finger- und Armkraft anhangeln zu können. In einigen Fällen besteht die Lösung darin, einen Fuß auf die nächste schmale Kante zu stellen und so einen Entlastungseffekt für Körper und Hand zu erzielen, sodass nun die nächste kleine Welligkeit in der Wandstruktur mit der verbleibenden Fingerkraft gehalten werden kann.

Auch wenn diese Lösung theoretisch bereits klar sein sollte, was oft nicht der Fall ist – die entscheidende Herausforderung besteht immer in den Spannungsfeldern, die in der Psyche ihre Wirkung entfalten. Einfach hochzugreifen, wenn man sich in einer überhängenden Wand befindet, ist ein normaler Reflex, der in vielen Fällen auch zum gewünschten Ergebnis führt. Das gelingt allerdings nicht, wenn der Schwierigkeitsgrad der Kletterroute steigt. Die normale Reaktion besteht dann in verstärkter Anstrengung und Angst, was zugleich zu schwindenden Kraftreserven führt. Dann gibt es oft keinen einfachen Ausweg – insbesondere auch infolge des *Tunnelblick-Paradoxons*. Der Grad der mentalen Fokussierung wird immer größer und es bleibt keine andere Wahl, als mit noch mehr Entschlossenheit nach oben zu greifen als bisher bereits. Das führt jedoch nur in eine schreckliche Pattsituation, die lediglich den Verlust der letzten Kraftreserven bewirkt und schließlich zum Absturz führt.

Der Fehler besteht darin, dass man nicht nach unten blickt, oder dass man es nicht geschafft hat, sich an die Details der Wandstruktur zu erinnern, die man einige Sekunden zuvor auf der Suche nach Griffen inspiziert hat. Deshalb nimmt man den schmalen Fußtritt nicht wahr, der die Erlösung bringen könnte. Aber auch, wenn diese kleine Kante wahrgenommen wird, ist nicht unbedingt offensichtlich, dass sie helfen könnte. Der Kletterer muss auch noch über genug Coolness oder Erfahrung verfügen, um die Vorstellung aufbringen zu können, dass es hilfreich sein könnte, den Fuß auf diese Kante zu setzen, bevor der nächste Versuch unternommen wird, mit den Händen weiter hochzugreifen. Das ist ein Lernprozess, der natürlicherweise durch panische

Angst blockiert wird oder eben durch das *Tunnelblick-Paradoxon*.

Aber es gehört zum menschlichen Schicksal, dass er solche Pattsituationen überwinden muss. Für den Kletterer bedeutet das, dass er einen Kletterweg so lange zu bezwingen versucht, bis ihm auch die besonders schwierigen Passagen gelingen. Und es ist wohl typisch für das *Tunnelblick-Paradoxon*, dass es nicht durch geradlinige Fokussierung auf das Problem überwunden wird, sondern eher über Umwege, die sich mehr oder weniger kompliziert gestalten. Im Falle des Kletterers bedeutet das, dass sein Trainingsequipment ausreichend sicher und komfortabel ist, inklusive Seil und Sitzgurt etc., dass die Haken in der Wand sicher sind, dass er gute Trainingspartner hat und dass er immer wieder über die Lösung nachdenkt, gerade auch, wenn er nicht direkt unter Druck steht (z. B. wenn er am Boden steht und die Kletterroute erneut inspiziert), sodass die antagonistische Tunnelblick-Blockierung vorübergehend ausgeschaltet ist. Der Wechsel zwischen verschiedenen Kontexten könnte somit die beste Strategie sein, um zu Lösungen zu gelangen und um die gestrichelte Linie an der IB-Kurve sowie in der Folge auch die gepunktete Linie an der EB-Kurve in Abbildung 2 zu realisieren.

Das *Tunnelblick-Paradoxon* wirkt wie eine antagonistische Inkonsistenz in dem Sinne, dass die meisten unserer Probleme dazu neigen, zugleich ihre Lösung zu blockieren. Und die Fähigkeit, diesen Antagonismus immer wieder zu überwinden, ist die wichtigste Kompetenz der heutigen Zeit. Aber das ist niemals einfach, es ist vielmehr immer ein mehr oder weniger komplizierter Prozess, der Tage, Jahre, Generationen oder Zeitalter und große Anstrengungen benötigt, bis letztendlich eine wirklich gute Lösung erreicht werden kann. Und einige Probleme können niemals gelöst werden, oder sie tendieren dazu, immer wieder zu eskalieren. Es gibt immer viele konkrete Erklärungen, warum Probleme nicht gelöst werden können, aber das *Tunnelblick-Paradoxon* sollte eine abstrakte Erklärung sein, die in jedem Fall Teil der Wahrheit ist. Erkenntnisse über dieses mentale Phänomen könnten also im Rahmen der Auseinandersetzung des Menschen mit der Realität sowie mit seiner biologischen und sozialen Natur generell hilfreich sein.

Soweit ein Auszug aus Schindler 2020. Ergänzend kann man noch anmerken, dass sich das 4DI-Modell als fortschrittlicher Ansatz zum sogenannten Wippenmodell („seesaw model") versteht, der sich jedoch aus dem Banne des letzteren Modells nicht ohne Weiteres befreien kann. Laut Wippenmodell schwingt die menschliche Psyche zwischen Vernunft und Leidenschaft hin und her und kann beides nur schwer vereinen. Diese Erkenntnis wird nicht zuletzt auf Descartes zurückgeführt. Siehe dazu die Hinweise zur möglichen Mediation zwischen beiden Aspekten der neuronalen Signalverarbeitung im Abschnitt „Seesaw models and more advanced approaches" in Schindler 2020, 203–206.

Bewusstsein als Balanceakt zwischen Unter- und Überkomplexität

Man könnte meinen, dass Bewusstsein etwas mit Information zu tun hat und dass – ganz nach dem Prinzip „viel hilft viel" – das Bewusstsein umso größer ist, je größer und komplexer die Menge der Information ist, die verarbeitet und in Übereinstimmung gebracht wird. Nun, so ist es genau nicht!

Bewusstsein ist Information, erhellt durch emotivationale Bewertung (siehe Schindler 2020, 93–101). Bewusstsein ist die Projektion von Informationen der Kategorien A „externe Umwelt", B „Körperwahrnehmung" bzw. C „Gedächtnis" auf Informationen der Kategorie D „Zweck und Emotivation". Bewusstsein entsteht dadurch, dass Information (A, B, C) zu selbstregulatorischer Relevanz (D) gelangt (siehe oben Abschnitt „Ein systemisches Menschenbild"). Individuelles Bewusstsein ist ein Balanceakt zwischen den 3D-Intelligenz-Komponenten informationelle Präzision und Bandbreite (IP*IB) auf der einen Seite und emotivationale Bandbreite (EB) auf der anderen Seite; in der Teamdimension (TI) von 4D-Intelligenz ist das ebenso, nur dass sich individuelle 3D-Intelligenz zusätzlich in der Komplexitätsebene gesellschaftlicher Wechselwirkungszusammenhänge zu beweisen hat (siehe vorangehende Abschnitte in diesem Kapitel).

So ergibt sich, dass ein Zuviel an Information ebenso zum Bewusstseinsverlust führt wie ein Zuwenig. Viel Information führt im Zusammenhang mit einem gleichzeitigen Mangel an regulatorischer Zweckbestimmung, Motivation, Emotion oder Vehemenz zu nichts weiter als einem Chaos der Bedeutungslosigkeit und Beliebigkeit, in dem alles nur rein zufällig existiert, in dem alles nur einer Logik der physikalisch-chemischen Materialtransformation folgt, in der es kein Leben, keinen Selbsterhaltungstrieb und keine selbstregulatorischen Prozesse gibt, in dem alles mehr oder weniger tot ist.

Kein Bewusstsein ist also vorhanden, wenn Informationen unterkomplex sind, das ist soweit klar. Aber Bewusstsein ist ebenso nicht vorhanden, wenn Informationen überkomplex sind, gemessen an der zu geringen Kraft der Empfindungen, die ihnen ein Bedeutungsprofil verleihen könnte. Erst durch Motivationen, Emotionen und sonstige Formen von („irrationalen") Beweggründen entstehen Unterschiede zwischen einzelnen Informationselementen, die im Verhältnis zu anderen Informationselementen unterschiedlich positiv oder negativ zu bewerten sind. Ohne diese Bewertung ist Information nichts als sinnloses Chaos, und sei sie noch so komplex und zugleich kohärent und wissenschaftlich fundiert.

Falls man dieser These zu folgen geneigt ist, hat das viele Konsequenzen.

Berichten wir über drei Beispiele:

1) Die Überflussgesellschaft, in der viele Menschen heute leben, ist ein rauschhaftes Zelebrieren des allgemeinen Sinnverlustes. Es muss nicht wundern, wenn dies regelmäßig die Sucht nach totalem Bewusstseinsverlust beinhaltet. Diese Sucht realisiert sich z. B. durch Drogenkonsum ebenso wie durch bis zur Sinnlosigkeit übertriebene Regulierung, Bürokratie oder Digitalisierung; das alles geht auch mit Bodenhaftung, und viele Mitmenschen liegen auf dieser Linie – eine starke Tendenz zu sinnlosen Übertreibungen, zu denen die Gesellschaft heute fähig ist, kann jedoch gleichzeitig nicht geleugnet werden. In reichen Gesellschaften ist ein guter Teil der Lebenswirklichkeit durch einen bipolaren Rausch zwischen überkomplexer Selbstverwirklichung und der ständigen Flucht vor deren Konsequenzen geprägt.

2) Die Rationalitätsannahme, die heute unser Denken bestimmt, ist eine Fiktion. Wir sind keine rationalen Wesen. Die Fähigkeit des Menschen zur Rationalität ist nur ein Seiteneffekt und bestenfalls vorübergehend in speziellen Kontexten zu erreichen. Generell sind wir jedoch vom Selbstregulierungsanspruch im Kontext der Evolution bestimmt, und ohne den treibenden „irrationalen" Faktor der Emotivation sind wir nichts! Das rationale, „rein informationelle" Bewusstsein ist eine Utopie, die dem Gefühlsleben einiger unserer Mitmenschen oder von vielen von uns entsprechen mag, die jedoch niemals real werden kann. Primär sind wir von Zufällen und daraus folgenden emotivationalen Reflexen getrieben, und erst darauf folgt das informationelle oder „rationale" Bewusstsein, das in vielen Fällen die intuitiv getroffenen Grundsatzentscheidungen trefflich ausgestaltet und be-

gründet, das jedoch am Beginn von wichtigen Pfadentscheidungen, an wichtigen Weggabelungen, selten Einfluss hatte. Sich dem Zufall und der affektiv getroffenen Zielentscheidung entgegenzustellen und Information und Wissen zu kultivieren, ist definitiv „vernünftig", aber völlig rational kann der Mensch niemals funktionieren, weil Gefühle, vehementes Streben, die sogenannten „kognitiven Verzerrungen" und limitierte 4D-Intelligenz wichtige Aspekte seiner Psyche sind. Siehe dazu auch Teil 5, Abschnitt „Ps2 – Das kognitionspsychologische Zwei-Systeme-Modell", und dort insbesondere auch die Ausführungen zu „Rationalitätsannahme" und „Limitiertheitsannahme". Information ist ein vortreffliches Konzept, aber zugleich sollte man wissen, dass sich immer wieder Realitäten (in uns) Bahn brechen (werden), die den Informationen, die wir über uns und die Welt haben, nicht entsprechen, weil sonst das regulatorische Prinzip, dem unsere Psyche verhaftet ist, verletzt würde.

3) Neigungen zur Unbeherrschtheit, zu Emotionalität und zu AD(H)S-Phänomenen sind in der modernen Wohlstandswelt und insbesondere auch im Berufs- und Schulalltag ein Problem. Coolness und die Fähigkeit, stundenlang in Meetings oder im Schulunterricht auf dem Hosenboden zu sitzen, möglichst emotionslos jeden Stoff aufzunehmen und das gerade laufende Spiel diszipliniert mitzuspielen, wird hingegen als wichtige Tugend gesehen; diese letztere Fähigkeit zur Blutarmut ist ein wichtiges Selektionskriterium auf dem Weg zu Bildungsabschluss, Beruf und Karriere. Ja, Information ist eine wichtige Komponente, gerade in der heutigen Welt. Muss sie jedoch so sehr als Fetisch zelebriert werden, dass mit der Fähigkeit zu einer gewissen Vehemenz ausgestattete Zeitgenossen, die einen wichtigen Teil des gesellschaftlichen Bewusstseins ausmachen, ausgegrenzt

und gequält werden? Nein, sicher nicht! Dass wir nicht in der Lage sind, eine große Bandbreite mentaler Profile und insbesondere auch solcher, die nicht von Blutarmut geprägt sind, einigermaßen harmonisch zu integrieren, könnte ein weiteres Indiz dafür sein, dass wir uns auf einem Pfad der informationell überkomplexen Bewusstlosigkeit befinden.

Wodurch zeichnet sich gut reguliertes Bewusstsein aus? Bewusstsein ist eine Gratwanderung, welche die im Gehirn abgebildete informationelle Komplexität jedoch zugleich auch mit starken Emotionen und Motivationen zu kombinieren vermag. Woran kann man erkennen, auf welcher Seite des Grats man sich gerade befindet? Ist man von Knappheitserfahrungen getrieben – wie z. B. Hunger, Armut oder zerbombtes Wohnhaus –, bewegt man sich eher auf der unterkomplexen, emotivationalen Seite der relativen Bewusstlosigkeit; ist man hingegen von Knappheitsfantasien getrieben – wie z. B. beim Geld anlegen, auf der Karriereleiter, bei der Selbstverwirklichung oder bei mehr oder weniger schmutzig ausgetragenen politischen Streitigkeiten –, bewegt man sich mutmaßlich auf der überkomplexen, abgehobenen Seite derselben Medaille.

Siehe auch Teil 4 „Regulatorische Variabilität (RV)“, RV02.13 „Komplexitätsgrad des Bewusstseins“.

Hinweise aus dem SPP-4DI-Modell für andere Disziplinen

Es handelt sich im Folgenden um eine Übersetzung des Abschnitts „Toe-holds for other disciplines“ aus Schindler 2020, 161–164, mit Ergänzungen und Verweisen.

Könnte ein generelles Modell des Gehirns, wie z. B. das SPP-Modell bzw. das SPP-4DI-Modell, spezielle Anhaltspunkte für andere Disziplinen liefern, wie z. B. Psychologie, Sozialwissenschaft oder Politik?

Ja, beide Modelle – SPP und SPP-4DI – könnten spezielle Anhaltspunkte liefern, die helfen können, psychologische, soziale oder politische Phänomene aus einer neurowissenschaftlichen Perspektive zu interpretieren. Zwischen den vier Disziplinen kann eine engere Beziehung hergestellt werden als bisher, wenn auch nur auf hypothetischer Basis. (Anmerkung: Die Politikwissenschaft wird auch als Teil der Sozialwissenschaft eingeordnet, es ist also besser, von drei als von vier Disziplinen zu sprechen.)

Beispiele sind die folgenden:

- Die Konzepte „Zwei Typen von Bewusstheit" (siehe Abschnitt „The two types of consciousness" in Schindler 2020, 91–93) und „4DI" liefern eine bessere (hypothetische) Erklärung für den Zusammenhang zwischen Rationalität und Emotionalität als bisher verfügbar.
- Die wechselseitige Abhängigkeit zwischen dem emotivationalen Faktor (EB) und den informationellen Faktoren (IP, IB) im Zusammenhang mit neuronaler Verknüpfungskomplexität und die Formel für die mentale Kapazität („mental capacity", $MC = IP * IB * EB =$ konstant) könnten der Schlüssel zur Erklärung vieler psychologischer Phänomene sein. Das könnte sowohl für normale Reaktionen auf Schmerz und Angst und für mentale Erkrankungen gelten – wie Traumata, Depression, Burnout, dissoziative Phänomene – als auch für den üblichen Umgang mit alltäglichen Herausforderungen – wie Prüfungssituationen, Problemlösungsprozessen, Projektmanagement, Krisenmanagement, politische Prozesse etc.
- Menschen können sich viel besser an sich ständig wandelnde Umweltbedingungen anpassen als Tiere. Aber es

gibt eine verbleibende Neigung zur Tollpatschigkeit, und neue Lösungsansätze werden oft erst nach tieferen Krisen und über komplizierte Umwege verfolgt, statt dass sie mittels analytischer Strategien oder rationaler Entscheidungen erlangt würden. Das Tunnelblick-Paradoxon kann prinzipiell erklären, warum das so ist. Es sind allerdings weitere Untersuchungen nötig, um zu einem besseren Verständnis dieser Mechanismen zu gelangen.

- Das SPP-4DI-Konzept ist eine Theorie, die die Lebensweise der Menschen und die Entwicklung der globalen Gesellschaft erklären kann. Danach ist die Fähigkeit, eine gute lokale und globale Politik miteinander zu vereinbaren, nichts weiter als ein Komplexitätsproblem, und das 4DI-Konzept kann ein geeigneter Ausgangspunkt sein, um herauszufinden, wie der Mensch als gesellschaftliches Wesen in der Lage sein könnte, mit wachsender Komplexität und mit künftigen Krisen fertigzuwerden. Das 4DI-Konzept könnte ebenfalls erklären, warum immer wieder Krisensituationen eintreten und wie dieser Aspekt des Lebens besser gehandhabt werden könnte.

- Das Yin und Yang zwischen informationeller Komplexität, Sensitivität und Sorgfalt, und also IP * IB, auf der einen Seite sowie Arten von mentaler Stärke, Energie und Grobheit, und also EB, auf der anderen Seite könnte bessere Erklärungen für das Gleichgewicht zwischen politischen Bewegungen liefern als irgendeine andere Theorie. Dieser Zusammenhang könnte ebenfalls erklären, wie es dazu kommt, dass Zeiten des Wohlstands und der Krise sowie Friedenszeiten und Krieg einander zyklisch abwechseln.

- Die Fähigkeit des Menschen, unangebrachte Aktivitäten und gewohnheitsmäßige Verhaltensweisen nötigenfalls zu stoppen, die auch Impulskontrolle genannt bzw. im SPP-Modell mit den Begriffen „Preparation Mode"

(Vorbereitungsmodus) und „Control Level 4/5" (Steuerungsebene 4/5) bezeichnet wird, hat sich im Laufe der Evolution wahrscheinlich mehr im Rahmen der sozialen Umgebung herausgebildet und weniger in Hinsicht auf die natürliche Umgebung; das Verhältnis zum Mitmenschen ist von Respekt und Skrupeln (von Impulskontrolle) bestimmt, das zur Natur jedoch nicht; diese war voll von Feinden und Wettbewerbern, mit denen man auf Basis des sozialen Zusammenhalts fertigwerden musste. Das könnte unter anderem erklären, warum die heutige Gesellschaft geneigt ist, immer weiter auf demselben Pfad der gesellschaftlichen Entwicklung zu wandeln, obwohl es starke Anhaltspunkte dafür gibt, dass dies um den Preis des Ruins der natürlichen Umgebung geschieht. Das Prinzip ist einfach: Sozialer Zusammenhalt und Erhaltung des Status quo bei der Ausgestaltung der Gesellschaft, also de facto die Beibehaltung des aktuellen Pfades, sind wichtig, während die Integrität der Natur von geringerer Bedeutung ist. Diese Herangehensweise ist nicht grundsätzlich falsch, da die Natur ja bisher stark genug war, um eigenständig für ihre Erhaltung bzw. Fortentwicklung zu sorgen. Aber die Ära, in der das stimmte, ist Vergangenheit, und für das heutige ins Gegenteil gekippte Kräfteverhältnis zwischen Mensch und Natur ist die menschliche Intelligenz, die wesentlich auf der Fähigkeit zur Impulskontrolle gegenüber dem Mitmenschen, nicht jedoch der Natur basiert, völlig fehlangepasst.

- Dass es sehr schwierig ist, die Widersprüche zwischen der westlichen Kultur und der afrikanischen Lebensweise zu lösen, könnte nicht zuletzt mit den soziokulturellen Unterschieden zusammenhängen, die sich in Hinsicht auf mentale 4DI-Parameter herausgebildet haben. Im Zusammenhang mit unterschiedlichen Lebensumständen ist Intelligenz womöglich nicht größer oder kleiner, aber sie funktioniert anders. Dass es in Ländern, in denen eigentlich Wohlstand herrscht, nach wie vor viel Armut gibt, könnte ähnliche Ursachen haben. Mehr dazu in Schindler 2020 im Abschnitt „3D tensions in the affluent society" („3D-Spannungen in der Wohlstandsgesellschaft", 142–148).

Folgende Frage ist wahrscheinlich von entscheidender Bedeutung: Wie wird das Gehirn mit den komplexen Herausforderungen der heutigen Zeit fertig? Das SPP-4DI-Modell kann geeignete Hinweise geben, um zu einer Antwort zu gelangen:

Das Gehirn ist in der Lage, ein Modell der Welt intern abzubilden. Das passiert hauptsächlich im assoziativ-emotivationalen Teil des Gehirns, also in dem Teil, der deklaratives Gedächtnis genannt wird, dieser Prozess wird aber auch durch Optimierungen gestützt, die in allen anderen Teilen des Gehirns stattfinden, insbesondere auch in den sensomotorischen Arealen, also im sogenannten prozeduralen Gedächtnis. In diesen Teilen des Gehirns werden fortgesetzt Bibliotheken von neuronalen Lösungsmustern gepflegt, und sie werden in realen Lebenssituationen zum Vorteil von Mensch und Gesellschaft ausgenutzt.

Es ist klar, dass die Brauchbarkeit dieses Systems immer gewissen Limitierungen unterliegt. Dafür gibt es verschiedene Gründe. Aber die entscheidende Einschränkung ist nicht die Verknüpfungskomplexität, die prinzipiell erreichbar ist – das Gehirn kann vielmehr als skalierbares Organ angesehen werden, dessen Leistungsfähigkeit über mehrere Generationen hinweg deutlich wachsen kann –, sondern es soll hier vielmehr die These vertreten werden, dass die entscheidende Limitierung darin besteht, nur begrenzt Schmerz und Unzufriedenheit aushalten zu können. Das ist eine Art

Teufelskreis: Schmerz und Unzufriedenheit stellen einerseits die Zielvorgaben zur Verfügung, denen sich das Gehirn zu stellen hat, sie stellen zugleich aber auch jene Signale dar, die der Entwicklung einer hochgradigen Verknüpfungskomplexität am meisten im Wege stehen. Umgekehrt eröffnet nachlassender Schmerz nicht nur den Weg für eine umfassendere interne Abbildung der Umwelt, sondern zugleich gehen auch Relevanz und Praxistauglichkeit dieser Abbildung graduell verloren. Diese Art des relativen Realitätsverlusts führt wiederum zuverlässig – über Krisen (und womöglich auch Kriege) – zu erhöhtem Aufkommen von Schmerz und Unzufriedenheit und infolgedessen zur Herabregulierung von neuronaler Verknüpfungskomplexität. Die Fähigkeit, aus diesem Teufelskreis Schritt für Schritt auszubrechen, steht im Zusammenhang mit der Möglichkeit, die Herausforderungen des Lebens zunehmend durch den Aufbau von mentaler Kapazität im Sinne des 4DI-Modells in den Griff zu bekommen (siehe auch Abschnitt „Dynamics in the 3D tension field" in Schindler 2020, 136–142).

Eine weitere wichtige Frage ist die folgende: Worin liegt die eigentliche Stärke des Menschen und speziell seines Steuerungsapparates, also des Gehirns?

Seine Stärke liegt nicht in den Kompetenzen, die entwickelt werden können, den kognitiven Leistungen, die entfaltet werden können, oder in der Fähigkeit, wissenschaftliche Erkenntnisprozesse voranzutreiben! Es ist vielmehr die Fähigkeit, künstliche Bedürfnisse zu entfalten und diese so zu entwickeln, dass Verhaltensweisen entstehen und mit Freude gelebt werden, die auf Umwegen letztlich wiederum auch zur Erfüllung aller grundlegenderen Erfordernisse führen. Natürlich ist es ein wichtiger Teil der Überlebensstrategie, Kompetenzen und Wissen ständig weiterzuentwickeln, aber dieser Prozess wird durch die primäre Stärke, künstliche Bedürfnisse sinnvoll entfalten zu können, erst angetrieben. Die

Entwicklung von Werkzeugen und die Ausbeutung materieller Ressourcen ist wiederum ein tertiärer Aspekt dieser primären Dualität.

Anschlusskonzepte

Ist das Leben überhaupt so ernst?

Das 4DI-Konzept basiert auf der Annahme, dass unser Leben von Spannungen bestimmt ist, denen wir in unserer Beziehung zur natürlichen und sozialen Umwelt ausgesetzt sind und die sich in unserem neuronalen Selbstregulierungsapparat als Motivationen, Emotionen und Schmerzzustände widerspiegeln. Stimmt das überhaupt? Sind wir nicht vielmehr von dem Anspruch beseelt, auf eine Art Paradies zuzusteuern, in dem alles leichter und komfortabler wird und in dem wir von Schmerz und Angst befreit leben können? So mancher Mitmensch vermittelt den Eindruck, dass das unser intendiertes Schicksal ist, und so mancher vermittelt auch den Eindruck, dass er bereits in diesem Paradies lebt.

Gewiss, wenn man gesund und schön ist, einen sicheren Job hat und gut integriert in einem der reicheren Länder der Erde lebt, kann das Leben paradiesisch sein. Es kann auch vorkommen, dass man eine berufliche Laufbahn einschlägt, die durch akademische oder technische Treibhausbedingungen charakterisiert ist. Dann ist es nicht sehr fernliegend, ernsthaftere Erfahrungen und Tiefschläge der Vergangenheit zuzuordnen oder als zu Teilen der Welt gehörig zu betrachten, die (noch) nicht so gut entwickelt sind wie das eigene Umfeld. Selbst Schmerzen, womöglich durch Krankheit oder Sterbeprozess verursacht, können als mithilfe starker Schmerzmittel zähmbar betrachtet werden.

Gewiss, so kann man das Leben sehen. Bei genauerem Hinsehen sollte sich jedoch ergeben, dass hier eher nur ein euphemistischer Trugschluss vorliegt. Eine erfolgreiche berufliche Laufbahn bedeutet typischerweise, sich auf einem

Spezialgebiet im Dienst der Mitmenschen mit einem Teil der Realität auseinanderzusetzen, sei es natürliche oder gesellschaftliche Realität oder eine Mischung aus beidem. Das bedeutet, Selbstregulierung auf hohem gesellschaftlichem Niveau durchzuboxen und dabei im Wettbewerb zu stehen. Selbst wenn man diesen Prozess mühelos zu bewältigen scheint und alle Konkurrenten abgehängt hat (auf seinem kleinen Spezialgebiet), basiert dieser Erfolg doch typischerweise auf einem großen Erfahrungsschatz (Schmerz, Frustration, Emotionen), starken *Motivationen* sowie auf lebhaften Assoziationen und einem nicht zu simpel gestrickten inneren Weltbild (Hirnprozesse mit ausgeprägtem Vorbereitungsmodus, wobei Information grundsätzlich immer und unausweichlich die Verbindung mit Emotivation eingeht). Dass alle Mühen am Ende in eine Erfolgssträhne münden können, ist Teil des Vertrags. Wenn der erstrebte ästhetische Genuss und das erstrebte Lebensglück nicht zumindest partiell erreichbar wären, würde der Mechanismus der Motivation ad absurdum geführt. Glück und Erfolg basieren typischerweise auf harter Arbeit, inneren Auseinandersetzungen sowie der Fähigkeit zum Einfangen von vielgestaltigen Gefühlsstürmen und schmerzhaften assoziativen Inkohärenzen (kognitiven Dissonanzen) (siehe „The need for coherence" in Schindler 2020, 133–135; siehe auch unten Teil 5, Kapitel „Psychologie", Abschnitt „Ps1 – Theorie der kognitiven Dissonanz"). Glück, Erfolg und Ästhetik haben also nichts mit dem Verlust von Ernsthaftigkeit zu tun, sondern mit ihrer erfolgreichen Bewältigung. Geld und Reichtum ändern nichts an dieser Tatsache. Materielle Ressourcen sind nur besonders gute Werkzeuge, die man auf dem Weg von der Frustration zum Erfolg auf glückliche oder wahlweise auch unglückliche Art und Weise einsetzen oder entwickeln kann.

Außerdem ist jede Glückssträhne nur ein temporärer Zustand im Selbstregulierungsprozess – wie gewonnen, so zerronnen, insbesondere wenn man sich ihr überlässt. Sicher ist es klug, die positiven Gefühle ein wenig auszukosten, aber noch klüger ist es, und das ist eigentlich banales Grundwissen, nicht stehenzubleiben, sondern vielmehr möglichst bald die nächste Herausforderung anzugehen, also die nächste Auseinandersetzung mit der Realität. Dass man sein Leben auf diese Weise *erfolgreich* gestaltet, bedeutet nicht, dass die Ernsthaftigkeit verblasst, sondern dass man sich ihr stellt, sich mit ihr konfrontiert und sie proaktiv internalisiert.

Daneben hält das Leben jede Menge Optionen bereit, die mit Stärke (mental, physisch), Ernsthaftigkeit, Schmerz und tiefgreifenden Erfahrungshorizonten behaftet sind und die jeden von uns jederzeit treffen können. Beispielhaft seien hier nur folgende Phänomene genannt: harte/körperliche Arbeiten; Tiefschläge im Kampf um Jobs, soziale Unterstützung, Projektbudgets oder Marktanteile; mitmenschliche Konflikte; Elend und Armut; Unfälle, Krisen und Katastrophen aller Art; Gewaltausbrüche; Kriege; Krankheit und Tod (ob mit oder ohne Schmerzmittel).

Außerdem sind gerade in Zeiten, in denen die Voraussetzungen für ein Leben in Frieden und Glück und ohne harte körperliche Arbeit besonders gut sind, Phänomene zu beobachten, die auf eine Neigung des Gehirns hindeuten, sich fehlende Ernsthaftigkeitserfahrungen zu verschaffen. Wie sonst ist es zu erklären, dass sich Risikosportarten großer Beliebtheit erfreuen oder dass manche Leute gern (aus der Luft gegriffene) Feindbilder kultivieren und Ärger verursachen möchten (siehe allerdings auch Anmerkungen unten im letzten Absatz)?

Das könnte damit zu tun haben, dass sich die emotivationale Natur des Gehirns immer wieder einmal ihre Bahn bricht. Im ersteren Risikosport-Fall mutet man sich „echte" Ernsthaftigkeitserfahrungen freilich in wohldosierter Form zu. Im letzteren Feindbild-Fall ist das Gehirn offenbar in der

Lage, in Ermangelung echter Ernsthaftigkeit Nichtigkeiten so weitgehend aufzublähen, dass es wieder im altbewährten spannungsgeladenen Modus operieren kann; das ist vergleichbar mit dem Phänomen der Autoimmunerkrankung, bei dem sich das Immunsystem – zum Teil wahrscheinlich wegen einer allzu keimfreien Umgebung – gegen den eigenen Körper zu richten beginnt.

Es sei angemerkt, dass die hier bemühten Beispielphänomene sicher nicht nur eine einzige Ursache haben, dass jedoch eine gewisse Affinität des Gehirns zur Ernsthaftigkeitserfahrung einer der begünstigenden Faktoren sein könnte. Weitere Überlegungen zum Feindbild-Fall finden sich oben in Teil 2, Kapitel „Gesellschaftsklimatische Absonderlichkeiten" bei der Frage „Warum drohen Konflikte jederzeit ein existenzielles Ausmaß anzunehmen?".

Mentale Kapazität und die mentale Vitalitäts-Vulnerabilitäts-Achse

Ein zentraler Teil des Konzepts der 4D-Intelligenz bezieht sich auf den 3D-Raum der individuellen Konfrontation mit Problemkomplexität und besteht in der Behauptung, dass der Mensch nur über begrenzte Ressourcen verfügt, um sich in diesem 3D-Raum mit Komplexität zu konfrontieren und erfolgreich Selbstregulierung durchzuführen. Es wird behauptet, dass die mentale Kapazität (MC), die durch die drei Faktoren informationelle Präzision (IP), informationelle Bandbreite (IB) und emotivationale Bandbreite (EB) ausgelastet wird, konstant ist. Die Fähigkeit, einen Faktor (wie z. B. Europakarte statt Deutschlandkarte in IB) stärker auszulasten, geht, so wird behauptet, regelmäßig zulasten der anderen Dimensionen (z. B. kleinerer Maßstab und somit weniger Details in IP). Weiterhin wird behauptet, dass aus dem Versuch, das MC-Limit zu sprengen, Konsequenzen folgen, die wiederum bewirken, dass die Grenze letztendlich doch nicht überschritten werden konnte.

Einer der Mechanismen, die in diesem Zusammenhang genannt werden, ist erhöhte mentale Vulnerabilität. Das hat etwas damit zu tun, wie im Gehirn bzw. in der Psyche Spannungen entstehen und verarbeitet werden.

Im Gehirn hat das im neurophysiologischen Sinne etwas mit der Einwirkung von emotivationalen Signalen im Assoziationskortex zu tun. Diese werden dort im Zusammenhang mit Informationsverarbeitungsprozessen verstärkt. Es ist anzunehmen, dass diese Verstärkung im proportionalen Zusammenhang mit der informationellen Komplexität steht, d. h. je komplexere Assoziationen gebildet werden, umso mehr werden die zugleich involvierten emotivationalen Signalmuster verstärkt und als umso größer wird der damit verbundene Schmerz oder wahlweise die damit verbundene Lust empfunden. Umgekehrt bedeutet das, dass starke emotivationale Spannungsfelder, die nur begrenzt aushaltbar sind, unvermeidlich über die Begrenzung der informationellen Komplexität reguliert werden (siehe dazu auch Abschnitt „Emotivational amplification adaptation" in Schindler 2020, 152–154).

In der Psyche hat das etwas mit Bedürfnissen zu tun sowie mit erlittenen Frustrationen und angestrebten Hochgefühlen, zwischen denen sich Spannungsfelder aufbauen, die der Motor jeglicher Hirnprozesse und motorischer Aktivitäten sind. Betrachtet man die intellektuelle Seite des Menschen und seine kognitiven Fähigkeiten, so ergibt sich, dass die Kohärenz des internalisierten Weltbildes eine herausragende Bedeutung hat und dass es ein regelrechtes Kohärenzbedürfnis gibt, mit dessen Befriedigung der gesunde Zustand der Psyche und des Intellekts in engem Zusammenhang steht (siehe auch „The need for coherence" in Schindler 2020,

133–135). In der Psychologie gibt es bereits seit Längerem entsprechende Konzepte, wie z. B. „Kognitive Dissonanz" (Festinger 2020), „balancierte Empfindungszustände" (Heider 1958) oder „Kongruenzprinzip" (Osgood und Tannenbaum 1955) (siehe Teil 5, Kapitel „Psychologie", Abschnitt „Ps1 – Theorie der kognitiven Dissonanz").

All diese Konzepte sind nur verschiedene Sichtweisen auf denselben Regulierungs- bzw. Adaptionsprozess, der im Sinne des 4DI-Modells dafür sorgt, dass die limitierte mentale Kapazität nicht überschritten wird. Dieser Regelprozess läuft nicht in der Weise ab, dass einer erhöhten emotivationalen Last die adäquate informationelle Bandbreiteneinengung oder Fokussierung strikt und mathematisch exakt auf dem Fuße folgt, sondern man kann sich das eher so vorstellen, dass dieser Prozess über den Parameter der mentalen Verletzlichkeit („Vulnerabilität") vermittelt wird. Das heißt Folgendes:

- Steigende emotivationale Last führt zu erhöhter mentaler Verletzlichkeit, die sich im Zusammenhang mit zunehmenden Schmerzgefühlen, inneren Spannungen, Inkohärenzen (Schindler), Dissonanzen (Festinger), unbalancierten Zuständen (Heider) oder Inkongruenzen (Osgood und Tannenbaum) einstellt.
- Dieser zunehmenden mentalen Verletzlichkeit kann (a) durch Einschränkung der informationellen Bandbreite (bzw. durch Fokussierung) begegnet werden oder wahlweise (b) durch zunehmende Konfrontation mit der Problemkomplexität und durch das Aushalten der Schmerzen und der Spannungen, die mit der Frustration verschiedener Bedürfnisse und insbesondere auch des Kohärenzbedürfnisses verbunden sind.

Die letztere Alternative (b) ist allerdings nur begrenzt aushaltbar, und sie impliziert außerdem die graduelle Realisierung des ersteren Regulierungsmechanismus (a), denn einer erhöhten mentalen Verletzlichkeit, Unsicherheit und Zerrissenheit folgt sinkende kognitive Fitness auf dem Fuße. Das führt zu Phänomenen wie übersteigerter oder geminderter Sensitivität, Nervosität, Lustlosigkeit, stressinduzierten Gedächtnisproblemen, Ungeschicklichkeit, Antriebsschwäche oder Müdigkeit, und all diese Phänomene mindern letztlich die Fähigkeit, sich erfolgreich mit den anstehenden Problemen zu konfrontieren und ihnen mit Vehemenz entgegenzutreten, was implizit bedeutet, dass die Informationsverarbeitungsleistung des Gehirns (IP*IB) ins Stocken gerät.

Im Grunde kann man also entweder der Notwendigkeit des Fokussierens auf die naheliegenden und besonders akuten Themen aktiv folgen oder man kann dazu neigen, diese Konsequenz hinauszuzögern. Beide Strategien haben ihre Vor- und Nachteile und können im Sinne der Bewältigung des aktuellen Problemspektrums sinnvoll sein. Da es in diesem Abschnitt um den Zusammenhang zwischen mentaler Kapazität und mentaler Vitalität geht, konzentrieren wir uns auf die Besonderheiten der letzteren Variante (b): Sie öffnet das Tor zu allerlei mentalen Folgeproblemen, die da wären: gesteigerte Verletzlichkeit bzw. geminderte Vitalität, erhöhte Neigung zu psychischen und psychosomatischen Krankheiten, geminderte Krisenfestigkeit bis hin zu belastenden Phänomenen (wie z. B. Suchtphänomenen), tiefgreifenden Lebenskrisen, ernsthaften Krankheiten und Tod. Durchläuft man Phasen, die durch entsprechende Lasten und Risiken geprägt sind und bewältigt sie in irgendeiner Form, kann das andererseits auch wiederum die künftige Krisenfestigkeit (auch Resilienz genannt) stärken.

Mentale Vulnerabilität ist also der wichtigste Mechanismus, über den sich die limitierte mentale Kapazität im 3D-Problemkomplexitätskonfrontationsraum realisiert.

Wer diese Art der Verletzlichkeit nicht mag oder wer sie gerade nicht besonders gut gebrauchen kann, ist so klug, ihr durch rechtzeitige Bündelung seiner Kräfte aus dem Weg zu gehen, indem er sich informationell beschränkt (IB, IP). Das ist eine legitime Strategie der Selbstregulation. Immer umsichtig, intellektuell aufgeschlossen, für alles offen und empfänglich sowie einfühlsam sein zu wollen, ist eine erstrebenswerte Haltung, gerade auch im Sinne der Entwicklung der 4D-Vernunftintelligenz. Doch das ist nicht die allein seligmachende Herangehensweise. Es kann auch gute Gründe geben, warum jemand irgendeine Form der Einschränkung erleidet – sei es temporär oder dauerhaft – oder weil er gar zielorientiert darauf setzt. Das ist nichts Besonderes, denn unser aller Intelligenz unterliegt letztlich der MC-Begrenzung, die Unterschiede sind nur graduell.

Nicht jedem ist es allerdings gegeben, diese Kräfte-Bündelungs-Strategie adäquat zu bedienen, nicht zuletzt, weil sich Sensitivität und IQ-Intelligenz über genetische, epigenetische und Umweltprägungen herausbilden (zu welchen Anteilen, ist umstritten) und weil sie sich so eher nur von Generation zu Generation flexibel an Erfordernisse anpassen können. Wer für eine von Achtsamkeit und verfeinerter Kultur geprägte Welt *geboren* ist, oder wer in der Kindheit durch ein entsprechendes Umfeld geprägt wurde, sich dann aber in einer viel raueren Realität wiederfindet, hat schlechte Chancen, diese Art der *Fehlanpassung* adäquat zu regulieren. Dann kann es sein, dass ein von großer mentaler Verletzlichkeit geprägter Pfad vorgezeichnet ist, bei dem die Alternativen darin bestehen, entweder doch wiederum in gesellschaftliche Sphären zu gelangen, die der eigenen Mentalität besser entsprechen, oder verstärkt unter psychischer Instabilität und allerlei Folgeproblemen zu leiden. (Anmerkung: Damit soll nicht gesagt sein, dass psychische Probleme immer genau diesen Hintergrund haben, sondern nur, dass er bei einem

Teil der psychologischen Befunde ein Teil der Wahrheit sein könnte.)

Nun könnte man annehmen, dass Komplexitätsvermeidung, Bündelung der eigenen Kräfte und unterkomplexe Weltbilder vortreffliche Rezepte sind, um möglichst große Vitalität, Selbstsicherheit und Kraft zu erlangen. Das funktioniert jedoch ebenso wenig wie ausgeprägte Komplexitätsoffenheit. Letztlich gibt es bezüglich der Art, wie in der Gesellschaft mit Problemen und Risiken umgegangen wird, die unterschiedlichsten Phänomene, mit einer gewissen Bandbreite, die von einfacheren Lösungen und Weltbildern bis zu etwas komplexeren Denkmodellen reicht. Solange der von der Gesellschaft gerade beschrittene Weg einigermaßen erfolgreich funktioniert, ist man gut beraten, sich innerhalb dieser Bandbreite zu bewegen. Jegliche Art der ausgeprägten Fehlanpassung führt letztlich zu Vitalitätseinbußen. Das gilt sowohl für überkomplexe Herangehensweisen – wegen der verstärkten Schmerz- und Spannungsgefühle, wie oben beschrieben. Das gilt jedoch ebenso für unterkomplexe Fehlanpassungen, weil man dann dem aus der Gesellschaft ständig einwirkenden Komplexitätsniveau nicht gewachsen ist und zunehmend in Überforderungssituationen gerät; man wird quasi von der Problemkomplexität eingeholt, man kann ihr nicht ausweichen, die Bündelung der Kräfte funktioniert nicht, wenn die soziale Umgebung nicht mitspielt.

Prinzipiell stehen also mindestens drei Wege offen: gute Angepasstheit, sich als Komplexitätstreiber zu betätigen oder nach Einfachheit zu streben, mit dem verstärkten Risiko, von weniger auf Einfachheit gepolten Zeitgenossen getrieben und von differenzierteren und komplexeren Sichtweisen auf die gesellschaftlichen Problemstellungen letztlich doch eingeholt zu werden.

Ein weiteres mögliches Rezept, um mit *simpleren* Strategien durchs Leben zu kommen und auf diese Weise *zu erstar-*

ken, könnte darin bestehen, adäquate Gruppen zu bilden und sich auf diese Weise ein Umfeld zu schaffen, in dem diese Strategie tatsächlich Früchte trägt. In einer solchen Gruppe schafft man sich ein eigenes Klima im Umgang mit Komplexität, das sich vom entsprechenden Klima, das in anderen Gruppen vorherrscht, unterscheidet. Für die Gruppe gilt allerdings letztlich die gleiche Regel wie für eine Einzelperson: Sie kann sich nicht beliebig abschotten (siehe auch Abschnitt „Soziale Bindung und Distanz" unten), und es besteht immer das Risiko, dass sie vom sich in anderen Gruppen entwickelnden Klima des Umgangs mit Problemkomplexität eingeholt wird.

Zusammenfassend kann man feststellen, dass jedes Individuum und jede Gruppe dem Wechselspiel zwischen mentaler Kapazität, Vitalität und Vulnerabilität ausgesetzt ist, dass sich die konkreten Ausprägungen und Phänomene, in denen es sich realisiert, jedoch stark voneinander unterscheiden können.

Soziale Vernetzung und mentale Gravitation

Der Fakt, dass der Mensch ein gesellschaftliches Wesen ist und dass sich seine Intelligenz vor allem auch in der Team-Dimension (TI) entfaltet, hat unter anderem die folgenden Konsequenzen:

- Der individuelle 3D-Problemkomplexitätskonfrontationsraum ist mit den Angelegenheiten des sozialen Umfelds aufgeladen. Die Chancen und Risiken aller Teams, in die man integriert ist (Familie, Arbeit, Sportklub …), werden geteilt.
- Innerhalb dieses Rahmens hat sich jedes Individuum wiederum auf seine ganz persönliche Art und Weise zu

behaupten. Bei den entsprechenden Wechselwirkungen mit dem natürlichen und sozialen Umfeld kommen bestimmte Kräfte und Spannungsfelder zur Wirkung, und diese müssen ausgehalten und bewältigt werden oder sie können teilweise unterstützend wirken.

Auf diese Art der Wechselwirkungen wollen wir uns nun in diesem Abschnitt konzentrieren.

Die Selbstbehauptung des Individuums findet im Kontext des evolutionären Wettbewerbs der Arten statt. Um die in diesem Kontext einwirkenden Kräfte und Gegenkräfte benennen zu können, wurden oben der Begriff der „mentalen Kraft" und die Metapher der „mentalen Gravitation" eingeführt (siehe oben Abschnitte „Ein systemisches Menschenbild" und „Mentale Kraft und mentale Gravitation" im Kapitel „Das SPP-Modell"). Im gesellschaftlichen Kontext ergibt sich in diesem Zusammenhang, dass jegliche soziale Interaktion unter anderem auch dadurch gekennzeichnet ist, dass mentale Gravitationskräfte zwischen den beteiligten Individuen wirken. Diese rühren daher, dass in einem Interaktionskontext jeder Beteiligte der einwirkenden mentalen Gravitation (der Realität, die einen immer wieder *runterzuziehen* versucht) in unterschiedlichem Grad und in unterschiedlicher Form Widerstand entgegenbringt, und dass sich diese Unterschiede so auswirken, dass sich bei jeder Interaktion immer auch zwischenmenschliche mentale Gravitationskräfte entfalten.

Die speziellen Formen des (mentalen) Widerstands sind ein weites Feld, auf das wir uns hier zunächst nicht vorwagen wollen. Doch allein die Annahme, dass den naturgesetzlichen (Gravitations-) Kräften in unterschiedlichem Grad mentale Kraft entgegengebracht wird, erlaubt bereits gewisse Schlussfolgerungen der pauschalen Art. Es ergibt sich, dass Begegnungen und soziale Interaktionen *auf Augenhöhe* stattfinden können, oder dass Ansprüche und Fähigkeiten in einem bestimmten Zusammenhang womöglich ungleich verteilt sind. Im letzteren Fall trägt ein Beteiligter eine höhere mentale Last als der andere (oder als die anderen Beteiligten), und es kommt zum mentalen Kräfteungleichgewicht bzw. zur mentalen Gravitation zwischen Mitmenschen. In diesem alltagstypischen Fall übernimmt einer die Führung, welcher Art auch immer, und der andere folgt, oder einer kommuniziert sein Leid, und der andere tröstet, oder einer coacht, und der andere versucht, sich zu verbessern, oder der eine reagiert panisch und der andere behält die Nerven, oder der eine verhält sich destruktiv und der andere versucht, den Überblick zu behalten.

Diese Art der Wechselwirkung ist allgegenwärtig. Sie kann von Situation zu Situation wechseln, sodass das Leben von ständigem Geben und Nehmen gekennzeichnet ist. In diesem Sinne ist die Gesellschaft ein Netzwerk der fortgesetz-

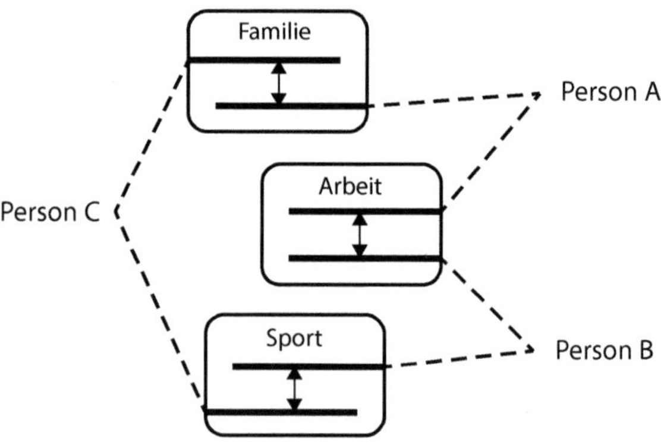

Abbildung 3 - Netzwerk der wechselseitigen mentalen Unterstützung

ten wechselseitigen mentalen Unterstützung (siehe Abbildung 3).

Im Zusammenhang mit dem gigantischen Problemspektrum, mit dem wir uns heute konfrontiert sehen bzw. mit dem wir uns im Rahmen unserer anthropologischen Entwicklung sehr weitgehend selbst konfrontiert haben, ergibt sich, dass der einzelne Mensch so gut wie nichts ausrichten kann. Vielmehr sind wir darauf angewiesen, in allen wichtigen Aspekten zusammenzuarbeiten, gemeinsam mentale Kräfte zu entfalten und unsere mentale Kapazität zu erweitern. Das gelingt nur im mentalen Gravitationsverbund. Jeder kann zwar versuchen, sich besonders anzustrengen und in einem bestimmten Bereich (vorübergehend) eine tragende Rolle zu übernehmen, aber eine Abkopplung von der im sozialen Umfeld tendenziell zur Verfügung stehenden mentalen Kapazität ist nicht möglich. Jeder ist auf die Unterstützung seiner Mitmenschen angewiesen und die Intelligenz und Vernunft des 4D-Typs kann, wenn überhaupt, nur durch fortgesetztes gesellschaftliches Bemühen weiterentwickelt werden.

In diesem Sinne ist mentale Gravitation genau der Mechanismus, durch den die mentale Kapazität des Menschen in kurzfristiger Perspektive limitiert und nur langfristig auf gesellschaftlichem Niveau ausbaufähig ist.

Soziale Bindung und Distanz

Beim Phänomen der sozialen mentalen Gravitation ist zu berücksichtigen, dass sie nicht zwischen allen Menschen gleichermaßen wirkt, sondern, dass die Stärke ihrer Wirkung von der Stärke der jeweiligen sozialen Bindung abhängt. Es kann vermutet werden, dass sie direkt proportional zur Stärke der Bindung ist bzw. – wie bei der Gravitation zwischen zwei Massen – umgekehrt proportional zum Abstand, der zum Mitmenschen gewahrt wird.

Im sozialen Umfeld eines Menschen kann man sich das so vorstellen, dass er unterschiedlich intensive Beziehungen zu einer Vielzahl von Mitmenschen hat, z. B. hat er eine starke Bindung zu Ehepartner und Kindern, eine weniger starke zu entfernteren Verwandten, Freunden und Kollegen. Jede dieser Beziehungen ist unterschiedlich intensiv, und in Abhängigkeit von Lebenssituation und Bedürfnissen kann man bestimmte Beziehungen intensivieren und andere lockern. Diese Konstellation ist vergleichbar mit der von Himmelskörpern (z. B. Planeten), die unterschiedlich groß sind und unterschiedliche Abstände zueinander haben. Je näher man einem Mitmenschen oder Planeten ist, desto bedeutungsvoller bzw. größer erscheint er und eine umso stärkere Gravitationskraft entfaltet sich in der physikalischen bzw. mentalen Beziehung zu ihm. (Anmerkung: Es wird hier nicht versucht, das Bild, dass Himmelskörper umso schneller umeinanderkreisen, je mehr Masse sie haben und je näher sie sich sind, metaphorisch in die mentale Dimension des Lebens zu übertragen).

Folgt man dieser Logik, so ergibt sich, dass die Variierung der Stärke sozialer Bindungen geeignet ist, die Wirkung mentaler Kräfte zu dosieren. Das mag auch mit der Lebenswirklichkeit übereinstimmen. Beispiele: 1. Eine besonders enge Beziehung (wie z. B. eine Liebesbeziehung oder enge Freundschaft) ist geeignet, einen Menschen zu euphorisieren oder in tiefe Melancholie verfallen zu lassen, je nachdem, welche Ereignisse sich in ihr gerade abspielen. 2. Geht es darum, schwierige Situationen zu bewältigen, ist es – wie z. B. in der (professionellen) Arzt-Patienten-Beziehung – manchmal besser, Distanz zu wahren; für den Patienten mag dies nachteilig sein, für den Arzt, der über den Tag verteilt viele derartige Beziehungen auszuhalten hat, ist es überlebenswichtig, und seine professionelle Distanz ist auch eine bessere Grundlage, um Zusammenhänge richtig beurteilen zu können.

Eine starke Bindung hat zugleich die Bedeutung, dass man den entsprechenden Beziehungspartner in gewissem Maß neuronal internalisiert – man weiß besser, was in ihm vorgeht und stimmt eine gewisse Menge der eigenen antrainierten Verhaltensabläufe, Gewohnheiten, Sichtweisen und Haltungen auf ihn ab. Gleichzeitig ist es auch geboten, damit achtsam und in gewisser Weise auch zielbewusst umzugehen, weil die Handlungen und Haltungen des Beziehungspartners – je nachdem, wie eng die Bindung ist – auf die eigenen Regulierungsprozesse potenziell eine besonders große Rückwirkung haben können.

Je größer hingegen die Distanz zu einem Mitmenschen ist, desto weniger sind eigene neuronale Prozesse auf ihn abgestimmt und desto mehr geht er im Rauschen des Zufalls sowie der allgemeinen Sozial- und Naturgesetze unter. Dann ist man zwar ebenfalls neuronal auf ihn vorbereitet, aber nur insofern, als man Naturgesetze und Wahrscheinlichkeiten internalisiert hat. Gerade in der letzteren Disziplin ist ja aber das Gehirn des Menschen (als Tauglichkeitswahrscheinlichkeitsprozessor) ganz grundsätzlich und eigentlich zum Meister geboren – wenn da nicht das Komplexitätsproblem wäre, das es regelmäßig an seine Grenzen bringt. Und genau dieses Komplexitätsproblem hindert den Menschen daran, zu allzu vielen Menschen eine konkrete und allzu enge Bindung einzugehen.

Bindungsstärken können wechselseitig gleich oder vergleichbar sein, das dürfte jedoch nur in Ausnahmefällen vorkommen. Unterschiedlichkeit ist in dieser Hinsicht vielmehr sehr wahrscheinlich die Regel, denn die mentale Distanz, die man zu einem Mitmenschen hält, hat a priori nichts mit der Distanz zu tun, die dieser einem selbst entgegenbringt. Wech-

selseitige Abstimmung in dieser Hinsicht scheint sinnvoll, sie
ist aber bei Weitem nicht zwingend. In dieser Hinsicht hinkt
der Vergleich mit der eigentlichen (physikalischen) Gravitation, bei der der Abstand zweier Himmelskörper oder Mate-
rieklumpen immer wechselseitig gleich ist; hier könnte man
(metaphorisch) auf einen Vergleich der Massen ausweichen:
Je größer die andere Masse im Verhältnis zur eigenen ist,
umso größer ist die Beschleunigung, die auf die eigene Masse wirkt; Menschen und Äpfel fallen immer auf die Erde
und der Mond kreist um die Erde, und niemals umgekehrt.
Der Unterschied der mentalen Sphäre zur Physik besteht
hier darin, dass jedes Lebewesen die Größe, die ein anderes
Lebewesen im Verhältnis zu ihm selbst einnimmt, in gewissen Grenzen gewichten kann, während in der Physik Massen
gegeben sind. Es ist eine besondere Stärke des Gehirns, dass
es – vermittels seiner Synapsen – nahezu alle Informationen,
die es verarbeitet, in weiten Bereichen gewichten kann, so
auch die Bedeutung, die Mitmenschen für ihn haben, also die
soziale Bindungsstärke. Bei dem Beispiel mit dem Arzt kann
man vermuten, dass ihm einige Patienten gern relativ nahe
sein möchten, dass er jedoch kaum über die Ressourcen verfügt, um in dieser Hinsicht Gleiches mit Gleichem vergelten
zu können (im Zusammenhang mit den Effizienzanforde-
rungen eines technisierten, bürokratisierten und monetari-
sierten Gesundheitswesens stellt sich diese Frage ohnehin
kaum noch).

Bindungsstärken spielen auch zwischen Gruppen eine
Rolle. Jeder Mensch ist in vielen unterschiedlichen sozialen
Entitäten unterschiedlich stark integriert – wie z. B. Familie,
Arbeitsgruppe, Berufsgruppe, Sportverein, zivilgesellschaft-
liche Organisation, Institution, Währung, Weltwirtschaft,
soziale Netzwerke (im Internet), Nationalstaat, Europäische
Union. Und über die Bindungsstärken aller involvierten In-
dividuen ergeben sich implizit Bindungsstärken zwischen

Gruppen oder sozialen Entitäten. Auf diese Weise verbinden Gruppen ihr Schicksal und stimmen ihre Regeln aufeinander ab oder sie setzen wahlweise auf Distanz, sodass Zufall, Sozial- und Naturgesetze ihre Wirkung entfalten können.

In diesem Zusammenhang ist es wichtig zu beachten, dass Naturgesetze und Zufall dem Anspruch, das Leben (Überleben) zu regulieren, grundsätzlich zersetzend gegenüberstehen, sodass nur der Regulierende selbst – ob Mensch oder Gruppe – seine Ansprüche geltend machen und durchsetzen kann (im Sinne von Selbstregulierung). Das bedeutet, dass große oder unendliche Distanz zu einer sozialen Entität (die unbekannte Horde im benachbarten Savannen-Tal, der fremde Nationalstaat) mehr oder weniger zwingend irgendwann zu Berührungen führt, die destruktive Wechselwirkungen mit sich bringen und die also zu mehr oder weniger fatalen Konflikten führen, wenn dem nicht regulierend entgegengewirkt wird. So gesehen müssen aus Gedankenlosigkeit zwingend Kriege folgen, und es könnte klüger sein, die Distanz nicht allzu groß werden zu lassen.

Als eines der Gegenteile von Gedankenlosigkeit dürfte ein ausgeprägter Kontrollanspruch ebenso wenig ein probates Mittel sein. Ein Streben nach einer engen Bindung zum Mitmenschen oder zum benachbarten Nationalstaat, gepaart mit dominantem Kontrollanspruch, scheitert daran, dass man es hier in der Regel mit einem besonders komplizierten Stück Natur zu tun hat, wie man selbst eines ist, sodass sich Berechenbarkeit oder ihre Herstellung nur als Utopie erweisen kann. Das eigene Verhältnis zum anderen zu regulieren und sich in diesem Zusammenhang auf alle möglichen Überraschungen vorzubereiten, ist hingegen eine Idee, die eher tragfähig sein könnte. Letztlich hat man die Wahl zwischen zwei Alternativen, die beide unangenehm sein können: Entweder lässt man sich auf seine Mitmenschen oder Nachbarstaaten ein und akzeptiert ihre Kompliziertheit, oder man ignoriert sie und belässt sie in der Fremde, aus der sie irgendwann, wenn es der Zufall will, als Wettbewerber, Störenfriede oder Feinde auftauchen können (siehe auch RV02.07 in Teil 4).

Wie auch immer, Bindungsstärken sind keine starren und ein für alle Mal festzulegenden Parameter. Ihre fortgesetzte adaptive Variation ist vielmehr ein entscheidendes Merkmal von Selbstregulierung, das im engen Wechselwirkungszusammenhang mit der mentalen Kapazität und der mentalen Vitalitäts-Vulnerabilitäts-Achse steht. Das Feedback von Mitmenschen hat großen Einfluss auf die mentalen Zustände, die man durchlebt, und es ist nahezu zwingend, positive Beziehungserfahrungen zu intensivieren und negative zu schwächen, ebenso wie bei starker emotionaler Belastung Fokussierung und Tunnelblick zwingend sind, um allzu große mentale Verletzlichkeit zu vermeiden. So gesehen findet Selbstregulierung in einem multiparametrischen Raum statt, der mindestens folgende Aspekte beinhaltet:

- Emotivationale Bandbreite (EB)
- Informationelle Präzision (IP)
- Informationelle Bandbreite (IB)
- Alle möglichen konkreten Ausprägungen von informationeller Bandbreite, d. h. alle möglichen Fachgebiete, Disziplinen und Betätigungsfelder (IB konkret).
- Mentale Verletzlichkeit im Wechselwirkungsverhältnis mit allen oben genannten Aspekten (3D-Intelligenz, mentale Kapazität und mentale Vitalität/Vulnerabilität).
- Einbindung in soziale Netzwerke (hier nicht a priori im Sinne sozialer Netzwerke im Internet gemeint); Bindungsstärken zu Mitmenschen, Gruppen von Mitmenschen und sonstigen sozialen Entitäten (Teamintelligenz).
- Alle möglichen konkreten Formen wechselseitiger mentaler Unterstützung, die man innerhalb der sozialen

Netzwerke erfährt oder gewährt (Teamintelligenz, mentale Gravitation und mentale Kapazität).
- Alle möglichen Bindungen und Wechselwirkungen, die ohne eigene Beteiligung zwischen Menschen und Gruppen stattfinden, mit denen man selbst in irgendeiner Form verbunden ist.

Alle diese Aspekte stehen in einem Wechselwirkungszusammenhang und soziale Bindung oder wahlweise Distanz ist eine von mehreren wichtigen Stellschrauben in diesem System, deren automatische, aber auch willkürlich beeinflusste Adaption sich in unserem Nervensystem als eines von vielen Naturgesetzen realisiert.

In jedem Fall sind die Verhältnisse in diesem multiparametrischen Regulierungsraum dadurch gekennzeichnet, dass Ressourcen endlich sind, seien es Formen von mentaler Kapazität, mentaler Vitalität oder von Unterstützung gewährender sozialer Bindung. Gegen allzu intensive Bindungen spricht, dass daraus stärkere und vielfältigere Spannungsfelder folgen, für deren Bewältigung die Ressourcen begrenzt sind. Für intensivere Bindungen spricht der Umstand, dass Vernetzung eine der drei strukturellen Säulen des Lebens und damit einer der drei entscheidenden Faktoren ist, über die man erfolgreich regulieren sowie auch Macht und Einfluss erlangen kann (siehe auch unten Abschnitte zur „strukturierten Komplexität").

Ist 4D-Intelligenz messbar?

Vorläufig wird hier davon ausgegangen, dass 4D-Intelligenz nicht oder nur sehr schwer messbar ist. Dazu müsste man die im Gehirn und im Nervensystem ablaufenden Erregungsprozesse über Messverfahren oder über extern zu beobachtende Epiphänomene qualitativen Einstufungen unterziehen können, die objektiven Vergleichbarkeitsmaßstäben genügen. Das wird vorläufig für unmöglich gehalten.

Die in den Neurowissenschaften und in Psychologie und Soziologie üblichen Arten von Studien und Testverfahren sind geeignet, um bestimmte Phänomene zu untersuchen und bestimmte Gesetzmäßigkeiten der Psyche und des sozialen Verhaltens aufzudecken. Eine Vermessung der Gesamtintelligenz (welchen Typs auch immer) unter lebensnahen Bedingungen dürfte jedoch auf diesem Wege äußerst schwierig oder (vorläufig) unmöglich sein.

Diese Problematik hat unter anderem etwas mit der Art zu tun, wie unser Bewusstsein zustande kommt. Bewusstsein ist Information, die durch emotional-motivationale Bewertung erhellt wird („consciousness is information enlightened by emotivational evaluation", siehe Schindler 2020, 93–101). Die Art, wie sich Bewusstsein aufbaut, ist vielfältig. Das menschliche Nervensystem (der Körper, das Gehirn) spielt dabei die Rolle eines Mediums, in dem sich beliebige Inhalte entwickeln können, für die es keine kombinatorischen Einschränkungen gibt, außer denen, die durch das Medium vorgegeben sind (wie Wahrnehmungsschnittstellen, begrenzte mentale Kapazität, Funktionsprinzipien etc.). Bei der Beurteilung der Leistungen dieses Systems gibt es mindestens zwei Arten von Schwierigkeiten: Die Selbstbeurteilung muss scheitern und die Beurteilung des Mitmenschen muss scheitern. Selbstbeurteilung ist in gewissem Maß möglich, jedoch nicht im Sinne einer erkenntnistheoretischen Durchdringung, denn dazu sind (selbsterkenntliche) Metaprozesse nötig, die wiederum nur erkennbar sind, wenn es Metaprozesse einer nächsthöheren Ordnung gibt etc., sodass wir es hier mit einer Spirale zu tun haben, die sich ins Unendliche dreht, ohne jemals das Ziel (der vollständigen Erkenntnis) zu erreichen. Die Beurteilung des Mitmenschen ist in gewissem Maß möglich, doch haben wir es hier jeweils mit einem Medium zu tun, das kreativ beliebig viele Bewusstseinsprozesse zu entwickeln in der Lage ist, die nur begrenzt nachvollziehbar sind. Vieles können wir verstehen, in jedem unserer Mitmenschen geht jedoch etwas vor, das für uns nicht erreichbar ist (was dem Konzept der Seele nahekommt). Es gibt unendlich viele Formen von Intelligenz und sie erschließen sich nur begrenzt der Beurteilung.

In diesem Buch wird – anknüpfend an Schindler 2020 – versucht, einen Weg zu finden, wie man sich der Erkenntnis der Funktionsweise des Gehirns, der menschlichen Intelligenz und Vernunft sowie des Verhaltens des menschheitlichen Superorganismus nähern könnte. Diese Suche muss einem naturwissenschaftlichen Anspruch folgen, der beinhaltet, dass man Thesen beweisen und Aussagen durch Zählen und Messen quantifizieren kann. Aufgrund der unbegrenzten Kreativität des Mediums Gehirn, der begrenzten (Selbst-) Erkenntnisfähigkeit desselben und der außerordentlichen Komplexität des gewählten Themenspektrums scheint es jedoch zugleich unmöglich, diesem Anspruch Genüge zu tun (zumindest hier und jetzt und vorläufig). So gesehen gelingt es im Rahmen des vorliegenden Buches leider nicht, die spekulative Ebene zu verlassen, sodass naturwissenschaftliche Erkenntnis zwar als hehres Ziel im Hintergrund steht, tatsächlich jedoch nichts als philosophische Spekulation möglich ist (zugleich geht es hier größtenteils um allzu bekannte Phänomene, die lediglich mit etwas anderen Worten als üblich beschrieben werden, sodass man den Mehrwert der in diesem Buch angestellten Betrachtungen infrage stellen kann).

Prinzipiell ist es möglich, Formen von Intelligenz zu definieren und zu vermessen (siehe z. B. IQ). Ebenso ist es möglich, Formen von Vernunft zu beurteilen. Dabei muss jedoch klar sein, dass die Fähigkeit zur (Selbst-) Erkenntnis immer begrenzt ist und dass Schulen, die sich derartigen Themen widmen, typischerweise erkenntnistheoretisch auf tönernen Füßen stehen und von den Standards der Naturwissenschaften weit entfernt sind, was jedoch für die Geistes- und Sozialwissenschaften ohnehin charakteristisch ist.

Mentale Akkumulation und Konsumption

Wie oben (im Kapitel „Das SPP-Modell") beschrieben, ist das Leben biologischer Organismen durch das mentale selbstregulatorische Bemühen gekennzeichnet, den puren, diesem Anspruch indifferent gegenüberstehenden Naturgesetzen zu widerstehen. Dieses Bemühen erfordert „mentale Kraft", und für die Indifferenz der Naturgesetze, die diesem Bemühen zerstörerisch entgegenwirkt, wurde (metaphorisch) der Begriff „mentale Gravitation" eingeführt. Im Leben gibt es Situationen, in denen man dazu neigt, dieses selbstregulatorische Bemühen besonders zu forcieren, und andere, in denen man in dieser Hinsicht nachgibt oder sich ein wenig *fallen lässt*. Im sozialen Kontext geht es dann insbesondere um die Frage, ob man in einer Interaktions-Situation mental eher eine tragende Rolle einnimmt oder ob man eher Unterstützung in Anspruch nimmt. Im letzteren Fall der Inanspruchnahme der unterstützenden mentalen Kraft eines Mitmenschen ergibt sich dann die Sondersituation, dass man sich sehr wohl weiterhin gegen die (mentale) Gravitation der Naturgesetze zu stemmen hat – denn ein völliges Fallenlassen ist nicht möglich und kann tödlich enden –, dass aber durch das Wirken des Mitmenschen ein gewisser Entlastungseffekt eintritt.

Die mentale Gravitation im sozialen Kontext mit den beiden Rollen – unterstützend und unterstützt – ist ein wichtiger Ausgangspunkt für weitere Überlegungen zum Thema der gesellschaftlichen Vernunftintelligenz. Sucht man nach passenden Begriffen für diese beiden Rollen, so hat man eine gewisse Auswahl. So könnte man z. B. neben den oben verwendeten Begriffen „tragende Rolle"/"Inanspruchnahme von Unterstützung" auch noch mit den folgenden Antonym-Paaren operieren: konstruktiv/destruktiv, zusammenreißen/fallen lassen, bemühen/gehen lassen, Anspannung/Entspannung, Kontrolle/Kontrollverlust. Doch es ist schwierig, hierzu einfache Worte zu finden, die nicht zugleich auch missverständlich oder problematisch sind. Deshalb weichen wir im Weiteren auf ein abstraktes Begriffspaar aus, das hier explizit für diesen Sachverhalt eingeführt werden soll: mentale Akkumulation/mentale Konsumption.

Mentale Akkumulation wäre dann jede Art des aktiven selbstregulatorischen Bemühens im gesellschaftlichen Kontext, bei dem in irgendeiner Form mentale Kraft so ausgestrahlt wird, dass Mitmenschen davon profitieren können. Mentale Konsumption wäre dann das Gegenteil davon, liegt also bei Situationen vor, in denen jemand Unterstützung erfährt, sich führen lässt, sich an die Autorität eines Mitmenschen anlehnt, sich beraten lässt oder in denen er sonst irgendwie von seinen Mitmenschen profitiert oder zu profitieren versucht.

Die Phänomene der mentalen Akkumulation und Konsumption treten jedoch nicht nur komplementär im Rahmen von einzelnen Austauschbeziehungen auf, bei denen einer Unterstützung gewährt und der andere davon profitiert, sondern das gesamte Leben des Menschen ist von entsprechenden Spannungen und Energieflüssen geprägt. Dabei sind insbesondere die folgenden beiden Aspekte zu beachten:

• Das mentale Gleichgewicht zwischen Anspannung und Entspannung, sprich zwischen mentaler Akkumulation und Konsumption.

- Die Prägung sozialer Kontexte durch das Komplementärphänomen der mentalen Akkumulation und Konsumption.

Ebenso wie es den Schlaf-Wach-Rhythmus gibt, benötigt die Psyche das dynamische **Gleichgewicht zwischen Anspannung und Entspannung**. Niemand kann stets und ständig performen, Probleme lösen und seinen Mitmenschen Kraft spenden. Jeder benötigt Zeiten der Entspannung und der vorübergehenden Befreiung von den Lasten des Alltags. Niemand kann ständig nur den (evolutionären oder wahlweise den marktwirtschaftlichen) Wettbewerb ausfechten und dabei für sich und seine Mitmenschen Vorteile erkämpfen. Jeder benötigt zum Ausgleich immer auch Phasen der relativen Erholung und Entspannung, sei es, indem man sich ein wenig fallen lässt, oder sei es, indem man Erholung aktiv organisiert und zelebriert. Dann lässt die mentale Anspannung nach und der selbstregulatorische Kontrollanspruch wird partiell und temporär ausgesetzt, allerdings nur, um nach dieser Phase des Krafttankens wiederum allen Aspekten des Lebens die Stirn zu bieten und zur gewohnten mentalen Stärke zurückzufinden. Das bedeutet, dass jeder immer einmal tendenziell eher zur mentalen Akkumulation oder zur mentalen Konsumption neigt.

Dabei ist womöglich davon auszugehen, dass der effizientere Modus der mentalen Konsumption eher der Standardmodus ist und der energieintensivere Modus der mentalen Akkumulation nur bemüht wird, wenn es besondere Probleme zu lösen gilt. Siehe dazu auch die Ausführungen über das Zusammenspiel der Systeme 1 und 2 in Kahneman 2012, 37: „System 1 läuft automatisch, und System 2 befindet sich normalerweise in einem angenehmen Modus geringer Anstrengung, in dem nur ein Teil seiner Kapazität in Anspruch genommen wird. [...] Wenn System 1 in Schwierigkeiten gerät, fordert es von System 2 eine detailliertere und spezifischere Verarbeitung an, die das anstehende Problem möglicherweise lösen wird. System 2 wird mobilisiert, wenn eine Frage auftaucht, für die System 1 keine Antwort bereitstellt […]" (mehr dazu unten in Teil 5, Kapitel „Psychologie", Abschnitt „Ps2 – Das kognitionspsychologische Zwei-Systeme-Modell").

Jegliche **sozialen Kontexte** sind wiederum sowohl durch die mentalen Akkumulations-Konsumptions-Austauschbeziehungen als auch durch das dynamische Gleichgewicht zwischen Anspannung und Entspannung geprägt. Es kann vermutet werden, dass sich in bestimmten Kontexten in dieser Hinsicht typischerweise bestimmte Verhältnisse einstellen. Die folgende Übersicht 1 versucht, entsprechende Grundtypen sozialer Kontexte zu benennen und anhand von Beispielen zu veranschaulichen.

Übersicht 1 – Mentale Typisierung sozialer Kontexte

MA – Mentaler Akkumulationskontext (Einzelperson). Ein Mensch ist bemüht, die mentalen Anforderungen eigenkonfrontativ zu bewältigen und sein MC-Limit auszuschöpfen (kritische Haltung, Impulskontrolle, Kontrolliertheit, Kultiviertheit, aktiv herbeigeführter Flow).
Typische Beispiele: jegliche Art der Arbeit, der Leistungserbringung, der künstlerischen Darbietung und der Medienproduktion (u. a. auch in sozialen Medien); jegliche Art des Lernens und des Trainings; sportliche Aktivitäten; Projektkontexte; Problemlösungskontexte.
MK – Mentaler Konsumptionskontext (Einzelperson). Ein Mensch ist tendenziell in Richtung mentaler Entspannung orientiert. Er neigt dazu, den sich bietenden Impulsen zu folgen, die aus der sozialen Umgebung oder aus der Realität auf ihn einwirken (sich gehen lassen, inneren Impulsen unkritisch folgen, nicht gegen schlechte

Gewohnheiten ankämpfen, relativer Fatalismus, passiv in Resonanz oder Flow aufgehen, sich verführen lassen, sich hingeben).

Typische Beispiele: Erholung; Faulenzen (Energiesparmodus des Menschen!); jegliche Art des Konsums; Teilnahme an medialen Ereignissen; Kunstgenuss; Pausen bei Arbeit oder Sport; extreme Formen: Kontemplation, Bewusstlosigkeit, Schlaf.

MAK – Mentale Akkumulations-Konsumptionskontext-Beziehung zwischen zwei oder mehr Menschen. Klassische Einzelsituation im Netzwerk der wechselseitigen mentalen Unterstützung.

Typische Beispiele: wechselseitige Unterstützung; Coaching; Beratung; Beziehung Lehrer-Lernender; Beziehung Chef-Untergebener in Hierarchien; Beziehung Dienstleister-Kunde bei einseitiger Abhängigkeit des Dienstleisters vom Kunden (ansonsten siehe MAA); Abhängigkeitskontexte; jegliche Art der Betreuung.

MAA – Mentale Akkumulationskontext-Beziehung. MA, während andere Personen im gemeinsamen Kontext ebenfalls um mentale Akkumulation (MA) bemüht sind.

Typische Beispiele: Begegnungen unter Kollegen oder Geschäftspartnern auf Augenhöhe (Meetings, Workshops, Zusammenarbeit); Begegnungen mit Kunden, zu denen eine wechselseitige Abhängigkeit besteht; Vertragsverhältnisse; gemeinsames Lernen; Prüfungen; gemeinsame sportliche Aktivität; Wettkämpfe jeglicher Art.

MKK – Mentale Konsumptionskontext-Beziehung. MK, während andere Personen im selben Kontext ebenfalls mental konsumptiv gestimmt sind (MK).

Typische Beispiele: Feiern (Familienfeiern, Grillabende); gemeinsame Pausen; Kneipenabende; passive oder aktive Teilnahme in sozialen Medien (siehe aber auch

„Medienproduktion" bei MA); gemeinsamer Konsum (jeglicher Art).

Gerade auch das Wechselspiel zwischen mentaler Akkumulation und Konsumption, zwischen Anspannung und Entspannung, zwischen Wachheit und Schlaf ist es, was den Menschen erst leistungsfähig macht. Ständige Anspannung führt nur zur Ermüdung. Das erneute Hinwenden zu einer Herausforderung nach einer Erholungsphase hingegen stärkt die Fähigkeit zur Mobilisierung der eigenen Kräfte und die Erfolgschancen enorm. So kann das Ausleben von mentaler Konsumption, wie es unter anderem in den oben benannten Kontexten geschieht, als lebensnotwendig betrachtet werden und als Teil der Strategie zur Ausschöpfung mentaler Limitierungen.

Dabei ist klar, dass mentale Konsumption in der Regel nur als relatives Nachlassen der Spannung verstanden werden kann und eher nur ausnahmsweise auch als totales Fallenlassen. Bei einem Grillabend sitzt man letztlich doch gern aufrecht am Tisch und isst mit Messer und Gabel, bei einem (gemeinsamen) Spaziergang geht man aufrecht und achtet beim Überqueren der Straße auf den Verkehr. In beiden Fällen versucht man, sinnvolle Sätze zu formulieren oder Späße zu machen, die ein gewisses Niveau nicht unterschreiten.

Daneben gibt es auch extreme Formen der Entspannung – wie z. B. Kontemplation, Bewusstlosigkeit oder Schlaf –, die jedoch eher auch mit der vorübergehenden Abwendung vom sozialen Kontext verknüpft sind, was in der Übersicht oben dem Kontext-Typ MK entspricht.

Die Kategorien mentale Akkumulation und Konsumption haben insofern eine besondere Bedeutung, als dass sie charakterisieren, welche Art der Intelligenzleistung jeweils vom Menschen zu erwarten ist. Mentale Akkumulation und MA-Kontexte wären mit der Erwartung verknüpft, dass die

Möglichkeiten der eigenen Intelligenz und Vernunft sehr weitgehend ausgeschöpft werden, dass man – so es in einer Problemsituation erforderlich ist – die mentale Kapazität ausschöpft oder sie zu überwinden versucht und dafür nötigenfalls erhöhte Vulnerabilität in Kauf nimmt. In diesem Modus arbeitet das Gehirn am zielorientierten Aufbau multimodaler Assoziationen und sensomotorischer Prozeduren, sodass die Realitätstreue der internen Abbildung der Welt und das Repertoire der möglichen Interaktionen ausgebaut werden. Kommuniziert man mit einem Mitmenschen, der sich gerade in diesem Modus befindet (MA) – nicht zuletzt im Interaktionsverhältnis zu einem Selbst –, so ergibt sich eine tendenziell eher positive, aufbauende, zugleich aber auch spannungsgeprägte Wirkung auf die eigene Psyche.

Kontexte der mentalen Konsumption hingegen stehen im Verdacht, dass Kompromisse eingegangen werden. Zielorientierung und Lösungsorientierung des Denkens und Handelns lassen nach. Das Bemühen, im Denkprozess alle assoziativ erreichbaren Aspekte auszuschöpfen, ist eingeschränkt, was einer Beschränkung der informationellen Bandbreite (IB) gleichkommt. Zur bestmöglichen Wissenschaftlichkeit und Geschicklichkeit (IP) fehlt die Motivation. Die Gefühlslage ist signifikant besser als im mentalen Akkumulationskontext, weil die Spannungen, die man sich im 3D-Komplexitätskonfrontationsraum zumutet, entsprechend geringer sind. Das sorgt tendenziell für ein besseres Wohlgefühl, für ein besseres Gefühl der Stärke, wie es nun mal aufkommt, wenn man sich erlaubt, mit dem Strom zu schwimmen oder mit Rückenwind zu radeln. Im Gehirn führt das tendenziell zur Desorganisation der besonders komplexen Assoziationen und Skills, was nicht schlimm ist, da eine gewisse schöpferische Zerstörung wiederum die Voraussetzung für eine Reorganisation oder für den Aufbruch zu neuen Ufern sein kann (zu neuen Erkenntnissen, zu anderen Lösungen). Kommuniziert man mit einem Mitmenschen, der sich gerade in diesem Modus befindet (MK) – nicht zuletzt im Interaktionsverhältnis zu einem selbst –, so kann die relative Entspanntheit, die ausgestrahlt wird, angenehm sein, zugleich verführt das aber dazu, selbst zunehmend in den mentalen Konsumptionsmodus einzutauchen.

Wie auch immer, der Mensch ist keine Maschine, die jederzeit genauso gut oder schlecht funktioniert, wie sie programmiert worden ist, sondern er denkt und agiert unterschiedlich umsichtig und präzise, je nachdem in welchem Kontext oder Modus er sich gerade befindet. Diesen Unterschied ggf. zu analysieren und zu beachten, kann ein wichtiger Teil der Vorgehensweise sein, um menschliche Haltungen, Verhaltensweisen, Intelligenz- und Vernunftleistungen zu beurteilen.

Aus medizinpsychologischer Sicht ist die Dualität zwischen mentaler Akkumulation und Konsumption bereits eine erste milde Form eines dissoziativen Phänomens (eines Phänomens der mentalen Spaltung). Eine gewisse Neigung zur Dissoziation gehört wahrscheinlich zum Leben dazu, und auch bezüglich der hier diskutierten Dualität gilt – wie z. B. bei jedem Genussmittel und jedem Medikament – die Regel: Die Dosis macht das Gift.

Die Gesellschaft als Superorganismus

In diesem Buch wird die menschliche Gesellschaft als Superorganismus verstanden. Inwiefern gibt es jedoch einen Superorganismus „Menschheit"? Und wenn es ihn gibt: Wo und wie realisieren sich Bewusstsein, Intelligenz, Vernunft und Verantwortung in diesem Superorganismus?

Bevor man sich erlaubt, das Agieren des Superorganismus „Menschheit" zu beurteilen, muss man zunächst klären, was die Vernunft des Einzelnen mit unserem Handeln im globalen Maßstab zu tun hat. Die Klage, dass „wir" die Artenvielfalt vernichten (siehe Abschnitt „Zerstörung der natürlichen Grundlagen unseres Lebens" in Teil 2, Kapitel „Rätselhafte gesellschaftliche Phänomene"), basiert auf der Annahme, dass die Gesellschaft fähig ist, als Ganzes zielgerichtet zu denken und zu handeln und Verantwortung zu tragen, und unterstellt, dass sie diesem Anspruch und dieser Verantwortung nicht gerecht wird. Sie basiert darauf, dass es ein gesellschaftliches Bewusstsein gibt und dass die Menschen als globale Schicksalsgemeinschaft einen Superorganismus bilden, der Ziele verfolgen und verwirklichen kann.

Die Gegenthese, dass jeder nur für sich ein vernunftbegabtes Wesen sein kann und dass wir bestenfalls in überschaubaren Gruppen gemeinsam vernünftig handeln können, mag eher plausibel erscheinen; jedenfalls ist das wohl die Annahme, von der wir heute intuitiv ausgehen, und gegenwärtige politische Tendenzen – wie Polarisierung und Nationalismus – zeigen, dass größere Gemeinschaften regelmäßig an ihre Grenzen stoßen. Gestützt wird das von der sogenannten Dunbar-Zahl, also der (theoretischen) kognitiven Grenze der Anzahl an Menschen, mit denen eine Einzelperson soziale Beziehungen bzw. „Freundschaften" unterhalten kann. „Im Allgemeinen beträgt die Dunbar-Zahl um die 150 mit einer Schwankungsbreite zwischen 100 und 250." (Stangl 2020)

Dafür, dass wir durch diese (hypothetische) kognitive Grenze nicht strikt limitiert sind, sondern dass wir wohl auch grundsätzlich in der Lage sein müssen, in größeren bis sehr großen Gemeinschaften sowie letztlich auch als global organisierter Superorganismus vernünftig zu denken und zu handeln, sprechen insbesondere folgende Indizien:

- Wenn jeder unserer Bekannten neben uns einhundert Bekannte hat, die von unseren anderen Bekannten verschieden sind, und wenn das auch auf die Bekannten unserer Bekannten zutrifft etc., so könnte jeder von uns theoretisch über fünf Ecken mit der gesamten Weltbevölkerung bekannt sein, denn 100^5 ergibt 10 Milliarden, die Weltbevölkerung liegt derzeit bei etwa 8 Milliarden. In der Praxis funktioniert das natürlich nicht, da soziale Milieus, sprachliche Barrieren, Länder- und Kontinentalgrenzen etc. der homogenen sozialen Verflechtung Einhalt gebieten und da es in der sozialen Vernetzung viele Überschneidungen gibt.

- Unser Leben ist von Institutionen geprägt, also von Gruppen, gesellschaftlichen Einrichtungen, Regelsystemen etc., die jeweils eine größere Anzahl von Menschen zusammenfassen oder miteinander verbinden. Beispiele: Staaten, Organisationen, Verbände, Behörden, Währungssysteme, Handelssysteme, wissenschaftliche Einrichtungen, Unternehmen, prominente Persönlichkeiten, Medien und Medienereignisse. Es ist eine besondere Stärke der menschlichen Art, Abstraktionen zu schaffen und damit umzugehen, und Institutionen sind nichts anderes als Abstraktionen von Sozialbeziehungen. Man kann solche Abstraktionen auch mit den Worten „soziale Entität" oder „Team" (siehe Teamintelligenz) zusammenfassen. Da man seine kognitive Kapazität, Sozialbeziehungen zu pflegen, z. T. mit Institutionen oder sozialen Entitäten oder Teams verknüpft, statt mit Individuen, ergibt sich mit Leichtigkeit eine persönliche Sozialbeziehung zu größeren Gruppen von Mitmenschen und letztlich auch zur Weltbevölkerung.

- Die seit der Entdeckung Amerikas voranschreitende Globalisierung und insbesondere das florierende globale Wirtschaftssystem zeigen, dass wir sehr wohl in der Lage sind, uns in sehr großen Gemeinschaften und global zu organisieren, wenn es gelingt, stark ausgeprägte Interessen auf einen gemeinsamen Nenner zu bringen (in diesem Fall über Adam Smiths „unsichtbare Hand").

Es bleibt die Frage zu klären, wo genau sich das Bewusstsein des angenommenen Superorganismus der global organisierten Menschheit entfaltet und wie es vernünftiges Handeln steuert. Entsprechend dem SPP-4DI-Modell entfaltet sich gesellschaftliches Bewusstsein – ebenso wie individuelles Bewusstsein – in der Hirnrinde des Menschen, nur mit der Besonderheit, dass dies verbunden über soziale Kommunikation geschieht (siehe „The SPP model" – „Individual and social consciousness" in Schindler 2020, 102–110). Also entfaltet sich die Vernunft, die sich womöglich auf globaler Ebene realisiert, ganz konkret in unserem eigenen Gehirn. Das gelingt natürlich nur, wenn eine Mehrzahl von uns global zu denken versucht. Die Limitierung hierfür liegt nicht in der Dunbar-Zahl, sondern, wenn man Schindler (2020) folgen will, womöglich in der limitierten mentalen Kapazität, über die wir im neuronalen 4D-Raum verfügen können, also im Spannungsfeld zwischen informationeller Präzision (IP), informationeller Bandbreite (IB), emotivationaler Bandbreite (EB) und sozialen Verflechtungen (TI).

Soweit zum Denken in größeren Dimensionen bis hin zum globalen Denken. Großräumigeres Handeln ergibt sich daraus, indem wir nicht immer nur in unserem individuellen Kontext handeln, sondern oft auch im Zusammenspiel mit oder im Namen von Institutionen, sozialen Entitäten oder Teams.

Die 4D-Intelligenz, also die Fähigkeit, im 4D-Raum vernünftige Assoziationen herzustellen und das Handeln entsprechend zu steuern, kann zwar von jedem Einzelnen vorangetrieben werden, richtig entwickeln kann sie sich jedoch nur gesamtgesellschaftlich im mentalen Gravitationsverbund (siehe auch oben Abschnitt „Soziale Vernetzung und mentale Gravitation"). Eine gemeinsame (globale) Vernunft kann sich nur dann herausbilden, wenn ein erheblicher Teil der Mitglieder der Gesellschaft längerfristig und hochmotiviert danach strebt.

Ein Prozess, bei dem sich diese Motivation zunehmend entwickelt und entfaltet, kann womöglich dann am besten stattfinden, wenn eine größere Gruppe oder die gesamte Menschheit langsam sehenden Auges auf ein größeres Dilemma zusteuert. Langsam heißt, dass eine Krise nicht schockartig eintritt, sondern, dass die Zeit zu reagieren zwar knapp, aber gerade noch ausreichend vorhanden ist, um die drohende Katastrophe abzuwenden oder deutlich abzumildern. Sehenden Auges heißt, dass ein offener gesellschaftlicher Diskurs zu der sich anbahnenden Katastrophe stattfindet und dass dabei letztlich wissenschaftliche Maßstäbe zum Tragen kommen.

Dieser Prozess hängt insbesondere davon ab, ob es gelingt, schwierige Situationen ohne Abgleiten vom schmalen Grat des gesellschaftlichen Friedens zu bewältigen. Wenn die Atmosphäre in der Gesellschaft zunehmend von destruktiven Phänomenen (Polarisierung, Hassbotschaften, Verschwörungstheorien, Egoismen, Nationalismus) oder von Gewaltexzessen geprägt ist oder wenn ein wirtschaftlicher oder diplomatischer Zusammenbruch erfolgt (Depression, Währungskrise, Staatsinsolvenz, Währungszusammenbruch, Krieg, Bürgerkrieg), entfernt sich die Gesellschaft damit von ihrer Chance, ihre mentale Kapazität, d. h. die Fähigkeit, mit komplexer werdenden Spannungsfeldern kontrolliert umzugehen, kontinuierlich auszuweiten.

Letztlich geht es darum, sich in schwierigen Situationen, in denen die Gesellschaft herausgefordert ist, besonnen zu verhalten. Egal, was da komme – uns sollte klar sein, dass wir (und unsere Nachkommen) nur dann eine Chance auf eine halbwegs brauchbare Zukunft haben, wenn wir darum ringen, die Fassung zu wahren. Das beinhaltet einen kritischen Diskurs und eine ausgeprägte Protestkultur, während Gewaltexzesse, Extremismen, Totalitarismen und Egoismen verschiedenster Art (z. B. Nationalismus) keinen besonders positiven Beitrag leisten.

Die Formel lautet: Problemstress mal Besonnenheit ergibt Vernunft, Intelligenz und Kontrolle, und das wiederum ergibt eine halbwegs angenehme Zukunft für unsere Nachkommen.

Dabei liegt es nur begrenzt in unserer Hand, inwiefern wir von der nächsten Krise doch wiederum schockartig kalt erwischt werden, sodass sich diese durch Dominoeffekte zu einer Katastrophe auswächst. Vorsorge und Risikominimierung sind möglich, aber gefeit ist man dadurch nicht.

In diesem Sinne sind wir im Grundsatz eine Schicksalsgemeinschaft und ein vernünftig denkender und handelnder Superorganismus. Das ist eine Tatsache. Wie gut wir mit dieser Tatsache umgehen, steht auf einem anderen Blatt und wird im Folgenden zu diskutieren sein.

Antworten:

- Inwiefern gibt es einen Superorganismus „Menschheit"? Die Menschheit bildet de facto ein riesiges System und ist ein Superorganismus. Wie anders konnte es zur florierenden Weltwirtschaft kommen? Jeder Mensch hat, vermittelt über konkrete und abstrakte soziale Entitäten, persönliche Beziehungen zu großen Gruppen von Mitmenschen bis hin zur Weltbevölkerung.
- Wo und wie realisieren sich Bewusstsein, Intelligenz, Vernunft und Verantwortung bei diesem Superorganismus? Sie realisieren sich im Gehirn eines jeden von uns, vermittelt über die Neigung, die Realität zu internalisieren und dabei alle wichtigen Aspekte zu berücksichtigen. Dieses Bestreben unterliegt der Limitierung durch

begrenzte mentale Kapazität. Im Rahmen gemeinsamer Anstrengungen ist es jedoch möglich, die entsprechenden Grenzen zu verschieben.

Komplexitätstransformation

Intelligenz- und Vernunftleistungen haben etwas damit zu tun, dass Probleme im Sinne von Wünschen, Bedürfnissen oder Notsituationen entstehen, dafür nach Lösungswegen gesucht wird und dass es zur Problemlösung kommt, bei der der Wunsch erfüllt oder die Not gelindert wird. Betrachtet man das Leben vor Entstehen des Bedarfs und nach Lösung des Problems als einfach, während der Suche nach der Lösung jedoch als vergleichsweise kompliziert, so kann man in diesem Zusammenhang von Problemkomplexität sprechen.

Diese Art der Problemkomplexität ist immer relativ. Betrachtet man z. B. ein einfaches Alltagsszenario, bei dem jemand plötzlich Appetit auf Obst bekommt, er zum benachbarten Supermarkt geht und Obst kauft, um anschließend etwas davon zu Hause zu verzehren, so liegt es nicht nahe, von Problemkomplexität zu sprechen, obwohl auch in diesem Fall die Einfachheitsregel, d. h. die Regel, dass das Leben „zuvor" und „danach" einfacher ist, zutrifft. Sieht man sich jedoch den Alltag in der modernen Industriegesellschaft an oder schaut wahlweise auf das Leben in einer Krisensituation, so lassen sich die Worte „Problem" und „Komplexität" eher anwenden, insbesondere auch dann, wenn man berücksichtigt, dass oft viele Bedarfe und Probleme aufeinandertreffen und in Kombination zu befriedigen bzw. zu lösen sind. Wir wollen hier generell von Problemkomplexität sprechen, die laufend bzw. immer wieder zu bewältigen ist, und darauf verweisen, dass diese unterschiedlich stark ausgeprägt sein kann. In diesem Sinne ist auch der Begriff

Komplexitätskonfrontationsraum zu verstehen, der im Zusammenhang mit dem Konzept der 4D-Intelligenz verwendet wird.

Legt man diesen Komplexitätsbegriff – im Sinne von Problemkomplexität – zugrunde und betrachtet den Umgang mit dieser Art der Komplexität als Prozess – im Sinne eines Problemlösungsprozesses –, so lässt sich dieser Prozess auf abstrakter Ebene in die folgenden drei Phasen aufteilen:

(1) Problementstehung, Aggregation von Komplexität
(2) Akkumulation von Lösungspotenzialen
(3) Problemlösung, Auflösung von Komplexität

Damit ist zunächst eine essenzielle Phasenaufteilung gegeben, die einfache Problemlösungsvorgänge, die laufend in der Natur stattfinden, zutreffend beschreibt. Betrachtet man jedoch die typisch menschliche Art der Problemlösung, die größtenteils auf Vorsorgestrategien basiert, so sind zwei weitere Aspekte zu beachten, und das Phasenmodell muss präzisiert werden.

Erstens ist es typisch für den Menschen, dass er nicht wartet, bis ein Bedarf oder ein Problem entsteht. Er hat seine Lektion gelernt, weiß, dass laufend neue Bedarfe entstehen, und kümmert sich um dieses Dauerphänomen, indem er bereits vorsorglich Phase (2) betreibt und laufend Lösungspotenziale anhäuft. Wenn es dann akut wird, d. h., wenn sich ein Problem konkretisiert (Phase (1)), so ist die Lösung womöglich bereits zur Hand oder kleine Phase-(2)-Nachjustierungen reichen aus, um schnell zu einer Lösung zu gelangen (Phase (3)).

Um bei dem Obst-Beispiel von oben zu bleiben: Ein Affe im Urwald mag Glück haben, sodass er seinen aufkommenden Bedarf an Obst decken kann, indem er Früchte nascht, die zufällig in der Umgebung vorhanden sind. Doch das hat seine Risiken, und es erfordert – je nach den konkreten Randbedingungen (Jahreszeit, Wetter, Konkurrenz etc.) –

unterschiedliche Aufwände. Der Mensch hingegen hat vorgesorgt – er verfügt über eine Versorgungsinfrastruktur und finanzielle Mittel (Phase (2)), um systematisch bereitgestellte Ressourcen (wie Obst) zuverlässig in Anspruch nehmen zu können. Die restlichen Anstrengungen (Phase (2)), die zwischen Problem (Phase (1)) und Lösung (Phase (3)) liegen, konnten minimiert werden.

Zweitens ist es charakteristisch für die menschliche Art der Problemlösung, dass Vorsorgestrategien zu einer neuen, künstlichen Art von Komplexität führen. Die oben gemachte Aussage, dass Phase (3) zur „Auflösung von Komplexität" führt, mag zwar für die Lösungsstrategien einfacher Spezies im Prinzip gelten – für den Menschen stimmt sie jedoch sehr weitgehend nicht. Seine Vorsorgestrategien beinhalten vielmehr, dass ein Überbau an potenziellen Lösungsstrategien und an Ressourcen geschaffen wird, der die Bereitschaft für potenzielle Problemlösungen stärkt. Das hat nichts mit der „Auflösung von Komplexität" zu tun, sondern es handelt sich hierbei vielmehr um eine spezielle, typisch menschliche Qualitätsstufe der Komplexität, die ihn letztlich viel stärker in Anspruch nimmt als die „echten Probleme", für deren Lösung sie entstanden ist.

Diese Art der Komplexität umfasst alles, was das menschliche Gehirn im *Vorbereitungsmodus* zu erdenken vermag. Dabei geht es sowohl um immaterielle Ressourcen, wie Wissen und Fähigkeiten, als auch um materielle Ressourcen, wie Werkzeuge oder Besitztümer, als auch um soziale Prozesse, Institutionen und Kultur (Näheres unten im Zusammenhang mit dem Begriff „strukturierte Komplexität"). Hier wird behauptet, dass es sich dabei eben nicht um (fertige) Lösungen handelt oder um vorab bereits aufgelöste künftige Probleme, sondern vielmehr um eine höhere, geronnene Form der Problemkomplexität. Es wird weiterhin behauptet, dass diese höhere Form der Komplexität wiederum eine neue Quelle von Problemen darstellt, sodass der Mensch sein Dasein letztlich doppelt problembeladen fristen muss. Er hat sich zum einen mit den ursprünglichen, „natürlichen" Problemen auseinanderzusetzen und darüber hinaus auch mit den „künstlichen" Problemen, die aus seinen Versuchen der Problemlösungsvorsorge resultieren.

Die letzteren Probleme mögen seltener auftreten, könnten dann aber umso schwieriger zu bewältigen sein. Um zum obigen Beispiel zurückzukehren: Das Einkaufen von Obst im Supermarkt ist eine vergleichsweise angenehme und berechenbare Problemlösungsstrategie, sodass eher von Problemlosigkeit die Rede sein müsste. Dieser Zustand kann aber auch kippen: Die Versorgungsinfrastruktur kann gestört werden oder die Währung kann verfallen oder zusammenbrechen. Die letzteren Möglichkeiten stellen Risiken dar, die ständig zu bedenken sind, was darauf hindeutet, dass diese Lösungen nicht keine Probleme sind.

Um dieses speziell menschliche Dilemma beschreiben und analysieren zu können, wird im Weiteren versucht, sauber zwischen den verschiedenen Formen von Problemkomplexität zu unterscheiden. Hierfür werden die folgenden Begriffe eingeführt:

- **„Akute Komplexität"** für ursprüngliche/natürliche Probleme sowie für Probleme, die durch die Erosion von Lösungspotenzialen bzw. von strukturierter Komplexität akut werden.
- **„Strukturierte Komplexität"** für Lösungsbausteine für potenzielle bzw. künftige Probleme, die bei Bedarf zur Verfügung stehen und die jedoch wiederum das Risiko der Erosion und des erneuten Akutwerdens alter Probleme sowie der Entstehung neuartiger akuter Problemkomplexität in sich tragen.

In diesem Zusammenhang ergibt sich eine neue Sichtweise auf die drei **Komplexitätstransformationsphasen**, wie in Übersicht 2 dargestellt.

Übersicht 2 – Komplexitätstransformationsphasen (CTP) und mentale Prozesse

(1) Problementstehung/Akutisierung

Entstehung von neuen akuten Problemen. Aggregation von akuter Komplexität, ggf. auch (Rück-) Umwandlung von strukturierter Komplexität in akute Komplexität.

Mental: Emotivationales Ereignis, aufkommendes Bedürfnis oder Bedürfnisnotstand, wachsender Schmerz, wachsende Frustration, sich verstärkende Spannung (im EB-Raum, im 4D-Raum), entsprechende regulatorische Reaktionen im 3D-Komplexitätskonfrontationsraum.

(2) Akkumulation von Lösungspotenzialen/Vorbereitung

Suche nach der Lösung für ein akutes Problem bzw. Vorbereitung auf die Lösung von Problemen, die künftig akut werden könnten. Beides kann zugleich geschehen. Aggregation von strukturierter Komplexität im Sinne von Kompetenzen (Gehirn), sozialen Verflechtungen (Gesellschaft) und materiellen Ressourcen (Natur). Das kann entweder zum sofortigen Verbrauch, also zur Lösung eines gerade akuten Problems geschehen, oder es kann mehr oder weniger umfassend auf eine langfristige Perspektive ausgerichtet stattfinden.

Mental: Vorbereitungsmodus, Impulskontrolle, mentale Akkumulation.

(3) Problemlösung/Strukturverfestigung

Lösung von Problemen (1) als mit strukturierter Komplexität bzw. mit akkumulierten Lösungspotenzialen (2) korrespondierender Prozess. Die Problemlösung erfolgt dabei entweder verzögert, weil nach der Problemstehung (1) zunächst der Lösungsweg (2) gefunden werden musste, oder sie kann unmittelbar erfolgen, weil Lösungspotenziale bereits zufällig vorhanden sind (z. B. als genetische Ausstattung und/oder zufällig vorhandene Ressourcen) oder weil sie aufgrund früherer Erfahrungen bereits vorsorglich akkumuliert wurden. Jede Problemlösung beinhaltet zugleich neue Erfahrungen, die im Sinne der Akkumulation von Lösungspotenzialen (2) wiederum künftig verwertbar sind.

Mental: Emotivationale Entspannung, Befriedigungserlebnis, nachlassender Schmerz, nachlassende Frustration, Erfolgserlebnis, ästhetisches Erlebnis, Zurückgleiten in den Aktivitätsmodus, nachlassende Anspannung, günstiger Ausgangspunkt für temporäre mentale Konsumption.

Das Leben der Vorsorgespezies Mensch ist sehr weitgehend von Phase (2) – „Akkumulation von Lösungspotenzialen" – sowie von ihrer strukturierenden Wirkung geprägt. Dabei ist charakteristisch, dass jede größere Vorsorgeaktivität oder jede Vorsorgestrategie wiederum in Teilprobleme zerlegt wird, von denen jedes die drei Phasen durchläuft. Auf diese Weise entsteht oft aus einem primären Problem oder aus einem entsprechenden Typ von Problemen eine größere Zahl von Detailproblemen. An die Stelle eines immer wiederkehrenden, naturgegebenen Problemlösungsprozesses (spontan Obst naschen) tritt so ein künstlicher Vorsorgekreislauf (Obstproduzent – Handel – Währung – Supermarkt – Obstkonsument), der wesentlich komplexer ist als das Ursprungsproblem, der dieses jedoch auf gesellschaftlicher Ebene implizit löst.

Der hier bemühte Tier-Mensch-Vergleich hinkt, und die Aussage, dass nur der Mensch eine Vorsorgespezies ist, stimmt nicht wirklich. Vielmehr ist es so, dass die vorsorgliche Akkumulation von Lösungspotenzialen eines der wichtigsten Grundprinzipien jeglichen Lebens ist. Auch die ständige genetische Anpassung einer Spezies an sich verändernde Umweltbedingungen sowie die Entwicklung und Weitergabe von Fähigkeiten, Kompetenzen und Gewohnheiten ist nichts anderes als eine vorsorgliche Phase-2-Akkumulation. Nur durch das ständige Ringen um entsprechende Effizienzgewinne bzw. um die jeweils passenden Formen von strukturierter Komplexität gelingt es biologischen Organismen, sich erfolgreich zu behaupten. Dass der Mensch dieses Naturgesetz auf einer neuen, besonders stark sozialisierten, materialisierten, neuronal codierten und verkomplizierten Ebene zur Blüte bringt, ist freilich offensichtlich.

Strukturierte und akute Komplexität

Allein die im vorangehenden Abschnitt beschriebene Fähigkeit des Menschen, Probleme in Teilprobleme zerlegen zu können und die strategischen Fähigkeiten und Denkweisen, die dahinterstehen und die sich über längere geschichtliche Zeiträume herausgebildet haben, können bereits als **strukturierte Komplexität** betrachtet werden. Alle (Zwischen-) Ergebnisse, die dabei erzielt werden, gehören ohnehin dazu. Insgesamt kann man unter dem Begriff „strukturierte Komplexität" nahezu alles subsumieren, was der Mensch sich antrainiert, schafft und erarbeitet. Dazu gehören sowohl immaterielle Ressourcen wie Wissen, Kompetenzen, Fähigkeiten, Bildung, Kunst, Religionen, Lehren, Glaubensrichtungen (inklusive Aberglaube und Verschwörungstheorien), wissenschaftliche Erkenntnisse, Patente und Technologien als auch materielle Ressourcen wie Werkzeuge, Maschinen, Warenbestände, Währungen, Besitztümer, Kapital und Reichtum als auch Formen von wechselseitiger Unterstützung, soziale Prozesse, Institutionen und Elemente von Kultur. Bei all diesen Errungenschaften handelt es sich um einen Pool von Zwischenprodukten, der originär für eine möglichst leichtgängige Phase-(3)-Auflösung von ursprünglichen bzw. natürlichen Phase-(1)-Bedarfen eröffnet wurde, der jedoch im Verlauf der anthropologischen und historischen Entwicklung zunehmend zum sich selbst rückkoppelnden Kreislaufprozess mutiert ist, der unter anderem auch immer wieder akute Komplexität, sprich neue Probleme, absondert, die die Notwendigkeit zur Vorsorge jeweils noch verstärken. Die Schwelle von der geerdeten, aus naturgegebenen Bedarfen gespeisten Vorsorge zur Spezies-narzisstischen Vermehrung von weitgehend künstlich aufgebauschter Vorsorge-Zwischenprodukt-Komplexität dürfte dabei bereits vor langer Zeit überschritten worden sein (vermutlich jeweils im Zusammenhang mit der Einführung von Institutionen, der Anhäufung von Reichtümern und der Einführung von Produktionsverfahren).

Ein wichtiger Aspekt von strukturierter Komplexität ist noch, dass es sich um eine geronnene Form von menschlicher Intelligenz und Vernunft handelt, vermittels derer die Vereinigung der Intelligenzleistungen vieler Menschen fortgesetzt stattfindet. Am meisten fasziniert dabei, dass dieser Prozess nicht nur im Hier und Heute verankert ist, sondern dass er die Menschen über Generationen und Zeitalter hinweg verbindet. Dabei ist zu konstatieren, dass ein großer Teil des Know-hows und der Reichtümer, der immateriellen und materiellen Ressourcen, der Institutionen und kulturellen Errungenschaften, über die wir heute verfügen, nicht auf unseren heutigen Leistungen basiert, sondern auf denen vorangegangener Generationen. Das hat unter anderem die Konsequenz, dass der Stolz über die „Segnungen unserer modernen Zeit" weniger uns gebührt als unseren Vorfahren – von unseren Vätern und Müttern bis hin zum Mittelalter, der römischen und griechischen Antike, Mesopotamien und den Jägern und Sammlern. Die Kontinuität dieser langen, laufend auch immer wieder von aufkeimender Vernunftintelligenz geprägten Entwicklung ist es, die uns zu dem gemacht hat, was wir heute sind.

Diese Sichtweise auf strukturierte Komplexität (und damit auf unsere Kultur) als integratives Langzeit-Speichermedium für die Gesamtintelligenz der menschlichen Spezies hat noch eine weitere folgenschwere Konsequenz: Ein großer Teil der Vernunft, deren Früchte wir heute genießen können, ist unserem Erkenntnisapparat gar nicht zugänglich. Unsere „Kultur" ist größtenteils etwas Gegebenes, das wir nur zu sehr geringen Anteilen und in kleinen Schritten zu hinterfragen in der Lage sind. Die Leistungen, die unsere Vorfahren für uns erbracht haben, sind schier übermächtig, und wir können uns kaum gegen die Implikationen wehren. Hier ist ein Eisberg-Vergleich angebracht: Die über Generationen akkumulierte Vernunft – all das Know-how, die wertvollen Gewohnheiten (soziale Orientierung, Fleiß etc.), die Institutionen und nicht zuletzt die materiellen Ressourcen und Kreisläufe – liegt weitgehend unter der Wasseroberfläche im Meer der Selbstverständlichkeiten; größtenteils korrespondierend mit den in unseren prozeduralen Gedächtnissen codierten Reflexen und Gewohnheiten sowie mit den zumeist unterbewusst ablaufenden Prozessen der situativen Vorbereitung (von Entscheidungen; SPP-Modell/Steuerungsebene (4)). Diesen Teil massiv infrage zu stellen, wäre fatal, und deshalb geschieht es nicht. Nur um einen kleinen Teil dieses riesigen Schatzes kümmern wir uns aktuell, indem wir ihn umstrukturieren und weiterentwickeln. Genau dieser Teil, der die sichtbare, mit Bewusstwerdungsprozessen korrespondierende Spitze des Eisberges bildet, ist unserer heutigen Intelligenz und Entscheidungskompetenz zugänglich.

Das hat wiederum etwas mit **akuter Komplexität** zu tun und mit den Transformationsprozessen, die zwischen den Komplexitätsformen ständig stattfinden (insbesondere über die Phasen (1) und (2)). Der Teil der strukturierten Komplexität, der im Rahmen der ständig stattfindenden Wandlungsprozesse eine Neigung zur Auflösung hat, bildet die Spitze des Eisbergs, die so zum vorrangigen Gegenstand unserer Vernunftbemühungen wird. Mehr oder weniger zufällige Erosionserscheinungen, von denen unsere kulturellen Errungenschaften betroffen sind, bestimmen so, worauf wir unsere Aufmerksamkeit und unsere Energien ausrichten.

Unsere Intelligenz ist dabei eine kritische Ressource. Auf ein allzu umfassendes Infragestellen unserer Kultur und unserer kapitalistischen Wachstumswirtschaft (des Eisbergs) sind wir nicht vorbereitet. Das geht aus verschiedenen Gründen nicht, die teilweise objektiven Charakter haben, zu anderen Teilen aber auch etwas mit (behinderten) gesellschaftlichen Bewusstseinsbildungsprozessen zu tun haben. Objektiv ist es schwer möglich, ein globales Wirtschaftssystem, das in sich relativ perfekt funktioniert (mit allen Vor- und Nachteilen, die es mit sich gebracht hat), auf eine Art und Weise schöpferisch zu zerstören, die nicht in eine gigantische Katastrophe mündet, ganz im Sinne der Erkenntnis, dass ein großes Schiff für gewöhnlich sehr viel Zeit benötigt, um seinen Kurs zu ändern. Subjektiv steht uns für eine solche Aufgabe unsere limitierte Intelligenz im Weg, die globales Denken und entsprechend konzertiertes Handeln offenbar extrem erschwert – dies wird in diesem Buch, wie nicht anders zu erwarten, als limitierte mentale Kapazität im 4D/3D-Komplexitätskonfrontationsraum interpretiert.

Einige etwas konkretere Problemlagen wurden bereits in Teil 2 beschrieben.

Strukturierte Komplexität als unsichtbares System aller Lösungen

Die strukturierte Komplexität ist das System aller Lösungen, die wir zu einer bestimmten Zeit nutzen. Dieses System der funktionierenden Lösungen ist in unserer Vorstellungswelt völlig unsichtbar, d. h. mit Blick auf die WYSIATI-Regel fällt es unter den Teil der Realität und des Kontextes, der nicht gesehen wird (WYSIATI: „What you see is all there is", vgl. Kahneman 2012, 113; siehe auch Teil 5, Abschnitt „Ps2 – Das kognitionspsychologische Zwei-Systeme-Modell"). Aus diesem Grund haben wir kein Gespür dafür und keine Vorstellung, wie sehr unser Verhalten und unser Denken von den Implikationen dieses Systems gesteuert werden, in das wir uns im Rahmen unserer anthropologischen Entwicklung hineinlaviert haben. Deshalb wissen wir den unermesslichen Wert, den dieses System für uns hat, auch nicht zu schätzen. Wir sind in dieses System hineingeboren und nehmen es wahlweise als Schicksal, gott- oder naturgegeben hin, sind nicht sonderlich geneigt, es zu reflektieren und infrage zu stellen. Wahlweise wird es genutzt und kopflos (unreflektiert) weitergeführt oder gnadenlos schlechtgeredet.

Es geht dabei also um ein tiefsitzendes Glaubenssystem, das implizit wirkt, ohne als solches bewusst wahrgenommen zu werden. Wenn es darüber einen Diskurs gibt, dann kratzt er bestenfalls an der Oberfläche.

Die subversive Implikativität dieses Systems gilt nicht nur für die Vergangenheit, sondern auch für die Pfade, die durch seine Logik vorgezeichnet sind. So kommt es zu solchen Absurditäten wie Atommüll, atomare Verseuchung, massive Verwendung von fossilen Brennstoffen, Verheerung der Natur (Ölsande, Fracking, Pestizide, Herbizide, Fungizide, Dezimierung der Artenvielfalt, massiver Bergbau mit verheerenden Folgen, Müll ohne Ende), Kriege, Völkermorde,

Waffentechnologien, die nicht genug Geld kosten können und vieles mehr. Effizienzgewinn durch Gewöhnung ist ein so starkes Naturgesetz, dass es uns jede Absurdität hinnehmen lässt, wenn sie nur lange genug währte, ohne dass die zunächst vielleicht befürchteten Risiken eingetreten sind. Die hypothetische Fähigkeit, derartige *vergiftete* Errungenschaften vom Ende her zu denken, ist dann durch die Macht der Gewohnheit völlig blockiert – bis der Zufall sie eines Tages ins (gesellschaftliche) Bewusstsein zurückkatapultiert.

Eine gewisse Neigung so manches Mitmenschen, ein System („das System") für alles Mögliche verantwortlich zu machen, richtet sich, wenn sie denn aufkeimt, zunächst gegen Machtkoalitionen oder Geheimbünde, die eine Verschwörung gegen die Bevölkerung geschmiedet haben sollen. Darin zeigt sich, wie sehr das Bewusstsein dazu neigt, die Existenz von strukturierter Komplexität zu leugnen und abzuwehren. Das Bewusstsein erfasst das Vorhandensein mächtiger Implikationen und schreibt sie einem System zu – so weit langt seine Vorstellungskraft noch –, aber es zeigt sich unfähig, diese Wirkung einem abstrakten Prinzip der Natur des sozialen Daseins zuzurechnen, sodass es krampfhaft nach Mitmenschen sucht, die vermeintlich dafür verantwortlich zeichnen (was letztlich stimmt, nur dass es die gesamte Gesellschaft in ihrer Kontinuität ist).

Der Mensch tut sich offensichtlich auch schwer damit, die Auflösungsereignisse von Teilen von strukturierter Komplexität mit dem *System der Lösungen* in Verbindung zu bringen, das dahintersteht. Solche kleineren und größeren Problem-Akutisierungs-Blow-outs werden vorzugsweise isoliert betrachtet und beurteilt, und der Zusammenhang zwischen all diesen Krisen und Katastrophen sowie die Systematik, die dahintersteht, sind kaum Gegenstand der Betrachtung.

Es ist, als wäre das gesellschaftliche Bewusstsein nicht in der Lage, sich selbst infrage zu stellen. An einem bestimmten Punkt zeigt es sich unfähig, tiefer zu bohren.

Man kann feststellen, dass der Mensch mit „struktureller Blindheit" behaftet bzw. „gesegnet" ist. Einerseits sehen und erleben wir *das System aller Lösungen*, andererseits sehen wir es auch wieder nicht, jedenfalls sind wir sehr weitgehend unfähig und unwillig, die historischen und funktionalen Verflechtungen zu erkennen oder zu akzeptieren, die sich in seinem Kern realisieren.

Kommunikation und kontextuelle Schnittmengenbildung

Für den Menschen als soziales Wesen ist Kommunikation ein besonders wichtiges Thema. Kommunikation ist Transfer neuronaler Muster, die Erlebnisse, Aktivitäten, Emotionen und Kognitionen repräsentieren, von Mensch zu Mensch. Das geschieht über alle möglichen Medien, wie Schallwellen, Photonen, Sprache, Mimik, Texte, Bilder, Filme, Internet, Berührung, Körpersprache etc. Kommunikation bedeutet immer, dass ausgewählte Information von Mensch zu Mensch übertragen wird. Diese Übertragung eines bestimmten Inhalts ist dann besonders gut gelungen, wenn im Mitmenschen eine möglichst adäquate neuronale Resonanz hervorgerufen wird. Es kann angenommen werden, dass dieser Informationstransfer – je nachdem wie sehr sich beide Kommunikationspartner bemühen – mehr oder weniger verlustbehaftet ist. Zugleich dürfte jedoch klar sein, dass der Mensch ein Meister darin ist, diese Verluste zu minimieren, wenn ihm dies wichtig ist. So weit zum Inhalt der Informationsübermittlung.

Ein viel wichtigerer Aspekt der Kommunikation ist jedoch der Kontext, in den die eigentliche Information jeweils zwangsläufig eingebettet sein muss. Hierzu findet sich im Abschnitt „Individuelles und gesellschaftliches Bewusstsein" („Individual and social consciousness") in Schindler 2020, 109f., Folgendes (übers. v. Verf.):

Der Anspruch, präzise zu kommunizieren „wird durch die folgenden weiteren Einschränkungen [...] unterminiert [...]:

- Kontextuelle Verluste während der Aktivitätssteuerung oder situativen Vorbereitung. Jedes spezielle Ereignis ist immer in einen breiten Kontext eingebettet – das ist eigentlich der Zustand der Umgebung, in dem das Ereignis stattfindet, oder der der ganzen Welt in diesem Moment. Das erste Problem ist, dass nur eine eingeschränkte Auswahl der kontextuellen Information zusammen mit der eigentlichen Information übermittelt werden kann. Das zweite Problem ist, dass der Kontext sich ändert, während die Information eine doppelte Transformation durchläuft. [Anmerkung: Mit doppelter Transformation ist hier der Transfer neuronale Repräsentation – Medium – neuronale Repräsentation gemeint.]
- Kontextuelle Verluste während des Denkens oder kreativer Reflexion. Die Kontexte unterschiedlicher informationeller Muster, die bei kreativer Reflexion kombiniert werden, sind immer zu einem gewissen Grad inkompatibel. Das ist so, weil sie thematisch, räumlich oder zeitlich unterschiedlich einzuordnen sind oder weil sie in unterschiedlichen Graden wahr und realistisch sind. Eine exakte Übereinstimmung des Kontexts ist niemals möglich, und es ist immer wichtig, den Einfluss der kontextuellen Unterschiede zu bewerten. Aber der Erfolg dieses Bestrebens

hängt von der Menge und Brauchbarkeit der kontextuellen Information ab, die zusammen mit den eigentlichen Informationsmustern zur Verfügung steht, und somit auch von der generellen Kapazität für den Umgang mit Komplexität (siehe auch Konzept der 4D-Intelligenz)."

Mit diesen beiden Punkten ist nur einer von mehreren Aspekten umschrieben, die die präzise Kommunikation zwischen Menschen erschweren. Das ist eine der vielen Herausforderungen, denen sich das menschliche Gehirn laufend zu stellen hat. So gesehen ist klar, dass akkurate Kommunikation sowie erfolgreiche Integration und Teambildung nur dann gute Chancen haben, wenn man mit Kontexten sorgfältig umgeht, soweit das möglich ist.

Und das hängt wiederum sehr stark davon ab, wie groß die Bandbreiten der beteiligten Kommunikationspartner in den Dimensionen IB, IP und EB sind und wie reichhaltig die konkreten Erfahrungshorizonte (Betätigungsfelder, Fachgebiete, Hobbys, Lebenserfahrungen, Vorlieben etc.) ausgestattet sind, sodass Überlappungen und Schnittmengen wahrscheinlich werden. Dabei spielt insbesondere der Wille, sich (wechselseitig) in die Gefühls- und Kognitionswelten, in denen sich Mitmenschen befinden, hineinzuversetzen, eine entscheidende Rolle. Erst durch diesen Anspruch ist es überhaupt möglich, die Kommunikationsleistungen zu erzielen, zu denen der Mensch offensichtlich fähig ist.

Gleichzeitig ist klar, dass dem Menschen auch in dieser Hinsicht Grenzen gesetzt sind. Mit steigendem Grad der Internalisierung von 3D/4D-Komplexität kommt es zwangsläufig zu Gegenreaktionen, die auf die eine oder andere Art dem mentalen Kapazitätslimit Rechnung tragen. Oben wurden einige dementsprechende Mechanismen beschrieben, wie Bandbreitenregulierung (insbesondere informationell), gesteigerte Vulnerabilität und soziale Distanz (siehe insbesondere auch Abschnitt „Soziale Bindung und Distanz“). Es kann davon ausgegangen werden, dass diese Prozesse von entsprechenden Wechselwirkungen im Kosmos der Kommunikationskontexte begleitet werden.

Gesteigerte informationelle Internalisierung und somit gesteigerte Konfrontation mit Komplexität hat unweigerlich die Verkomplizierung des Kosmos aller Kommunikationskontexte zur Folge. Es kann angenommen werden, dass die typischen Arten der Regulierung – wie Bandbreiteneinengung oder soziale Distanz – mit dem Auseinanderstreben der Kommunikationskontexte einhergehen, sodass sich die Chancen für kontextuelle Schnittmengenbildung verschlechtern.

Die Gegenmittel sind bekannt: ein zunehmend smarter Umgang mit Informationen und Emotionen, das Streben nach gesteigerter 4D-Intelligenz und insbesondere von Teamintelligenz, soziale Integration und Bindung, (Eigen-) Konfrontation mit Realität – insbesondere auch mit sozialer Realität – bis ans Limit sowie mentale Akkumulation. Letztlich ist soziale Vernetzung ein wichtiger Faktor, wenn es darum geht, sich im sozialen Umfeld zu behaupten oder Macht und Einfluss auszubalancieren (siehe auch unten Abschnitt „Macht“). Also mangelt es nicht an Gründen, soziale Integration zu betreiben, Perspektiven zu wechseln, sich in Mitmenschen hineinzuversetzen und also kontextuelle Schnittmengen zu bilden.

Komplexitätskompetenzwachstum als diskontinuierlicher Prozess

Auf dem Weg der Internalisierung der Realität in das gesellschaftliche Bewusstsein hinein gibt es mindestens zwei grundsätzliche Stolpersteine.

Der eine besteht darin, dass Begehungsversuche dieses Pfades der Bewusstseinserweiterung immer wieder abgebrochen werden müssen, weil irgendeine größere Zäsur eintritt, die die Gruppe zurückwirft. Das kann eine Krise sein, eine Naturkatastrophe oder ein eskalierender Konflikt. Der erlittene Rückschlag bzw. die freigesetzte akute Komplexität ist so groß, dass wichtige Strukturen, die einen gewissen Halt geboten hatten, zusammenbrechen, sodass die Möglichkeiten, mentale Sensitivität zu kultivieren (IP*IB), zunächst blockiert sind (durch EB). Im Rahmen der Überwindung solcher Zäsuren können daraus allerdings auch wiederum Lernprozesse folgen, die ohne diese Erfahrungen gar nicht möglich gewesen wären (siehe z. B. Gründungen des Völkerbunds und später der UNO nach den Weltkriegen).

Der andere Stolperstein ist im Entwicklungsprozess selbst begründet. Er liegt darin, dass die Kompetenz von Gruppen im Umgang mit Problemkomplexität höchstwahrscheinlich in der Regel nicht einfach kontinuierlich gedeiht, sondern dass dies – ebenso wie beim Wachstum von strukturierter Komplexität – in Form eines diskontinuierlichen Prozesses geschieht, der mit Zerfallserscheinungen und Neuformierungsprozessen einhergeht. Das ist insbesondere deshalb plausibel, weil Komplexitätskompetenz letztlich auch nur eine spezielle Form von strukturierter Komplexität ist.

Eine ganz bestimmte Form des erfolgreichen Umgangs mit Problemkomplexität, zu der sich eine Gruppe aufgeschwungen hat, bedarf immer bestimmter Systembausteine und Gleichgewichte, damit sie funktionieren kann. Das können bestimmte Sitten und Institutionen sein wie auch ein Gleichgewicht, das zwischen verschiedenen Kräften in der Gesellschaft besteht (z. B. in Form eines Zusammenspiels zwischen Strafrecht und Anstandsregeln, bei dem Morde durch das Erstere und halbwegs respektvolle Umgangsformen durch das Letztere sanktioniert werden). Eine Höherentwicklung könnte jedoch durch bestehende Konventionen behindert werden, sodass es erforderlich ist, sie aufzubrechen, bevor ein Fortkommen möglich ist (z. B. könnte der übliche Respekt vor bestimmten Meriten oder Institutionen ein Problem sein, das es zu lösen gilt). Die Konsequenz ist, dass zunächst eine schöpferische Zerstörung gewisser Regeln fällig wird, bevor diese dann durch etwas Flexibleres, qualitativ Höherwertiges oder einfach durch etwas anderes ersetzt werden können (z. B. durch neue, „coolere" oder „smartere" Umgangsformen, die ihrem Geiste nach jedoch auch wiederum des gegenseitigen Respekts nicht entbehren).

Das ist natürlich risikobehaftet und kann kaum ohne Nebenwirkungen, Pannen und Unfälle vonstattengehen. Vor dem Erfolg stehen der (Angst-?) Schweiß und der Lernprozess. Bevor neue Potenziale eines smarteren Umgangs mit Komplexität erschlossen werden können, kann das Hinterfragen und Zerstören von Sitten oder Institutionen schwerwiegende Scharten ins Gefüge reißen, und das soziale Klima in der Gesellschaft wie auch regelrechte Bausteine von Systemlösungen (Strukturen) können Krisen durchleiden (z. B. kann erodierender Respekt der alten Art zunächst zu Polarisierungserscheinungen, verstärkten Extremismen und gesellschaftlichen Krisen führen). Dabei ist das Risiko, dass daraus eine schlimmere Katastrophe, also ein Stolperstein der ersten Art folgt (z. B. ein einschneidender wirtschaftlicher Abschwung), niemals ganz ausgeschlossen. Es geht vielmehr nach der Devise: Wer wagt, gewinnt. Wobei immer auch ein Quäntchen Glück vonnöten ist.

Solche Prozesse und Arten von sozial-mentalen Wachstumsschmerzen geschehen laufend, so wird hier behauptet. Sie werden nur üblicherweise mit anderen Worten beschrieben und anders oder gar nicht mit mentalen Phänomenen in Verbindung gebracht.

Diese Form des schmerzhaften diskontinuierlichen Realitätsinternalisierungsprozesses ist ein Teil des Wesens der Psyche des Individuums wie auch der Gruppe bis hin zur Großgruppe (im Extremfall der Weltbevölkerung). Die bekannteste Form des Komplexitätskompetenzwachstums beim Individuum ist die Pubertät, bei der es im Wesen darum geht, kognitive Prozesse neu zu formieren.

Man könnte meinen, diese Wachstumsschmerzen müssen nur temporär ausgehalten werden, da sie ja irgendwann nachlassen, wenn man sich mit ihnen lösungsorientiert konfrontiert. Ist man sich darüber jedoch nicht im Klaren und verliert das Ziel aus den Augen – erfolgreiche Regulierung der eigenen Angelegenheiten, realitätsgetreue Abbildung der Umwelt im neuronalen Apparat, Lernen und Kontrolle zurückgewinnen –, so kann das ebenso auch in einen pessimistisch-destruktiven Abwärtsstrudel führen, der den entsprechenden Entwicklungsprozess konterkariert und ihn zu Fall bringt. Letztlich ist auch die eigene Vernichtung oder die Vernichtung der eigenen Art immer ein möglicher Ausgang, der allerdings zunächst den Überlebenswillen stärken sollte, bevor er wirklich eintritt.

Komplexitätsabwehrpotenziale

Der schmerzhafte diskontinuierliche Prozess der Internalisierung von Realität bzw. von Problemkomplexität geht mit erhöhter informationeller Sensibilisierung sowie gestärkter Kontrolle emotional-motivationaler Spannungsfelder einher.

Anders wäre dieser Prozess nicht denkbar. Diese Veränderung der Gleichgewichtsverhältnisse in der menschlichen Psyche ist jedoch durch das Risiko begleitet, ins Gegenteil umzuschlagen.

Die emotivationale Komponente EB (von 3D-/4D-Intelligenz) gehört neben den kognitiven Informationsverarbeitungsfähigkeiten (IP*IB) unabdingbar zur menschlichen Existenz und zum Bewusstsein. Ein Kontext mit sehr ausgeprägter informationeller Komplexität bedarf gut gebändigter Emotionalität und gut ausgestalteter Motivationen. Das bedeutet jedoch nicht, dass es für ihre unwiderrufliche Zähmung eine Garantie gibt. Im Gegenteil: Wenn Mischungen aus Emotionen und Motivationen in besonderer Art aufleben, was unvermeidlich immer wieder geschieht, so ist die spannungsverstärkende Wirkung umso höher, je komplexer die internalisierten Informationen und Bewusstseinsprozesse sind. So können in informationell stark angereicherten Kontexten letztlich viel höhere innere Spannungspotenziale entstehen, als es unter einfacheren Lebensverhältnissen und mit einfacherem Bewusstsein möglich gewesen wäre. So gesehen ist es womöglich ein Naturgesetz, dass komplexere Persönlichkeiten einerseits seltener aggressiv und gewaltbereit sind – weil gutes emotivationales Management eine Vorbedingung für informationelle Komplexität ist –, dass jedoch andererseits entsprechende Ausbrüche, die unvermeidlich auch weiterhin zu den Verhaltensoptionen gehören, dann wiederum mit dem Aufbau umso vehementerer Spannungs- und Aggressionspotenziale verbunden sein können. (Siehe dazu auch Abschnitt „Emotivational amplification adaptation" in Schindler 2020, 152–154.)

So gesehen folgen aus dem Prozess der verstärkten Internalisierung von Problemkomplexität zugleich auch verstärkte latente Abwehrpotenziale, die sich jederzeit Bahn brechen und diesen Prozess ins Gegenteil verkehren können. Letztlich ist der diskontinuierliche Prozess des Komplexitätskompetenzwachstums, der im obigen Abschnitt beschrieben wurde, durch die ständige Wechselwirkung dieser beiden Komponenten charakterisiert. Man muss sich nicht wundern, wenn heute, in einer Zeit des Wissens und der Technologien, zugleich bemerkenswerte Fluchtbewegungen in Richtung Komplexitätsaversion und Kleinkariertheit sowie in Formen von Spezialisierung, Ausdifferenzierung und Glauben zu beobachten sind.

Macht

Nach Macht und Einfluss zu streben ist nicht jedermanns Sache. Andererseits gibt es aber sicher niemanden, der sich gern völlig ohnmächtig fühlen, ständig gängeln lassen und in einem engen Korsett bewegen möchte – genau das ist es jedoch, was passiert, wenn man nicht wenigstens ein Mindestmaß an Selbstbehauptungswillen geltend macht. Also ist es unerlässlich, sich der Frage nach der Verteilung von Macht und Einfluss zu stellen, und sei es nur deshalb, um dem etwas zu gut ausgebildeten Machtinstinkt einiger Mitmenschen die nötigen Grenzen zu setzen.

Was ist jedoch unter dem Begriff Macht zu verstehen? Wie kann man Macht aus der hier zu vertretenden Neuromodell-Perspektive deuten?

Grundsätzlich gesehen entsteht die Macht der einen durch die Ohnmacht der anderen. Im Selbstregulierungsprozess der Gruppe üben die einzelnen Mitglieder unterschiedlich starken Einfluss aus, weil der Wille zur Selbstbestimmung und die entsprechenden Fähigkeiten und Möglichkeiten unterschiedlich stark ausgeprägt sind. Machtstellungen und Machtgleichgewichte werden auch bereits im Tierreich zum wichtigen Einflussfaktor, sobald Gruppenbildung und Sozialleben zustande kommen.

Beim Menschen kommen neben persönlichem Durchsetzungsvermögen innerhalb *der Gruppe* mindestens zwei weitere Felder hinzu, auf denen sich Machtverhältnisse entwickeln und ausdifferenzieren, die so im Tierreich eher nicht zu beobachten sind. Erstens pflegt der Mensch Sozialbeziehungen nicht nur innerhalb einer Gruppe, sondern innerhalb einer Vielzahl von sozialen Entitäten, einschließlich Familie, Freundeskreis, Arbeitsgruppe, Sportgruppe, Handelsbeziehungen, Dienstleistungen, Institutionen, Bildungssystem, Wissenschaft, Staatsbürgerschaft, Exekutive, Judikative, Legislative, Zivilgesellschaft, transnationale Unternehmen, Staatengemeinschaft, Währungssysteme etc., und in diesem Zusammenhang ist auffällig, dass Gruppen nicht nur von Einzelpersonen gebildet werden, sondern auch von Gruppen, wobei wiederum Einzelpersonen als Repräsentanten der betreffenden Gruppen auftreten.

Zweitens spielen typisch menschliche Akkumulationsprozesse eine entscheidende Rolle. Das beginnt mit mentaler Akkumulation, also der Aneignung von wertvollen neuronalen Verknüpfungen aller Art, Fertigkeiten, Fähigkeiten, Wissen, Kompetenzen – und das sowohl im individuellen Rahmen als auch in kommunikativ-kooperativen Gruppenkontexten. Es führt weiter zur wechselseitigen mentalen Unterstützung und der Herstellung von Beziehungsgeflechten. Und es beinhaltet außerdem die Aneignung von materiellen Ressourcen, Werkzeugen, Besitztümern etc.

Bei allen Anstrengungen zur Selbstregulierung und zur Akkumulation von mentalen und materiellen Ressourcen sowie zur sozialen Vernetzung geht es um die Befriedigung von Bedürfnissen bzw. um Lösungen und Lösungspotenziale für Probleme, die bei der Bedürfnisbefriedigung auftreten können, bzw. um die Bewältigung der Realität und damit um die Bewältigung von Problemkomplexität. Es ist typisch, dass die Vorsorgespezies Mensch nicht nur akute Probleme zu lösen versucht, sondern dass sie regelmäßig, vermittelt durch neuronale Verknüpfungskomplexität und daraus resultierendes abstraktes Denken, Problemlösungen so angeht, dass wiederkehrende Probleme möglichst auch in der Zukunft gelöst sind. Dabei geht sie auch immer wieder einen Schritt weiter und versucht, künftige Problemstellungen zu ahnen und ihnen bereits im Heute strategisch zu begegnen. Faktisch geht das so weit, dass künstliche Bedürfnisse und künstliche Probleme extra geschaffen werden, um diesen Kreislauf in Gang zu halten. Was herauskommt, sind geordnete Strukturen – im neuronalen Apparat (dem Gehirn), in den sozialen Wechselbeziehungen (in der sozialen Umgebung) und in der Umwelt (in der materiellen Umgebung) –, die gute oder bestmögliche Voraussetzungen schaffen, damit künftige Bedarfe gedeckt und künftige akute Probleme effektiv gelöst werden können.

Macht verleihen wiederum speziell jene mentalen, sozialen oder materiellen Ressourcen, die einen herausragenden Grad der Sichtbarkeit erlangen. Die bedeutendsten Transformationsereignisse des aktuellen Zeitalters schlagen sich im Gedächtnis der Mehrheit nieder und formen den Glauben an die am besten geeigneten universellen Problemlöser. Durch den so geprägten Glauben werden diese umso mehr zur Schlüsselressource, je größer die Menge der Leute ist, die sich in ihren Bann ziehen lassen. Beispiele materiell: Gold und Silber, Geld, Besitz, Vermögen, Land, Zugriff auf Rohstoffe; Beispiele ideell/mental: Wissen, Know-how, Patente, handwerkliche Fertigkeiten, Kunstfertigkeiten, Informationen, Geheimwissen; Beispiele sozial: Beziehungen, Schlüsselpositionen im sozialen und politischen Gefüge, Schlüsselpositionen in Meinungsbildungs- und Glaubensbildungsprozessen bzw. in Institutionen, die solche Prozesse verkörpern (Religionen, Ideologien, Verschwörungstheorien), Schlüsselpositionen bei der Bildung von Sitten und Gebräuchen, Erpressungspotenziale. Zusammenfassend kann man feststellen: **Macht und Einfluss beruhen auf mental-sozial-materiellem Vermögen.**

Dabei verhält es sich so, dass speziell diejenigen mental-sozial-materiellen Ressourcen Macht verleihen, die gerade (je nach Stimmungslage) besonders gut sichtbar, besonders begehrt, besonders knapp oder besonders stark respektiert sind, wobei sie gerade deshalb als besonders begrenzt oder beachtenswert erscheinen, weil sie im Fokus des allgemeinen Glaubens bzw. Begehrens stehen. Das, woran die Meute glaubt, verleiht Macht. **Macht ist ein Herdenphänomen.**

Dagegen gibt es ein Mittel. Ein gut verteilter starker Wille zur Selbstbestimmung, zur kritischen Distanz, zur Internalisierung von Komplexität führt im Zusammenhang mit erfolgreicher Ausregulierung von Mangelzuständen und Ungleichgewichten (im Allgemeinen: Bedürfnisbefriedigung; im Speziellen: siehe unter anderem Teil 4 „Regulatorische Variabilität (RV)") zur Relativierung von Macht; Stichworte: Pluralismus, Ambiguität, Einfangen von sozialen Integrationsgefällen (siehe auch nächster Abschnitt). Wird ein solcher Ausgleich als möglich erachtet und ernsthaft angestrebt, wird 4D-Intelligenz (oder ein vergleichbares psychosoziales Prinzip) zum entscheidenden Macht-Relativierungs-Faktor. Diese Art der Macht, die sich im Komplexitätskonfrontationsraum entwickelt, relativiert sich dadurch, dass sie nur gemeinsam im mentalen Gravitationsverbund errungen werden kann. Je stärker sie wird, desto umfassender wirkt sie implizit integrierend. Komplexität lässt sich nur bändigen, wenn viele sich dazu durchringen, kreativ-konstruktiv zusammenzuwirken. Dann hält keiner mehr eine Ressource allein in den Händen, die andere entbehren müssen. Die umfassenden wechselseitigen Abhängigkeiten, die bisher unerkannt (oder wahlweise unbeachtet) blieben, werden zunehmend für alle sichtbar. Die Fähigkeit, die Unwissenheit zu verstehen, tritt an die Stelle von Gewissheiten. Augenhöhe ist in gewissem Maß vorprogrammiert.

Dieses *Mittel* zur Relativierung allzu großer Macht-Ohnmacht-Polaritäten und zur Entwicklung gemeinschaftlicher Stärke harrt aber wohl noch der Entdeckung (global gesehen).

Soziales Integrationsgefälle

Macht bedeutet einerseits, dass Machtpole zueinander in Konkurrenz stehen und den Weg der Bindung oder wahlweise den der Distanz und des Konflikts beschreiten können (siehe oben Abschnitt „Soziale Bindung und Distanz"). Macht bedeutet andererseits, dass graduell eher weniger mächtige (oder eher ohnmächtige) Menschen anderen Mitmenschen gegenüberstehen, die Machtvakua ausfüllen. Das letztere Verhältnis ist mit einem Phänomen verknüpft, das hier „soziales Integrationsgefälle" genannt werden soll.

In Sozialbeziehungen auf Augenhöhe findet fortgesetzte wechselseitige Unterstützung statt, wie im Abschnitt „Soziale Vernetzung und mentale Gravitation" beschrieben. Ein Integrationsgefälle, das sich sowohl zwischen Individuen als auch Gruppen einstellen kann, ist hingegen von einer anderen Art der Wechselbeziehungen geprägt, die von Unausgewogenheit charakterisiert ist.

Hier geht es um das Gefälle bezüglich Know-how, Zugriff auf Ressourcen, Reichtum, soziale Vernetzung, 3D/4D-Vermögen, kulturelle/intellektuelle/künstlerische Attraktivität, wirtschaftlichen Erfolg, politische und militärische Macht etc., wie im vorangehenden Abschnitt erklärt. Ein ausgeprägtes Integrationsgefälle besteht z. B. zwischen reichen westlichen Nationen und armen Entwicklungsländern, zwischen einem diktatorischen Regime und den Bürgern des entsprechenden Staates, zwischen einem Firmenboss und seinen nicht gewerkschaftlich organisierten Arbeitnehmern im Zusammenhang mit einem gesättigten Arbeitsmarkt oder zwischen einem Auftraggeber und seinen Dienstleistern im Zusammenhang mit einem gesättigten Dienstleistungsmarkt. Ein Integrationsgefälle geht – so die These – je steiler, desto stärker mit selektiver Integration einher, bei der der Grad der naturgesetzlichen Realitätskonfrontation (siehe RV02.08 in Teil 4 „Regulatorische Variabilität (RV)") umso ungleicher nach unten verteilt ist, je größer das Gefälle ist. Für die mental-sozial-materiell Vermögenderen, Stärkeren bzw. Mächtigeren führt das zu einer abgehobenen Realitätssicht, bei der die weniger Vermögenden, Schwächeren bzw. weniger Mächtigen selektiv so integriert sind, dass sie den bestmöglichen Nutzen erfüllen und ansonsten einen entscheidenden Teil der Realität verkörpern bzw. vermitteln. Das entbindet die Vermögenderen partiell von der direkten Konfrontation mit der natürlichen und naturgesetzlichen Realität – inklusive sozialer Naturgesetze, die menschliche Gesundheit betreffender Naturgesetze etc. –, und ihre Realität besteht mehr in den vermeintlichen Unzulänglichkeiten der Dienstleister oder Untergebenen als in realen Problemen (im Sinne von verstärkt sozial ausgerichteter Realitätskonfrontation bei RV02.08). Diejenigen, die bei dieser Art der selektiven Integration jeweils die schwächere Position innehaben, geraten hingegen überproportional in die Zwickmühle zwischen sozialer und echter Realität (RV02.08, .01 in Teil 4). Selektive Integration bedeutet relativ niedriger gegenseitiger sozialer Integrationsgrad (schwache Bindung, ausgeprägte Distanz, RV02.07) im Zusammenhang mit ungleich verteilter Konfrontation mit echter, d. h. naturgesetzlicher Realität (RV02.08). Dabei halten die Starken (mental-sozial-materiell

Vermögenderen) die Schwachen (weniger Vermögenden) auf Distanz und integrieren sie nur so weit, wie es ihnen zur möglichst komfortablen, mehr sozial als naturgesetzlich ausgerichteten Bewältigung der Realität opportun erscheint. Das ist zunächst ein weiteres (soziales) Naturgesetz – so die These –, welches allerdings die Möglichkeit der Einsicht in gewisse Nachteile beinhaltet – wie die beschränkte Internalisierung der Realität und damit ihre deutlich größere Feindlichkeit, Zufälligkeit und Zersetzungskraft (siehe auch RV02.07) –, sodass vernünftiges Handeln sich im Zusammenhang mit wachsender 4D- und Vernunftintelligenz auch so realisieren kann, dass verstärkte Bindung und Integration (auf Augenhöhe) und zunehmend global ausgerichtete Teambildung reüssieren.

Ein stark ausgeprägtes soziales Integrationsgefälle hat für beide Seiten – die mental-sozial-materiell Vermögenderen und die weniger Vermögenden – gravierende Folgen. Die weniger Vermögenden sind – wie oben bereits ausgeführt – besonders stark mit naturgesetzlicher Realität konfrontiert, sie geraten regelrecht in eine Zwickmühle zwischen ihr und den Anforderungen der sozialen Integration (man denke z. B. an einen Sanitärinstallateur, der für seinen Auftraggeber einen verstopften Abfluss zu reparieren hat oder wahlweise an eine indische Näherin); sie verfügen über vergleichsweise wenig Macht und Einfluss, geringere Möglichkeiten, höhere Bedürfnisse zu kultivieren oder sich das Leben angenehm zu gestalten, und schultern zum Ausgleich einen besonders hohen Anteil der Auseinandersetzung, den die Gesellschaft mit der Natur und ihren Gesetzen zu führen hat; diese Menschen – oder auch die entsprechenden Gruppen oder Teams – könnte man auch als „Dienstleister letzter Instanz" bezeichnen. Den Vermögenderen fehlt hingegen der Anreiz, mit dem Mehr an mental-sozial-materiellen Ressourcen, über das sie verfügen, entsprechend würdevoll umzugehen;

je größer das einmal erreichte Gefälle, desto geringer der Zwang, die entsprechenden Errungenschaften intelligent, vernünftig und rücksichtsvoll zu verteidigen oder weiterzuentwickeln; je weniger gewisse Schwachheiten die eigene Position gefährden, desto größer der Anreiz, sich ihnen hinzugeben. Das trifft auf einen gut situierten Bürger in einer westlichen Gesellschaft, der von den Entbehrungen, die eine indische Näherin auszuhalten hat, oder von den Elektroschrottbergen, die sich in Afrika auftürmen, nichts mitbekommt, ebenso zu wie auf einen beliebigen Diktator, der sein Volk menschenverachtend gängelt.

Es ist wichtig, Kategorien wie Macht, Vermögen und Stärke mental-sozial-materiell zu begreifen, und sie nicht – wie heute üblich – auf ökonomische, militärische und territoriale Parameter zu reduzieren. Letztlich geht es um den Willen und die Möglichkeiten zur Selbstbehauptung (also um Selbstregulierung), und alle anderen kausalen Geflechte ordnen sich diesem Paradigma unter.

(Die viel zitierten Gegensätze zwischen Arm und Reich haben zweifellos etwas mit dem Phänomen des sozialen Integrationsgefälles zu tun. An dem Fakt, dass dabei neben den materiellen Verhältnissen insbesondere auch mentale Parameter sowie Fragen der sozialen Vernetzung und Bindung eine wichtige oder sogar die entscheidende Rolle spielen, gehen die üblichen Debatten zur Frage der Verteilung des Reichtums jedoch regelmäßig vorbei.)

Die Limitiertheitsannahme (LA)

Es gibt viele Gründe, warum das Gehirn nicht die Kontrolle über unser Leben hat. Eigentlich gibt es gar keine Kontrolle, sondern nur eine Illusion der Kontrolle. Sehen wir uns dies einmal schrittweise an.

LA1 Naturgesetze und Zufall. Zunächst wird unser Leben sehr stark von den (puren) Naturgesetzen bestimmt, die unserem Selbstregulierungsanspruch indifferent und somit implizit destruktiv bzw. zersetzend gegenüberstehen. Das realisiert sich maßgeblich über die starke Rolle, die der Zufall in unserem Leben spielt. Das könnte man anhand jedes Ereignisses des Tagesablaufes erklären. Ein einfaches Beispiel ist ein möglicher Unfall:

> Wie so oft fährt Person A früh zur immer gleichen Zeit mit dem Fahrrad zur Arbeit. Person B tut das ebenfalls, jedoch zu einer etwas früheren Zeit, sodass sie sich an der schlecht einsehbaren Kreuzung, an der sich die Arbeitswege überschneiden, nicht begegnen. An manchen Tagen verspätet sich Person B, doch beide verfehlen sich entweder um Sekunden oder sie sind aufmerksam genug, um sich gegenseitig die Vorfahrt zu gewähren. Am Tag X kommt es jedoch zum Zusammenstoß, der für Person A fatale, lebensverändernde Konsequenzen hat. Dabei haben Sekundenbruchteile eine Rolle gespielt, und es ist sowohl Zufall, dass es ausgerechnet am Tag X im Jahr Y zum Unfall kam als auch, dass es Person A und nicht Person C getroffen hat.

In diesem Sinne sind wir jeden Tag unzähligen Zufällen ausgesetzt, die den Verlauf unseres Lebens in die eine oder andere Richtung lenken. In den meisten Fällen ändert das nicht viel. Verpasst man z. B. ein öffentliches Verkehrsmittel, weil es gerade etwas früher als üblich unterwegs ist, so könnte – je nachdem, wo das passiert – bereits nach zehn Minuten das nächste kommen, und die Chancen stehen gut, dass der Tagesablauf nicht großartig verändert wird. Manche Zufälle haben jedoch erheblichen Einfluss auf das weitere Leben.

Ein weiteres Beispiel sind Hirnprozesse. Bei Entscheidungsprozessen im Gehirn gibt es unzählige Kipppunkte, bei denen der weitere Verlauf in die eine oder andere Richtung gelenkt wird. Dabei hängt es von geringen Unterschieden in der Synchronizität von Erregungszuständen ab, in welche Richtung die Entscheidung fällt. Das kann wiederum durch das zufällige Zusammentreffen der eigenen, durch das Gehirn gesteuerten Aktivität mit Wahrnehmungsereignissen und mit vegetativen (körperlichen) Zustandsänderungen verursacht sein. So fungiert unser Körper zusammen mit unserem Wahrnehmungs- und Steuerungsapparat als grandioser Zufallsgenerator, und als bewusst erlebte Hirnprozesse können so verlaufen, dass das im Nachgang als Intervention gegen solch einen Zufall erlebt wird, sie sind jedoch der Tatsache, dass viele (unterbewusste) Prozessverläufe von Zufällen abhängen, zunächst ausgesetzt.

LA2 Kumulierte strukturierte Komplexität. Der nächste Punkt ist strukturierte Komplexität. Unser Leben ist nur deshalb so komfortabel, weil die Menschen, die vor uns gelebt haben, genügend Lösungen für künftige Probleme vorausgedacht und geschaffen haben. Die Ergebnisse eines nimmermüden Akkumulationsprozesses über Jahrtausende können sich sehen lassen: Wir (als Menschheit) verfügen über ein gigantisches Know-how, großen Ressourcenreichtum und Interaktions- und Organisationsstrukturen, die es uns erlauben, in übernatürlichem Ausmaß zu gedeihen und zu wachsen. Das Problem dabei ist, dass wir den Schlüssel zum größeren Teil dieser Reichtümer verlegt haben. Das komplexe synergetische Lösungsgeflecht, hier „strukturierte Komplexität" genannt, ist in einem Jahrtausende währenden Evolutionsprozess entstanden, den kein Mensch jemals kognitiv durchdrungen hat und den auch künftig wohl niemand so ganz (ohne narrative Verzerrung) verstehen wird. Das Ergebnis ist ein System von Lösungen, das wir nicht durchschauen und das es mehr oder weniger pragmatisch aufrechtzuerhalten und weiterzuentwickeln gilt. Auf dieses System und seine Zerfallsprozesse, die ebenfalls wieder sehr stark von Zufällen beeinflusst und deren Ergebnisse hier unter dem Begriff „akute Komplexität" zusammengefasst werden, können wir mehr oder weniger nur reagieren, so gut es eben geht. Wenn sich heute jemand beklagt, dass sein Leben einem System ausgesetzt ist, dann hat er recht, doch in der Annahme, dass es von irgendwelchen Magnaten oder Geheimbünden gesteuert wird, kann er nur irren. Dazu sind der Zufall und die kumulative Intelligenz unserer Vorfahren viel zu sehr die bestimmenden Faktoren für einen jeden von uns.

Ein entscheidendes Problem dabei ist, dass wir darauf angewiesen sind, dass sich strukturierte Komplexität in Dosen auflöst, die klein genug sind, um gut beherrschbar zu sein. Das gelingt nicht immer – siehe Hungersnöte, Kriege, Wirtschaftskrisen, Atomreaktor-Super-GAUs, Weltkriege und Atomkrieg, der rein zufällig noch nicht ausgebrochen ist, obwohl wir einiges dafür getan haben.

Glauben wir im Ernst, dass wir die Zukunft besser im Griff haben als unsere Vorfahren? Viele Jahrzehnte ohne großen Krieg auf eigenem Territorium und ohne eine richtig große Krise lassen (bzw. ließen) die westliche Welt leichtsinnig werden und nach Herzenslust pokern – siehe Finanzmarktblasen, Verschuldungsleichtsinn, Zentralbankpolitik, ungehemmtes Wachstum, Nationalismus, verstärkte Egoismen sowie Machtpoker der großen und kleinen Mächte dieser Welt. Wir arbeiten daran, dass die Wahrscheinlichkeit eines Super-GAUs irgendeiner Art wächst.

Heutige Know-how- und Systemlösungsbausteine gezielt infrage zu stellen und vorsorglich umzugestalten, wäre ein Weg, um anstehenden Krisen oder Super-GAUs zuvorzukommen. Prinzipiell geschieht das auch – siehe Maßnahmen gegen das Waldsterben und das Ozonloch in den 1980er-Jahren, siehe Regulierung des Fischfangs, siehe Diskussionen und Maßnahmen zur Erhaltung der Artenvielfalt und zur Eindämmung des CO_2-Ausstoßes. Allerdings geschieht das in den letzteren drei Fällen viel zu zaghaft und mit viel zu großer Rücksicht auf das System der Wachstumsökonomie. Das Fatale dabei ist, dass wir uns von der Wachstumsökonomie viel zu sehr abhängig gemacht haben, dass sie so tief in unsere Seelen, Rituale und politisch-ökonomischen Strukturen eingegraben ist, wie das bei den Weltreligionen nicht besser möglich war. Sowohl bei den (Welt-) Religionen wie auch bei der Wachstumsökonomie handelt es sich um strukturierte Komplexität, und uns fehlt sehr weitgehend die Kompetenz, die Wurzeln dieser gigantischen Bewegungen zu hinterfragen, sie neu zu denken und zu besseren, der heutigen Zeit angemesseneren Konzepten umzuschwenken.

LA3 Begrenzte mentale Kapazität. Ob wir nun die Absicht eines Systemwechsels verfolgen oder die historisch gewachsenen Lösungsgeflechte hinterfragen und umwandeln wollen, oder ob es uns nur darum geht, den akuten Krisen so gut es geht die Stirn zu bieten – in jedem Fall besteht die nächste Hürde darin, dass wir im 4D-Komplexitätskonfrontationsraum nur über eine limitierte mentale Kapazität verfügen. So kommt es, dass unsere *Vernunftintelligenz* nicht nur für den größten Teil der Variablen, die unser Leben bestimmen, blind ist (siehe oben: „LA1 Naturgesetze und Zufall“, „LA2 Kumulierte strukturierte Komplexität“), sondern, dass wir mit dem akuten WYSIATI-Rest, der sich dennoch vor unseren Augen zu sichtbaren Problembergen aufhäuft, überfordert sind (obwohl es sich nur um einen kleinen Teil der Realität handelt) (WYSIATI: „What you see is all there is“, vgl. Kahneman 2012, 13; siehe Teil 5, Abschnitt „Ps2 – Das kognitionspsychologische Zwei-Systeme-Modell“). Selbst mit dem unmittelbar akuten Teil der Problemkomplexität werden wir nicht so einfach fertig, sodass wir sie nur sehr stark reguliert auf uns einwirken lassen können. Erschwerend kommt hinzu, dass wir in dieser Hinsicht mit unseren Mitmenschen in einem Boot sitzen. Das Phänomen der mentalen Gravitation, so es sich als zutreffend herausstellt, stellt uns vor die Wahl, gemeinsam unterzugehen oder gemeinsam nach dem besten Lösungsweg zu suchen. Falls wir das Letztere anstreben, wäre es das Beste zu erkennen, in welch hohem Grad wir die Risiken miteinander teilen und nach Einigkeit zu streben.

LA4 Kognitive Eigenheiten. Selbst wenn wir mit LA1–3 den richtigen Umgang finden, hindern uns kognitive Schwächen daran, beliebig große Intelligenz und Kontrolle über unser Schicksal zu entfalten. Angenommen, wir zollen 1. dem Einfluss der Naturgesetze und des Zufalls die gebührende Achtung (LA1), wir streben 2. danach, unsere Lösungsstrategien so weit wie möglich zu flexibilisieren und an sich verändernde existenzielle Parameter zeitnah anzupassen (LA2), und wir bemühen uns 3., der Konfrontation mit den sich ständig auftuenden Problemen nicht aus dem Weg zu gehen (LA3), und wenn, dann nur im Sinne von kurzen Atempausen – dann lässt unser emotional-motivational angetriebener Steuerungsapparat (das Gehirn) 4. immer noch genügend Raum für allerlei Fehlurteile und Torheiten (LA4). Dann werden immer noch viele intuitive und unterbewusste Entscheidungen getroffen, die sich im Zweifelsfall als suboptimal herausstellen können (siehe SPP-Modell, Steuerungsebenen, Aktivitätsmodus und unterbewusster Teil des Vorbereitungsmodus in Schindler 2020 und oben Kapitel „Das SPP-Modell"; vgl. kognitionspsychologisches Zwei-Systeme-Modell in Kahneman 2012 und Teil 5, Ps2). Dann ist deshalb wiederum das ständige Bemühen erforderlich, gegen kognitive Verzerrungen, verhängnisvolle Gewohnheiten und sonstige Eigenheiten unserer Psyche anzukämpfen. Das wichtigste Mittel dafür ist die Wissenschaft, wenn sie im besten Sinne betrieben und beachtet wird.

LA5 Illusion der Kontrolle. Selbst wenn wir uns den blinden Flecken unserer Vernunftintelligenz LA1–4 stellen und darüber hinaus noch alles unter Kontrolle zu haben scheinen, hat das sehr wahrscheinlich nichts mit wirklicher Kontrolle zu tun, sondern eher nur mit einer Illusion von Kontrolle. Denn unser Bewusstsein basiert wiederum nur auf neuronalen Erregungsprozessen, die exakt den gleichen Grundprinzipien und informationsverarbeitungstechnologischen Lösungsansätzen folgen wie die unterbewussten Prozesse. Darüber hinaus sind sie sogar weitgehend identisch und gleiten ineinander über. Der Unterschied bewusster im Vergleich zu unterbewussten Prozessen besteht nur darin, dass sie von Metaprozessen begleitet werden, die sie wahrnehmbar und kommunizierbar werden lassen, und dass auf diesem Wege wieder zusätzliche Rückkopplungen möglich sind, die Folgeentscheidungen beeinflussen können. Aber im Wesen geht es dabei ebenso um eine ständige Abfolge von Entscheidungskipppunkten wie bei den unterbewussten Prozessen.

Der Psychologe Daniel Kahneman (2012) geht davon aus, dass die mit dem Erlebnis der Kontrolle behafteten Erinnerungen, die wir bezüglich des Verlaufs unseres Lebens haben, sehr weitgehend nur Illusionen sind. Zum Thema „Die Illusion des Verstehens" schreibt er:

„Die Schwierigkeiten, die uns statistisches Denken bereitet, leiten über zu dem Hauptthema von Teil III, der eine rätselhafte Beschränkung unseres Denkens beschreibt: unser übermäßiges Vertrauen in das, was wir zu wissen glauben, und unsere scheinbare Unfähigkeit, das ganze Ausmaß unseres Unwissens und der Unbestimmtheit der Welt zuzugeben. Wir überschätzen tendenziell unser Wissen über die Welt, und wir unterschätzen die Rolle, die der Zufall bei Ereignissen spielt. Überzogenes Vertrauen in die Vorhersagbarkeit der Welt wird durch die illusorische Gewissheit retrospektiver Einsichten gestützt." (26)

„Narrative Verzerrungen gehen zwangsläufig aus unserem anhaltenden Bestreben hervor, die Welt zu verstehen. Die erklärenden Geschichten, die wir überzeugend finden, sind einfach; sie sind eher konkret als abstrakt und schreiben Begabung, Dummheit und Absichten eine größere Bedeutung zu als Glück. Sie konzentrieren sich auf ein paar markante Ereignisse, die geschehen sind, und nicht auf die zahllosen Ereignisse, die nicht geschehen sind. Jedes hervorstechende Ereignis aus jüngerer Zeit kann zum Kern einer kausalen Erzählung werden." (247)

„Der Kern dieser Illusion besteht darin, dass wir glauben, die Vergangenheit zu verstehen, woraus folgt, dass auch die Zukunft erkennbar sein sollte. In Wirklichkeit aber verstehen wir die Vergangenheit in geringerem Maße, als wir glauben. […] Das Gehirn, das sich Narrative über die Vergangenheit ausdenkt, ist ein sinnstiftendes Organ. Wenn ein unvorhergesehenes Ereignis eintritt, korrigieren wir unsere Sicht der Welt umgehend, um dieser Überraschung Rechnung zu tragen. […] Unsere Unfähigkeit, frühere Überzeugungen zu rekonstruieren, veranlasst uns zwangsläufig dazu, das Ausmaß zu unterschätzen, in dem wir durch vergangene Ereignisse überrascht wurden." (250f.)

(Siehe dazu auch Teil 5 „Ausflüge in ausgewählte Quellen", Kapitel „Psychologie", Abschnitt „Ps2 – Das kognitionspsychologische Zwei-Systeme-Modell".)

Im ständigen Wunsch, die *Illusion der Kontrolle* aufrechtzuerhalten, findet sich wiederum ein Einfallstor für mitmenschliche mentale Einflüsse, die über Prozesse der Kommunikation und der gesellschaftlichen Bewusstseinsbildung einwirken. Ein Kontrollerlebnis oder das Erlebnis, ein glückliches Leben zu führen, kommt dabei wahrscheinlich genau dann zustande, wenn viel Resonanz und wenig Dissonanz auftreten. Das ist natürlich ein erstrebenswerter (vorübergehender) Zustand. Dass solch ein angenehmer Zustand am Ende des Strebens nach wahrer Vernunftintelligenz steht, kann allerdings bezweifelt werden. Denn diesen Zustand zu erreichen, ist auch bereits heute kein Problem – nämlich durch ausreichende Ignoranz bezüglich der blinden Flecken LA1–4 sowie durch ausreichende Regulierung der Konfrontation mit 4D-Komplexität (LA3), sodass bis zum Limit der mentalen Kapazität ein ausreichendes Polster für mentale Vitalität, Resilienz und ein Gefühl der Stärke übrig bleibt.

Mit Resilienz ist in diesem Sinne auch nur ein Weg zur Hölle gepflastert, ebenso wie das bei guten Vorsätzen der Fall ist. Die bessere Strategie besteht darin, mehr Verletzlichkeit zu wagen. Mit mentalen Problemen nichts weiter zu tun, als sie zum Psychologen zu tragen, ist dann wiederum eher der falsche Weg. Es ist viel wichtiger, trotz gewisser Sensibilitätsprobleme letztlich doch irgendwelche Ziele anzustreben und das Licht am Ende des Tunnels zu suchen. Statt (gott-) gegebene Resilienz auszuleben, könnte man so an den Resilienz-Potenzialen der Zukunft arbeiten. Diesen Weg kann man nur selbst beschreiten (auch dann, wenn einem jemand zur Seite steht).

Die Limitiertheitsannahme gilt sowohl für Individuen als auch für gesellschaftliche Gruppen (von Freundschaften, Familien und Teams über Firmen, Organisationen, Institutionen und Staaten bis zur Gesellschaft als Superorganismus). Im letzteren Fall sind die entsprechenden Phänomene nur schwer den beteiligten Individuen zuzuordnen. In manchen Fällen mögen mentale Charakteristika führender Persönlichkeiten symptomatisch für den entsprechenden Zustand der Gruppe sein, in der Regel können gruppenbezogene Limitiertheitsphänomene jedoch nur sozioklimatisch oder statistisch erfasst werden.

Hat man die Limitierungen LA1–5 erst einmal zur Kenntnis genommen, so kann man davon ausgehend wiederum den Blick nach vorne richten (siehe folgende Abschnitte). Dabei hilft die Feststellung, dass der Mensch ein außerordentlich wunderliches Wesen ist, dem es immer wieder möglich war, jegliche Fesseln zu sprengen.

Die Realität der Vernunft

Unsere Potenziale, intelligent, vernünftig und weise sein zu können sowie komplexe Probleme kontrolliert lösen zu können, sind ein kumulatives Produkt, das im Rahmen der Menschheitsgeschichte entstanden ist und das wir heute kontinuierlich weiterzuentwickeln haben. Dieses Produkt beinhaltet unter anderem die folgenden Bausteine: sämtliches Wissen und Know-how, sämtliche Kulturschätze, alle Technologien, alle gesellschaftlichen Strukturen, Institutionen und Glaubenssysteme, sämtliche Fähigkeiten und Expertisen der heute lebenden Menschen, sämtliche materiellen Ressourcen, über die wir verfügen, sämtliche Prozesse des gesellschaftlichen Austauschs, die wir in Gang halten und die uns in Gang halten.

Dieses kumulative Produkt, das hier (in diesem Buch) „strukturierte Komplexität" genannt wird, ist durch Problemlösungsprozesse entstanden, die fortlaufend über die gesamte Menschheitsgeschichte stattgefunden haben und die hier als „Komplexitätstransformation" bezeichnet werden. Charakteristisch ist dabei, dass es sich um einen iterativen Prozess handelt, der sich endlos fortsetzt bzw. der endlos in die Vergangenheit zurückreicht, und in dessen Werdegang wir nur sehr begrenzt Einblick haben. Anthropologische und historische Wissenschaften versuchen zwar, Einzelaspekte dieses Prozesses aufzudecken und nachvollziehbar zu machen, die konkreten Situationen, in denen sich die Menschen befunden haben und die konkreten Motivationen, denen sie (z. B. unter den jeweiligen konkreten Lebensumständen im Mittelalter) gefolgt sind, sind jedoch bestenfalls fragmentarisch aufzuklären.

Ebenso ist uns der Zugang zum Ergebnis dieses Prozesses verwehrt. Wir geraten in den Genuss der Systemleistung der Weltkultur, ohne zu verstehen, wie es zu jenem Zusammenspiel aller Kräfte gekommen ist, das uns als Gattung so erfolgreich hat werden lassen. Wir sind zwar als Akteure in das Geflecht der Gesellschaftssysteme unserer Zeit eingebunden und wir bzw. unsere Vorfahren haben dieses Geflecht errichtet und gestaltet, aber das geschieht nur in kleinen Schritten und jedes Mal erfolgt ein Wettbewerb und Auswahlprozess möglicher (Zwischen-) Lösungen. Gemessen an der (strukturierten) Komplexität des Gesamtsystems handelt es sich dabei in der Regel nur um äußerst kleine, akut gewordene Teilprobleme, die es zu lösen gilt, hier auch „akute Komplexität" genannt, und der Umgang mit diesen Ausschnitten der Wirklichkeit erfordert bei Weitem kein Bewusstsein für alle Facetten des Gesamtsystems. Von Zeit zu Zeit kommen auch größere Ausschnitte der Gesamtstruktur ins Rutschen – etwa bei größeren Katastrophen oder Kriegen –, doch es gelingt in der Regel schnell, an gehabte Strategien anzuknüpfen und beeinträchtigte Ressourcen wieder zu mobilisieren, und der Bewältigung folgt eine Tendenz zum erneuten Bewusstseinsschwund (z. B. stellte sich nach der Gründung des Völkerbunds nach dem Ersten Weltkrieg und nach der Gründung der UNO nach dem Zweiten Weltkrieg bald wieder das übliche, von Konfrontationen geprägte weltpolitische Klima ein; es kam eine Zeit, die vom Kalten Krieg, aber auch von Rüstungskontrolle geprägt war; neuerdings gibt man entsprechende Vereinbarungen auf und scheint geneigt, einen dritten Weltkrieg und ersten Atomkrieg zu riskieren).

Wie auch immer, das System der Strukturen, dessen Nutznießer wir sind und in dessen Kontexten wir laufend reagieren, hat niemals jemand völlig verstanden. Jede Generation hat ihren Beitrag geleistet, es zu adaptieren und zu optimieren, heute sind wir diesem Ergebnis der akkumulierten Vernunftleistungen des Homo sapiens jedoch ausgesetzt wie einem Naturgesetz.

Es ist einsichtig, ein wie kleines Rädchen der einzelne Mensch in einer Weltbevölkerung von näherungsweise 8 Milliarden ist. Noch viel kleiner muss man sich fühlen, wenn man bedenkt, dass unser Know-how, unsere kulturellen Reichtümer sowie die Prozesse und Ressourcen, die uns heute dienstbar sind, sehr wesentlich auch auf der Gesamtleistung aller Menschen basieren, die vor uns gelebt haben. Diesen Reichtum der *strukturierten Komplexität* können wir wahlweise ignorieren, dankbar als gottgegeben hinnehmen (es ist ja auch wie ein Naturgesetz) oder in gewissen Grenzen reflektieren und hinterfragen. Jedoch eins können wir nicht: ihn abschütteln oder austauschen. Unser Erfolg als Spezies beruht darauf, und wir sind ihm ausgesetzt, ob wir wollen oder nicht. Wachstum und wissenschaftlich-technischer Fortschritt bieten keinen Ausweg aus dem Dilemma, sondern verschärfen nur den Konflikt.

So gesehen ist es folgerichtig, dass es sehr schwer ist, den Kapitalismus so zu modifizieren oder in ein anderes Gesellschaftsmodell umzuwandeln, dass der biologische Reichtum (die Schöpfung) gewahrt bleibt. Unser Erfolg beruht auf seiner gnadenlosen Ausbeutung, und gerade jetzt, wo sich der Erfolg ins Unermessliche steigert, können wir die Vorzeichen dieses Parameters umso weniger einfach ins Gegenteil verkehren.

Wir sind de facto eine plündernde Spezies mit Pioniermentalität, wie Matthias Glaubrecht sagt (vgl. Glaubrecht 2019, 207). Wir können das auch partiell (wohldosiert) reflektieren. Was wir nicht können, ist,

- uns die ganze Tragweite dieses Wesenszuges einzugestehen – daran hindert uns unser Konsistenzbedürfnis im Zusammenhang mit unserem mentalen Kapazitätslimit (siehe 4DI-Modell) bzw. unsere begrenzte Fähigkeit, kognitive Dissonanz zu ertragen, bzw. unser Hang zu kognitiven Verzerrungen (siehe Teil 5, Abschnitt „Psychologie"),
- oder das System einfach schnell umzusteuern – daran hindert uns die Realität der strukturierten Komplexität.

Der letztere Fakt ist dann wiederum der Grund, warum die ersteren Limitierungen eine bedeutsame Rolle spielen. Die psychologischen Grenzen ließen sich deutlich leichter überwinden, wenn die Strukturen, in die wir eingebunden sind, flexibler anpassbar wären.

Die mangelnde Flexibilität der Strukturen ist wiederum der mentalen Begrenztheit aller Menschen geschuldet, die bis heute gelebt haben oder die heute leben. Das wiederum hat etwas damit zu tun, dass jeder Mensch nur den Anforderungen seiner Zeit folgen kann, die sich ihrerseits aus den Portionen ergeben, in denen sich die bisher bewährten Lösungskonzepte auflösen (in denen strukturierte Komplexität erneut zur akuten Komplexität wird).

Letztlich geht es um den Konflikt zwischen Kontinuität und diskontinuierlich eintretenden Ereignissen. Ein hoher Grad der relativen Kontinuität, d. h. eine lange Zeit der erfolgreichen Wirtschaftsentwicklung oder eine lange Zeit des Friedens, führt zwangsläufig dazu, dass man weder mental noch strukturell auf die jeweils nachfolgenden Krisen gut vorbereitet ist.

Letztendlich haben wir es hier mit einem endlosen Kreislauf zu tun, bei dem sich die begrenzte Flexibilität der Lösungskonzepte und begrenzte mentale Ressourcen gegenseitig bedingen.

Ein entscheidendes Dilemma ist dabei, dass sich jene ausgeprägten Anforderungen, die hochgradige Bewusstheit und Realitätstreue des inneren Abbilds der Welt herauszufordern in der Lage sind, zugleich im Konflikt mit den Wachstumsbedingungen der Intelligenz des 4D-Typs stehen. Die Intelligenzentwicklung bedarf günstiger Lebensbedingungen über einen langen Zeitraum (über viele Generationen), damit der Faktor IP wachsen kann. Das wiederum ist nur bei der Abwesenheit größerer Krisen und damit jener speziellen Anforderungen gegeben, die Intelligenz und Vernunft besonders herausgefordert hätten. So wird Intelligenzvernunft in einer Phase der relativen Kontinuität immer besser möglich, zugleich aber auch immer weniger notwendig. Das führt dazu, dass sich intelligente Potenziale zwar entfalten, jedoch zunehmend in Richtung bizarrer *(künstlicher)* Bedürfnisse und Befindlichkeiten, die rein gar nichts mit den demnächst anstehenden (ernsthaften) Krisen zu tun haben.

Letztlich drückt sich in diesem Konflikt auch nur das Dilemma aus, welches in unseren Gehirnprozessen zwischen emotivationalen und informationellen Komponenten besteht. Ohne Emotivation ist Information sinnlos, mit Emotivation ist die Akkuratesse und Realitätstreue der Informationsverarbeitung getrübt.

So gesehen ist Vernunft(intelligenz) prinzipbedingt begrenzt, und es muss uns ganz generell nicht wundern, wenn wir unser Leben und unsere Lebensgrundlagen weit weniger im Griff haben, als wir gehofft hätten.

Die Einsicht in diesen Fakt und in die Tatsache, dass wir diese Limitierung teilen, würde, wenn sie denn vorhanden wäre, uns demütig und respektvoll gegenüber unseren Mitmenschen werden lassen.

Wie auch immer, dem Fakt, dass unser Leben sehr weitgehend von Naturgesetzen, Zufällen, kumulativer Vernunftintelligenz unserer Vorfahren und strukturierter Komplexität bestimmt ist, steht der Wunsch gegenüber, unsere Wahrnehmung, dass wir unser Leben vernünftig und kontrolliert gestalten können, etwas weniger zur Illusion und etwas mehr zur Realität werden zu lassen. Aufgrund der schieren Masse an Mitmenschen, mit denen wir in der Gegenwart zusammenleben und mit denen wir diesen Wunsch teilen, kann das nur im Gruppenmaßstab gelingen, d. h. als Einzelner hat man keine Chance, etwas zu bewegen, im Rahmen einer größeren Gemeinschaft aber schon. Also gibt es, abstrakt betrachtet, genau zwei Stellschrauben, an denen man drehen kann, um partiell (wenigstens minimal statt gar nicht) der eigenen Vernunft Geltung zu verschaffen und reale Kontrolle erlangen zu können: Gemeinschaft zu bilden und nach Kontrolle (über das Schicksal, nicht über die Mitmenschen!) zu streben. Beides erfordert 4D-Intelligenz.

Wie wir diese Prinzipien heute sträflich verletzen oder wahlweise achtsam pflegen und wie wir das Verhältnis zwischen diesen beiden gegenläufigen Strömungen verbessern können, soll im folgenden letzten Abschnitt dieses Kapitels untersucht werden.

Konzepte der Vernunftintelligenz

Die Realität der Vernunft ist dadurch gekennzeichnet, dass wir gewissen mentalen Limitierungen ausgeliefert sind. Das ist insofern wahr, als wir diese Limitierungen nicht einfach abschütteln und von heute auf morgen neue Menschen sein können, die plötzlich über den Dingen stehen und alles im Griff haben.

Die mentalen Limitierungen können wir aber auch bewältigen. Das ist insofern wahr, als das ständige Streben nach ihrer Überwindung letztlich irgendwann auch Erfolge zeitigt. Aus den bis hier vorgelegten Analysen ergeben sich dafür die folgenden Konzepte.

4D-Intelligenz

Wie oben (im Kapitel „4D-Intelligenz") beschrieben, ist unsere Psyche einem Problemkomplexitätsspannungsfeld ausgeliefert, das sich in die folgenden vier Dimensionen erstreckt: informationelle Präzision (IP), informationelle Bandbreite (IB), emotivationale Bandbreite (EB) und Teamintelligenz (TI). Extreme Leistungen in einer der vier Dimensionen erfordern Kompromisse in anderen Dimensionen. Wir können nicht in allen vier Dimensionen gleichermaßen extreme Stärken entwickeln.

Das Konzept der 4D-Intelligenz betrachtet den Menschen als gesellschaftliches Wesen in dem Sinne, dass Gruppen von Menschen der Realität gegenüberstehen, die sich wiederum in natürliche Umgebung und soziale Umgebung (andere Gruppen) gliedert. Betrachtet man den Menschen als Individuum, das sowohl einer natürlichen als auch einer gesellschaftlichen Umgebung (den Mitmenschen) gegenübersteht, so ergibt sich das Konzept der individuellen 3D-Intelligenz, bei der sich die TI-Dimension in die drei Dimensionen IP, IB und EB hineinprojiziert.

Dem Dilemma, dem der Mensch in dieser Hinsicht ausgeliefert ist, kann durch die begrenzte mentale Kapazität (MC) Ausdruck verliehen werden, die sich aus dem Produkt aus IP * IB * EB ergibt. In einer kurzfristigen Perspektive im Gruppenkontext ist diese mentale Kapazität begrenzt, und extreme Leistungen in einer Dimension gehen zulasten einer anderen Dimension – entweder direkt oder indirekt über den Mechanismus der mentalen Vulnerabilität.

Der einzelne Mensch ist in dieser Hinsicht den Gruppen, Teams bzw. sozialen Entitäten verhaftet, innerhalb derer er sich bewegt. Er kann sich nur begrenzt über den bei seinen Mitmenschen verfügbaren 3D-Intelligenz-Level erheben. Je weiter er diesem zu entfliehen versucht, umso stärker ist er der sogenannten mentalen Gravitation ausgesetzt, die sein Komplexitätsdilemma verschärft und die ihn über den oben genannten Vulnerabilitätsmechanismus auf den Boden des gesellschaftlichen 3D/4D-Intelligenz-Levels zurückzieht.

Das Konzept der 4D-Intelligenz läuft letztlich darauf hinaus, dass kontinuierliche gemeinsame Anstrengungen, möglichst viele Aspekte des Lebens mental zu integrieren, mit einem stetig wachsenden Intelligenz-Level und mit erfolgreicher gesellschaftlicher Selbstregulation belohnt werden (siehe auch „Großgruppenvernunft" unten).

Die Dynamik im 4D-Problemkomplexitätskonfrontationsraum ist jedoch, wie so vieles im Leben, von Diskontinuität gekennzeichnet. Der Mensch ist in seinem Streben nach Intelligenz und Vernunft dem Zufall insofern ausgeliefert, als kleinere und größere Erosionsprozesse etablierter Lösungskonzepte den Takt bestimmen (siehe auch oben Abschnitt „Komplexitätstransformation").

Wahre Kontrolle und Selbstregulation sind jedoch letztlich nur möglich, wenn der Mensch seine Bedürfnisse in den Griff bekommt (siehe auch oben Kapitel „Das SPP-Modell", Abschnitt „Künstliche Bedürfnisse und Knappheitsfantasien").

Großgruppenvernunft

Kleingruppen sind Gruppen von Menschen, die entweder überschaubar sind oder die über starke identitätsstiftende Merkmale verfügen oder auf die beides zutrifft (z. B. Familie, Sportklub, Nationalstaat, zivilgesellschaftliche Organisation; Anhänger einer Religion, Lehre, Ideologie oder Verschwörungstheorie; in ein marktwirtschaftliches System eingebundene Menschen). Dabei geht es um jene Gemeinschaften, sozialen Entitäten oder *Teams*, die wohletabliert sind und die unser Leben traditionell bestimmen. Diese *Kleingruppen* haben für ihre Mitglieder eine starke magnetische Wirkung, weil sie zugleich mit kohärenten Weltbildern und Formen von strukturierter Komplexität in Verbindung stehen.

Die Wirklichkeit hält jedoch viele Wechselbeziehungen und Abhängigkeiten bereit, die weit über diese Teams, Strukturen und Weltbilder hinausgehen, und die mit den jeweiligen beschränkten Kleingruppenperspektiven nicht fassbar sind. Und genau da setzt die Großgruppenvernunft an. Sie fängt dort an, wo ernsthaft versucht wird, über den üblichen Tellerrand hinauszuschauen und die gruppenübergreifenden und globalen Zusammenhänge zu erfassen. Das beinhaltet zwei Aspekte:

- Die Wechselbeziehungs- und Gruppendynamik zwischen Kleingruppen über internationale und globale politische Verständigung und Kooperation bis hin zu Psychologie und Verhalten des menschheitlichen Superorganismus.
- Die Beziehung des Menschen, der Gruppe sowie der Menschheit zur Natur und die Wahrung gewisser Gleichgewichtsverhältnisse zwischen Mensch und Natur.

Großgruppenvernunft heißt, in beiden Hinsichten aus den Kleingruppeninteressen, in die man verwickelt ist, auszubrechen und mehr zu erstreben und durchzusetzen, und das vor dem Hintergrund der globalen informationellen, wirtschaftlichen und politischen Vernetzung sowie des menschengemachten Artensterbens und Klimawandels.

Dieser integrative Anspruch spiegelt sich in Haltung und Verhalten so mancher Persönlichkeit und Organisation in gewissem Maß wider. Das sind zwar Pionierleistungen, die zur Hoffnung Anlass geben und Ansporn sein können. Statistisch gesehen bleibt jedoch das Kleingruppendenken der bestimmende Faktor. Das hängt damit zusammen, dass sich die entsprechend nötige 4D-Intelligenz nur allmählich im mentalen Gravitationsverbund aufbauen kann und dass dieser Prozess auch immer wieder Rückschläge erleidet.

Dabei muss man berücksichtigen, dass wir in dieser Hinsicht bereits in einer sehr fortschrittlichen Zeit leben. Die Kleinkariertheit war in der Vergangenheit viel größer. Das *Kleingruppendenken* der Gegenwart übertrifft teilweise den in der Vergangenheit von fortschrittlichen Kräften angestrebten Grad des vernetzten Denkens. Wir leben im Zeitalter von Aufklärung, aufkeimender Demokratie und globalisierter Wirtschaft. Doch es reicht nicht. Die globale Wirkmächtigkeit unseres Tuns hat bereits ein Ausmaß erreicht, mit dem der statistisch erreichte Grad der Großgruppenvernunft und der mentalen Kapazität zum integrativen Denken nicht Schritt halten kann. Ganz abgesehen davon, dass wirtschaftliche Egoismen, machtpolitische Muskelspiele und militärische Konflikte, wie sie heute auf internationalem Parkett üblich sind, längst wie Anachronismen anmuten.

Balance zwischen mentaler Akkumulation und Konsumption

Im 4D-Intelligenz-Zusammenhang wurden oben (im vorliegenden Kapitel) die Begriffe „Mentale Akkumulation" und

306

„Mentale Konsumption" eingeführt. Mentale Akkumulation bedeutet, nach maximaler Auslastung oder maximal möglicher Ausweitung der eigenen mentalen Kapazität zu streben. Das bedeutet, sich proaktiv den Spannungsfeldern auszusetzen, die es im 3D- bzw. 4D-Problemkomplexitätskonfrontationsraum zu bewältigen gilt. Die mentale Haltung in Phasen relativer Entspannung, in der der Anspruch, die mentalen Limits zu strapazieren, gelockert wird, wäre dann als mentale Konsumption zu bezeichnen.

Beide Modi gehören zum Menschen, wie Schlafen und Wachen oder Bewusstsein und Unterbewusstsein. Das Streben nach 4D-Intelligenz und vernetztem Denken ist anstrengend. Der Mensch kann nicht ständig nur Leistung bringen. Sowohl körperlich als auch mental ist das Leben von Anspannungs-Entspannungs-Zyklen gekennzeichnet.

Darüber hinaus findet mentale Akkumulation immer auf dem Niveau statt, das gerade möglich ist. Ist der aktuelle Kontext von Krankheit, Gewalt oder sonstigem Leid gekennzeichnet, so mag durch die überbordende emotivationale Belastung (EB) die Möglichkeit, den Intellekt zu pflegen (IP, IB), stark eingeschränkt sein. Abgesehen davon bestimmen die 4DI-Ressourcen des Umfelds, auf welchem mentalen Kapazitätsniveau (MC-Niveau) man agieren kann. Talente oder Potenziale, die in einem Menschen schlummern, werden so womöglich längere Zeit nicht freigesetzt. Der Wirkung der entsprechenden mentalen Gravitationskräfte kann man nur auf zweierlei Art entkommen (wenn man denn will): 1. durch gemeinsames Streben nach besser ausgeprägter Integration aller Aspekte des Lebens oder 2. durch einen Wechsel des Umfelds. Doch die zweite Möglichkeit funktioniert nur begrenzt, sie ist eher eine gute Strategie, solange man im Rahmen der Adoleszenz seinen Platz in der Gesellschaft sucht. Irgendwann kommt jeder Suchende an den Punkt, wo die Luft dünn wird, und nur die erste Möglichkeit ist es, die den Menschen letztlich voranbringt. Doch abgesehen davon machen sich viele Zeitgenossen wohl niemals aktiv auf die Suche nach einem Platz, an dem sie diese Art der Pionierarbeit erbringen können, sodass sie sich in dieser Hinsicht tendenziell eher von ihrem Umfeld mitschleppen lassen.

Wie auch immer. Die Frage, inwiefern sich mentale Akkumulation unter bestimmten Umständen entfaltet oder inwiefern gesellschaftliche Phänomene im Zusammenhang mit mentaler Konsumption stehen, kann als eines der Konzepte von Vernunftintelligenz angesehen werden.

Komplexitätstransformations-Kompetenz

Der Vorbereitungsmodus des Gehirns und die Fähigkeit, künstliche Bedürfnisse zu kultivieren, ermöglichen es dem Menschen, Systeme der mehr oder weniger langfristigen Vorsorge zu errichten und zu nutzen.

Wie oben im Abschnitt „Strukturierte und akute Komplexität" beschrieben, umfasst das „sowohl immaterielle Ressourcen wie Wissen, Kompetenzen, Fähigkeiten, Bildung, Kunst, Religionen, Lehren, Glaubensrichtungen (inklusive Aberglaube und Verschwörungstheorien), wissenschaftliche Erkenntnisse, Patente und Technologien als auch materielle Ressourcen wie Werkzeuge, Maschinen, Warenbestände, Währungen, Besitztümer, Kapital und Reichtum als auch Formen von wechselseitiger Unterstützung, soziale Prozesse, Institutionen und Elemente von Kultur. […] Die Schwelle von der geerdeten, aus naturgegebenen Bedarfen gespeisten Vorsorge zur Spezies-narzisstischen Vermehrung von weitgehend künstlich aufgebauschter Vorsorge-Zwischenprodukt-Komplexität dürfte dabei bereits vor langer Zeit überschritten worden sein". Für die Fähigkeiten, Werte, Institutionen und Wechselbeziehungssysteme, die in diesem

Zusammenhang entstanden sind und ständig weiterentwickelt werden, wurde der Begriff „strukturierte Komplexität" eingeführt.

In Abgrenzung dazu wird der Begriff „akute Komplexität" auf Zustände angewendet, bei denen Lösungen ihre Wirkung verlieren, bei denen strukturierte Konzepte zerfallen oder bei denen neue Bedarfe entstehen, auf die die bewährten Lösungskonzepte nicht mehr anwendbar sind. Dann lösen sich Teile der strukturierten Komplexität erneut auf bzw. es entstehen neue Formen von ungelösten Problemen, die Aufmerksamkeit und die Entwicklung neuer Lösungsstrategien erfordern.

Entscheidend ist das Gleichgewicht dieser beiden Prozesse. „Zu" gute Lösungen können dazu führen, dass die Problemlösungskompetenz nachlässt. In der Folge muss es irgendwann zu Akutisierungsschüben kommen, auf die die Menschen dann jedoch schlecht vorbereitet sind. Der umgekehrte Fall ist ebenso fatal: Die dauerhafte Befeuerung mit akuten Problemen verhindert über ständige emotivationale Injektionen (EB), dass sich informationelle Kompetenzen (IP, IB) entwickeln können. Die Ausweitung der mentalen Kapazität und die Entwicklung von 4D-Intelligenz, die nur über die Kultivierung aller möglichen Stärken in allen Dimensionen (IP, IB, EB, TI) gelingen kann, wird so vereitelt.

Ein gesundes Gleichgewicht und Wechselspiel zwischen den drei Phasen der Komplexitätstransformation – (1) Problementstehung/Akutisierung, (2) Akkumulation von Lösungspotenzialen/Vorbereitung und (3) Problemlösung/Strukturverfestigung (siehe oben Abschnitt „Komplexitätstransformation") – könnte also zielführend sein. Dazu muss man irgendwann zu Lösungen kommen. Konflikte, Defizite, Frustrationen, soziale Spannungen müssen behoben werden. Dazu ist es aber auch besser, sich vorübergehenden paradiesischen Zuständen nicht beliebig hinzugeben, zumal, wenn im Hintergrund noch Konfliktpotenzial vorhanden ist. Dann ist es besser, sich den Problemen, die ohnehin irgendwann akut zu werden drohen, bereits vorsorglich zu stellen. Dann ist proaktive Konfrontation und frühzeitiger Strukturwandel besser als das beliebige Ausleben schöner Welten oder Illusionen.

Ein weiteres Dilemma ist die schiere Größe des Eisbergs der strukturierten Komplexität. Unsere Vorfahren haben uns übermächtiges Know-how, ausgefeilte Institutionen und Austauschprozesse sowie ausgeprägte Zugriffsmöglichkeiten auf Ressourcen hinterlassen, und wir, die Akteure unserer Zeit, sind dabei, diese Strukturen auszuweiten und zu verfeinern. Das geschieht sehr weitgehend ohne Verständnis für das Gesamtsystem der strukturierten Lösungen und ohne Eingriffsmöglichkeiten in große, besonders verfestigte Bestandteile von Kultur, Glaube, Staat, Wirtschaft, politische Verflechtung. Das heißt, man kann zwar grundsätzlich alles infrage stellen oder zerschlagen, aber die Klugheit gebietet Zurückhaltung und die Verhinderung eines zu schnellen und zu konfrontativen Zerstörungswerkes.

Die Konsequenz ist, dass wir – mit größerem Abstand in langfristiger Perspektive betrachtet – letztlich nur an der Oberfläche der strukturierten Komplexität kratzen. Aus der raumzeitlichen Totale betrachtet, könnte sich ergeben, dass wir viel zu inkompetent sind, um mit den Strukturen zurechtzukommen, deren Nutznießer wir sind. Es könnte sein, dass wir nur kleinere Akutisierungseruptionen kennen und der nächste größere, ernsthaftere Komplexitäts-Blow-out noch bevorsteht. Das geht so lange gut, wie sich entscheidende Parameter nicht verändern. Langfristig steht jedoch jedes System auf dem Prüfstand. Irgendwann kommt der Tag, an dem es grundlegenderer, komplexerer Adaptionen bedarf (der Klimawandel könnte ein solcher Prüfstein sein).

Zu den üblichen Kompetenzen müsste also noch eine weitere Kompetenz hinzukommen – diejenige, mit Komplexitätstransformationsprozessen adäquat umzugehen. Das ist quasi eine Kompetenz höherer Ordnung, die nicht vorbehaltlos nach Vorsorge und Sicherheit für das unmittelbare Umfeld strebt, sondern die alles Naheliegende und scheinbar Selbstverständliche infrage stellt, um auch den größeren raumzeitlichen Zusammenhang zu betrachten und für die langfristige Entwicklung des menschheitlichen Superorganismus mitzudenken.

Ein entscheidender Punkt dabei könnte das Erfordernis sein, strukturierte Komplexität von vornherein so flexibel zu bauen, dass die Antwort auf die Frage, was bei einer künftigen Erosion der Problemlösungsstrategie passieren könnte, bereits enthalten ist.

Viele positive Konzepte dieser Art gibt es bereits. So wird z. B. beim Aufstellen von Windrädern z. T. (etwa in Deutschland) gefordert, dass der Rückbau, der am Ende fällig wird, bereits von vornherein geregelt ist (freilich mit jeder Menge praktischer Restprobleme). Worum es aber geht, ist, dass wir die Weltpolitik und das Agieren des menschheitlichen Superorganismus auf dieses Anspruchsniveau heben. Es geht darum, Komplexitätstransformation im Sinne des Konzepts der Großgruppenvernunft zu beherrschen und das Schicksal der Menschheit und der globalen Biosphäre einigermaßen gut in den Griff zu bekommen. Das könnte nur dann gelingen, wenn die hier beschriebenen Tugenden zum Maßstab werden sollten und sich statistisch durchsetzen würden, was womöglich niemals geschehen wird.

Kultur der künstlichen Bedürfnisse

Im Zusammenhang mit den neurowissenschaftlichen Analysen rund um das SPP-Modell sticht insbesondere auch die Erkenntnis heraus, dass es die ausgeprägte Fähigkeit des Menschen, künstliche Bedürfnisse zu kultivieren, ist, die ihn insbesondere aus dem Tierreich heraushebt.

Gewiss, es gibt viele sonstige Kriterien, die man anführen könnte – vom aufrechten Gang, die frei gewordenen Hände und die große Gehirnmasse über das Sozialverhalten und die menschliche Kultur bis zu Technologie und Wirtschaft. Wenn man aber nach der entscheidenden Kernkompetenz fragt, die den besonderen Weg des Menschen verursacht haben könnte, so ist sie nicht wirklich endgültig geklärt. Das SPP-Modell gibt die Antwort, dass es die Fähigkeit zur Kultivierung künstlicher Bedürfnisse ist.

Die Prozesse des Gehirns, die dem Menschen intelligentes Denken und Handeln ermöglichen, werden von den drei obersten Steuerungsebenen (3) „Aktivitätssteuerung", (4) „situative Vorbereitung" und (5) „kreative Vorbereitung" gelenkt (siehe oben Abschnitt „Tauglichkeitswahrscheinlichkeitsprozessor (SPP)" sowie Schindler 2020). Dabei spielt das sogenannte Entscheidungsfindungs- bzw. Willensbildungssystem („decision making apparatus") eine herausragende Rolle (siehe Schindler 2020, 173–179, 49–63 und darin zitierte Quellen). Dieses System arbeitet zweistufig. Als Erstes geht es um eine sogenannte Zielentscheidung („goal decision"), die affektiv („affective", „impulsive") und/oder wertegesteuert („value-guided") erfolgen kann, danach folgt die Auswahl einer Aktivitätssequenz („motor decision"). Die Prozesse der letzteren Entscheidungsfindung können auf die erstere zurückwirken und diese beeinflussen.

Im Vergleich zu hoch entwickelten Säugern ragt bei diesem System beim Menschen die Fähigkeit zur wertegesteuerten Entscheidungsfindung besonders heraus. Das steht in engem Zusammenhang mit der Fähigkeit zur Impulskontrolle, also zur Unterdrückung von affektiven Zielentscheidungen zugunsten der weiteren Suche nach Alternativen über die Steuerungsebenen (4) und (5). Im Zusammenspiel mit dem Belohnungssystem („mesocorticolimbic dopamine system"), das beim Säugetier bereits vorhanden ist, ergibt sich daraus beim Menschen die ausgeprägte Fähigkeit, nicht nur Ziele zu kreieren, sondern diese auch in regelrechte Bedürfnisse umzuwandeln und ihnen dann mit ebensolcher Vehemenz zu folgen, wie das herkömmlich nur mit anatomisch induzierten Grundbedürfnissen wie Durst, Hunger oder Schmerzfreiheit geschieht.

Hier wird die These vertreten, dass die beim Menschen besonders ausgeprägte Fähigkeit zur ausgiebigen Suche nach alternativen Zielen und zur Bindung dieser Ziele an neurochemische Belohnungsreize der entscheidende Faktor dafür ist, dass der Mensch zum Kulturwesen werden konnte. Natürlich bedingt sich alles gegenseitig, d. h. erste, primitive Vorformen von Kultur haben die Fähigkeit zur kreativen Zielgestaltung herausgefordert, und die ausgelösten Fantasien haben den Menschen zu Innovationen beflügelt und so weiter. Aber die Fähigkeit, künstliche Bedürfnisse zu erfinden, neurochemisch zu verinnerlichen und zu kultivieren, dürfte der entscheidende Faktor dafür sein, dass sich Kultur, soziale Kompetenzen und Technologien so drastisch entwickeln konnten.

Wo kommen all die erstaunlichen kognitiven, kommunikativen und handwerklichen Fähigkeiten her, die beim Menschen zu beobachten sind? Warum stellt er so viele spezielle Ansprüche? Warum geht der Mensch solch komplizierte Umwege, wo er doch vieles einfacher haben könnte? Warum strebt er nach Ruhm und Ehre? Warum untersucht er exotische Einzelheiten seiner Umwelt, die fernab von seiner unmittelbaren Lebenswirklichkeit liegen? Warum betätigt er sich künstlerisch oder politisch? Warum kennt er so viele Berufe? Warum wird er kriminell oder altruistisch? Darauf kann es eigentlich nur eine Antwort geben: Weil er über ein

Motivationssystem mit bestimmten Eigenheiten verfügt — weil er in der Lage ist, nahezu beliebige Bedürfnisse zu kreieren und zu kultivieren.

Das ist zunächst eine These. Folgt man den Analysen in Schindler (2020) sowie in den einführenden Abschnitten dieses dritten Teils, so könnte sie allerdings plausibel erscheinen. Grundsätzlich soll hier davon ausgegangen werden, dass diese These noch der Überprüfung und möglichen Falsifizierung harrt.

Geht man von dieser These aus, so ergibt sich, dass Vernunft, Intelligenz, Selbstregulierung, Selbstkontrolle und jede sonstige speziell menschliche Kompetenz etwas mit der Fähigkeit des Menschen zu tun hat, das System seiner künstlichen Bedürfnisse auszugestalten und so zu steuern, dass daraus positive Effekte für seine Existenz erzielt werden.

Künstliche Bedürfnisse sind also ein wichtiges Konzept der menschlichen Vernunftintelligenz.

Wie bei den anderen Konzepten, so gibt es allerdings auch in diesem Zusammenhang Indizien dafür, dass wir, statistisch gesehen, oft nicht besonders souverän mit diesem Konzept umgehen.

Regulatorische Variabilität

Die Regulierung der eigenen Angelegenheiten und der Angelegenheiten der eigenen Art ist bereits von der Evolution als wichtigstes Ziel vorgegeben. Das ist eine Anforderung, die es ständig in vielerlei Hinsicht zu erfüllen gilt, und es ist oft nur eine Frage der Priorisierung, welche Aspekte man verstärkt in den Fokus nimmt und welche man eher dem Zufall anheimgibt. Der folgende Teil 4 beschreibt einige „regulatorische Variabilitätsparameter", die im Sinne des Konzepts der Vernunftintelligenz heutzutage womöglich besondere Beachtung verdient hätten.

Teil 4 – Regulatorische Variabilität (RV)

Einführung

Im besten Fall hat der Mensch sein Leben unter Kontrolle. Das heißt zuallererst, dass in seinem Gehirn – im Sinne des Begriffs „Selbstkontrolle" – zwar mehr oder weniger heftige Wechselwirkungsstürme stattfinden können, diese sich jedoch dynamisch so ausgleichen, dass einigermaßen sinnvolle Informationsverarbeitung und einigermaßen sinnvolles Verhalten generiert werden. Nimmt man optimistisch an, dass dem Menschen diese Art der Selbstkontrolle möglich ist, so ist dafür der Begriff „Kontrolliertheitsannahme" naheliegend.

Berücksichtigt man jedoch, dass das Gehirn des Menschen nicht im luftleeren Raum existiert, sondern in einem Wechselwirkungsverhältnis steht mit dem Körper des Menschen und mit der Umwelt, in der der Körper inklusive des Gehirns lebt, so ergibt sich, dass Hirnprozesse nur unter Berücksichtigung dieses Zusammenhangs betrachtet werden können und dass es also um „Selbstregulierung" im evolutionären Kontext geht. Daraus ergibt sich insbesondere auch, dass die Fähigkeit eines Menschen zur *Selbstkontrolle* von Bedingungen in seiner natürlichen und sozialen Umwelt abhängt sowie von der Fähigkeit, die Wechselwirkungen mit dieser Umwelt zugunsten des eigenen Körpers wie auch zugunsten des Fortbestehens der eigenen Art zu *regulieren*. So gesehen ist also eher von einer „Reguliertheitsannahme" zu sprechen, welche die „Kontrolliertheitsannahme" als Teilaspekt beinhaltet.

Die Fähigkeit zur mentalen Kontrolle und erfolgreichen Regulierung der eigenen Angelegenheiten im positiven Sinne beinhaltet auch die Möglichkeit, dass entsprechende Parameter mit mehr oder weniger großer Variabilität toleriert werden können und es erst dann zu ernsthaften Problemen kommt, wenn gewisse Grenzen überschritten werden. Bei allen Parametern gibt es weder die ideale Balance, noch machte es, wenn sie bekannt wäre, etwas aus, wenn sie nicht genau eingehalten würde. Vielmehr besteht das große Potenzial guter Regelsysteme eben gerade darin, dass sie eine gewisse Variabilität nicht nur zulassen, sondern ihrer sogar bedürfen, weil es nur durch Abweichungen vom Normal oder Ideal zum gewünschten Regelungsverhalten kommt. Außerdem existiert so gut wie niemals das eine unstrittig wahre Ideal oder Normal, sondern es gibt typischerweise eine Pluralität vieler möglicher Ideale oder Normale. Beispielsweise mag (im nordeuropäischen Winter) mancher Mitmensch 21 °C als Wohnkomforttemperatur empfinden, während anderen erst bei 23 °C wohl wird und wieder andere 21 °C als unzumutbare Hitze (oder als ökologisch kritikwürdig) empfinden, während kultiviertes Leben auch bei 15 °C in einem Iglu möglich ist.

So gesehen liegt bei allen Parametern die Wahrheit in einer gewissen Variabilität, und erst mit der Über- oder Unterschreitung bestimmter Grenzen oder der Annäherung an Extremwerte droht ein Regelsystem dysfunktional zu werden. Hier sollen nun einige der entsprechenden regulatorischen Variabilitätsparameter (RV) beschrieben werden. Ebenso wie bei der Limitiertheitsannahme werden dabei sowohl Individuen als auch Gruppen in den Blick genommen, wobei im letzteren Fall wiederum konkrete Zuschreibungen auf einzelne Mitglieder der Gruppe kaum möglich sind, sodass man sich hier mit der Beobachtung sozioklimatisch oder statistisch erfassbarer Phänomene begnügen muss.

Im Folgenden wird zwischen multipolaren Spielräumen (RVxx, z. B. RV01) und bipolaren Variabilitätsfaktoren innerhalb dieser Spielräume (RVxx.yy, z. B. RV01.02) unterschieden. Bei den letzteren Faktoren geht es zunächst um den verkraftbaren Toleranzbereich und um die Fähigkeit, innerhalb und außerhalb dieses Bereiches regulierend einzuwirken und so die *Kontrolle* zu behalten oder zurückzugewinnen. Im Weiteren geht es jedoch in einigen Fällen – wie z. B. bei RV01.03 „Lust und Euphorie vs. Frust und Angst" – auch um Bipolarität zweiter Ordnung (RVxx.yy^2), bei der neben der tendenziellen Lage im Regelbereich der Grad des dynamischen Aufschaukelns gegenteiliger Positionen oder Extrempositionen betrachtet wird (z. B. abends Alkohol konsumieren, um den Frust des Tages zu kompensieren). Das ist – wie bei der Bipolarität erster Ordnung – in einigen Fällen ein ganz natürliches Phänomen, das in gewissen Toleranzbereichen verkraftbar oder sogar vorteilhaft ist und bei dem erst dann Dysfunktionalität eintritt, wenn gewisse Grenzen überschritten werden.

Systeme regulatorischer Variabilitätsparameter (RV) können prinzipiell in beliebige Richtungen ausgestaltet werden. Hier wird versucht, einen RV-Katalog so zu beschreiben, dass er, ergänzend zu Schindler 2020 und Teil 3 dieses Buches, als weitere Grundlage für die Analyse der „rätselhaften gesellschaftlichen Phänomene" (siehe oben Teil 2) dienen kann.

Bei manchen der RV-Parameter folgt der Beschreibung sogleich eine pauschale Bewertung. Diese wird dann jeweils als **„Behauptung"** gekennzeichnet, die es zu widerlegen gilt. Anmerkung: Das bedeutet nicht, dass alle anderen Aussagen bewiesen wären – siehe Ausführungen zu *evidenzbasierten Aussagen* und *wissenschaftlicher Seriosität* in Teil 2, „Einführung".

RV01 Neurosteuerung

Ausgeprägte Stärken in allen Steuerungsebenen der neuronalen Informationsverarbeitung. Das umfasst (1) *unbedingte Reflexe*, die eher genetisch determiniert sind, (2) *sensomotorische Prozeduren*, also antrainierte Reflexe und Gewohnheiten, (3) *Aktivitätssteuerung*, also die Fähigkeit, sich koordiniert zu bewegen und zu artikulieren, (4) *situative Vorbereitung*, also die Fähigkeit, dies überlegt und kontrolliert zu tun, und (5) *kreative Vorbereitung*, also die Fähigkeit, zu analysieren und zu reflektieren, ohne sogleich handeln zu müssen. Zugleich geht es um das effektive Zusammenwirken der beiden Modi des Gehirns – *Aktivitätsmodus* und *Vorbereitungsmodus* (siehe RV01.02, siehe auch Kapitel „Das SPP-Modell", Abschnitt „Ein systemisches Menschenbild"). Abgesehen von den wenigen im Folgenden direkt zu RV01 gelisteten bipolaren Parametern weist die Neurosteuerung viele weitere Variabilitätsparameter auf, die jedoch in der Abbildung auf die Bedürfnisregulation besser verständlich darstellbar sind – siehe dazu RV03.

RV01.01 Reguliertheit – Ausgesetztheit

Grad der Selbstbehauptung im Kontext der Evolution. Kontrolle und Zielorientierung versus Konfusion, Irritation und Konfrontation. Kontrolliertheit versus Unsicherheit und Plastizität.

Man könnte meinen, dass es das oberste Ziel sein muss, „alles im Griff", völlige Kontrolle zu haben. Dazu muss das Neurosystem jedoch die Gelegenheit bekommen zu lernen, zu trainieren und seine synaptischen Verschaltungen und Gewichte zu optimieren (siehe auch Begriff „reinforcement-

driven learning"). Das setzt wiederum voraus, dass Spielraum
für Unsicherheit, temporäres Scheitern, Versuch und Irrtum
sowie kreative Offenheit bleibt. Kontrolliertheit, Zielorien-
tiertheit und „Reguliertheit" basieren also grundsätzlich auf
„Ausgesetztheit", Konfusion, Irritation oder Konfrontation.
Die ersteren Kategorien bezeichnen stetig schwindende
Ressourcen, wenn sie den letzteren nicht den nötigen Spielraum geben. Hier geht es auch um die Bipolarität zwischen
Selbstsicherheit auf der einen Seite und Offenheit für andere
Haltungen und neue Aspekte der Realität auf der anderen,
ebenso wie um die Bipolarität zwischen Konsistenz, Konsonanz, Harmonie und Resonanz auf der einen Seite sowie
Inkonsistenz, Dissonanz, Spannung und Abgrenzung auf
der anderen – hier sind wiederum Verknüpfungen mit ver-
schiedensten Deutungsvarianten dieser Kategorien möglich.
Ausgesetzt ist der Mensch in der Natur, und mit Intelligenz
ist er ausgestattet, um sich der potenziell tödlichen Wirkung
dieses Verhältnisses entgegenzustemmen. Der Wille zur Regulierung, Reguliertheit oder Kontrolle – je nachdem, welchen Ausdruck man vorzieht – ist also gleichzusetzen mit
dem Willen des Menschen, in einer von Naturgesetzen bestimmten Umwelt zu überleben.

RV01.02 Aktivität – Vorbereitung

Aktivitätsmodus versus Vorbereitungsmodus. Das ist das
Gleichgewicht und Wechselspiel zwischen Intuition und Intellekt, Bewegungstalent und Reflektiertheit oder – negativ
ausgedrückt – zwischen Triebgesteuertheit und Zaghaftig-
keit. Der letztere Modus (Intellekt, Reflektiertheit, Zaghaf-
tigkeit) hat etwas mit der außerordentlichen Fähigkeit des
Menschen zur Impulskontrolle zu tun. Eine Verbindung
zum Parameter RV01.01 besteht insofern, als dass Vorberei-

tung als kultivierte, proaktive, vorwegnehmende Form von Ausgesetztheit, Konfusion, Irritation oder Konfrontation (mit Problemkomplexität) betrachtet werden kann.

RV01.03 Lust und Euphorie vs. Frust und Angst

Das menschliche Leben, egal in welcher Form, hält eine große Palette von Erlebnissen und Erfahrungen bereit. Diese sind mit allen möglichen Mischungen von Emotionen und Motivationen verknüpft, die alle möglichen Eindrücke hinterlassen – von extrem positiven bis zu extrem negativen. Positive Erfahrungen wie Lust und Euphorie sowie negative Erfahrungen wie Frust und Angst sollen hier stellvertretend für die ganze Bandbreite an emotionalen und motivationalen Erlebnissen stehen, die insgesamt möglich sind. Dabei geht es einerseits um das schwankende Gleichgewicht zwischen beiden Polen, das sich in einem gewissen Toleranzbereich bewegt.

RV01.03[2]: Andererseits ist jedoch bei diesem Parameter auch die Bipolarität zweiter Ordnung von großem Interesse, die sich dynamisch zwischen Lust und Frust oder Euphorie und Angst oder anderen gegensätzlichen Erfahrungspolen aufschaukeln kann. Dieser Parameter steht unter anderem für die Gegensätzlichkeit zwischen Frustration und Belohnung beim Suchtverhalten und für Bipolarität zwischen Verzagtheit, Melancholie oder Depressivität auf der einen Seite und Hyperaktivität, Manie oder Besessenheit auf der anderen, wie sie bei bipolaren Phänomenen oder Störungen zu beobachten sind. In den bipolaren oder multipolaren Spannungsfeldern, die sich zwischen extrem angenehmen und extrem negativen Emotionen bzw. Erfahrungen einstellen können, liegt womöglich auch eine große produktive

Kraft. Womöglich liegt hierin, d. h. in milden, gerade noch beherrschbaren oder wieder einfangbaren Ausprägungen dieser Art, die entscheidende Triebkraft für die Entwicklung künstlicher Bedürfnisse und für die phänomenalen Konsequenzen, die sich daraus für die Entwicklung der menschlichen Kultur ergeben.

RV01.04 Grad der Zielfindungskontrolle

Grad der Selbstbehauptung im Kontext der Evolution und im sozialen Gefüge.

Der entscheidende Faktor der Neurosteuerung liegt in der Zielfindung im Sinne von „value-guided goal decision making" und „affective goal decision making" (vgl. Schindler 2020, 49–63), die beide nicht voneinander zu trennen sind. Dieser hybride, einerseits bewusst und überlegt und andererseits intuitiv ablaufende Prozess ist die oberste Instanz für jegliches Verhalten und jegliche Haltungen des Menschen. Hier geht es nun um die Frage, inwiefern der Mensch Herr über die eigenen Zielfindungsprozesse ist und inwiefern er diesen Prozess bewusst kritisch hinterfragt oder inwiefern er sich dabei von äußeren Einflussfaktoren leiten lässt, ohne sich darüber Rechenschaft abzulegen, warum er wie schnell in welche Richtung läuft und ob er diesen Weg auch beschritten hätte, wenn er die möglichen Konsequenzen gekannt oder eingehend über sie nachgedacht oder sich über sie informiert hätte. Grad der kritischen Distanz.

Ein Grad der Zielfindungskontrolle, der nicht als total oder sehr hoch bezeichnet werden kann, eröffnet die Frage, wie das entstehende Vakuum ausgefüllt wird, d. h., welchen Einflussfaktoren sich der Mensch insoweit ausliefert, als er seine Ziele nicht selbst bestimmt. Das können beliebige Einflussfaktoren sein; hier sei insbesondere auf RV01.05 und RV01.06 verwiesen.

RV01.05 Sozialer Fremdeinfluss bei der Zielfindungskontrolle

Grad des Herdentriebs.

Ergänzend zu RV01.04 geht es hier um eine Variante, wie das entsprechende Zielfindungs-Kontrollvakuum ausgefüllt werden kann. Der einzelne Mensch kann eine starke Neigung entwickeln, sich maßgeblich von Mitmenschen beeinflussen zu lassen. Für Gruppen und insbesondere Großgruppen steht dieser Weg nicht offen – In diesem Kontext kann ein RV01.04-Vakuum eher nur mit RV01.06 ausgefüllt werden.

RV01.05a Fremdeinfluss bei der Aufmerksamkeitssteuerung

Wichtiger Teilaspekt des sozialen Fremdeinflusses bei der Zielfindungskontrolle. Hier geht es um die Frage, in welchem Grad die eigene Aufmerksamkeit den aus der sozialen Umgebung laufend einwirkenden Impulsen unkritisch überantwortet wird.

RV01.06 Pfadabhängigkeit/Glaubensrichtung

Struktureller Fremdeinfluss bei der Zielfindungskontrolle.

Je geringer bei einer Gruppe der Grad der Zielfindungskontrolle (RV01.04) ist, umso mehr ist dieses Vakuum mit strukturierter Komplexität oder mit einem Glaubenssystem auszufüllen (je größer eine Gruppe ist, umso weniger findet sie eine Herde, in die sie sich einordnen kann, sodass RV01.05 nicht funktioniert). In diesem Fall gewinnt das System, das sich je nach Bedarf, Umständen und wettbewerblichen Randbedingungen etablieren konnte. Glaube ist dabei letztlich nichts anderes als eine spezielle Art der strukturierten Komplexität. Diese Art der Fremdsteuerung hat etwas damit zu tun, dass eine Gruppe einen Pfad in eine bestimmte Richtung einschlägt und dass sie die Marschrichtung und ihre Identität fest mit den Ideen und besonderen Kompetenzen verknüpft, die dabei Pate stehen. Die Alternativen sind ein hoher Grad der Zielfindungskontrolle (RV01.04), der jedoch 4D-Intelligenz-Ressourcen voraussetzt, die normalerweise nicht ohne Weiteres zur Verfügung stehen, oder verstärkte Vulnerabilität (RV02.06) bzw. Chaos und Untergang.

Pfadabhängigkeit/Glaubensrichtung meint beides, Grad und Art der Pfadabhängigkeit bzw. des Glaubens.

RV01.07 Integrationsgefälle (mental)

Abhängigkeitsverhältnis zwischen Menschen innerhalb einer Gruppe (einer sozialen Entität), bei dem einige eine eher dominante Stellung einnehmen und andere sich an ihnen im Sinne von RV01.05 („Sozialer Fremdeinfluss bei der Zielfindungskontrolle") orientieren. Die Menschen mit höherer mentaler Dominanz realisieren dabei idealerweise einen besonders hohen Grad der Selbstbehauptung im Sinne von RV01.04 („Grad der Zielfindungskontrolle"). Da ihre mentalen Ressourcen jedoch – wie die aller Menschen – begrenzt sind, ist diese Fähigkeit limitiert, und insofern kommt den dominanteren Vertretern einer Gruppe die Rolle zu, für die Gruppe den strukturellen Fremdeinfluss zu realisieren, dem die Gruppe im Sinne von RV01.06 („Pfadabhängigkeit/ Glaubensrichtung") unterworfen ist. Mentale Integrationsgefälle entstehen auch zwischen Gruppen bzw. zwischen sozialen Entitäten.

Behauptung: So übt z. B. die Glaubensgemeinschaft der westlich-kapitalistischen Wachstumswirtschaft einen starken Einfluss auf nahezu alle anderen Glaubensgemeinschaften aus.

RV02 4D-Intelligenz

Im Rahmen der Konfrontation mit 3D-Komplexität gelingt es dem Individuum, alle drei Dimensionen, also Informationelle Präzision (IP), Informationelle Bandbreite (IB) und Emotivationale Bandbreite (EB), in gewissem Maße ausgewogen miteinander zu vereinbaren. Im sozialen Umfeld gelingt es, die Teamdimension (TI) zum Vorteil aller auszuschöpfen – für das Individuum bedeutet das ein deutliches Mehr an Spannungen im eigenen 3D-Komplexitätskonfrontationsraum, aber auch, dass durch wechselseitige Unterstützung Synergieeffekte erzielt werden, die das gemeinschaftliche Wirken lohnend werden lassen. Da sich im sozialen Kontext Macht und Einfluss über alle Faktoren definieren, insbesondere auch über soziale Vernetzung, besteht an starken Motivationen, sich die Spannungsfelder der TI-Dimension zuzumuten, kein Mangel.

RV02.01 Internalisierungsgrad der Realität

Neuronale Verknüpfungskomplexität zur Abbildung der natürlichen und sozialen Umgebung im Gehirn zum Zweck der erfolgreichen Regulierung der eigenen Angelegenheiten und der Angelegenheiten der Mitmenschen (bzw. der der gesamten Spezies).

Natürliche und soziale Realität warten mit mehr oder weniger komplexen Problemen auf, die es zu lösen gilt. Hier geht es um den Grad, in dem das Gehirn diese Komplexität in seinen Assoziationskortexen bzw. im 3D-/4D-Komplexitätskonfrontationsraum aufnimmt und im Rahmen der Selbstregulierungsaufgabe, der es unterstellt ist, erfolgreich anwendet.

Es ist typisch für den Menschen, dass er sich nicht nur mit elementaren Lebensnotwendigkeiten befasst, sondern sich zusätzlich allerlei künstliche Probleme schafft, die es dann ähnlich dringend zu lösen gilt wie elementare Probleme – dieser Aspekt findet im folgenden Parameter RV02.02 seinen Ausdruck.

Anmerkung: Fortschritte im Umgang mit informationell-emotivational-sozialer Komplexität (4D-Komplexität) sind auf der Basis der Steigerung von 4D-Intelligenz möglich.

RV02.02 Künstlichkeitsgrad der Problemkomplexität

Es ist typisch menschlich, Vorsorge zu betreiben, indem künstliche Bedürfnisse kultiviert werden und auf diesem Umweg Risiken der mangelnden Grundbedürfnisbefriedigung entgegengewirkt wird (siehe auch RV03.04 „Künstlichkeitsgrad des Bedürfnissystems"). Das führt nicht nur zu sinnvollen Umwegen, sondern auch zu bizarren und weit hergeholten Bedürfnissen und Lösungswegen sowie zu einer dabei versehentlich bewirkten explosiven Verkomplizierung der den Menschen umgebenden Realität. Im Weiteren ist die Folge, dass er sich intelligenzmäßig (im Sinne von 4D-Intelligenz) und mental (im Sinne von mentaler Kapazität) überfordert, was wiederum dazu führen kann, dass er der elementaren Realität (RV02.01), um die es eigentlich geht, aus dem Weg zu gehen versucht (siehe auch RV02.08 und 09).

Anmerkung: Künstlichkeitsphänomene stehen mutmaßlich im Zusammenhang mit Bewusstseinsverlust durch Überkomplexität im Sinne von RV02.13 („Komplexitätsgrad des Bewusstseins").

RV02.03 Präzision – Bandbreite

Problemlösungsstrategien beruhen sowohl auf Genauigkeit und Spezialwissen (IP) als auch auf Breitenwissen (IB). Beides bedingt sich, schließt sich jedoch auch gegenseitig aus, da die Ressourcen zur Informationsverarbeitung immer begrenzt sind, nicht zuletzt durch den Vehemenz-Faktor des folgenden Kriteriums RV02.04 „Vehemenz – Sensitivität“. Mit fortschreitender Spezialisierung der Berufsbilder (IP) wird Universalität unmöglich und Interdisziplinarität und integratives Denken sowie Handeln immer schwieriger (IB). So besteht ein ständiger Konflikt zwischen Präzision und Bandbreite, und in jeder konkreten Lebenssituation gilt es abzuwägen, wie der Kompromiss zwischen beiden Komponenten jeweils auszutarieren ist.

RV02.04 Vehemenz – Sensitivität

Problemlösungsstrategien beruhen sowohl auf starken Motivationen und Emotionen (EB, „Vehemenz“) als auch auf Information, also auf möglichst umfangreicher neuronaler Verknüpfungskomplexität, was hier mit dem Begriff „Sensitivität“ gefasst werden soll. Der letztere Faktor verweist wiederum auf den oben genannten informationellen Parameter RV02.03 mit den Faktoren Präzision (IP) und Bandbreite (IB). Im Sinne großer Sensitivität gelingt es, starke Emotionen, Motivationen und Vehemenzpotenziale immer wieder so weit einzuhegen, dass die effektive Verarbeitung komplexer Informationen möglich bleibt. Im Sinne großer Vehemenz gelingt es gleichzeitig auch, Qualitäten wie Beseeltheit, Leidenschaftlichkeit, Empathie und Strebsamkeit, die der EB-Dimension zugehören, wiederum so weitgehend zu nähren, dass einer womöglich hoch entwickelten Intellektualität eine gewisse Zielorientierung und Bodenhaftung nicht verloren geht. Beide Komponenten – Vehemenz (EB) und Sensitivität (informationelle Komplexität, IP*IB) – stehen sich immer gegensätzlich gegenüber und bedingten sich zugleich gegenseitig, und in jeder konkreten Lebenssituation gilt es, den besten Kompromiss zwischen beiden Komponenten jeweils auszutarieren.

Das Wechselspiel zwischen Vehemenz (EB), Sensitivität (IP*IB), Präzision (IP) und Bandbreite (IB) ist ein Prozess, der im menschlichen Gehirn ständig unterbewusst stattfindet, der jedoch auch reflektiert und beeinflusst werden kann.

RV02.05 Mentale Stärke

Grad der mentalen Stärke, der mentalen Kapazität (MC), der 3D-/4D-Intelligenz (siehe Teil 3, Kapitel „4D-Intelligenz"). Grad des Strebens nach diesen Qualitäten. Grad, in dem mentale Akkumulation bzw. mentale Konsumption so kultiviert wird, dass eine positive Gesamtbilanz resultiert (MAA, MAK, MKK-Kontexte; siehe Teil 3, Abschnitt „Mentale Akkumulation und Konsumption"). Grad, in dem mentale Gravitation und wechselseitige mentale Unterstützung (siehe Teil 3, Abschnitt „Soziale Vernetzung und mentale Gravitation") so gelebt wird, dass positive, mentale Kapazität aufbauende Synergieeffekte entstehen, oder in dem sie wahlweise so gelebt wird, dass mentale Zersetzung und Schwächung die Folge ist.

RV02.06 Vitalität – Vulnerabilität

Hier geht es um die Zusammenhänge, die in Teil 3, Abschnitt „Mentale Kapazität und die mentale Vitalitäts-Vulnerabilitäts-Achse" beschrieben wurden.

Nimmt man die These zur Konstanz der mentalen Kapazität als gegeben an (siehe Teil 3, Abschnitt „Mentale Kapazität (MC)"), so ergibt sich, dass Versuche, die individuelle 3D-Intelligenz, das mentale Leistungsvermögen oder die mentale Kapazität im Rahmen eines gegebenen sozialen Kontextes auszuweiten, niemals Erfolg haben, sondern dass daraus lediglich Kompensationsvorgänge resultieren, die de facto dazu führen, dass die Gesamtbilanz wieder dieselbe ist. Beispiele: Für die Professionalisierung (IP) in einem Fachgebiet muss man Kompromisse in anderen Disziplinen oder bezüglich der Interdisziplinarität hinnehmen (IB) (siehe auch RV02.03); die Konfrontation mit einer Herausforderung hat emotivationale Spannungen zur Folge (EB), die zu vorübergehenden Einbußen in der intellektuellen Leistungsfähigkeit führen, weil die Prozesse des Denkens und Erinnerns durch starke Emotionen und Ängste überschattet werden (siehe auch RV02.04). Zu diesen bereits oben beschriebenen Abhängigkeiten kommt die wechselseitige Abhängigkeit zwischen dem 3D-Komplexitätskonfrontationsraum und der mentalen Verletzlichkeit hinzu. Diese wirkt so, dass mit Versuchen der Überforderung der mentalen Kapazität eine erhöhte mentale Verletzlichkeit einhergeht. Diese führt wiederum zu Leistungseinbußen irgendwelcher Art – z. B. leidet das Gedächtnis (IB) oder die innere Ruhe (IP) –, was wiederum wenigstens einen Faktor so beeinflusst, dass die mentale Kapazität doch wieder konstant bleibt. So gerät die Illusion, durch ausgeprägte An- oder Überforderung mehr leisten zu können, letztlich zur Farce, die eher zusätzliche Unsicherheit ins Leben bringt als die beabsichtigte gesteigerte Effektivität. Umgekehrt setzt mentale Unterforderung Kräfte frei, die wiederum die Selbstsicherheit und Leistungsfähigkeit in einigen Parametern so steigern, dass nicht wirklich von einem Schwund der mentalen Ressourcen die Rede sein kann. Sich dennoch mental zu fordern und Verletzlichkeit zu wagen, hat allerdings den Vorteil, dass über die Regelstrecke RV01.01 „Reguliertheit – Ausgesetztheit" Erfahrungs- und Lernprozesse forciert werden, die der Rohstoff für künftige Leistungsfähigkeit und Selbstsicherheit sind. In vielen Situationen sind sowohl Anreize als auch Freiräume vorhanden, um sich auf neue Erfahrungen einlassen und auf unsicheres Terrain vorwagen zu können.

RV02.07 Sozialer Integrationsgrad

Soziale Bindung vs. Distanz (siehe Teil 3, Abschnitt „Soziale Bindung und Distanz"). Der Mensch bedarf sowohl mentaler Eigenständigkeit (3D) als auch sozialer Integration (TI). Beide bedingen einander. Das Verhältnis zwischen beiden Faktoren kann jedoch in einem breiten Bereich variieren. Der Mensch ist sowohl in der Lage, in einem oder mehreren sozialen Umfeldern regelrecht aufzugehen als auch sich sehr weitgehend von ihnen abzugrenzen, sich mit ihnen in ein Spannungsverhältnis zu begeben oder ihnen aus dem Weg zu gehen. Ein hoher Grad der sozialen Integration kann, je nachdem, unter welchen Voraussetzungen er erfolgt, umso bessere Möglichkeiten erschließen, den Grad, in dem man sich mit Realität auseinanderzusetzen hat, (RV02.01) einzudämmen und es den oder einigen Mitmenschen oder gewissen Dienstleistern zu überlassen, die Auseinandersetzung mit der Realität auszufechten (siehe unten RV02.08 und RV02.09). Der Grad der sozialen Integration zwischen Gruppen, Königreichen, Ländern etc. beinhaltet wiederum die Chance, „fremde" Kulturen partiell davon zu befreien, Teil der externen Realität zu sein. Durch die entsprechend gesteigerte Integration wächst die Komplexität des Systems der Systeme, in die man integriert ist, zugleich sinkt jedoch die Komplexität der externen Realität, die den eigenen Regulierungsansprüchen ebenso „feindlich" oder „zersetzend" gegenüberzustehen scheint wie die Natur und die Naturgesetze. Das ist Teil des Prozesses der mentalen Internalisierung der Realität, die im Zusammenhang mit der Entwicklung von 4D-Intelligenz steht (RV02.01–06). Man hat also die Wahl zwischen zwei Alternativen, die beide unangenehm sein können: Entweder lässt man sich auf seine Mitmenschen ein und akzeptiert ihre Kompliziertheit, oder man ignoriert sie und belässt sie in der Fremde, aus der sie irgendwann, wenn es der Zufall will, als Wettbewerber, Störenfriede oder Feinde auftauchen können.

RV02.08 Naturgesetzlich vs. sozial ausgerichtete Realitätskonfrontation

Grad, in dem die Konfrontation mit der Realität eher auf naturgesetzliche oder soziale Realitäten gerichtet ist, wobei Naturgesetze auch soziologische, psychologische, medizinische Naturgesetze etc. umfassen, während mit sozialen Realitäten die konkreten sozialen Wechselbeziehungen gemeint sind.

Die Menschheit ist grundsätzlich mit naturgesetzlicher Realität konfrontiert und ihre Mitglieder haben diese Konfrontation für sich und stellvertretend für ihre Mitmenschen zu gestalten und zu bewältigen. Man könnte annehmen, dass alle Menschen gleichermaßen interessiert seien, an diesem überlebenswichtigen Prozess teilzunehmen. Im Zusammenhang mit sozialer Integration (RV02.07) besteht jedoch die Möglichkeit, dass Konfrontation mit Realität teilweise an Mitmenschen delegiert wird. In diesem Fall tragen die dienstleistenden Mitmenschen, insofern sie diese Last nicht weiterdelegieren können und so zu „Dienstleistern letzter Instanz" werden, einen überproportionalen Anteil an der generell zu leistenden Bewältigung der naturgesetzlichen Realität. Für die Dienstleistungsnehmer führt das implizit und unweigerlich zum Realitätsverlust, insofern sie unzulängliche Problemlösungen auf mangelhafte Dienstleistungen zurückführen, also (tendenziell zu sehr) sozial verorten, obwohl es um Probleme geht, die der Mensch (an sich) mit der naturgesetzlichen Realität hat. Im sozialen Kontext ist es nicht ganz einfach, die soziale Weitergabe von Lasten von eigenverantwortlicher Bewältigung der Realität zu unterscheiden. Das ist insbesondere deshalb diffizil, weil die Mitmenschen beides verkörpern: erstens, Partner bzw. Konkurrenten im Netzwerk der wechselseitigen Unterstützung zu sein sowie, zweitens, Naturgesetze zu verkörpern, die in Mensch und Gesellschaft wirken und die z. B. in sozialen und humanmedizinischen Wissenschaften untersucht werden können. Die Übergänge sind teilweise fließend. Beispiele für sozial ausgerichtete (delegierte) Realitätsbewältigung: Man kauft alles, was man benötigt; man lässt sich helfen; man übernimmt die Konzepte anderer; man vermittelt; man handelt mit Informationen, Waren, Kapital; man lässt seine kranken Eltern pflegen. Beispiele für eigenständige und direkte Auseinandersetzung mit den Naturgesetzen: Man arbeitet in der Produktion; man baut ein Haus für andere oder für den Eigenbedarf; man löst ein ingenieurtechnisches Problem; man behandelt einen Patienten; man pflegt seine kranken Eltern selber.

RV02.09 Integrationsgefälle (4DI)

Hier geht es um das in Teil 3, Abschnitt „Soziales Integrationsgefälle", beschriebene Phänomen.

Abhängigkeitsverhältnis zwischen Menschen innerhalb einer Gruppe oder sozialen Entität oder zwischen Gruppen bzw. sozialen Entitäten, bei dem die Teilnehmer über unterschiedlich einflussreiche 4DI-Ressourcen verfügen und mental-sozial-materiell unterschiedlich vermögend sind, sodass einige der Teilnehmer eine eher dominierende Rolle einnehmen und gut integriert sind und andere sich tendenziell eher unterordnen und weniger gut von der Integration profitieren können. Bei diesem Phänomen ist der Grad der naturgesetzlichen Realitätskonfrontation (RV02.08) umso ungleicher nach unten verteilt, je größer das Gefälle ist. Das geht mit relativ schwacher oder selektiver Integration einher (RV02.07), und diejenigen, die dabei jeweils die schwächere Position innehaben, geraten überproportional in die Zwickmühle zwischen sozialer und echter Realität (RV02.08). Für die Stärkeren oder mental-sozial-materiell Vermögenderen bedeutet das hingegen, dass sie Realität verstärkt nur noch innergesellschaftlich erfahren (über Dienstleister, Politiker, Konkurrenten, angsteinflößende oder respektgebietende Mitmenschen etc.) und so nicht mehr in der Lage sind zu erkennen, was es heißt, das Verhältnis des Menschen bzw. der Menschheit zur Natur adäquat zu regulieren (RV02.08). Problematisch daran ist, dass die Letzteren (Stärkeren, Vermögenderen) in der Regel über größeren politischen Einfluss verfügen als die Ersteren (Schwächeren, weniger Vermögenden), dass ihnen jedoch wegen ihrer ausgeprägt sozial ausgerichteten Realitätskonfrontation (im Sinne von RV02.08) die Erfahrungshorizonte fehlen, um motiviert zu sein, die für die Regulierung des Verhältnisses des Menschen zur Natur nötigen Kompetenzen zu entwickeln. So gesehen liegt in der Verbindung und Vernetzung über alle Etagen von Integrationsgefällen hinweg die einzige Chance, die Bodenständigkeit und Verbindung zur Realität nicht zu verlieren und Macht und Einfluss mit suffizienten, gesellschaftlich tragfähigen Regulierungsbemühungen verknüpfen zu können. Siehe auch RV03.02 „Grad des Anthropozentrismus".

RV02.10 Kritische Distanz vs. Resonanz

Selbstwirksamkeit vs. Fremdsteuerung.

Die neuronale Steuerung basiert primär auf der Auswahl von Zielen („goal decision") und im Weiteren auf der Auswahl von Handlungsweisen („motor decision") und der Art, wie man Erfahrungen wertet, in Erinnerung behält und miteinander verknüpft („encoding decision"); die Zielauswahl kann wiederum intuitiv („affective") oder auf Abwägungen basierend („value-guided") erfolgen (siehe Schindler 2020, Abschnitt „The Attention Assessment Controller", 49–63). Diese Prozesse erfolgen in einem Realitätskontext, in dem das soziale Umfeld sowie Kommunikation und soziale Bewusstseinsbildung eine wichtige Rolle spielen (siehe Schindler 2020, Abschnitt „Individual and social consciousness", 102–110). In diesem Zusammenhang stellt sich die Frage, inwieweit der Mensch sich in einem Zustand harmonischer Resonanz mit dem Denken und Handeln seiner Mitmenschen oder mit strukturellen Gegebenheiten bewegt oder inwieweit er kritische Distanz bewahrt, alles hinterfragt, eigene Konzepte entwickelt, entsprechenden Einfluss auszuüben und alternative Pfade zu erschließen versucht. Der letztere Weg ist steinig. Erfolgreichen Ausbruchsversuchen aus gesellschaftlichen Gepflogenheiten stehen die mentalen Limitierungen sowie die Mechanismen der mentalen Gravitation entgegen (siehe RV02.02–06 und entsprechende Konzepte in Teil 3). Das Spannungsfeld zwischen kritischer Distanz und Resonanz korrespondiert mit dem Neurosteuerungs-Parameter RV01.04 „Grad der Zielfindungskontrolle", berücksichtigt jedoch zusätzlich die 4D-Intelligenz-Konzepte und führt Einschränkungen bei der *Zielfindungskontrolle* und bei Formen von *kritischer Distanz* sowie den Hang zur *Resonanz* auf begrenzte mentale Kapazität zurück. Dieser Zusammenhang erklärt auch, warum sich der Mensch Fremdeinflüssen, wie bei den Parametern RV01.05, .05a und .06 beschrieben, nur schwer entziehen kann.

RV02.11 Grad der kontextuellen Schnittmengenbildung bei der Kommunikation

Gegenseitiges Verstehen, Diskursfähigkeit.

Thema sind hier die Zusammenhänge, die in Teil 3, Abschnitt „Kommunikation und kontextuelle Schnittmengenbildung" beschrieben wurden.

Gesteigerte (Konfrontation mit Problem-) Komplexität beinhaltet die Verkomplizierung der Welt der Kommunikationskontexte. Im Zusammenhang mit der menschlichen Limitierung der 4D-Intelligenz und der mentalen Kapazität führt dies folgerichtig zum Auseinanderstreben der individuellen Erfahrungshorizonte und somit zu geminderten Möglichkeiten der kontextuellen Schnittmengenbildung (siehe z. B. zunehmende Spezialisierung sowie fortschreitende Ausdifferenzierung von Produktwelten und Weltbildern). Das untergräbt die Fähigkeit zur Kommunikation, weil zwar Inhalte noch korrekt übertragen werden, aber zugleich die Basis fehlt, ein gemeinsames Verständnis in Bezug auf die Bedeutung der Inhalte zu entwickeln. Dem kann wiederum nur durch die Steigerung von 4D-Intelligenz, d. h. durch einen smarteren Umgang mit Informationen und Emotionen, begegnet werden, sodass es trotz der Komplexität wieder möglich wird, sich gegenseitig zu verstehen. An Motivationen dafür mangelt es durchaus nicht, da soziale Vernetzung ein wichtiger Faktor bei der Regulierung der eigenen Angelegenheiten im sozialen Kontext bzw. ein wichtiger Machtfaktor ist. Zugleich ist man nicht in der Lage, sich beliebig auf soziale Komplexität einzulassen, da dem die begrenzte mentale Kapazität entgegensteht.

RV02.12 Ambiguitätskompetenz

Die heutige Zeit der zunehmenden Konfrontation mit Problemkomplexität, Internalisierung der Realität und Ausdifferenzierung der Wissens- und Betätigungsfelder ist in diesem Zusammenhang auch von einer zunehmenden Pluralität der Sichtweisen und Weltbilder geprägt. Man könnte meinen, es sei die Aufgabe der Wissenschaft, in diesem Wettbewerb die Führung zu übernehmen und alle Kompetenzen bereitzustellen, die die Gesellschaft nötig hat. In gewisser Weise ist dies auch richtig, und es kann nur gut sein, vorrangig einer Wissenschaft zu vertrauen, die ihren eigenen Maßstäben – wie Kritikfähigkeit, Transparenz und Integrität – genügt. Doch gibt es hier Grenzen. Wissenschaft ist kein Alleskönner, sie wartet mit unzähligen Spezialgebieten auf, zwischen denen es keine oder nur sehr schwache Verbindungen gibt und so kann sie das Bedürfnis der Menschen nach Knowhow nur bedingt befriedigen. Der größte Teil des Wissens bleibt immer das Unwissen, und der Mensch ist jederzeit gezwungen, auch damit adäquat umzugehen. Was heißt das? Bereits von der Wissenschaft selbst geht die Zumutung aus, dass sie die vielfältigen Muster, die sie zwar evidenzbasiert bereitzustellen in der Lage ist, jedoch nicht plausibel oder gar ebenso evidenzbasiert miteinander zu verknüpfen vermag.

Darüber hinaus gibt es unzählige Versuche von Amateuren, auf mehr oder weniger abenteuerlichen Wegen die Lücken zu füllen und weiße Felder aufzuarbeiten. Das geschieht auch gern auf wissenschaftsfernen Wegen – hierzu halten Wissenschaftler Taxonomien bereit, die alle möglichen Arten der Wissenschaftsleugnung klassifizieren, wie z. B. Pseudoexperten, logische Trugschlüsse, unerfüllbare Erwartungen, Rosinenpickerei und Verschwörungsmythen (PLURV, vgl. Skeptical Science 2021). Mit Blick auf die Existenz des Menschen als Geschöpf der Evolution gibt es jedoch keinen Anlass zu meinen, dass Wissenschaftlichkeit bindend ist; jeder Mensch ist vielmehr frei in seiner Entscheidung, wie er mit Informationen umgehen will; grundsätzlich ist es dabei auch legitim, sich ein mehr oder weniger simples Weltbild herauszupicken und Aspekte, die ihm widersprechen, zu ignorieren; grundsätzlich ist es dabei ebenfalls legitim, in (sogenannten) Echokammern Gruppen zu bilden, die sich ideologisch von anderen Gruppen mit anderen Weltbildern abschotten, wenn das zur Regulierung des sozialen Integrationsgrades (RV02.07) nötig erscheint. Wie auch immer, die Konsequenz ist, dass das Angebot an Wissens- und Kompetenzbausteinen sowie Fragmenten von Weltbildern, die unabhängig nebeneinanderstehen oder die einander widersprechen, unermesslich groß ist. Ambiguitätskompetenz ist nun die Fähigkeit, Fragmente aus diesem Angebot so herauszufiltern und miteinander zu verknüpfen, dass etwas Sinnvolles und Brauchbares resultiert. Es geht darum, sich vom gleichzeitigen Überangebot an Informationen und weißen Feldern nicht irritieren zu lassen und mit kritischer Distanz (RV02.10) den Überblick zu behalten, so gut es angesichts der komplizierten Lage, in der man sich jeweils befindet, geht.

RV02.13 Komplexitätsgrad des Bewusstseins

Siehe Teil 3, Abschnitt „Bewusstsein als Balanceakt zwischen Unter- und Überkomplexität".

Bewusstsein ist ein Balanceakt zwischen informationeller Unter- und Überkomplexität. Regulatorische, emotionale und motivationale Signale sind eine wichtige neuronale Komponente, die in diesem Zusammenhang ihren Tribut fordert.

Geringe informationelle Komplexität ist gleichbedeutend mit keinem oder geringem Bewusstsein. Auf der anderen Seite der Skala wächst Bewusstsein jedoch nicht, wie man vielleicht erwarten könnte, beliebig proportional zur Komplexität der scheinbar verknüpften Information. Da informationelle Komplexität nur durch geminderte oder gut gezähmte Emotivationen zu erlangen ist, führt sie vielmehr ab einem bestimmten Punkt durch gesteigerte Beliebigkeit, Künstlichkeit, geminderte Bodenhaftung und Ferne vom regulatorischen Prinzip des Lebens wiederum zur überkomplexen Form des Bewusstseinsverlusts. Dann ist zwar ein Mehr an Information vorhanden, das jedoch zunehmend hohl wird.

Dieser regulatorische Variabilitätsparameter hängt mit dem oben genannten Parameter RV02.04 „Vehemenz – Sensitivität" zusammen, wobei anzunehmen ist, dass Unterkomplexität mit Vehemenz und Überkomplexität mit Sensitivität korreliert.

Siehe auch RV02.02 „Künstlichkeitsgrad der Problemkomplexität" und RV03.04 „Künstlichkeitsgrad des Bedürfnissystems".

RV03 Bedürfnisregulation

Das Systemverhalten des menschlichen Nervensystems ist sehr weitgehend von emotivationalen Bewertungsprozessen und neuronalen Musterauswahlprozessen geprägt, die auf entsprechenden Bewertungen basieren. Man kann das beschreiben, indem man von Homöostase, Hormonen, Sympathikus und Parasympathikus, sinnlicher Wahrnehmung, motorischer Steuerung, Erregung und Hemmung, Angstzentren, dem Belohnungssystem, Synapsen, der grauen und weißen Substanz, neuronalen Schaltkreisen etc. spricht (siehe dazu die umfangreiche wissenschaftliche und populärwissenschaftliche Literatur sowie Schindler 2020). Ergänzend zur neurowissenschaftlichen Literatur, zum SPP-Modell und zu den regulatorischen Variabilitätsparametern unter RV01 „Neurosteuerung" kann man einen wesentlichen Teil des Systemverhaltens jedoch auch sehr gut unter dem Begriff der Bedürfnisregulation verständlich machen. So ist es möglich, einen wichtigen Teil des Nervensystem-Systemverhaltens mittels psychologischer statt neurowissenschaftlicher Kategorien zutreffend und verständlich zu diskutieren. Siehe dazu auch die Ausführungen zur „Dynamik der Bedürfnishierarchie" in Schindler 2020, 123–131, und Maslow 2010, 65, 62–87, auf die hier Bezug genommen wird.

Menschliche Bedürfnissysteme kann man mit ganz unterschiedlichen Begriffen beschreiben, die alle im jeweiligen Kontext, in dem sie benutzt werden, ihre Berechtigung haben. Hier soll im Weiteren die folgende, ganz spezielle Art der Abgrenzung von Bedürfnisbegriffen benutzt werden:

- Grundbedürfnisse: die physiologischen Grundbedürfnisse wie die nach Luft zum Atmen, Wasser oder Nahrung sowie im Weiteren die Sicherheitsbedürfnisse. Zwischen stofflichen Grundbedürfnissen, deren Frustration unmittelbar und direkt wirkt, und Sicherheitsbedürfnissen, deren Frustration nur potenziell eintritt und die hauptsächlich über Ängste präsent sind, wird hier nicht eigens unterschieden. Es wird vielmehr davon ausgegangen, dass bei der menschlichen Lebensweise beide Bedürfnisarten ausgesprochen stringent wirken und dass alle diese Grundbedürfnisse zunächst grundsätzlich zu befriedigen sind, um zu überleben und am gesellschaftlichen Leben teilnehmen zu können.

- Elementare Sozialbedürfnisse als hypothetische Kategorie mit der Annahme, dass es daneben nur Grundbedürfnisse, jedoch keine künstlichen Bedürfnisse gibt. Eine Vorstellung davon, was diese hypothetische Bedürfniskategorie bedeuten soll, kann man erlangen, wenn man das Sozialleben besonders hoch entwickelter Primaten studiert.
- Natürliche Bedürfnisse als Kombination aus Grundbedürfnissen und elementaren Sozialbedürfnissen.
- Künstliche Bedürfnisse: Wertschätzung, Ansehen, Respekt, Wohlstand, Selbstverwirklichung, Reichtum und alles, was es sonst an Gratifikationen gibt, die zum *Überleben* nicht direkt notwendig sind.
- Künstliche Sozialbedürfnisse, die sich aus der Kombination elementarer Sozialbedürfnisse mit künstlichen Bedürfnissen ergeben; es handelt sich um die Sozialbedürfnisse, wie wir sie in der menschlichen Gesellschaft zelebrieren. Letztlich sind regelrechte künstliche Bedürfnisse sehr weitgehend sozial determiniert, sodass es in der Regel schwer möglich ist, künstliche Bedürfnisse und künstliche Sozialbedürfnisse voneinander abzugrenzen.

Bei den (menschlichen) Sozialbedürfnissen ist es kaum möglich und auch kaum notwendig, natürliche von künstlichen Anteilen zu trennen. Außerdem ist klar, dass – beim gesellschaftlichen Wesen Mensch – Sozialbedürfnisse generell einen breiten Raum einnehmen, sodass für sie kein expliziter Variabilitätsparameter benötigt wird. Das Verhältnis der sozialen zu anderen Aspekten des Lebens ist allerdings durchaus interessant – siehe dazu insbesondere RV03.02 und 03.

RV03.01 Regulierung von Grundbedürfnissen

Hier geht es um die physiologischen Grundbedürfnisse wie die nach Luft zum Atmen, Wasser oder Nahrung sowie im Weiteren um Sicherheitsbedürfnisse. Grundbedürfnisse müssen reguliert werden können. Für Mitmenschen, denen hierzu die Grundlagen fehlen, und die es trotz der UN-Menschenrechtskonvention sehr zahlreich gibt (extreme Armut, Hunger, Mangel an sauberem Wasser), bedeutet das, dass sie am gesellschaftlichen Spiel um Beziehungen und Freundschaften, Respekt und Konsum, Selbstverwirklichung und Reichtum, also an den sonstigen Aspekten von Bedürfnisregulierung, nicht adäquat teilnehmen können. Zur Minimalregulierung von Grundbedürfnissen gehört nicht viel. Wie uns das Tierreich täglich vorexerziert, reicht ein Minimum an Wasser, Nahrung und Schutz, eine ökologische Nische oder ein Revier sowie ein gewisser Freiraum für Paarungsrituale, um überleben zu können. Das ist im Tierreich oft mit großem Stress, großen Risiken und gewissen Verlusten verbunden, sodass die Art zwar überlebt, das Individuum jedoch in vielen Fällen nicht. Die Menschheit hat in dieser Hinsicht einen anderen Ansatz, bei dem Risiken und Ängsten normalerweise, wenn nicht alles zusammenbricht, vorsorglich aus dem Weg gegangen wird. Dies hat etwas mit den Sozial- und höheren Bedürfnissen zu tun, auf die im Zusammenhang mit den anderen Aspekten von Regulierung im Folgenden eingegangen wird.

Beim regulatorischen Variabilitätsparameter RV03.01 geht es darum, ob die Grundbedürfnisbefriedigung prinzipiell abgesichert ist (das entspricht in etwa dem Artikel 25 der „Allgemeinen Erklärung der Menschenrechte"). Ist sie das nicht, so hat das weitreichenden zerstörerischen Einfluss auf nahezu alle anderen Parameter, wobei Parameter RV02.04 „Vehemenz – Sensitivität" über die Verstärkung des Emotivations- bzw. Vehemenzdrucks der wichtigste Vermittler sein dürfte. Nach Maslow (2010, 65) lautet die entsprechende Formel „daß die grundlegenden menschlichen Bedürfnisse in einer Hierarchie der relativen Vormächtigkeit organisiert sind", was bedeutet, dass Grundbedürfnisse, wenn sie denn akut sind, die Gehirnprozesse *(vehement)* in ihren Bann ziehen und dass andere Bedürfnisse und andere Aspekte des Lebens erst wieder eine Chance haben, sich zu entfalten, wenn die Grundbedürfnisse befriedigt sind.

RV03.02 Grad des Anthropozentrismus

Grad des Narzissmus der Gesellschaft in ihrem Verhältnis zur Natur. Genügt sich die Gruppe oder menschliche Gesellschaft selbst oder begreift sie sich wahlweise als eine Spezies von vielen, die sich im Schoß der Natur und der Naturgesetze (oder wahlweise der Schöpfung) entwickelt hat? Der Mensch kann sich, wenn er einsichtig ist, nur als Baustein der Natur und als Rädchen im Getriebe ökologischer Nischen betrachten. Wahlweise kann er sich als etwas Besonderes ansehen, die Verbindung zur Natur abreißen lassen, sich zunehmend in künstlichen, mehr oder weniger naturfremden Elementen von Kultur verlieren und als narzisstisches Wesen gerieren, das seine Herkunft und sein Wesen als Geschöpf der Natur verkennt und die Natur als etwas betrachtet, das sich um den Menschen zu drehen hat. Bei diesem Variabilitätsparameter geht es darum, wie weitgehend der Mensch die Verbindung zur Natur und zu seiner eigenen biologischen Wesenheit verloren hat.

Eine gegenteilige Haltung zum Anthropozentrismus – nennen wir sie Ökozentrismus – wäre, wenn es sie denn in radikaler Ausprägung gäbe, ebenso problematisch, da beim sozialen Wesen Mensch der gesellschaftliche Zusammenhalt und die positive Selbstverwirklichung im sozialen Kontext eine bedeutende Rolle spielen muss.

Ein Zusammenhang zwischen anthropozentristischen Tendenzen und den Künstlichkeits-Parametern RV02.02 und RV03.04 kann angenommen werden. Eine wichtige Ursache für ausgeprägten Anthropozentrismus könnte in allzu starken Integrationsgefällen liegen, wie bei RV02.09 beschrieben.

Behauptung: Die Verbindung des eigenen Körpers und der eigenen Spezies zur Natur kognitiv zu erfassen, ist nicht das Problem. Wenn es darum geht, das Bedürfnissystem auszugestalten, ist jedoch – ohne Rücksicht auf theoretische Einsichten – die Neigung vorhanden, die menschliche Kultur sowie menschliche und zwischenmenschliche Befindlichkeiten absolut in den Vordergrund zu stellen und Forderungen Raum zu geben, die, realistisch betrachtet, mit nachhaltiger Naturverbundenheit oder mit dem Fakt, dass es Natur gibt und wir von ihr abhängig sind, unvereinbar sind. So kommt es zur Bewusstseinsspaltung. Während Naturserien in den Medienkanälen der Welt sich größter Beliebtheit erfreuen, werden die Reichtümer der Natur zugleich als Ressourcen betrachtet, auf die man uneingeschränkt Anspruch hat und die es durch Technologien zum eigenen Wohl zu erschließen gilt.

RV03.03 Soziale Integration vs. Individualismus und Egozentrismus

Hier geht es darum, wie stark das Individuum in der Gesellschaft aufgeht oder wie stark und rücksichtslos es wahlweise auf seine ganz persönliche Verwirklichung oder auf sein persönliches Heil aus ist (siehe auch RV02.07 „Sozialer Integrationsgrad"). Hier gibt es eine große Bandbreite an legitimen Haltungen. Egozentrismus oder Individualismus muss insbesondere dann nicht unvernünftig sein, wenn es darum geht, sich von einer Gruppe oder Gesellschaft, die in eine merkwürdige (z. B. im Sinne von RV03.02 extrem anthropozentrische) Richtung abdriftet, explizit abzugrenzen (z. B. mit einer naturverbundenen Haltung im Sinne des Parameters RV02.08 „Naturgesetzlich vs. sozial ausgerichtete Realitätskonfrontation"). Vermutlich ist diese Form der Vernunft jedoch eher selten, und Egozentrismus und Individualismus sind oft nichts weiter als simpler Egoismus ohne erwähnenswerte Hintergedanken. Die Fähigkeit, völlig in der Gesellschaft aufzugehen – z. B. im Dienst an seinen Kunden –, ist bewundernswert, sie hat jedoch die wahrscheinliche Nebenwirkung, dass sie den Weg für Fremdsteuerung (RV01.05 und 06) und Integrationsgefälle (RV01.07, RV02.09) bereitet sowie die Kompetenzen zur „naturgesetzlichen Realitätskonfrontation" schwächt (RV02.08; es sei denn, man wird zum Dienstleister letzter Instanz im Sinne von RV02.08 oder man bildet eine Gruppe, die die Nähe zur Natur und den Naturgesetzen sucht).

RV03.04 Künstlichkeitsgrad des Bedürfnissystems

Künstlichkeit vs. Bodenhaftung. Bizarre Pfade der Selbstverwirklichung vs. geerdeter Pragmatismus. Künstliche Bedürfnisse vs. Grundbedürfnisse und elementare Sozialbedürfnisse.

Die Frage ist hier, wie abgehoben die Bedürfnisse, denen man sein Leben widmet, von den natürlichen Existenzgrundlagen und von der Realität sind. In welchem Grad werden Bedürfnisse der unteren Ebenen (Grundbedürfnisse, Sicherheitsbedürfnisse, elementare Sozialbedürfnisse) kulturell aufgeladen und mehr verkompliziert und zelebriert als einfach nur befriedigt?

Künstlichkeitsphänomene stehen mutmaßlich im Zusammenhang mit Bewusstseinsverlust durch Überkomplexität im Sinne von RV02.13 „Komplexitätsgrad des Bewusstseins".

RV03.05 Materialisierungsgrad des Bedürfnissystems

Immaterielle Bedürfnisse vs. materielle Bedürfnisse.

Wie ist das Wertesystem aufgebaut? Zahlt man Geld und Aufmerksamkeit vorrangig für materielle Dinge und ressourcenintensive Prozesse oder spendet man Aufmerksamkeit und Geld eher für immaterielle Werte oder ökologische Optimierung? Zwischen beiden Extremen gibt es grundsätzlich eine große Bandbreite legitimer Ausgestaltungsmöglichkeiten. Jedoch kann sich in Abhängigkeit vom Kontext und von sonstigen Parametern der Spielraum auch deutlich verengen.

RV04 Allgemeine Regulationsparameter

Hier geht es um verschiedene Aspekte der Einbettung der menschlichen Spezies in die Natur.

RV04.01 Kräfteverhältnis Spezies (Mensch) – Natur

Sind die Menschen nur eine kleine Population, die in einer „feindlichen" Umwelt um ihr Überleben zu kämpfen hat, oder dominieren sie ihre Umwelt und drohen sie zu vernichten, oder liegt das Kräfteverhältnis irgendwo dazwischen? Soweit bekannt, wurde jedes denkbare Kräfteverhältnis auf dieser Skala bereits eingenommen.

Behauptung: Das Problem ist, dass Dominanz des Menschen und Vernichtung der Natur zur Selbstvernichtung des Menschen führen, da er nicht nur Mensch, sondern auch Teil der Natur ist, was er in seiner Hybris und in seinem kulturellen Künstlichkeitswahn (RV02.02 und RV03.04) gern zu vergessen geneigt ist.

RV04.02 Grad der Akuität der Problemkomplexität

Im Sinne der Abschnitte zur Komplexität in Teil 3 („Komplexitätstransformation", „Strukturierte und akute Komplexität" und „Strukturierte Komplexität als unsichtbares System aller Lösungen") richtet der Mensch seine Aufmerksamkeit immer nur genau auf den akuten Teil der Komplexität, während das unsichtbare System aller Lösungen, das bisher bereits geschaffen wurde, im Verborgenen seinen Dienst tut. Dieses System der Strukturen beinhaltet jedoch nicht nur Lösungen, sondern auch die Probleme der Zukunft, die regelmäßig durch Erosionsprozesse daraus erwachsen. Wenn man solche bevorstehenden strukturellen Erosions- und Transformationsprozesse vorauszudenken versucht und über ernsthafte Konsequenzen nachdenkt, kann von einer proaktiven, vorzeitigen Auflösung von Teilstrukturen bewährter Lösungen gesprochen werden. Das ist jedoch nur begrenzt leistbar, und man kann nicht alle Prozesse im Komplexitätsraum gleichzeitig infrage stellen. Letztlich gilt auch hier wiederum die Regel, dass mentale Kapazität – diesmal auf der Ebene gesellschaftlicher Bewusstseinsbildungsprozesse – nur begrenzt zur Verfügung steht.

Behauptung: Hier wird behauptet, dass wir nicht in der Lage sind zu ermessen, wie groß die Macht der mentalen, sozialen und realen Strukturen und wie klein unsere Ausweichmöglichkeiten sind, weil diese Erkenntnis mental nicht fassbar oder nicht verkraftbar wäre. An irgendetwas muss man schließlich glauben, und an irgendetwas muss man sich festhalten. Es gibt immer irgendwelche Grundfesten und Selbstverständlichkeiten, die man nicht infrage stellen kann oder möchte, und wenn man es doch tut, basiert dieser Prozess letztlich wiederum auf Grundannahmen, deren Vorhandensein man nicht erkennt.

RV04.03 Machtbalance

Grad, in dem zwischen Menschen, die sich begegnen, ein Machtgleichgewicht gegeben ist; betrifft in der Endkonsequenz das Machtgleichgewicht zwischen allen Menschen, die auf der Erde leben.

Das Leben des Menschen ist vom evolutionär vorgegebenen Zwang zur Regulierung bestimmt, der unter anderem in den in diesem Abschnitt beschriebenen regulatorischen Variabilitätsparametern seinen Ausdruck findet. Im Verhältnis zur Natur, aber insbesondere im sozialen Gefüge, spielen dabei der Wille und die Fähigkeit zur Selbstbehauptung eine wichtige Rolle – siehe unter anderem RV01.01 „Reguliertheit vs. Ausgesetztheit" und RV01.04 „Grad der Zielfindungskontrolle". Kontraindikationen zum Willen und zur Fähigkeit zur Selbstbehauptung sind unter anderem RV01.05 „Sozialer Fremdeinfluss bei der Zielfindungskontrolle/Grad des Herdentriebs" und RV01.06 „Pfadabhängigkeit/Glaubensrichtung".

Machtbalance bedeutet eine relativ gute Gleichverteilung der Selbstbehauptung zwischen Menschen und zwischen Gruppen. Ein Selbstbehauptungswettbewerb aller auf hohem 4D-Intelligenz-Niveau ist womöglich die einzige Möglichkeit, um eine relativ gute Ausgeglichenheit im sozialen Gefüge zu erreichen. Schwach ausgeprägte Selbstbehauptung bei einem Teil der Mitglieder der Gesellschaft hinterlässt hingegen Machtvakua, die zwangsläufig von „stärkeren" Mitmenschen, die es immer gibt, ausgefüllt werden, wodurch Machtungleichgewichte entstehen. So gesehen ist Machtbalance ein Gegenteil von Integrationsgefälle (siehe RV01.07 und RV02.09). Siehe auch Teil 3, Abschnitt „Macht".

RV04.04 Problemlösungseffizienz

Flexibilität der strukturierten Komplexität, von der man seine Problemlösungen abhängig macht. Dabei gilt die Annahme, dass die völlige Abwesenheit von strukturierter Komplexität zugleich maximale (unendliche) Flexibilität und

Lösungseffizienz zur Folge hat (vorausgesetzt, akute Probleme werden gelöst und Grundbedürfnisse werden befriedigt).

Bezieht sich auf das Konzept der strukturierten Komplexität. Zur Lösung akuter Probleme gibt es zwei Varianten: (1) sofortige Lösung (Früchte naschen) und (2) vorsorgliche Strukturierung (Vorsorgeinfrastruktur schaffen, Früchte besorgen, lagern, verwalten, entnehmen und verzehren). Lösung (2) gibt es auch im Tierreich (z. B. bei Maulwürfen, Wespen, Vögeln, Eichhörnchen etc.), sie ist jedoch der typisch menschliche Weg der Problemlösung. Die gesamte menschliche Kultur basiert auf Vorsorge, künstlichen Bedürfnissen und über Umwege erzielten Lösungen. Und der Mensch geht noch einen Schritt weiter: Er kultiviert das Prinzip der vorsorglichen Strukturierung (2) so ausgeprägt, dass er viele Strukturen übereinanderschichtet oder aus Prinzip schafft, ohne die Kontrolle darüber zu behalten, inwiefern sie bei der Lösung echter Probleme, d. h. bei der Befriedigung von Grundbedürfnissen, helfen. Also kennt er noch eine weitere Lösungsvariante (3), die verselbstständigte Strukturierung, die mit den folgenden Parametern zusammenhängt: RV02.02 „Künstlichkeitsgrad der Problemkomplexität" und „RV03.04 Künstlichkeitsgrad des Bedürfnissystems".

Das Problem bei der Strukturierung ist, dass sie zwar zur Lösung künftiger Probleme geeignet ist, aber auch Probleme höherer Ordnung schafft, die genau dann auftreten, wenn Strukturen erodieren, weil sich die Welt verändert. Das führt potenziell zu viel größeren Problemen, als das angesichts der Grundbedürfnisse, die es ursprünglich lediglich zu befriedigen galt, auch nur ansatzweise vorstellbar war. Dazu braucht man nur den aktuellen Zustand der Menschheit zu betrachten und dabei z. B. den Fokus auf die Kriege der letzten 200 Jahre oder auf die Müllberge dieser Welt zu richten.

Der Parameter „Problemlösungseffizienz" beschreibt, in welchem Grad es gelingt, Probleme tatsächlich (endgültig bzw. vorläufig endgültig) aus der Welt zu schaffen. Ein gewisser Grad der Strukturierung kann dazu ganz sicher beitragen, eben dann, wenn es keine einfachere Lösung gibt. Übertreibt man die Strukturierung, findet man sich jedoch am Ende auf einem Pfad des Mengen- und Komplexitätswachstums des Problemberges wieder, und die Lösungseffizienz sinkt drastisch. Die Unterschiede, die es gegenüber der Natur gibt, sind auffällig: Während Tiere, wenn überhaupt, Strukturierung nur minimalistisch im jahreszeitlichen Rhythmus betreiben und Bäume z. B. extrem lösungseffizient agieren (langes Leben, viele Früchte, viel Nachwuchs, ansonsten mit den Stoffen auskommen, die zufällig angeboten werden), schiebt der Mensch einen riesigen und immer weiter wachsenden Berg strukturierter Komplexität und damit potenzieller Probleme und ständiger neuer Imperative vor sich her. So gesehen ist die Lösungseffizienz beim Menschen extrem schlecht oder nicht vorhanden oder negativ, je nachdem wie man sie mathematisch zu fassen versucht. Beim Menschen ist es leider so, dass in nahezu jeder Lösung wiederum ein Problem der Zukunft liegt. Sein Komplexitäts- und Intelligenzproblem hat sich der Mensch auf diese Weise künstlich geschaffen. Der Superorganismus hat sich selbst herausgefordert.

Teil 5 – Ausflüge in ausgewählte Quellen

Einführung

Dieser Abschnitt geht auf bestimmte Quellen, die für die vorstehenden Teile relevant sind, näher ein. Dabei werden zunächst entscheidende Inhalte aus der jeweiligen Quelle, die für das Thema des vorliegenden Buches von besonderem Interesse sind, zusammenfassend wiedergegeben, dann folgt jeweils eine kritische „Bewertung".

Evolutionsbiologie

E1 – Glaubrecht, M.: Das Ende der Evolution

Zusammenfassung ausgewählter Inhalte

Worum es in seinem Buch „Das Ende der Evolution" (2019) im Kern geht, beschreibt Matthias Glaubrecht auf den Seiten 359–364. Er berichtet von der Einzigartigkeit des biologischen Lebens auf unserem Planeten. Leider schwindet die Artenvielfalt jedoch schneller als je zuvor in den Millionen Jahren der Erdgeschichte. Verantwortlich für diesen Artenschwund zeichnet der *Homo sapiens*. Unsere Spezies hat sich selbst hervorragend entwickelt, dies jedoch zulasten der Umwelt. Matthias Glaubrecht stuft den Artenwandel als mindestens so dramatisch ein wie den Klimawandel, nur sei der Erstere zunächst noch wenig spürbar, dafür jedoch irreversibel, denn eine einmal ausgestorbene Art ist unwiderruflich verloren, und die Entwicklung neuer Arten würde den Zeithorizont, in dem wir und unsere Nachfahren etwas davon hätten, bei Weitem übersteigen.

Die durch uns eingeleitete biologische Verarmung auf unserem Planeten zu verhindern, sieht Matthias Glaubrecht als die größte Aufgabe an, die es jemals für die Menschheit gegeben hat. Sich dieser Herausforderung zu stellen ist unerlässlich, denn unser Überleben hängt davon ab (vgl. Glaubrecht 2019, III. „ÜBER ARTEN", 1 „Vom Tod der Kindheitstiere", Überschriften „Ein globaler Großversuch des *Homo sapiens*" und „Biodiversität – was ist das eigentlich?", 359–364).

Im Weiteren, etwa auf den Seiten 363–367, erklärt Matthias Glaubrecht, dass es nicht nur um die Anzahl der Arten geht, sondern um Biodiversität. Sie bestimmt sich insbesondere durch die folgenden drei Organisationsniveaus: die Anzahl der Arten, die Genvielfalt innerhalb einer jeden Art und die Vielfalt der Ökosysteme, innerhalb derer die Arten leben. Es genüge nicht, jede Art gewissermaßen auf eine Arche oder in ein begrenztes Reservat zu retten, sondern es ist wichtig, allen Arten großflächig Lebensräume zu überlassen, in denen sich genetische Vielfalt und ökologische Vielfalt entwickeln können. Nur durch einen gewissen Reichtum auf allen drei Organisationsniveaus ist es möglich, dass evolutive Auswahlprozesse überhaupt wirksam werden können. Durch den Einfluss des Menschen ist dieser lebensnotwendige Reichtum jedoch gefährdet (vgl. Glaubrecht 2019, III. „ÜBER ARTEN", 1 „Vom Tod der Kindheitstiere", Überschrift „Biodiversität – was ist das eigentlich?", 363–367).

Glaubrecht findet für diese Gefährdung des Lebens auf der Erde durch den *Homo Sapiens* deutliche Worte, so sei er eine „Unkrautart" (167–171), ein „Ökovandale" (206) und „der ewige Pionier mit geradezu selbstmörderischen Eigeninteressen, die es stets zu bändigen galt." (207).

Unter anderem gibt er in seinem Buch dem Thema der Überbevölkerung breiten Raum. Unter der Überschrift „Was treibt die Weltbevölkerung?" setzt er sich kritisch mit „vier Reiter[n] der Apokalypse" auseinander (vgl. 276–277, 290, 293): Diese sind erstens die Geburtenrate (insbesondere im globalen Süden), zweitens die sinkende Sterberate (vor allem im globalen Norden), drittens die wirtschaftliche Entwicklung und das Wachstum, viertens die Frage der Ernährung des Menschen. Er verweist auf das Paradox, dass die Geburtenrate im globalen Süden kaum ohne wachsenden Wohlstand sinken wird, wodurch der Mensch die Natur noch viel mehr überfordern würde als bereits heute schon (vgl. 293).

Er kommt zu dem Schluss, dass sich die Industriestaaten beschränken und den Menschen in Asien und Afrika Spielraum für Entwicklung lassen müssten (293).

Das Buch von Matthias Glaubrecht enthält eine Fülle weiterer Fakten, Erkenntnisse und Schlussfolgerungen, die deutlich machen, dass wir in den nächsten Jahren Entscheidungen von großer Tragweite zu treffen haben, von denen abhängt, ob wir die begonnene Vernichtung der Artenvielfalt noch abwenden können oder ob wir sie fortführen und damit unsere biologischen Lebensgrundlagen sehr weitgehend unterminieren. Auch wenn wir unser Verhalten nicht umstellen, wird es künftig eine Evolution geben, so eine der Schlussfolgerungen, aber wahrscheinlich mit Ausgangsbedingungen, die im Vergleich zu heute von drastischer biologischer Verarmung gekennzeichnet sind.

Bis hierhin muss man Matthias Glaubrecht – wie auch die unzähligen anderen warnenden Stimmen, auf die zum Teil bei Glaubrecht verwiesen wird – absolut ernst nehmen. Es kann eigentlich kein Zweifel bestehen, dass wir heute, mit dem Beginn des Anthropozän genannten Zeitalters, mit Blick auf die Biosphäre vor Herausforderungen stehen, die wir entweder noch einigermaßen bewältigen können oder die unser Geschlecht zusammen mit vielen anderen Arten in allergrößte Schwierigkeiten bringen werden. Wir, das Menschengeschlecht, sind auf dem besten Weg, durch unvernünftiges bzw. unintelligentes Verhalten unsere Lebensgrundlagen zu zerstören, und es ist nicht klar, ob wir von diesem verhängnisvollen Pfad herunterfinden.

Nicht mehr vorbehaltlos mitgehen kann man mit Glaubrechts Argumentation zur Frage, wie die Ursache für das defizitäre Handeln des Menschen in seiner psychologischen Konstitution auszumachen ist (Näheres siehe unten unter

„Bewertung"). Er wirft die Frage auf, wieso wir uns einerseits als „weiser Mensch" bzw. *Homo sapiens* klassifizieren und andererseits eine dumme, Ökosysteme zerstörende Seite kultivieren. Im Kapitel „Über die wahre Natur des Menschen" (841–861) schreibt Matthias Glaubrecht auf den Seiten 846–851 über zwei Arten des Denkens und drei Naturen des Menschen.

Beim **Denken** weist Glaubrecht auf die Unterscheidung zwischen langsamem und schnellem Denken hin, wobei er sich auf Kahneman (2012) beruft. Das langsamere Denksystem ist logischer, aber sein Gebrauch strengt an. Deshalb kommt in vielen Situationen das schnellere Denksystem zum Zug, dieses arbeitet jedoch intuitiv und emotional und ist stärker fehlerbehaftet (siehe dazu auch unten Abschnitt „Ps2 – Das kognitionspsychologische Zwei-Systeme-Modell".)

Die **drei Naturen des Menschen** werden folgendermaßen beschrieben:

- Die **erste Natur**, die Glaubrecht als natürliche oder auch biologische Natur bezeichnet, hat etwas mit angeborenen Fähigkeiten, Intuition und Bauchgefühl zu tun. Sie kann mit dem *ersten Denksystem* gleichgesetzt werden, das uns rasche intuitive Entscheidungen ermöglicht. Den Umstand, dass dieses Denksystem zu häufig unser Denken und Handeln bestimmt, macht Glaubrecht dafür verantwortlich, dass sich der Mensch nach wie vor als kurzsichtiger Naturplünderer betätigt.

- Die **zweite Natur** ist die „Natur der Kultur des Menschen". Sie basiert darauf, dass man auf Belohnungen warten kann, und sie hat etwas mit dem *zweiten Denksystem* zu tun. „Dieses arbeitet vernünftig, logisch, berechnend, bewusst und gezielt" und ermöglicht uns, „ein erlerntes Regelwerk aus Sitten und Gebräuchen" zu entwickeln sowie Kultur von Generation zu Generation weiterzugeben. Diese zweite Natur und dieses zweite

Denksystem könnten uns zu einer nachhaltig denkenden und wirtschaftenden Spezies werden lassen. Das wird aber dadurch erschwert, dass das zweite Denksystem schnell ausgelastet ist und dass die zweite Natur mit den Bedürfnissen und der emotionalen Tiefe unserer ersten Natur kollidiert.

- In Anlehnung an die anthropologische Forschung stellt Glaubrecht noch eine **dritte Natur** heraus: die Vernunftnatur. Sie hat etwas mit der Bewältigung von kognitiven Konflikten und der Entwicklung komplexerer Verhaltensnormen zu tun.

Im Zusammenhang mit den drei Naturen des Menschen und der Erkenntnis, dass ihre Wechselwirkung bisher nicht dazu geführt hat, dass wir unsere fragwürdige Pioniermentalität zu zähmen in der Lage waren, stellt Matthias Glaubrecht noch die folgenden Eigenheiten der menschlichen Vernunft zur Diskussion:

- Kognitive Konflikte und kognitive Dissonanz (852–853): Einen der Gründe für die Eigenheit, dass sich die Menschen heute immer noch wie Plünderer und Räuber benehmen, sieht Glaubrecht in den Grenzen des Intellekts und unzulänglicher kognitiver Leistungsfähigkeit. Laut Glaubrecht neigen wir dazu, Widersprüche zwischen Gefühlen und Wirklichkeit durch „Schönfärberei" auszugleichen, Kausalität nicht von Koinzidenz zu unterscheiden sowie widersprüchlichen Informationen auszuweichen. Zur Erklärung der letzteren Eigenheit wird auf das Konzept „kognitive Dissonanz" verwiesen, das von Leon Festinger im Jahr 1957 entwickelt wurde (siehe auch unten Abschnitt „Ps1 – Theorie der kognitiven Dissonanz" und Festinger 2020). Das führt zu selektiver Wahrnehmung, zu Zweifeln an Informationen, die nicht zu unserem Weltbild passen und zur Neigung, für eigene

Misserfolge andere verantwortlich zu machen. Dadurch schätzen wir Situationen und Risiken falsch ein und es klafft eine Lücke zwischen (defizitärem) Handeln und (geschönter) Selbstwahrnehmung.

- Grundloser Optimismus (854): Optimismus ist eine wichtige Strategie der menschlichen Psyche, um mit großen Herausforderungen fertigzuwerden. Laut Glaubrecht hat er jedoch auch die problematische Konsequenz, dass negative Informationen und Fakten ignoriert und Gefahren verkannt werden.

- Fortschrittsgläubigkeit (854–855): Da der Mensch bisher sehr viele Probleme gelöst hat, neigt er dazu, sich für unfehlbar zu halten und anzunehmen, auch künftig alle Probleme lösen zu können, und zwar indem mit weiteren neuen Technologien in die natürlichen Abläufe eingegriffen wird. Gleichzeitig zeigt sich, dass der Mensch die Komplexität dessen, was in der Natur vorgeht, unterschätzt, dass seine Eingriffe häufig nichts anderes sind als „monokausale Klempnerlösungen", dass viele Ressourcen, die unser Planet bietet, bereits stark übernutzt sind und dass vielen Arten schon die Lebensgrundlagen entzogen wurden.

Zur Frage „Ist der Mensch ein vernunftloses Tier?" (853) kommt Matthias Glaubrecht zu folgendem Fazit (856–857): Kognitive Einschränkungen und Fehleinschätzungen hindern den Menschen nicht daran, vernünftig zu denken und zu handeln. Grundsätzlich ist er intelligent genug, um mit komplexen Problemen fertigzuwerden. Prinzipiell sollte der Mensch also in der Lage sein, den Planeten nachhaltig zu nutzen. Vorläufig jedoch ist noch nicht erkennbar, dass er geneigt ist, kurzsichtige Interessen hintanzustellen und sich auf einen gemeinsamen, vernünftigen Weg zur nachhaltigen Nutzung der Natur zu verständigen. Glaubrecht verleiht sowohl der Hoffnung Ausdruck, dass „eine weitere kumulative kulturelle Evolution" möglich ist, andererseits jedoch auch der Befürchtung, „dass uns letztlich das zureichende Maß an Vernunft und Einsicht eben doch fehlt."

Bewertung

Dieses Fazit von Matthias Glaubrecht zu Fragen unserer Vernunft und Weisheit im Umgang mit der Natur weist grundsätzlich in die richtige Richtung. Es lohnt sich jedoch, sich im Detail damit auseinanderzusetzen und einige Punkte aus der Sicht des SPP-4DI-Konzepts und der entsprechenden Anschlusskonzepte zu betrachten.

Zur ersten Natur

(847): „Zur ersten oder ‚natürlichen' Natur gehören unsere angeborenen Fähigkeiten und Fertigkeiten, unsere Gefühle und Vorlieben, aber auch Intuition und Bauchgefühl. Sie werden vererbt, sind also genetisch verankert und damit tief in unser biologisches Betriebssystem eingeschrieben. Wir verdanken sie allein der biologischen Evolution […]. Dank dieser ersten Natur funktioniert unser erstes Denksystem automatisch und rasch, unbewusst und intuitiv. Wobei Intuition und Bauchgefühl – gewissermaßen als eine Form unbewusster Intelligenz – uns nicht blind zu einer Entscheidung führen; vielmehr verbirgt sich dahinter meist eine unbewusst ausgeführte evolutive Faustregel."

(848): „Aber, und da ist dann die erwähnte dumme Seite des *Homo sapiens:* Sein von der ersten Natur dominiertes erstes Denksystem ist fehleranfällig, unkritisch und oft stereotypisierend."

362

Dass *unser erstes Denksystem* (dank unserer *ersten Natur*) *automatisch und rasch, unbewusst und intuitiv funktioniert*, ist bereits alles, was an diesen Aussagen stimmt. Dass es (nur) *genetisch verankerte (evolutive) Faustregeln* prozessiert und dass es ein *dummes* System ist, das *fehleranfällig, unkritisch und oft stereotypisierend* arbeitet, ist hingegen nicht korrekt.

Entsprechend dem SPP-Modell kann das erste Denksystem mit der sogenannten „Aktivitätssteuerung" in den Steuerungsebenen 1–3 sowie mit dem unterbewussten Teil des sogenannten „Vorbereitungsmodus" („Preparation Mode") in den Steuerungsebenen 4–5 gleichgesetzt werden (siehe Schindler 2020, 34–49). Das bedeutet sehr wohl, dass die Grundmechanismen, die dieses System befähigen, schnell und unterbewusst Entscheidungen zu treffen und ihre Umsetzung effizient zu steuern, genetisch verankert sind. Das gilt jedoch nicht für die Dateninhalte, die dabei aus den Sinnen und aus den Gedächtnissen stammend verarbeitet werden, und nicht für die entscheidungsbildende Verknüpfung dieser Daten. Vielmehr ergeben sich folgende Gründe, warum dieses erste Denksystem sehr weitgehend von der menschlichen Vernunft (im besten Sinne) gesteuert wird:

- Verhalten basiert sehr wesentlich auf bedingten Reflexen und Sequenzen solcher Reflexe, die man unter anderem auch mit dem Begriff „Gewohnheiten" bezeichnen kann. Solche Reflexe und Gewohnheiten werden jedoch antrainiert, und das geschieht in Form von Erfahrungs- und Lernprozessen, die über Bewusstseinsprozesse rückgekoppelt werden und in die jeweils die maximale zur Verfügung stehende Vernunft einfließt. Die Entscheidungsmöglichkeiten, die vom schnellen ersten System ausgenutzt werden können, sind also ein Optimierungsprodukt des Bewusstseins und der Vernunft, soweit es möglich war, deren Kapazitäten beim „Training" zum Tragen zu bringen.

- Schnelle Entscheidungen basieren nicht nur auf den neuronalen Mustern, die als sensomotorische Prozeduren in den prozeduralen, dem Bewusstsein nicht zugänglichen Teil des Gedächtnisses hinein optimiert wurden (siehe vorangehender Punkt), sondern auch auf assoziativen Gedächtnisinhalten, die dem Bewusstsein zugänglich und unter Einsatz des Bewusstseins optimiert worden sind und die von ihm auch immer wieder bewertet werden. Das ist der deklarative Teil des Gedächtnisses. Das erste System hat ebenfalls Zugriff auf diesen Teil des Gedächtnisses und ist in der Lage, ihn in Bewertungen und Entscheidungen einzubeziehen, nur mit der Besonderheit, dass die Entscheidungen schnell und unterbewusst getroffen werden müssen. Daraus folgt auch, dass die Entscheidungen des ersten Systems immer mehr oder weniger nah daran sind, in bewusste Prozesse des zweiten Systems hinüberzugleiten. Das passiert auch regelmäßig, wenn ein Entscheidungsprozess weniger eindeutig wird und wenn der Zeitdruck zugleich so gering ist, dass Zeit für tiefer gehende Reflexionen zur Verfügung steht.

Was übrig bleibt, ist die Besonderheit, dass es beim ersten System um sehr schnelle Reaktionen und Entscheidungen geht, die nur unterbewusst hinreichend effektiv getroffen werden können. Daraus folgen Limitierungen, und es ist zwingend, dass das erste (schnelle) System, nach kognitiven Maßstäben und nach Maßstäben der wissenschaftlichen Korrektheit betrachtet, nicht mit dem zweiten (langsamen) System konkurrieren kann. Das ist vor allem deshalb so, weil aufgrund der hohen Geschwindigkeit die Datenmenge, die verarbeitet werden kann, viel geringer ist.

Freilich werden auch dann oft impulsive Entscheidungen getroffen, wenn genügend Zeit für die Erweiterung der

Datenbasis durch tiefergehende Reflexionen oder gar durch Vorbereitungsaktivitäten, wie z. B. Recherche, vorhanden wäre. Letztlich basiert aber das Wechselspiel zwischen Impulsivität und Bedächtigkeit ebenfalls nur auf antrainierten Gewohnheiten und damit auf dem Bewusstsein und der Vernunft zugänglichen Prozessen. Dabei geht es um Effizienz und Energieökonomie, also um die Frage, ob sich der aufwendige Umweg lohnt oder ob nicht eine weniger optimale, aber schnelle Entscheidung ausreichend ist.

Der Mensch hat grundsätzlich die Wahl zwischen dem teuren Umweg und der effizienten schnellen Entscheidung, er hat jedoch nicht die Wahl, in jedem Fall den teuren Umweg zu wählen, weil entweder realer Zeitdruck besteht oder weil ansonsten eine halbwegs stimmige Energiebilanz nicht zu erreichen wäre.

Dass es ein „von der ersten Natur dominiertes erstes Denksystem" gibt, das „fehleranfällig, unkritisch und oft stereotypisierend" ist, wie Matthias Glaubrecht schreibt, ist nicht grundsätzlich falsch, dabei ist aber, wie gesagt, zu beachten, dass es zugleich in der Natur des Menschen liegt, dieses System bewusst und zielorientiert zu formen und aus Effizienzgründen einzusetzen.

(weiter 848): „Diese Art des Denkens wurde über die längste Zeit der Entstehungsgeschichte des Menschen etwa durch das (Über-)Leben in kleinen Gruppen geprägt. [...] Wie wir [...] skizziert haben, hat dieses evolutive Erbe, das einst unter Pionierbedingungen entstanden war, auch den modernen Menschen zum globalen Naturplünderer gemacht [...]. Für den Menschen steht der Mensch bis heute im Zentrum seiner Welt. Und unter diesen evolutiv gegebenen Bedingungen des Pioniers ist Weitsicht, gar eine Weltsicht paradoxerweise nicht sonderlich von der Selektion belohnt worden. So ist der

Mensch von seinem homininen Erbe her auch nicht gewohnt, nachhaltig zu denken und zu wirtschaften; er ist nicht gewohnt, im ökologischen Maßstab über Konsequenzen nachzudenken. Wenn er als Pionier irgendwo hinkam, hat er die Natur geplündert und ist dann weitergezogen, anderswohin, um dort von vorn zu beginnen. Wie wir mit der Natur umgehen, spottet deshalb zwar auf den ersten Blick unserer Intelligenz. Doch das tut es nur vordergründig. Im Kern entspricht es unserem ersten Denksystem und unserer ersten Natur, unserer ureigenen biologischen Verhaftung und unserem Primatenerbe, mit einem Wort: unserer Hominiden-Nische des Mesokosmos.“

Da ist ein Körnchen Wahrheit dran. Aufgrund der Tatsache, dass der Mensch sehr wohl sein erstes Denksystem bewusst in Gebrauch nehmen kann, wie oben dargestellt, kann sein *evolutives* oder *hominines Erbe* allerdings nicht als triftiger Grund dafür herhalten, dass er sich weiterhin als *egoistischer Naturplünderer* gebärdet. Die Gründe dafür müssen vielmehr noch woanders liegen – z. B. in Spannungsfeldern, die den Menschen daran hindern, die Gabe des Bewusstseins hinreichend zu nutzen; für Näheres siehe oben zahlreiche Einlassungen in Teil 3 und 2, die sich auf das Konzept der „4D-Intelligenz“ beziehen.

Zur zweiten und dritten Natur

Matthias Glaubrecht beschreibt
- das Denken der zweiten Natur als „erlerntes Regelwerk aus Sitten und Gebräuchen, das wir uns meist in der Kindheit aneignen“ (849) und
- die dritte Natur als „Vernunftnatur aus kulturell verankerten Maximen, die beim Menschen meist erst später

internalisiert werden, in der Schule oder durch andere
Institutionen [...]. Diese dritte Natur können wir als das
Ergebnis von kumulativer kultureller Evolution auffas-
sen – und als eine echte Errungenschaft des Menschen."
(851)

Des Weiteren beschreibt er die Nachteile der beiden Naturen, die wohl zur Folge haben, dass der Mensch eine starke
Neigung hat, auf seine erste Natur zurückzugreifen:

- Zur zweiten Natur: „Dieses ‚richtige' Denken strengt
  uns an. Das zweite System sei daher rasch ausgelastet
  und erschöpft, so die Psychologen". (850)
- Zur dritten Natur: „Es sind die Dinge, die wir nur widerstrebend tun, obgleich wir wissen, dass sie gut sind und
  vernünftig – etwa weniger Fett und Zucker in unserer
  Ernährung, mehr Bewegung, und was der berühmten
  guten Vorsätze mehr sind"; „stets muss" der Mensch um
  diese Errungenschaft „ringen; es fällt ihm nicht einfach
  zu." (851)

Glaubrecht betont hier, dass der Mensch und seine Vernunft
sehr weitgehend Produkte einer kulturellen Evolution sind.
Dabei wird leider kaum beachtet, dass der Mensch in dieser kulturellen Evolution insbesondere auch als Akteur und
Gestalter auftritt und dass es Hirnstrukturen und -prozesse
sowie psychologische Mechanismen gibt, die den Menschen
zu diesen Vernunftleistungen befähigen. Es bleibt weitgehend im Hintergrund, worauf die zweite und dritte Natur
im neurologischen und psychologischen Sinne basiert. Es
wird lediglich erwähnt, dass die Fähigkeit zur Impulskontrolle, also zum Aufschieben der Bedürfnisbefriedigung, eine
wichtige Rolle spielt.

Dass der Mensch häufig auf das *erste Denksystem* zurück-
greift, erscheint bei Glaubrecht als Schwäche („rasch aus-

gelastet und erschöpft", „Dinge, die wir nur widerstrebend tun"). Dieses Bild basiert offenbar zu wesentlichen Teilen auf der Theorie der kognitiven Dissonanz und auf dem kognitionspsychologischen Zwei-Systeme-Modell, auf die weiter unten im Abschnitt „Psychologie" eingegangen wird.

So kommt ein Bild des Menschen zustande, das ihn als leider noch zu sehr triebgesteuert und zu sehr dem ersten, evolutionär entwickelten und somit *genetisch verankerten Denksystem* ausgeliefert beschreibt. Dadurch ist der Mensch seiner *Pioniermentalität*, die ihm bisher gute Dienste im evolutionären Wettbewerb geleistet hat, noch zu sehr verhaftet, und er muss ständig darum ringen, die *zweite* und *dritte Natur* zur Geltung zu bringen, um so eventuell doch noch zu Erkenntnissen und Verhaltensweisen zu gelangen, die ihn die Artenvielfalt mit ausreichender Vehemenz schützen lassen.

Das ist eine Möglichkeit, das Dilemma des Menschen am Beginn des Anthropozäns abstrakt zu beschreiben. Von einer neurowissenschaftlichen und psychologischen Fundierung des Sozialverhaltens und des Verhaltens des Menschen gegenüber der Natur ist diese Darstellung jedoch noch weit entfernt.

Tatsächlich ist es so, dass sich im menschlichen Gehirn Grundstrukturen und Prozesse in besonderer Weise entfaltet haben, die den Menschen zu bewussten, vernunftbasierten, reflektierten und ausgeprägt sozial orientierten Verhaltensweisen sowie zur Entwicklung von Kultur befähigt haben. Aus der Sicht des SPP-Modells sind das die Steuerungsebenen 4 und 5 sowie der Vorbereitungsmodus („Preparation Mode") des „Attention Assessment Controllers" (AAC) (siehe Schindler 2020, 34–63). Dahinter verbirgt sich die Fähigkeit zur Impulskontrolle bzw. die Fähigkeit, die ständige sofortige Bedürfnisbefriedigung zugunsten von Reflexionen im Assoziationskortex aufzuschieben. Das hat im Weiteren etwas damit zu tun, dass der Mensch in der Lage ist, seine Bedürfnisse und erstrebten Belohnungen gezielt zu gestalten, seine motorischen Fähigkeiten und Gewohnheiten situativ anzupassen. Die Sprachzentren im Gehirn sowie die Fähigkeit, Bewusstsein nicht nur individuell, sondern auch sozial vernetzt zu entwickeln, tun ein Übriges.

Heraus kommt ein Mensch, der in der Lage ist, seine natürliche und soziale Umgebung in gewissen Grenzen im Synapsenspeicher seines Gehirns abzubilden, diese Abbildung ständig zu verfeinern und für die kontrollierte Einwirkung auf diese Umgebungen auszunutzen sowie diese Prozesse ständig zu optimieren. Heraus kommt ein Mensch, der seine Umwelt sehr weitgehend erkennen und sein Wirken in ihr sehr weitgehend kontrollieren kann.

Das erste, schnelle Denksystem kommt dabei nicht aus Schwäche zum Einsatz, sondern aus Gründen der Effizienz. Der Lebensalltag besteht zu einem großen Prozentsatz aus Routinehandlungen und impulsiven Entscheidungen. Wenn das nicht so wäre, wenn wir z. B. beim Treppensteigen jede Teilbewegung immer wieder umständlich durchdenken müssten, wären wir komplett lebensuntüchtig. Den Verkürzungen und kognitiven Verzerrungen, die dabei aufgrund von Datenmangel entstehen, sind wir nicht ausgeliefert — wir können sie vielmehr aufdecken und in Entscheidungen der komplizierteren Art einfließen lassen, wenn sich das als sinnvoll und notwendig erweist (wozu sonst sind die wissenschaftlichen Forschungen gut, die sich mit diesen Phänomenen befassen). Aber das ist in den meisten Fällen gar nicht nötig, weil schnelle, verkürzte Entscheidungsprozesse ausreichen und in jedem Fall viel effizienter sind als komplizierte Umweg-Entscheidungen mit ausufernden Vorbereitungsphasen im Sinne des „Preparation Mode" unseres Gehirns.

Heraus kommt also ein Mensch, der sehr weitgehend in der Lage ist, seine Existenz kontrolliert zu gestalten. Diese Fähigkeit versagt auch nicht grundsätzlich, wenn höhere Grade der Problemkomplexität zu meistern sind.

Wir sind also keinesfalls unseren evolutiv entwickelten Instinkten zu sehr verhaftet. Unsere Pioniermentalität mag es geben, aber das ist letztlich nur genau die Mentalität, die jedes Lebewesen mitbringen muss, das sich einigermaßen erfolgreich im evolutionären Wettbewerb behaupten können möchte. Grundsätzlich sind in unserem Körper, Nervensystem und Gehirn solche Strukturen und Prozesse angelegt, die es ermöglichen, unser Dasein auch unter den kompliziertesten Umständen kontrolliert zu gestalten. Betrachtet man zum Beispiel jemanden, der sich um das Bestehen eines Unternehmens im globalen Wettbewerb zu bemühen hat, ist das leicht nachvollziehbar. Es kostet unendliche Mühen, die Realität und die Mitmenschen so zu verstehen und zu beeinflussen, dass die eigenen Produkte vom Markt angenommen werden und das eigene Unternehmen kaufmännisch erfolgreich tätig sein kann. Es handelt sich um einen Prozess der technisch-ökonomischen Evolution, der allein durch die menschliche Vernunft und hochgradige Kontrollfähigkeit möglich ist. Aus dieser Sicht kann man nur feststellen, dass die erfolgreiche Auseinandersetzung mit hochkomplexen Realitäten möglich ist.

Wenn das so ist, stellt sich erneut die Frage, warum die Bewahrung der Artenvielfalt – ebenso wie das Stoppen des menschengemachten Klimawandels – ein Problem sein kann, mit dem wir uns in einem solchen Maße schwertun. Matthias Glaubrecht berichtet in seinem Buch von sehr vielen menschlichen Verhaltensmustern, die in dieser Hinsicht als desaströs zu bezeichnen sind. Er liefert auch viele Erklärungen und Begründungen, wie es dazu kommen konnte (z. B. die der „Pioniermentalität"). Zur Frage, welche neurophysiologischen oder psychologischen Mechanismen uns dazu verführen, uns derart defizitär zu verhalten, liefert er zwar gewisse Ansatzpunkte, ist jedoch weit davon entfernt, fundierte oder plausible Antworten zu geben.

Grundsätzlich kann man nur vermuten, dass wir zwar über ausgeprägte Fähigkeiten verfügen, unser Dasein gezielt zu beeinflussen und zu gestalten, dass diese Fähigkeit jedoch auch an gewisse Grenzen stößt und dass sie mit dem Risiko behaftet ist, dass wir uns unter Umständen in mentale Sackgassen manövrieren.

Genau dieser Konflikt wird im vorliegenden Buch durch das SPP-4DI-Modell und entsprechende Anschlusskonzepte adressiert. Besonders hervorzuheben wären dabei die Konzepte der Limitiertheitsannahme, von strukturierter und akuter Komplexität und der Komplexitätstransformation (siehe Teil 3 – „Eine Neuromodell-Perspektive – das SPP-4DI-Modell", Kapitel „Anschlusskonzepte"). Die Neuromodell-Perspektive ist konsistent zur Herangehensweise von Matthias Glaubrecht, zur Theorie der kognitiven Dissonanz (von Leon Festinger) und zum kognitionspsychologischen Zwei-Systeme-Modell (u. a. vertreten durch Daniel Kahneman). Gegenüber diesen Herangehensweisen und Theorien hat die SPP-4DI-Perspektive jedoch den entscheidenden Vorteil, dass sie den positiven Ausweg aus dem mentalen Beschränktheits-Dilemma des Menschen implizit adressiert. Die Konzepte von Festinger, Kahneman und Glaubrecht leiden darunter, dass sie, bedingt durch das Selbstbild des Menschen in dieser Geschichtsperiode, von der (sogenannten) Rationalitätsannahme auszugehen hatten, d. h. von der Annahme, dass die Kenntnisse, Meinungen, Überzeugungen oder Annahmen des Menschen prinzipiell logisch schlüssig und rational sind, und dass sie demgegenüber zu beweisen hatten, dass diese Annahme in weiten Teilen nicht haltbar ist. Die Konsequenz ist, dass diese Konzepte den Blick fatalistisch auf die kognitive Begrenztheit des Menschen richten und die Frage, wie diese zu überwinden sei, nachrangig behandeln. Das SPP-4DI-Modell kennt dieses Problem nicht. Nicht zuletzt, weil es in der neurologisch-anthropologischen Natur des Menschen verwurzelt ist, geht es von vornherein von der sogenannten Limitiertheitsannahme aus und sieht die Frage, wie wir auf dieser Basis dennoch zum kontrollierten, kontrollierenden, regulierenden und vernünftigen Löser komplexer Probleme werden können, als wichtigstes Kernthema an.

Näheres dazu oben in Teil 3 und 2, insbesondere in Teil 2, Abschnitt „Zerstörung der natürlichen Grundlagen des Lebens".

Zum Klimawandel

Matthias Glaubrecht schreibt (siehe oben und Glaubrecht 2019, 362): „Zum einen ist der Verlust biologischer Arten anders als das Klima irreversibel."

Dazu ist zu sagen, dass es eher unwahrscheinlich ist, dass der Klimawandel reversibel bleibt. Erstens treten – je nach Grad des Voranschreitens – immer mehr Schäden ein, nicht zuletzt auch für die Artenvielfalt, die nicht einfach rückgängig gemacht werden können. Zweitens kann man davon ausgehen, dass es Kipppunkte gibt, die einmal eingeleitete Verschiebungen von stofflichen Gleichgewichten und Klimazonen zu beschleunigen oder gar zu verfestigen drohen (siehe z. B. tauende Permafrostböden und verstärkte Emission klimaschädlicher Methangase; Schrumpfung der arktischen Eisfläche und verstärkte Meereserwärmung durch verringerte Reflexion der Sonneneinstrahlung).

Zur abschließenden Frage nach unserer Vernunft

(856) „Wie im Prolog angesichts der Anpassungen im Nachgang der Sesshaftwerdung besprochen, braucht es

auch jetzt einen neuen Verhaltenskodex, um die Herausforderungen des Anthropozäns zu meistern. Klar ist, dass diese neuen Handlungs- und Verhaltensnormen nationenübergreifend und völkerverbindend gestrickt sein müssen. Völlig offen ist allerdings, woher sie kommen und wie sie organisiert werden.“

Sie kommen aus Frieden, Bildung, Integration auf Augenhöhe, zunehmender neuronaler Internalisierung der natürlichen und sozialen Realität, verstärktem Willen zur zielorientierten Regulierung der persönlichen und gesellschaftlichen Angelegenheiten, „Vernunftintelligenz“ sowie maximal-vernetztem Denken und Handeln, wie oben in Teil 3 und 2 beschrieben.

Psychologie

Ps1 – Theorie der kognitiven Dissonanz

Zusammenfassung ausgewählter Inhalte

Die Theorie der kognitiven Dissonanz wurde durch Leon Festinger erstmalig 1957 bei Stanford University Press veröffentlicht. Die Aussagen, die im Folgenden zu dieser Theorie getroffen werden, gehen auf Festinger 2020 (1957, 1978) zurück, und dort insbesondere auf Kapitel I: „Einführung in die Theorie der Dissonanz", 15–42.

Festingers Theorie basiert auf der Annahme, dass der Mensch jederzeit nach *Konsistenz* strebt. Das trifft sowohl auf sogenannte Kognitionen zu, die in Form von Kenntnissen, Meinungen, Überzeugungen oder Annahmen gegeben sind, als auch auf Elemente des Tuns und Handelns. Demnach wird durch Inkonsistenz zwischen verschiedenen kognitiven Elementen psychisches Unbehagen ausgelöst, dessen Reduktion dann ebenso angestrebt wird, wie das bei anderen Bedürfnissen geschieht.

Da die Worte „Konsistenz" und „Inkonsistenz" möglicherweise zu sehr logisch belastet sind, weicht Leon Festinger auf die Begriffe „Konsonanz" und „Dissonanz" aus.

Die Theorie der kognitiven Dissonanz basiert auf folgenden grundlegenden Thesen (Festinger 2020, 16):

„1. Die Existenz von Dissonanz, die psychologisch unangenehm ist, wird die Person motivieren zu versuchen, die Dissonanz zu reduzieren und Konsonanz herzustellen.

2. Wenn Dissonanz besteht, wird die Person, zusätzlich zu dem Versuch, sie zu reduzieren, aktiv Situationen und

Informationen vermeiden, die möglicherweise die Dissonanz erhöhen könnten.“

Im Weiteren stellt Festinger Vergleiche mit anderen Bedürfnissen an (17):

„Die beiden oben aufgestellten Hypothesen stellen einen guten Ausgangspunkt für diese Klärung dar. Auch wenn sie sich hier speziell auf Dissonanz beziehen, so sind sie im Grunde doch sehr allgemeine Hypothesen. Anstelle von ‚Dissonanz‘ könnte man andere, ähnliche Begriffe setzen wie etwa ‚Hunger‘, ‚Frustration‘ oder ‚Ungleichgewicht‘, und die Hypothesen wären noch genauso sinnvoll.

Kurzum, ich stelle die These auf, daß Dissonanz, d. h. das Bestehen von nicht zueinander passenden Beziehungen zwischen Kognitionen, ein eigenständiger, motivierender Faktor ist. Mit dem Begriff *Kognition* meine ich hier und im weiteren Verlauf des Buches irgendeine Kenntnis, Meinung oder Überzeugung von der Umwelt, von sich selbst oder von dem eigenen Verhalten. Kognitive Dissonanz kann als eine Antezedenzbedingung betrachtet werden, die zu Aktivitäten führt, welche auf eine Reduktion der Dissonanz abzielen, ebenso wie Hunger zu Aktivitäten führt, die auf eine Reduktion des Hungers gerichtet sind. Sie stellt eine ganz andere Motivation dar als die, mit der sich Psychologen für gewöhnlich beschäftigen, doch ist sie, wie wir sehen werden, ebenso ausgeprägt.“

Die Stärke der kognitiven Dissonanz hängt von folgenden Determinanten ab (30):

„1. Wenn zwei kognitive Elemente füreinander relevant sind, dann ist die zwischen ihnen bestehende Beziehung entweder dissonant oder konsonant.

2. Die Stärke der Dissonanz (oder Konsonanz) nimmt in dem Maße zu, wie die Wichtigkeit oder der Wert der betreffenden Elemente zunimmt.

3. Die Gesamtdissonanz, die zwischen zwei Mengen von kognitiven Elementen besteht, ist eine Funktion des gewichteten Anteils aller zwischen diesen beiden Mengen bestehenden relevanten Beziehungen, die dissonant sind. Der Begriff „gewichteter Anteil‘ wird verwendet, weil jede relevante Beziehung nach der Bedeutung der an der Beziehung beteiligten Elemente gewichtet wird.“

Kognitive Dissonanz kann – je nach Stärke oder potenzieller Stärke – den Umgang mit Informationen oder das Verhalten beeinflussen. Wenn eine (mögliche) Kognition (eine Kenntnis, Meinung, Überzeugung, Annahme) nicht mit seinem Weltbild zusammenpasst, reagiert der Mensch mit verschiedenen Formen des aktiven oder passiven Vermeidungsverhaltens. Dann kommt es zu einem der folgenden Phänomene (vgl. Festinger 2020, 30–42):

- Selektive Wahrnehmung von Informationen; Bevorzugung von Darstellungen, die die (bisher gepflegten) eigenen Kognitionen bestätigen. (40f.)
- Selektive Kommunikation; Bevorzugung von Diskussionspartnern oder Foren, die den eigenen Kognitionen näher sind. (40f.)
- Veränderung des Verhaltens in einer Richtung, die einer Kognition entspricht; z. B. ein Picknick abbrechen, weil es zu regnen beginnt; Aufhören mit dem Rauchen, weil die Erkenntnis, dass Rauchen gesundheitsschädlich ist, akzeptiert wird. (31)
- Reduktion von kognitiver Dissonanz durch Kompensation, d. h. durch gezielte Suche nach ergänzenden Kognitionen, die eine Dissonanz tendenziell aufheben; z. B. weiterhin Rauchen und „all jenes Material heraussuchen

und begierig lesen, das den Forschungsberichten, die das Rauchen als schädlich für die Gesundheit hinstellen, kritisch gegenübersteht" (33).

- Veränderung der Umwelt, Anpassung des Umfeldes an eigene Vorstellungen, was nur angewandt werden kann, „wenn eine ausreichende Kontrolle über die Umwelt besteht"; z. B.: „Ein Mensch, der sich gewöhnlich sehr feindselig gegenüber anderen Menschen verhält, kann sich beispielsweise mit Menschen umgeben, die Feindseligkeit bei ihm hervorrufen." (32)

Festinger berichtet von Konzepten, die vergleichbar mit der Theorie der kognitiven Dissonanz sind, wie z. B. „Balancierte Empfindungszustände" von Heider (1958) oder das „Kongruenzprinzip" von Osgood und Tannenbaum (1955) (21).

Bewertung

Die Theorie der kognitiven Dissonanz ist mit dem kompatibel, was beim SPP-4DI-Modell als Kohärenzbedürfnis bezeichnet wird (siehe Teil 3, Kapitel „4D-Intelligenz", Abschnitt „Leidensfähigkeit, Kohärenz, Intelligenz und Glaube", siehe auch „The need for coherence" in Schindler 2020, 133–135). Dieses Bedürfnis hat etwas mit der Abbildung der Realität im neuronalen Steuerungsapparat, sprich im Gehirn zu tun. Dieses Abbild umfasst das in den Assoziationskortex hineinprojizierte Weltbild sowie die in diesem Zusammenhang ins prozedurale Gedächtnis hineintrainierten sensomotorischen Kompetenzen. Damit dieses Realitätsabbild die Dienstleistung erbringen kann, für die es geschaffen ist (Selbstregulation im Kontext des evolutionären Wettbewerbs), gibt es neben der Realitätstreue ein weiteres Leistungsmerkmal, das noch entscheidender ist als diese

Realitätstreue selbst: Kohärenz (oder wahlweise Konsistenz, Konsonanz, Balance, Kongruenz).

Das begründet sich dadurch, dass vor der Prüfung der Realitätstreue die im neuronalen Apparat ablaufenden Entscheidungsprozesse liegen. Die Wahrscheinlichkeit, dass diese Entscheidungsprozesse überhaupt zu Ergebnissen, zu Schlussfolgerungen, zu Handlungen und diesbezüglich zu einer gewissen Vehemenz führen, steigt mit der Konsistenz oder Kohärenz des Gesamtsystems der involvierten Abbilder und Kompetenzen. Aus innerer Zerrissenheit – im Sinne von Inkohärenz oder Dissonanz – folgen hingegen tendenziell eher unsicheres Entscheiden und Agieren. Erst wenn die Klippe des Entscheidungsprozesses erfolgreich überwunden werden kann, kommt es überhaupt zu Ergebnissen im Denken oder Handeln, die energisch genug sind, um anschließend womöglich der Realitätsprüfung standhalten zu können (das hat unter anderem auch etwas mit der mentalen Vitalitäts-Vulnerabilitäts-Achse zu tun wie in Kapitel „Anschlusskonzepte" in Teil 3 beschrieben).

Diese Priorität der Kohärenz vor der Realitätstreue findet also ihren Ausdruck im sogenannten Kohärenzbedürfnis (oder Konsonanzbedürfnis, Balance-Bedürfnis, …). Übrig bleibt ein Bedürfnis (eine Bedürfniskategorie), das seine Wirkung entfaltet wie jedes andere Bedürfnis, von denen jedes je nach Situation ebenfalls eminent wichtig (bzw. vormächtig) werden kann. Allen diesen Bedürfnissen ist gemeinsam, dass sie das Gehirn – je nach Stärke – zu ausgeprägtem Vermeidungsverhalten, selektiver Wahrnehmung und verstärkten kognitiven Verzerrungen verführen können. Das Gehirn steht dabei jederzeit vor dem Dilemma, dass es einigermaßen starke Bedürfnisse als Auftraggeber und Antriebsmechanismus benötigt, dass alle diese Bedürfnisse zugleich jedoch die Neigung auslösen, eine kognitiv und wissenschaftlich akkurate Informationsverarbeitung zu behindern (zusätzlich zu anderen systembedingten Schwächen).

Insofern sind das Kohärenzbedürfnis und das Phänomen der kognitiven Dissonanz nichts Besonderes. Und insofern liefern Festingers Theorie und die entsprechenden empirischen Untersuchungen, verfügbar in Festinger (2020) selbst sowie in vielen anderen Quellen, umfangreiche Erkenntnisse darüber, wie Bedürfnisse generell die kognitiven Fähigkeiten des Gehirns beeinträchtigen können.

Ps2 – Das kognitionspsychologische Zwei-Systeme-Modell

Zusammenfassung ausgewählter Inhalte

In seinem Buch „Schnelles Denken, langsames Denken" befasst sich Daniel Kahneman (2012) mit einer Theorie, die man „kognitionspsychologisches Zwei-Systeme-Modell" nennen kann (dabei geht es um die Schlüsselkonzepte der „Neuen Erwartungstheorie"/„Prospect Theory", vgl. Kahneman 2012, 26f. und 346). Bei dieser Theorie wird von der sogenannten Rationalitätsannahme ausgegangen (vgl. ebd., 27), d. h. von der Annahme, dass die Kenntnisse, Meinungen, Überzeugungen oder Annahmen des Menschen prinzipiell logisch schlüssig und rational sind, und davon ausgehend wird das Augenmerk auf die Tatsache gerichtet, dass sie diesen Kriterien oft nicht genügen. Vielmehr ist das Denken und Handeln des Menschen in der Regel durch allerlei Arten von kognitiven Verzerrungen charakterisiert, die die Rationalität ständig in einem gewissen Maße eintrüben.

Das kognitionspsychologische Zwei-Systeme-Modell definiert die beiden Systeme, die unser Denken steuern, folgendermaßen (Kahneman 2012, 33):

„– *System 1* arbeitet automatisch und schnell, weitgehend mühelos und ohne willentliche Steuerung.

– *System 2* lenkt die Aufmerksamkeit auf die anstrengenden mentalen Aktivitäten, die auf sie angewiesen sind, darunter auch komplexe Berechnungen. Die Operationen von System 2 gehen oftmals mit dem subjektiven Erleben von Handlungsmacht, Entscheidungsfreiheit und Konzentration einher."

Das Zusammenspiel der beiden Systeme wird von Kahneman näherhin wie folgt beschrieben (2012, 37f.): System 1 liefert ständig Vorschläge, wie intuitiv gehandelt oder entschieden werden könnte. Das System 2 könnte alles kritisch hinterfragen, doch das tut es meistens nicht, sondern es folgt den Vorschlägen, und in der Regel läuft alles glatt. Wenn jedoch Dinge passieren, auf die System 1 keine smarte Reaktion parat hat, tritt System 2 in Aktion und versucht, mit seinen erweiterten Kompetenzen in die Problemlösung einzugreifen. Grundsätzlich ist System 2 immer in Bereitschaft und überwacht System 1, sodass unhöfliche und riskante oder sonstige inadäquate Verhaltensweisen unterbunden werden können. Das Zusammenspiel beider Systeme ist auf Effizienz ausgerichtet. Die zeit- und energieaufwendigeren Aktivitäten des Systems 2 werden minimiert, System 1 wird vorrangig benutzt. Dadurch entstehen jedoch auch Nachteile, denn das System 1 ist fehleranfällig. In vielen Fällen trifft es Entscheidungen, die näherer Überprüfung (z. B. durch das System 2) nicht standhalten würden. Kahneman nennt in diesem Zusammenhang folgende Typen von Schwächen: kognitive Verzerrungen, systematische Fehler, zu einfache

Antworten sowie fehlendes Verständnis für Logik und Statistik (vgl. Kahneman 2012, 37–38).

Das bedeutet, dass uns unser neuronaler Steuerungsapparat (das Gehirn) durchaus zu Formen des Denkens und Handelns befähigt, die logischen, statistischen oder wissenschaftlichen Maßstäben zu einem gewissen Grad gerecht werden, dass wir aber andererseits aus Effizienzgründen in der Regel darauf verzichten, diese kognitiven Kapazitäten auszuschöpfen. Das passiert vielmehr erst dann, wenn die effizientere, sich leichter anfühlende Art des System-1-Entscheidens auf Probleme stößt oder wenn ungewohnte Situationen eintreten, für die es an passenden Intuitionen mangelt. Das führt jedoch wiederum dazu, dass wir uns mental belastet oder überlastet fühlen, sodass ein Regulierungsprozess in Gang kommt, der unsere Denk- und Entscheidungsprozesse regelmäßig über graduelles Vermeidungsverhalten oder über Erschöpfungszustände in den Schoß des fehlerhaften Systems 1 zurückführt. Die „Denkfaulheit“, von der unsere Psyche in diesem Sinne in gewissen Grenzen vereinnahmt wird, kann dabei nicht als Charakterfehler gewertet werden, sondern sie ist schlicht und einfach eine energiebilanztechnische Notwendigkeit.

Wie auch immer, laut Kahneman (2012) sind wir gewissen kognitiven Verzerrungen in gewissen Grenzen ausgeliefert. Sie gehören zu unserem Denk- und Verhaltensrepertoire und prägen unseren Alltag mehr, als man vor Kahneman und vor den Wissenschaftlern, auf die er sich beruft, vermuten konnte. Das fängt bei optischen Täuschungen an und erstreckt sich über sogenannte Heuristiken und kognitive Verzerrungen bis hin zum grundlosen Optimismus und zu ausgeprägten Fehleinschätzungen bei der Zukunftsplanung. Hier soll nun im Weiteren auf einige dieser kognitiven Verzerrungen eingegangen werden.

Kausale Intuition (konstruierte Kausalitäten, vgl. 103): Wenn in unserer Umgebung bestimmte konkrete Ereignisse zusammentreffen oder aufeinanderfolgen, kann das verschiedene Gründe haben. Es kann einen Ursache-Wirkungs-Zusammenhang geben oder das Zusammentreffen kommt zufällig zustande. Im letzteren Fall ist es unter Umständen möglich, die Wahrscheinlichkeit des Zusammentreffens auf statistischen Gesetzen basierend zu ermitteln. System 1 hat jedoch eine starke Neigung, Kausalzusammenhänge zu vermuten, wo gar keine sind. System 2 ist hingegen grundsätzlich in der Lage, solche Fallstricke, über die System 1 regelmäßig stolpert, zu durchschauen und statistisches Denken anzuwenden, insbesondere wenn es entsprechend geschult wird.

Voreilige Schlussfolgerungen (vgl. 105f.): Mehrdeutige Informationen werden durch System 1 intuitiv einem bestimmten Kontext zugeordnet und einer naheliegenden Schlussfolgerung zugeführt. Dabei werden Ambiguitäten eliminiert, ohne dass das bewusst wahrgenommen wird. Mehrdeutige Worte oder Aussagen werden durch System 1 automatisch so interpretiert, wie es dem nächstliegenden Kontext entspricht. Kahneman erläutert das an einem Beispiel, bei dem das Wort „Bank" wahlweise im Sinne eines Geldinstituts oder einer Sandbank interpretiert werden könnte. Wenn man dieses Wort hört, ohne den zugehörigen Kontext zu kennen, ordnet System 1 intuitiv den Kontext zu, der in der aktuellen Umgebung oder im eigenen Gedächtnis am nächsten liegt. So neigt man in einer urbanen Umgebung zum *Geldinstitut*, während die Interpretation *Sandbank* naheliegt, sollte man vor Kurzem einen Bootsausflug in einem sandigen Gewässer unternommen haben. System 2 kann sich solche Mehrdeutigkeiten bewusst machen und sie somit intelligenter auflösen.

Bestätigungsfehler („confirmation bias", „Bestätigungstendenz", die „Vorliebe, Aussagen zu glauben und eigene Erwartungen zu bestätigen", vgl. 106–108): In der Wissenschaft ist es üblich, „Hypothesen dadurch zu überprüfen, dass man sie zu widerlegen versucht". Beide Systeme – 1 und 2 – neigen jedoch dazu, eher nach Bestätigung zu suchen und mögliche Widersprüche zu ignorieren. System 1 tut dies reflexartig, während System 2 grundsätzlich in der Lage ist, alles kritisch zu hinterfragen, was es sich jedoch oft erspart, da es bequemer ist, den Vorschlägen von System 1 zu folgen.

Der Halo-Effekt („Überzogene emotionale Kohärenz", vgl. 108–112):

„Die Tendenz, alles – auch Dinge, die Sie gar nicht beobachtet haben – an einem Menschen zu mögen (oder nicht zu mögen), wird ‚Halo-Effekt' genannt. […] Er trägt mit dazu bei, dass die Repräsentation der Welt, die System 1 erzeugt, einfacher und kohärenter ist als die Wirklichkeit." (108)

"Die Abfolge, in der wir die Merkmale einer Person zur Kenntnis nehmen, ist oftmals vom Zufall abhängig. Aber die Abfolge ist wichtig, weil der Halo-Effekt die Bedeutung des ersten Eindrucks verstärkt, manchmal so weit, dass nachfolgende Informationen größtenteils unberücksichtigt bleiben." (109)

Wie wir einen Mitmenschen emotional beurteilen, hängt vom ersten Eindruck ab und also vom Zufall, unter welchen besonderen Umständen dieser Eindruck zustande kommt. Später gibt es eine starke Neigung, dieser initialen emotionalen Erfahrung zu folgen und sich Erkenntnissen, die diesem Eindruck widersprechen würden, nicht zu öffnen. Einer der Gründe für diesen Halo-Effekt könnte darin liegen, dass er das Abbild der Realität, dem System 1 folgt, einfacher macht.

Die WYSIATI-Regel („What you see is all there is", deutsch: „Nur was man gerade weiß, zählt"; „voreilige Schlussfolgerungen", „Urteilssprünge", vgl. 112–116): Sys-

tem 1 neigt dazu, bei seinen Urteilen und Entscheidungen
nur Informationen zu berücksichtigen, die gerade auf dem
Präsentierteller liegen. Bevorzugt wird aus den gerade sichtbaren Aspekten „die bestmögliche Geschichte" konstruiert.
Dem System 2 steht der Weg offen, diese Geschichte jeweils
eingehend zu prüfen, doch durch die ständige Präsenz des
Systems 1 verzichtet es in vielen Fällen auf die anstrengen-
de Erweiterung der Datenbasis und schließt sich voreiligen
System-1-Schlussfolgerungen an. Urteilssprünge entstehen,
wenn später andere Informationen in den Vordergrund treten, die besser beim ersten Urteil bereits hätten berücksichtigt werden sollen.

Die Illusion des Verstehens, narrative Verzerrungen
(vgl. 26, 247–251): Unsere Erinnerung an die Vergangenheit
ist nicht vollständig und detailgetreu. Das Gehirn arbeitet so,
dass es um hervorstechende Ereignisse Geschichten strickt,
die zu unserem Weltbild passen und die viele Dinge, die geschehen sind, den beteiligten Akteuren zuschreibt oder als
kausale Zusammenhänge deutet. Die große Rolle, die Zufälle und Überraschungen gespielt haben mögen, wird hingegen völlig unterschätzt. Laut Daniel Kahneman steht diese Art der kognitiven Verzerrung im engen Zusammenhang
mit dem Halo-Effekt und der WYSIATI-Regel. Die nach-
träglich kohärent geformten Deutungen führen zur Illusion,
sehr weitgehend zu verstehen, was in der Vergangenheit geschehen ist. Daran schließt sich die Überzeugung an, die Zukunft zu einem guten Teil voraussehen zu können.

Die Illusion der Gültigkeit (anknüpfend an die WYSIA-
TI-Regel und den Halo-Effekt, vgl. 259–263 und 295–297):
Ohne Kohärenz und Überzeugtsein ist dem Gehirn kein
sonderlich entschlossenes Entscheidungsverhalten möglich.
System 1 arbeitet jedoch so, dass es auf Basis eingeschränk-
ter Informationen (WYSIATI) schnelle Entscheidungen liefert. Das hat zwingend die Konsequenz, dass im Rahmen der

Prozesse des Systems 1 vorschnelle Urteile gefällt werden und als gültig erachtet werden müssen. Da System 1 immer aktiv ist und sich so auch in das Entscheidungsverhalten des Systems 2 einschleicht, führt das insgesamt zu einem deutlich höheren Grad des Überzeugtseins von der eigenen Meinung, als das angesichts der Tatsachenlage angemessen wäre.

Auf den Seiten 295–297 bezieht Kahneman zur Frage Stellung, ob man Experten trauen kann und wenn ja, unter welchen Umständen. Er kommt zu dem Ergebnis, dass man der Intuition von Experten nicht trauen kann, es sei denn, die folgenden Randbedingungen sind erfüllt:

„– Eine Umgebung, die hinreichend regelmäßig ist, um vorhersagbar zu sein.

– Eine Gelegenheit, diese Regelmäßigkeiten durch langjährige Übung zu erlernen." (296)

Kahneman führt die Beispiele „Ärzte, Pfleger, Sportler und Feuerwehrleute" an. Als Gegenbeispiele nennt er „Stockpicker und Politikwissenschaftler".

Der Planungsfehlschluss (vgl. 308–314): „Überoptimistische Vorhersagen der Ergebnisse von Projekten finden sich überall." (308) Die Ursachen liegen größtenteils in der Optimismus-Verzerrung (siehe unten) und einer entsprechend hohen Risikobereitschaft, gelegentlich allerdings auch darin, dass Dienstleistungsfirmen mehr Geld verdienen können, wenn sie bei ihren (potenziellen) Kunden optimistische Erwartungen befördern. Der Planungsfehlschluss hat in der Regel etwas damit zu tun, dass den Verlockungen der sogenannten Innensicht nicht widerstanden und die Notwendigkeit der sogenannten Außensicht nicht beachtet wird. Die Innensicht fokussiert auf bekannte Informationen über die zu bewältigenden Aufgaben und lässt – entsprechend der WYSIATI-Regel – unvorhergesehene Einflussgrößen und Ereignisse unberücksichtigt. Bei der Außensicht geht es hingegen darum, unter anderem auch Erfahrungen und statistische Daten von vergleichbaren Projekten in die Prognosen für das eigene Projekt mit einzubeziehen.

Optimismus-Verzerrung (… und Kapitalismus) (315–318): Risikofreudiges Agieren ist dem Menschen nur möglich, wenn er sich selbst überschätzt, seine Chancen, die Zukunft vorherzusagen, überbewertet und den Herausforderungen der Zukunft optimistischer entgegensieht, als es bei realistischer Betrachtung angebracht wäre (siehe auch oben „Narrative Verzerrungen" und „Die Illusion der Gültigkeit"). Diese Haltung ist einerseits riskant, und auf zu viel Optimismus gegründete Entscheidungen führen regelmäßig zum Scheitern. Andererseits ist diese kognitive Verzerrung eine wichtige Voraussetzung für kapitalistisches Unternehmertum. Nur durch sie ist die positive Ausstrahlung auf Kunden, Banken, Geschäftspartner und Arbeitnehmer möglich, die benötigt wird, um ein kapitalistisches Unternehmen aufbauen und – wenn glückliche Umstände eintreten – zum Erfolg führen zu können. „Wenn Tatkraft gefragt ist, ist Optimismus, selbst, wenn er leicht wahnhafte Züge trägt, eine gute Sache." (316)

Verlustaversion (vgl. 347–351): Verluste werden intuitiv höher bewertet als Gewinne. Wenn es gilt, Risiken gegen Chancen abzuwägen und schnell zu entscheiden, werden zu vermeidende Risiken regelmäßig höher bewertet als sich bietende Chancen. Bei Lotterieexperimenten ergibt sich, dass gute Gewinnchancen regelmäßig verpasst wurden, um deutlich geringere Verlustrisiken zu vermeiden. Einen Münzwurf, bei dem man bei Zahl 100 Dollar verlieren und bei Kopf 150 Dollar gewinnen könnte, würden z. B. die meisten Menschen als zu riskant ablehnen. Untersuchungen hätten gezeigt, dass typische Verlustaversionsraten zwischen 1,5 und 2,5 liegen. Von diesen Erkenntnissen berichtet Kahneman im Rahmen eines Kapitels über „Die Neue Erwartungstheorie" (342–355). Die Ursache für die Verlustaversion und Risikoscheue könnte darin liegen, dass es in früheren Phasen der Evolution überlebenswichtig war, Bedrohungen reflexartig aus dem Weg zu gehen.

Bewertung

Aus der Sicht des SPP-4DI-Modells ist Rationalität, d. h. die Möglichkeit, dass die Kenntnisse, Meinungen, Überzeugungen oder Annahmen eines Menschen prinzipiell logisch schlüssig und rational sein könnten, kein primäres Wesensmerkmal der auf den Systemleistungen des Gehirns basierenden menschlichen Psyche. Von seiner Bestimmung her ist das menschliche Gehirn vielmehr ein Regulierungsapparat, der sich im Kontext der Evolution fortgesetzt zu bewähren hat. Rationalität entsteht dabei bestenfalls unter bestimmten Umständen als temporäres Nebenprodukt. Also geht das SPP-4DI-Modell eher davon aus, dass kognitive Verzerrungen die Regel sind und Rationalität die Ausnahme. Während Psychologen wie Kahneman mühevoll beweisen mussten, inwiefern die Rationalitätsannahme nicht zutrifft (in diese Rolle wurden sie unter anderem durch die herrschende volkswirtschaftliche Lehre gedrängt, vgl. Kahneman 2012, 27), geht SPP-4DI genau den entgegengesetzten Weg – es definiert den Menschen als evolutionär, emotional und motivational bestimmtes Wesen, das jedoch in gewissen Grenzen auch zu Rationalität, wissenschaftlich fundierter Erkenntnis und kognitiver Akkuratesse fähig ist, wenn es, getrieben durch spezielle Anforderungen, zur entsprechenden Höchstform aufläuft. Diese Blickrichtung vereinigt die beiden Vorteile, dass Intelligenz, Vernunft und Rationalität des Menschen nicht von vornherein zu hoch eingeschätzt werden, und dass aber, ausgehend von dieser Limitiertheitsannahme, ein optimistischer Ausblick möglich ist, der die Suche nach Randbedingungen in den Vordergrund stellt, unter denen die kognitive Beschränktheit überwunden werden kann. Dieser Blick nach vorne bleibt dabei nicht auf die Psyche des menschlichen Individuums beschränkt, sondern er erstreckt sich darüber hinaus – vermittels der Komponente Teamintelligenz (TI) des 4DI-Konzepts – auf die mentale Dynamik der Gesellschaft bis hin zur globalen Dimension. Dass die Limitiertheitsannahme durch Konzepte und empirische Befunde aus der Psychologie gestützt und illustriert wird, kann dabei nur von Vorteil sein – umso besser kann man sich auf die Frage konzentrieren, wie es gelingen kann, die Ketten der Beschränktheit zu sprengen.

Dabei kann man davon ausgehen, dass kognitive Verzerrungen und alle sonstigen Fehlleistungen des intuitiven System-1-Denkens oder des Systems Gehirn als Ganzes kein Stigma sind, sondern dass sie partiell, d. h., wenn es notwendig ist, auch überwunden werden können. Wozu ist die Arbeit von Psychologen wie Daniel Kahneman gut, wenn nicht zur Enttarnung solcher Eigenarten, sodass sie nötigenfalls bewusst in die Beurteilung der Welt und in die Steuerung des eigenen Verhaltens einbezogen werden können? Umgekehrt kann eine mehr oder weniger ausgeprägte Dominanz des *fehlerbehafteten* System-1-Denkens, wie es durch Kahneman und andere Wissenschaftler aufgedeckt wurde, auch mit den mentalen Regulierungsprozessen und ihren Limitierungen in Zusammenhang gebracht werden, die sich unablässig im 4D-Komplexitätskonfrontationsraum vollziehen (wie z. B. beschrieben in Teil 3, Kapitel „4D-Intelligenz", Abschnitt „Das Tunnelblick-Paradoxon").

Dass Kohärenz ein wichtiger treibender Faktor des Denkens und Handelns ist, wird auch bei Kahneman sichtbar. Phänomene wie der Halo-Effekt, die WYSIATI-Regel, die Illusion des Verstehens und die Illusion der Gültigkeit stehen mit dem Drang des Gehirns im Zusammenhang, sich ein kohärentes Weltbild zu schaffen und zu erhalten. Das passt mit dem Kohärenzbedürfnis des 4DI-Modells (siehe Abschnitte „Leidensfähigkeit, Kohärenz, Intelligenz und Glaube" und „Mentale Kapazität und die mentale Vitalitäts-Vulnerabilitäts-Achse" in Teil 3) sowie mit der Theorie der kognitiven Dissonanz zusammen (siehe vorangehender Abschnitt).

Den Zusammenhang zwischen den Komponenten des SPP-Modells und den Systemen 1 und 2 des kognitionspsychologischen Zwei-Systeme-Modells kann man wie folgt herstellen:

- Die ersten drei Steuerungsebenen – (1) *unbedingte Reflexe*, (2) *sensomotorische Prozeduren* und (3) *Aktivitätssteuerung* – sowie der *Aktivitätsmodus* des Gehirns gehören zum System 1.

- Die Steuerungsebene (4) *situative Vorbereitung* sowie der *Vorbereitungsmodus* des Gehirns teilt sich in unterbewusste und bewusste Prozesse. Die Ersteren sind mit dem System 1 zu verknüpfen, die Letzteren mit dem System 2. Die auf dieser Steuerungsebene stattfindenden unterbewussten Prozesse, die hier sehr weitgehend die anfallenden Aufgaben erledigen, stellen dem System 1 den Assoziationskortex zur Verfügung.

- Die Steuerungsebene (5) *kreative Vorbereitung* (ebenfalls *Vorbereitungsmodus*) folgt dem gleichen Prinzip wie die Steuerungsebene (4), wobei es hier lediglich zu intuitiven System-1-Schlussfolgerungen kommt, nicht jedoch zu intuitiven System-1-Handlungen, da sich die Prozesse dieser Steuerungsebene per Definition grundsätzlich mindestens teilweise vom aktuellen Aktivitätskontext entfernen (wenn nicht, sind es Prozesse der Ebene (4)).

Auch wenn wir heute in einer Welt leben, in der Intellekt, Rationalität, Wissenschaftlichkeit und Berechenbarkeit eine bedeutsame Rolle spielen, sind das längst nicht die einzigen Pfunde, die wiegen. Vielmehr sind Überzeugungen, an die man glaubt, Wünsche, die man sich gern erfüllen möchte, Süchte und Sehnsüchte, die einen in den Bann ziehen, sowie Ziele, denen man nachjagt, jederzeit von großer Relevanz (ebenso wie auch Ängste oder Aversionen), und dabei ist es egal, aus welcher Konstellation heraus diese Ziele entstanden sind und in welchem Grad der Zielfindungsprozess durch rationale Analyse oder wahlweise durch Zufall, Intuitionen oder spezielle Erfahrungen beeinflusst wurde. Viele der Wünsche, Ziele und Bedürfnisse werden, einmal entstanden, zu beherrschenden Einflussgrößen der Lebensgestaltung, und das unabhängig davon, wie vernünftig sie sind und wie realistisch die Vision von ihrer Erfüllung ist.

Wenn man nun zwei Menschen miteinander vergleicht, einen, der sich eine Zielstellung nach reichlicher Recherche genau überlegt hat und der dann sorgfältig geplant darauf zusteuert, und einen anderen, den aus einem zufälligen Kontext heraus eine Leidenschaft ergriffen hat – wer hat wohl größere Chancen, sein Bedürfnis zu befriedigen? Nun, der Erstere ist besser vorbereitet, aber auch er kann nicht alle Probleme vorhersehen, die sich ihm in den Weg stellen. Der Letztere wird stärker an sein Ziel glauben und es vehementer verfolgen, und wenn Schwierigkeiten auftauchen, wird er ihnen mit stärkerer Motivation und weniger Zweifeln begegnen als der Erstere. So nimmt er Hürden leichter. In direkten Konkurrenzsituationen verfügt er womöglich über die bessere Durchsetzungskraft.

Jedenfalls wiegen auch in der heutigen Zeit, in der vieles rational zuzugehen scheint (!), jene Pfunde schwer, die man mit den Begriffen Emotion, Motivation, mentale Stärke oder Vehemenz fassen kann. Nur mit starker Motivation kann man herausragende Leistungen vollbringen. So verwirklicht der Mensch Ziele, die – nüchtern betrachtet – unmöglich scheinen. So gesehen sind kognitive Verzerrungen wie „Planungsfehlschluss“, „optimistische Selbstüberschätzung", „Bestätigungsfehler" etc. gar nicht so irrational, wie uns Daniel Kahneman glauben machen will, jedenfalls nicht in einer Welt, die man aus der Limitiertheitsannahme heraus betrachtet und in der sich wahre Rationalität darüber definiert, dass sie auch den Faktor Emotivationale Bandbreite (EB) von 4D-Intelligenz einzukalkulieren in der Lage ist. Zu den Erfolgsstrategien des Menschen gehört unter anderem auch, dass er gegen schier uneinnehmbare Bastionen anrennen kann und dass er – nötigenfalls unter Inkaufnahme von Risiken und Opfern – sein Ziel letztendlich erreicht. Dass Unternehmensgründer wohl oft zu optimistisch sind und in eine eigentlich absehbare Insolvenz geraten, hat die Gesamtheit aller Enthusiasten dieser Art nicht daran gehindert, zum wichtigsten Quell des Wohlstands in der kapitalistischen Gesellschaft geworden zu sein. Die wenigen, die trotz oder wegen ihres Optimismus die Startschwierigkeiten meistern, reichen aus, um Überleben und Wohlstand für viele andere zu sichern.

Der Befund, dass Kahneman zu leichtfertig mit dem Vorwurf der Irrationalität umgeht, trifft auch auf die sogenannte „Verlustaversion" zu, durch die Blitzreaktionen des Systems 1 häufig geprägt sind. In einer kaufmännisch gedachten Welt, auf die sich Daniel Kahneman bezieht, mag es stimmen, dass die Verlustaversion nachteilig ist. Doch in einer vollständig gedachten Welt, in der man den Menschen als biologisches Wesen begreift, das auf im Nervensystem (in seiner „neuronalen Musterbibliothek") codierte Kompetenzen angewiesen ist, die es ständig zu erhalten und zu erweitern gilt, ist diese Art der kognitiven Verzerrung gar nicht so falsch. Dazu schreibt Schindler (2020) auf den Seiten 227f. (hier übersetzt):

„Aus der Perspektive des SPP-4DI-Modells ist *die Verlustaversion* weder nachteilig noch irrational. Ein Objekt oder ein Stück der vertrauten Umgebung zu verlieren, ist immer mit dem Risiko verbunden, ein Stück der Verhaltenseffektivität aus der neuronalen Musterbibliothek zu verlieren, das dann wiederum durch mehr oder weniger aufwendige Trainings- oder Erkundungsaktivitäten zu ersetzen ist. Deshalb ist es zumeist besser, mögliche Verluste zunächst zu vermeiden, auch wenn andererseits vielversprechende Gewinne möglich sein könnten."

Ps3 – Soziale Medien

Soziale Medien haben etwas mit Kommunikation und sozialem Zusammenhalt zu tun. Bei den Formen von (internetbasierten) sozialen Medien, die heute boomen, dürfte das auch die ursprüngliche Intention oder zumindest das primäre Verkaufsargument gewesen sein. Und es ist ganz sicher immer noch ein wesentlicher Kern und entscheidender Motivationshintergrund für die Teilnehmer. Doch daneben haben sich soziale Medien inzwischen in gewisser Weise zur Farce entwickelt, die den sozialen Zusammenhalt massiv zerstört. So mancher Zeitgenosse spricht inzwischen von „asozialen Medien".

Ein Verständnis sozialer Medien erfordert Einblicke in Technologien und psychologische Mechanismen. Es ist schwer, Quellen zu finden, die beides gleichermaßen repräsentieren, und im Rahmen dieses Buches ist es auch nicht möglich, zu jedem Detailthema tiefgehend zu recherchieren. Und da es eher schwierig ist, Psychologen zu finden, die die IT-Technologien des Silicon Valley adäquat durchschauen, haben wir uns für ein Buch eines IT-Fachmanns entschieden, der psychologisch interessiert ist: Jaron Lanier (2019): „Zehn Gründe, warum du deine Social Media Accounts sofort löschen musst".

Zusammenfassung ausgewählter Inhalte

Grundsätzlich geht es darum, dass Internetdienste (wie Suchmaschinen) und soziale Medien unser Bewusstsein mehr oder weniger stark beeinflussen können. Der Angriffspunkt, den sie dafür haben, ist dadurch gegeben, dass im Internet eine gigantische und täglich wachsende Menge an potenziell relevanten Informationen zur Verfügung steht und dass jeder Mensch nur einen Bruchteil dieser Informationen aufnehmen kann. Deshalb benötigt er Filter, um die für ihn relevanten Informationen zu finden. Solche Filter stehen ihm in vielfältiger Weise zur Verfügung, wie z. B. über Feeds, Suchdialoge und Anzeigenwerbung. Darüber lässt sich nahezu alles finden, aber nur das, was durch Algorithmen jeweils in die Top-Positionen gespült wird, dringt letztlich durch, während alles andere jeweils zur Irrelevanz verurteilt ist. Selbst wenn einem das bewusst ist und man sich dagegen sträuben möchte, kann man sich diesem Einflussfaktor nicht entziehen – letztlich bleibt nur die Kapitulation und in dieser Hinsicht das Schwimmen mit dem Strom. Alle Webseiten und Internetmedien sind durchsetzt von entsprechenden Beeinflussungsversuchen und -erfolgen, und sie finanzieren sich zum weitaus größten Teil darüber.

Jaron Lanier (2019) unterzieht viele Aspekte der Wirkung sozialer Medien auf den Menschen der kritischen Betrachtung. Es würde zu weit führen, hier allen diesen Intentionen zu folgen. Deshalb konzentrieren wir uns auf fünf ausgewählte Felder:

- Inwiefern werden durch soziale Medien gewisse Gemütszustände gefördert?
- Worin besteht das Problem mit den sozialen Medien?
- Inwiefern tragen soziale Medien zur Integration oder wahlweise zur Spaltung der Gesellschaft bei?
- Filterblasen und Echokammern

- Kostenlose Internetdienstleistungen

Für die erste Frage – „Inwiefern werden durch soziale Medien gewisse Gemütszustände gefördert?" – hält Jaron Lanier unter anderem folgende Antworten bereit (vgl. 23–34): Die Erfinder und Programmierer von Social-Media-Algorithmen sorgen nicht bewusst dafür, dass bestimmte Verhaltensweisen oder Gemütszustände gefördert werden. Aber sie schaffen Algorithmen, die sich selbst optimieren und an Reaktionen der Nutzer anpassen. Die Kunden der Social-Media-Konzerne bezahlen dafür, dass das Verhalten der Nutzer in ihrem Sinne beeinflusst, die Aufmerksamkeit auf ihre Angebote gelenkt und der Absatz ihrer Produkte gesteigert wird. Das Problem dabei ist, dass es leichter ist, mit negativen Emotionen Aufmerksamkeit zu erzeugen als mit positiven. Daraus ergibt sich bei der Optimierung der Algorithmen eine Tendenz, krude Auftritte und Verhaltensweisen in den Vordergrund zu schieben und normale, brave, seriöse, aber eben auch etwas langweiligere Auftritte ins Hintertreffen geraten zu lassen. Einige soziale Medien haben sich zu einem Verhaltensmodifikations-Imperium entwickelt, das problematische Charaktereigenschaften, die in jedem Menschen in gewissem Maße schlummern, tendenziell und statistisch gesehen in größerem Ausmaß ans Tageslicht fördert, als das ohne diese Medien der Fall wäre. Die Suchtanfälligkeit der Nutzer wird gefördert und ausgenutzt. Die Designer der Social-Media-Algorithmen haben von den Entwicklern von Glücksspielplattformen gelernt. Lanier unterscheidet zwischen Kunden, die die Verhaltensmodifikation beauftragen und bezahlen, und Nutzern, die sich diesem Einfluss aussetzen. Die Nutzung sozialer Medien hat durchaus auch viele positive Aspekte – sie machen das Leben komfortabler und sie ermöglichen Formen der Gruppenbildung, die früher undenkbar waren, und so gesehen werden viele Motivationen und Wünsche der Nutzer sehr gut erfüllt –, aber bei einigen sozialen Medien sind eben leider auch die genannten drastischen negativen Nebenwirkungen zu beobachten.

Nun zur zweiten Frage: „Worin besteht das Problem mit den sozialen Medien?" (vgl. 40–44) Dazu schreibt Lanier, dass aus dem ursprünglichen Anliegen, Werbung zielgenau zu platzieren, inzwischen ein Geschäftsmodell zur „massenhaften destruktiven Verhaltensmodifikation" geworden ist. Er prägt dazu das Akronym „BUMMER", was so viel bedeutet wie „**B**ehaviors of **U**sers **M**odified, and **M**ade into an **E**mpire for **R**ent", zu Deutsch in etwa: „Verhaltensweisen von Nutzern, die verändert und zu einem Imperium gemacht werden, das jedermann mieten kann." Laut Lanier sei es nicht möglich zu beweisen, dass das Verhalten eines bestimmten Menschen auf eine bestimmte Art durch BUMMER verändert wurde, aber der statistische Einfluss auf die Gesellschaft sei sehr real.

Die Antwort auf die dritte Frage – „Inwiefern tragen soziale Medien zur Integration oder wahlweise zur Spaltung der Gesellschaft bei?" – scheint, naiv betrachtet, klar zu sein: zur Integration! Tatsächlich ist tendenziell bei bestimmten Social-Media-Plattformen das Gegenteil der Fall (vgl. 93–102 und 107–118). Jeder Nutzer erhält eine individuell für ihn aufbereitete Sicht auf die Inhalte, und es ist die Regel, dass Inhalte aus ihrem ursprünglichen Kontext herausgerissen und beliebigen Kontexten zugeordnet werden. Auf diese Weise werden Informationen willkürlich vermischt, und, was noch schlimmer ist, so aufbereitet, dass jeder eine individuelle Sicht auf die Dinge erhält, ohne die Möglichkeit zu haben, zu sehen, in welcher Kombination seinen Mitmenschen die Informationen präsentiert werden. Das ist der beste Weg, um sozialen Zusammenhalt systematisch zu zerstören. Dadurch kann man nicht mehr nachvollziehen, was andere Menschen denken und warum sie dies tun, und Formen von gegenseitigem Verständnis und Mitgefühl wird die Basis entzogen. Lanier führt die Podcast-Szene, in der ein „Gefühl für Persönlichkeit und Kontext“ bewahrt wird, als positives Gegenbeispiel an (vgl. 102–105).

Zum vierten Punkt erklärt Lanier, dass Gruppen von Menschen in „Filterblasen und Echokammern“ zusammengeführt werden, weil sich Gruppen effektiver manipulieren lassen als Einzelpersonen (vgl. 112f.).

Den fünften Punkt – „Kostenlose Internetdienstleistungen“ – sieht Lanier als wichtigen Teil des Problems. Er empfiehlt nicht, wie es der Titel seines Buches vermuten lassen könnte, soziale Medien grundsätzlich zu meiden, sondern, die richtigen Medien auszuwählen, bei denen das Verhalten der Algorithmen den Interessen der Nutzer besser gerecht wird, was nicht zuletzt dadurch möglich sein könnte, dass Nutzer für die Dienstleistungen zahlen und damit auch zu Kunden werden.

Bewertung

Die wichtigste menschliche Kompetenz ist die Fähigkeit zur Zielauswahl, zur Formung seiner eigenen (künstlichen) Bedürfnisse und zur zielorientierten Entwicklung und Ausgestaltung aller möglichen Formen von Kultur – siehe dazu die Ausführungen zu den „Control Levels“ (4) und (5), „Attention Assessment Controller“ und „Goal Decision“ in Schindler 2020, 34–63. Oben in Teil 4 finden sich dazu insbesondere die folgenden regulatorischen Variabilitätsparameter: RV01.04 „Grad der Zielfindungskontrolle“, RV01.05 „Sozialer Fremdeinfluss bei der Zielfindungskontrolle“, RV01.06 „Pfadabhängigkeit/Glaubensrichtung; Struktureller Fremdeinfluss bei der Zielfindungskontrolle“ und RV02.10 „Kritische Distanz vs. Resonanz; Selbstwirksamkeit vs. Fremdsteuerung“. Die Art, wie sich die Nutzer sozialer Medien dem Fremdeinfluss öffnen, ist – im Sinne der oben genannten Konzepte – ein fataler Verrat an der menschlichen Vernunftkompetenz und nicht zuletzt an der Aufklärung. Hier liefert man sich ungehemmt der Manipulation aus. Im Vordergrund geht es dabei um sozialen Zusammenhalt, das Knüpfen von Netzwerken, die Gruppenbildung, die wechselseitige mentale Unterstützung und um Resonanz in der Teamdimension (TI) der menschlichen 4D-Intelligenz. So weit scheinen soziale Medien einen wertvollen Dienst an der Menschheit zu leisten. Der Spaß hört jedoch dort auf, wo das mit mehr oder weniger verdeckter Manipulation verknüpft ist. Dass soziale Medien maßgeblich von der Werbewirtschaft finanziert werden und dass es dementsprechend darum geht, Produkte geschickt zu platzieren, ist noch weitgehend klar und akzeptabel. Zu welchen Perversionen das im Weiteren führt und welchen Arten der Manipulation dabei sonst noch Tür und Tor geöffnet werden, ist weniger transparent und konstruktiv. Das beginnt beim Thema Algorithmen, die sich, losgelöst von den ursprünglichen Intentionen ihrer Auftraggeber (Werbewirtschaft) und Designer (Softwareentwickler), in Richtungen optimieren können, die an niedrige menschliche Instinkte und destruktive mentale Potenziale anknüpfen (Sucht, Aufmerksamkeit durch negative Emotionen). Nicht genug damit, bieten soziale Medien auch Angriffspunkte für Manipulatoren, die gar nicht die Auftraggeber (Kunden) sind, die gar nicht dafür bezahlen und deren Ziele in vielen Fällen destruktiv oder verdeckt oder beides sind (Trollkultur, Trollfabriken, politische Einflussnahme). Und nicht genug damit, ist es ein inhärentes Prinzip sozialer Medien, dass sich besonders potente Stakeholder der Automatisierung (durch Bots) bedienen können, um ihren manipulativen Eingriffen deutlich verstärkte Wirksamkeit zu verleihen. Bei den zahlenden Kunden ist klar, dass ihrem Einfluss durch den Einsatz von Algorithmen

Geltung verschafft werden soll. Bei den verdeckten Stakeholdern, die sich als Nutzer tarnen, und die z. B. Botnetze betreiben können, um ihren Einfluss zu verstärken, ist damit jeglichen politischen Schandtaten, die sich *kranke* Gehirne irgendwie ausdenken können, Tür und Tor geöffnet.

Diese Prinzipien werden zunehmend aufgedeckt. Doch das tut der Beliebtheit der heute dominierenden sozialen Netzwerke keinen Abbruch. Eine Suche nach Alternativen, die weniger anfällig für Manipulation sind, ist nicht zu bemerken. So gesehen kann man nur von einem Glaubenssystem (RV01.06 in Teil 4) sprechen und von der gewollten Abgabe der Zielfindungskontrolle (RV01.04) und der Selbstwirksamkeit (RV02.10). Man kann nur feststellen, dass sich Menschen manipulieren lassen wollen und dass es ihnen egal ist, durch wen das geschieht und als wie gut oder schlecht sich das am Ende für die Gesellschaft und das eigene Wohl (oder das Wohl der Nachkommen) erweist. Dieser Hang zur Naivität begründet sich nicht zuletzt durch die begrenzte *mentale Kapazität (MC)* des Menschen und durch die Notwendigkeit, die Konfrontation mit Problemkomplexität (im 3D/4D-Raum, IP*IB*EB*TI) zu regulieren.

Zum dritten Punkt von oben – zur Frage, inwiefern soziale Medien zur Integration oder wahlweise zur Spaltung der Gesellschaft beitragen – muss auf eine wichtige Eigenheit der menschlichen Kommunikation hingewiesen werden: darauf, dass neben der Information, die von Mensch zu Mensch übertragen wird, der Kontext, in den die Information beim Sender und Empfänger eingebettet ist, eine entscheidende Rolle spielt. Dadurch, dass Kontexte verloren gehen oder bei unterschiedlichen Teilnehmern eines Kommunikationsprozesses unterschiedlich rekonstruiert werden, können die eigentlichen Informationen (phonetische Information, Texte, Bilder, sonstige Medien), deren Übertragung in der Regel vergleichsweise wenig verlustbehaftet ist, jedoch mehr oder weniger falsch interpretiert werden. Deshalb hängt der Erfolg von Kommunikation sehr stark davon ab, wie groß die Schnittmengen bezüglich der Erfahrungshorizonte bei den Teilnehmern sind. Lebt jeder nur in seiner eigenen Welt, hat Kommunikation keine Chance, auch wenn z. B. gesprochene Worte klar und deutlich ankommen. Verfügen Kommunikationspartner über breites Wissen und reichhaltige Erfahrungen in einer Vielzahl von Wissens- und Betätigungsfeldern, steigt die Wahrscheinlichkeit, dass Nachrichten unverfälscht entschlüsselt werden. Versuchen sie gar, sich zielorientiert in die Situation des anderen hineinzuversetzen, so wird Kommunikation zu einem Mittel der Regulierung, auf das man vertrauen kann. Siehe dazu Abschnitt „Kommunikation und kontextuelle Schnittmengenbildung“ in Teil 3. In dieser Hinsicht üben jedoch einige soziale Medien einen ausgeprägten spalterischen Einfluss auf die zwischenmenschliche Kommunikation aus, indem sie jedem Menschen seine eigene, individuell auf ihn zugeschnittene und für andere nicht nachvollziehbare (Informations-) Welt präsentieren. Damit zerstören sie sozialen Zusammenhalt systematisch und fördern Formen von Gegensätzlichkeit, die sehr schwer zu überbrücken sind und somit notwendig zu sozialem Unfrieden bis hin zu tiefen Krisen und Kriegen führen.

Andererseits fördern soziale Medien auch die Entstehung von Filterblasen und Echokammern – siehe vierter Punkt von oben. Das hat den positiven Aspekt der Gruppenbildung, führt jedoch andererseits im Zusammenhang mit der Frage, inwiefern Integration und Kommunikation gefördert werden (dritter Punkt) dazu, dass sich im Endeffekt die verschiedenen Gruppen umso feindlicher gegenüberstehen. Außerdem basiert die Bildung dieser Gruppen auf einer künstlichen, manipulatorisch, fiktiv und eher zufällig geschaffenen Identität, die somit zugleich auch extrem anfällig für den erneuten Zerfall sein dürfte. Die Bindungskräfte innerhalb dieser Gruppen entstehen quasi *gottgegeben* (durch Algorithmen, Botnetze und die Zielstellungen verdeckter Manipulatoren) und werden von *Gott* zu einem beliebigen Zeitpunkt wieder genommen. Dementsprechend konfus und konzeptionslos sind diese „Gemeinschaften" dann auch, wenn sie sich *zufällig* in der realen Welt zusammenfinden (z. B. bei Aktionen oder Demonstrationen).

So gesehen dürften viele der heute üblichen – vermeintlich kostenlosen – Formen sozialer Medien für einen erheblichen Teil des Unfriedens in den wohlhabenden Lebensräumen der Welt verantwortlich zeichnen, und man kann nur – wie Jaron Lanier das mit seinem Buch (2019) getan hat – davon abraten, sie weiterhin zu benutzen. Siehe auch sein Fazit und seine Gedanken zur Frage, wie die „Kontrolle über die eigenen Informationen zurückzuholen" (200) ist, im abschließenden Abschnitt auf den Seiten 197–201.

Grundsätzlich muss man Kontrolle wollen, um sie auch zu behalten. Sodann könnte ein wesentlicher Schritt unter anderem darin bestehen, solche sozialen Medien zu benutzen, bei denen man mit Geld zahlt statt mit den eigenen Daten und mit der naiven Auslieferung des eigenen mentalen Zielfindungsprozesses an eine undurchschaubare Manipulationsmaschinerie, hinter der sich beliebige entweder mehr oder weniger gut gemeinte, tatsächlich jedoch verhängnisvolle (selbstlernende Algorithmen) oder wahlweise bewusst inszenierte destruktive Absichten (Trollfabriken, Botnetze) verbergen können.

Wirtschaft

W1 – Wachstumsgesellschaft

Zusammenfassung ausgewählter Inhalte

Das Buch „Wege aus der Wachstumsgesellschaft" von Harald Welzer und Klaus Wiegandt (2013) beinhaltet unter anderem ein Kapitel von Bernd Sommer zum Thema „Entkopplung: Sind stetiges Wirtschaftswachstum und eine nachhaltige Entwicklung vereinbar?" Darin geht Bernd Sommer insbesondere auf die Entwicklung des gesellschaftlichen Stoffwechsels bzw. des industriellen Metabolismus ein. In Anlehnung an andere Autoren beschreibt er den entsprechenden aktuellen Trend, der sich seitdem (2013) ungebremst fortsetzt, als „Great Acceleration" (14, 16). Dabei ist zwischen Ressourcenverbräuchen (Inputs) und Emissionen (Outputs) zu unterscheiden (vgl. 13). Diese Entwicklung wird als im Zusammenhang mit Trends in den Bereichen Bevölkerungswachstum, Massenproduktion, Massenkonsum und Wirtschaftswachstum stehend beschrieben (16). Spätestens seit den 1950er-Jahren ist ein stark beschleunigter Anstieg aller möglichen Stoffwechselparameter zu beobachten. Bernd Sommer macht das anhand einiger Grafiken deutlich, die insbesondere die Entwicklung der Primärenergienachfrage und der globalen Stoffentnahme zeigen.

Die Output-Seite wird anhand gewisser planetarischer Grenzen diskutiert. Dabei geht es um „die maximalen Grenzen, die einzuhalten sind, wenn man eine gefährliche Schädigung der natürlichen Lebensgrundlagen der Menschheit verhindern will". Es wird gezeigt, dass im Jahr 2009 die folgenden Grenzen bereits überschritten waren: so bei dem

Verlust an biologischer Vielfalt, dem Nitrogenzyklus und dem Klimawandel. Bei weiteren Grenzen war in demselben Jahr bereits eine gefährliche Annäherung an die planetarische Grenze absehbar: etwa bei dem Phosphorzyklus und der Versauerung der Meere (19–20). Klaus Sommer geht auf die Bedeutung sogenannter Kipppunkte ein, bei deren Überschreitung eine rückkopplungsbasierte Beschleunigung des Klimawandels eintreten könnte. Als Beispiel führt Sommer u. a. „das Abschmelzen des arktischen Eisschildes" an, „das ab einem bestimmten Temperaturniveau unaufhaltsam ist" (21).

Als *Treiber des globalen Wandels* macht Bernd Sommer die folgenden Verursacher aus: *Bevölkerung, Technologie* und *Wohlstand*. „Der menschliche Einfluss auf die außermenschliche Natur (‚I' für ‚Impact') ergibt sich danach aus der Multiplikation der Bevölkerungsgröße ‚P' (für ‚Population') mit dem Wohlstand ‚A' (für ‚Affluence', gemessen als Bruttoinlandsprodukt BIP) und dem technischen Fortschritt ‚T' (gemessen durch die Zahl angemeldeter Patente). […] Dabei ist wiederum zu sehen, dass bis in die 1950er-Jahre des vergangenen Jahrhunderts der anthropogene Einfluss auf die natürliche Umwelt relativ gering war […] und erst danach stark zunimmt (Stichwort: ‚Great Acceleration')." (22–24)

Im Weiteren widmet sich Sommer der Frage, ob sich wirtschaftliches Wachstum von den ökologischen Auswirkungen entkoppeln lässt (vgl. 24–27), was das eigentliche Thema seines Artikels ist. Es ergibt sich, dass eine *relative Entkoppelung* prinzipiell möglich und auch bereits vorgekommen ist – z. B. durch die Steigerung der Energieeffizienz von Produkten, dass sich jedoch eine nachhaltige *Dematerialisierung* des Konsums und des Wachstums bisher als nicht realistisch erwiesen hat. Das ist vor allem den sogenannten Rebound-Effekten geschuldet.

Im Allgemeinen lassen sich nach Sommer „drei Varianten des Rebound-Effekts unterscheiden: (1) der direkte Rebound, (2) der indirekte Rebound und schließlich (3) der gesamtgesellschaftliche Rebound-Effekt" (vgl. 26f.): Der direkte Rebound-Effekt (1) tritt ein, wenn neue Produkte zwar effizienter sind, jedoch mit der Folge, dass durch den Kauf größerer Modelle der entsprechenden Produkte der Einspareffekt neutralisiert oder sogar überkompensiert wird. Sommer führt Autos, Fernsehgeräte und Kühlschränke als Beispiele an. Eine weitere Form dieses Rebounds ergibt sich, wenn effizientere und damit preisgünstigere Produkte die Folge nach sich ziehen, dass die freiwerdenden Mittel für sonstigen emissionsintensiven Konsum verwendet werden, z. B. für Flugreisen. Bernd Sommer verweist auf Richard Thaler (1999) und das Konzept des *Mental Accounting* – demzufolge rechnen Menschen Einsparungen und umweltfreundliches Verhalten gegen von ihnen in anderen Bereichen verursachte Umweltbelastungen auf, wobei sie regelmäßig dazu neigen, die letzteren zu gering einzuschätzen. Beim indirekten Rebound-Effekt (2) geht es um ein Phänomen, das (laut Sommer) von Hans-Werner Sinn (2008) auch als *grünes Paradoxon* bezeichnet wird. Danach haben signifikante Effizienzsteigerungen, die in einigen Bereichen erzielt werden können, den Nebeneffekt, dass ressourcen- und energieintensive Aktivitäten wiederum günstiger werden, sodass es hier zu einer (erneuten) Zunahme kommt, solange es keinen konsistenten Umweltschutz auf internationaler Ebene gibt. Der gesamtgesellschaftliche Rebound-Effekt (3) ergibt sich dadurch, dass zwar bei einigen wirtschaftlichen Aktivitäten, die besonders im Fokus stehen, Ressourcenverbräuche und Emissionen gesenkt werden können, umgekehrt jedoch die Rebound-Effekte (1) und (2) sowie die jederzeit angestrebten und oft auch eintretenden positiven konjunkturellen Entwicklungen die Bemühungen wieder zu-

nichtemachen. So kommt es trotz verstärkter Klimaschutz-
politik schließlich doch immer wieder zu steigenden Emissionen und Umweltbelastungen.

Unter der Überschrift „Fazit: Alternativen zum Wachstumsparadigma" setzt sich Bernd Sommer mit der *Ausgangs-
frage* auseinander, „ob stetiges Wachstum und ökologische
Nachhaltigkeit vereinbar sind" (vgl. 33f.). Ihm zufolge ist
diese Frage heute nicht klar zu beantworten, weil sie nur
theoretisch durchgespielt werden könne. Mit der Vereinbar-
keit von Wirtschaftswachstum und Nachhaltigkeit sei eher
nicht zu rechnen, insbesondere vor dem Hintergrund, dass
Wirtschaftswachstum nichts anderes darstelle als eine rein
theoretische Größe. Selbst dann, wenn eine nachhaltige auf
erneuerbaren Energien basierende Kreislaufwirtschaft einmal möglich sein sollte, so gäbe es sie doch nicht rechtzeitig
– die planetarischen Grenzen würden in jedem Fall überstra-
paziert. Deshalb sei es wichtig, auf der Suche nach *Alternativen zum vorherrschenden Wachstumsparadigma* über eine *Postwachstumsgesellschaft* nachzudenken. In diesem Zusammenhang
verweist Sommer auf die Problematik der Ungleichheit. Für
ärmere Teile der Weltbevölkerung, insbesondere im globalen
Süden, sei eine Steigerung des Wohlstands durchaus sinnvoll. Wachstum ist auch in bestimmten Bereichen erforderlich, um die Nachhaltigkeitskrise bewältigen zu können, z. B.
bei den erneuerbaren Energien und Recyclingtechnologien.
Für den im Überfluss lebenden Teil der Weltbevölkerung
müssten jedoch Auswege aus der Wachstumsgesellschaft gefunden sowie Verteilungs- und Gerechtigkeitsfragen gestellt
werden. Sommer verweist hierbei auf Harris 2010.

Klaus Wiegandt (2013) zeigt einige Probleme der Wachstumsgesellschaft auf. Auf den Seiten 67–74 geht er – mit
Verweis auf zahlreiche Beispiele und Quellen – auf das Thema „Der private Konsum – tragende Säule der Wirtschaft"

ein. Laut Wiegandt (und seinen Quellen) hat sich der private Konsum in den Industrieländern und in den urbanen Regionen der Schwellenländer insbesondere seit dem Ende des Zweiten Weltkrieges enorm beschleunigt, nicht zuletzt, weil nach dem Entfall der umfangreichen Rüstungsaufträge (in den USA) die Angst vor erneuter Massenarbeitslosigkeit grassierte. Es folgte *ein nicht enden wollender Konsumrausch*, Konsum wurde zum Lebensstil erhoben, und die ständige Schöpfung neuer Bedürfnisse wurde perfektioniert. Einer immer umfangreicheren Werbewirtschaft gelang und gelingt es, Bedürfnisse für zunehmend ausgefeilte Produktsortimente zu wecken, die die Verbraucher gar nicht benötigen und für die sie sich zu allem Überfluss oft auch noch verschulden müssen. Damit der fortgesetzte Konsum neuer Produkte niemals aufhört, unterminiert man systematisch ihre längere Haltbarkeit: Geplante Obsoleszenz wird zunehmend zum Standard erhoben, die mangelnde Verfügbarkeit von preiswerten Ersatzteilen macht Reparaturen schnell unwirtschaftlich, die Senkung von Qualitätsstandards wird befördert, solange die Produkte die Garantiezeit überstehen. Wechselnde Moden und Modelle sorgen für *psychologischen* Verschleiß. Es hat sich eine Wegwerfgesellschaft entwickelt, die aus Prinzip Ressourcen und Energien verschwendet und Müllberge hinterlässt (siehe z. B. Plastikmüll in den Weltmeeren). Für viele Produkte werden weite Transportwege oder die Verschwendung großer Wassermengen in Kauf genommen. Informationen über ökologische Lasten werden systematisch vom Verbraucher ferngehalten; Wissenschaftler bemühen sich jedoch, die Gesellschaft in dieser Hinsicht aufzuklären. Klaus Wiegandt verweist hierzu auf das Konzept des ökologischen Rucksacks und bezieht sich auf folgende Quellen: Schmidt-Bleek 2007, McNeill 2005, Wuppertal Institut 2013. Er schließt diesen Abschnitt mit der „Forderung nach Dematerialisierung unserer Lebens- und Konsumwelt" (74).

Im Weiteren setzt sich Klaus Wiegandt (2013) mit dem „Wachstumsimperativ" auseinander (75f.). Für Politik, Gewerkschaft und Bürger ist Wirtschaftswachstum wichtig, um über genügend Arbeitsplätze und Mittel in den Staatshaushalten und Sozialkassen zu verfügen. Für Unternehmer und Manager ist die Interessenlage etwas anders – ihnen geht es primär um Gewinne und Wirtschaftsmacht, was idealerweise auch durch *jobless growth* zu erreichen ist. Unstrittig ist, dass für Entwicklungs- und Schwellenländer ein gewisses Maß an Wachstum nötig ist, um die Grundbedürfnisbefriedigung abzusichern. Bezüglich der Industrieländer steht die Forderung im Raum, Ressourcen- und Energieverbräuche drastisch zu reduzieren. Diese Haltung wird jedoch nur von einer *Minderheit in Politik, Wirtschaft und Wissenschaft* vertreten, während eine dominierende und in dieser Hinsicht ignorante Mehrheit davon ausgeht, dass auch in den Industrieländern trotz der bereits angehäuften Lasten weiteres Wirtschaftswachstum nötig ist, um den gesellschaftlichen Frieden aufrechterhalten zu können, wobei auf die – wohl eher realitätsferne (*unwahrscheinliche*) – Möglichkeit einer „globalen Entkoppelung von Wirtschaftswachstum und Ressourcen- und Energieverbrauch" verwiesen wird. Klaus Wiegandt nennt einige Vertreter der wenig einflussreichen wachstumskritischen Minderheit: den Ökonomen Herman E. Daly, der für *uneconomic growth* eintritt (Daly 2007: 17); Serge Latouche (Frankreich); die deutschen Wissenschaftlerinnen und Wissenschaftler Angelika Zahrnt, Gerhard Scherhorn, Niko Paech und Dirk Löhr und den britischen Wissenschaftler Tim Jackson.

Im Kontext des Wachstumsimperativs bedingen „Steigende Gewinnerwartungen" laut Klaus Wiegandt (2013) ein Phänomen, dem mehr Aufmerksamkeit zuteilwerden sollte (77–80). Die Finanzwelt hegt äußerst hohe Gewinnerwartungen gegenüber den an der Börse gehandelten Titeln (teilweise jenseits von 20 Prozent). Das kann die Realwirtschaft

nicht leisten, sodass hochspekulative Geschäfte und Hebel-
mechanismen weitverbreitet sind und sich Gepflogenheiten
etablieren, zu denen es gehört, „dass Gewinne privatisiert
und Verluste sozialisiert werden" (77). Dieses *Weltfinanzspiel-
kasino* wird nicht nur durch Spekulanten betrieben, sondern
es haben sich auch Teilnehmer darauf eingelassen, die man
eher als seriös einstufen würde, wie Fonds zur Finanzierung
von Alterssicherung und Verwalter von Stiftungskapital
(z. B. die Universitäten Harvard, Yale, Stanford betreffend).
Das hat Auswirkungen auf die Art, wie Unternehmen geführt werden müssen: Investitionen müssen sich in kürzes-
ter Zeit bezahlt machen, Arbeitskosten müssen niedrig, die
Preissetzungsmacht hoch sein (siehe Buffet 2011), es muss
fusioniert werden. Dafür müssen Verwaltung, Vertrieb und
Logistik zusammengelegt und die Einkaufsmacht gebün-
delt werden. Für Klaus Wiegandt folgt daraus, „was Jorgen
Randers so charakterisiert: ‚Ich muss also den Stimmen bei-
pflichten, die vorbringen, dass ein innerhalb der brutalen
Zwänge des reinen Kapitalismus agierendes Unternehmen
wenig bis keine Möglichkeit hat, sich an der Bewältigung der
großen Herausforderungen des 21. Jahrhunderts zu beteiligen' (Randers 2012: 253)" (79). Konzentrationsprozesse in
der Wirtschaft haben laut Wiegandt sinnvolle Größenordnungen längst überschritten. Einige systemrelevante Groß-
banken müssen im Krisenfall mit Milliarden gerettet werden,
um noch größere Schäden von der Gesellschaft abzuwenden. Last but not least kommt dieses System längst nicht
mehr ohne massive Steuervermeidung aus – z. B. vermittels
Lizenz- oder Darlehensmodellen, die die Verschiebung von
Gewinnen in Steuerparadiese ermöglichen. Abschließend
stimmt Klaus Wiegandt „dem Resümee von Dirk Löhr zu
[…]: Das ursprüngliche Ziel des Wirtschaftens war ‚[…]
die Bedürfnisse der Konsumenten zu befriedigen. [Heute]
verkehren sich Zweck und Mittel: Die Bedürfnisse werden

gestaltet, um die Renditeinteressen der Anteilseigner zufriedenzustellen.' (Löhr 2008: 273)" (80).

In der „Möglichkeit der Externalisierung von Kosten" sieht Klaus Wiegandt (2013) ein entscheidendes Problem (80–83). Die Ausbeutung von fossilen Energieträgern und von Naturressourcen verursacht Folgekosten in bedeutendem Umfang. Diese Kosten werden jedoch den Produkten und Dienstleistungen nicht verursachungsgerecht zugewiesen, sondern sie bleiben außen vor und werden später von der Allgemeinheit bzw. den Steuerzahlern getragen. Dadurch fallen die Kosten für den Einsatz von Maschinen und Anlagen viel zu gering aus, und es kommt zur verzerrten Arbeitsteilung – in umweltschädliche Technologien wird verstärkt investiert, bei den Lohnkosten wird rationalisiert. Im Wettbewerb sind Unternehmen gezwungen, dem falschen Kostendruck zu folgen. Es bleibt wenig Raum für die Rücksichtnahme auf ökologische und soziale Gesichtspunkte. Betriebswirtschaftlich ist das geboten, volkswirtschaftlich gesehen ist das jedoch alles andere als sinnvoll. Wiegandt führt einige Beispiele wie Steinkohlebergbau, Schuhbranche, Textilindustrie, Landwirtschaft etc. an. Bei verursachungsgerechterer Zuweisung der Folgekosten der Ausbeutung der Natur und des Klimawandels würden sich, so meint Wiegandt, die *Strukturen der Weltwirtschaft* völlig anders entwickeln.

Auf den Seiten 83 bis 85 diskutiert Klaus Wiegandt die Frage, inwiefern die „Beschleunigung" als durch den Menschen verursacht betrachtet werden kann. Er bezieht sich auf das Argument von Klimaskeptikern, dass Temperaturschwankungen *erdgeschichtlich nichts Neues* sind und stellt klar, dass es noch nie einen so drastischen Temperaturanstieg in so kurzer Zeit gegeben hat und der Mensch das *System Erde* durch die Beschleunigung aller Prozesse überfordert. Wiegandt führt u. a. folgende Zahlen an: Versechsfachung der

Weltbevölkerung von 1750 bis 2000, Steigerung der Arbeitsproduktivität um das 200-fache von 1750 bis 1990, Steigerung der industriellen Warenproduktion um das 40-fache im 20. Jahrhundert. Ressourcen und Energiequellen werden dabei, den Prinzipien des Wettbewerbs und der Leistungsorientierung folgend, ausgebeutet. Es folgt der Hinweis auf eine erneute Beschleunigung in den vergangenen 40 Jahren (aus der Sicht von Wiegandt 2013) mit Verweis auf etwas konkretere Beispiele: höhere Geschwindigkeiten von Verkehrsmitteln auf Kosten erhöhten Energieverbrauchs, Volumenwachstum bei Fluglinien und Flughäfen, Hochfrequenzhandel ohne Bezug zur Realwirtschaft, Gepflogenheiten bei der Tierproduktion.

Abschließend beantwortet Klaus Wiegandt (2013) die Fragen „Ausblick: Was ist zu tun?" und „Wie weiter mit dem Wirtschaftswachstum?" (86–89): Wir sollten dem *Wirtschaftswachstumsimperativ* nicht länger folgen. Für Schwellen- und Entwicklungsländer geht ein gewisses weiteres Wachstum in Ordnung. In den Industrieländern, in denen eine weitere Förderung des Wachstums den Grad der Verschwendung steigert, aber die Lebensqualität eher noch mindert, sollte mit dem Wachstum anders umgegangen werden. Die Industrieländer sollten nicht weiter dem Beispiel der USA folgen. Dieses Land gibt – mit hoher Verschuldung (staatlich wie privat), desolaten Zuständen in Infrastruktur, Bildungswesen, Gesundheitsvorsorge, Altersvorsorge, ausgeprägter sozialer Ungerechtigkeit – ohnehin kein gutes Beispiel ab. Die Zustände in Deutschland seien ebenfalls kritikwürdig – inwiefern hier das als notwendig definierte Wirtschaftswachstum verlorene Arbeitsplätze zurückbringe, sei fraglich, in das Bildungswesen würde zu wenig investiert. Statt *Wachstum und ungebremsten Konsum* empfiehlt Klaus Wiegandt den Industriestaaten das Folgende: Transformation zu nachhaltigem Wirtschaften, gesicherte Einkommen und soziale

Abfederung für Arbeitnehmer und Rentner, Investitionen in Bildung, Infrastruktur, Umweltpolitik, Entwicklungshilfe. Wiegandt tritt für eine gerechte Verteilung der Steuerlast und die Schließung von Steueroasen ein sowie für politische Rahmenbedingungen und Anreize, die nachhaltiges Verhalten von Unternehmen fördern sowie Gewinnmaximierung und exponentielles Wachstum hemmen. Das Prinzip des *Shareholders* sollte zugunsten des Prinzips des *Stakeholders* abgelöst werden, kurze Reporting-Zyklen (*quarterly*) sind abzuschaffen und Kosten zu internalisieren. Abschließend weist Klaus Wiegandt auf die Bedeutung der Europäischen Union hin („das größte Bruttoinlandsprodukt aller Volkswirtschaften", 89) und empfiehlt ihr, eine Vorreiterrolle im Bereich der Nachhaltigkeit zu übernehmen.

Im Weiteren werden im Sammelband Welzer und Wiegandt 2013 „Wege aus der Wachstumsgesellschaft" aufgezeigt, u. a. die folgenden: „Konsum als Erziehung zur Nachhaltigkeit" (Wolfgang Ullrich), „Jenseits der Wachstumsillusion: Das Beispiel Energiewende" (Reinhard Loske), „Wege aus der Wachstumsgesellschaft – Die Bedeutung der Veränderung der Rolle von Wachstum und Arbeit in einer Postwachstumsgesellschaft" (Hans Diefenbacher) und „Wege aus der Wachstumsdiktatur" (Niko Paech).

Bewertung

Bei all den Konzepten, die in Welzer und Wiegandt (2013) und in unzähligen weiteren Quellen diskutiert werden und bei allen politischen Bemühungen im zurückliegenden Jahrzehnt ist jedoch erkennbar, dass wir es bei der „Wachstumsgesellschaft" mit einem systembedingten Grundproblem zu tun haben, das nicht so einfach hinweggebetet werden kann. In der Gesamtbilanz laufen alle Bemühungen und Anstrengungen engagierter Bürger und Institutionen immer wieder ins Leere, und der Charakter des vom Kapitalismus dominierten weltpolitischen Systems ändert sich nicht so grundlegend, dass die zunehmend dringlicher werdende Zeitenwende von der Wachstums- und Verschwendungsgesellschaft zu einer sich organisch in die Naturprozesse einbettenden Postwachstumsgesellschaft oder z. B. zu einer „Gesellschaft der bescheidenen Kultiviertheit" eintreten würde.

Abgesehen davon liegt mit Welzer und Wiegandt (2013) eine bemerkenswerte Analyse der gesellschaftlichen Verhältnisse und eines wichtigen Teils des aktuellen zivilisatorischen Problemspektrums vor, der man nur zustimmen kann.

Interessant ist noch, dass in Wiegandt 2013 (siehe oben) wie auch generell im entsprechenden Sammelband (Welzer und Wiegandt 2013) die Verbindung von der Wachstumsgesellschaft, dem Konsum und der Notwendigkeit des nachhaltigen Wirtschaftens zu den Themen „Wohlstand", „sozialer Ausgleich", „Staatsschulden" und „Steuerpolitik" hergestellt und zudem deutlich gemacht wird, wie eng alle diese Aspekte miteinander verwoben sind. Die letzteren Themen sind auch Gegenstand der folgenden Abschnitte im aktuellen Kapitel.

W2 – Der Triumph der Ungerechtigkeit

Zusammenfassung ausgewählter Inhalte

Das Buch über den „Der Triumph der Ungerechtigkeit" von Emmanuel Saez und Gabriel Zucman (2020) spricht zwei Themen an. Erstens wird anhand des US-amerikanischen Beispiels gezeigt, wie ein einstmals austariertes sowie ausgesprochen progressives und gerechtes System der Einkommensbesteuerung durch Globalisierung und Neoliberalismus zerstört wurde, und es werden Vorschläge unterbreitet, wie diesem verhängnisvollen Trend begegnet werden könnte. Zweitens wird für die Besteuerung bereits vorhandener Vermögen plädiert. Im Rahmen des Hauptthemas des vorliegenden Buches – der Frage, wie eine gut integrierte globale Gesellschaft zu erreichen ist, die sich in die Natur einfügt, statt sie sich untertan machen zu wollen und sie so zu zerstören – kann insbesondere das erste von Saez und Zucman angesprochene Thema – das der Einkommensbesteuerung – als interessant und wichtig oder gar als essenziell angesehen werden.

Emmanuel Saez und Gabriel Zucman (2020) zeichnen ein Bild der US-amerikanischen Steuerpolitik, das vom ausgeprägten Streben nach Ausgleich in der Roosevelt-Ära bis zur Förderung extremer Konzentration von Kapital und Einfluss in der Gegenwart (2020) reicht. Die Steuerpolitik von Franklin D. Roosevelt war einerseits von seinen Bestrebungen geprägt, Demokratie, Gemeinwohl und Internationalismus zu stärken, andererseits jedoch auch von der Notwendigkeit, die Herausforderungen der Großen Depression und des Zweiten Weltkriegs zu meistern sowie vom politischen Klima seiner Zeit (vgl. 60–65).

Im Angesicht des Weltkriegs plädierte Roosevelt 1942 für die Anhebung der Einkommensteuer auf ein sehr hohes Niveau. Laut Saez und Zucman (64f.) schlug er vor, Einkommen jeglicher Art, die 25 000 Dollar überstiegen, zu 100 Prozent zu besteuern. Letztlich gelang es ihm, im Kongress einen Spitzensteuersatz in Höhe von 94 Prozent durchzusetzen, zusammen mit den Regelungen, dass dieser Steuersatz erst ab einem Einkommen von 200 000 Dollar greifen sollte und dass nur maximal 90 Prozent des gesamten Einkommens besteuert werden durften.

In der von Roosevelt geprägten Ära, die die US-amerikanische Steuerpolitik bis in die Siebzigerjahre des

412

20. Jahrhunderts prägte, spielte neben Einkommensteuer, Nachlasssteuer, Verkaufssteuern und Grundsteuern die Körperschaftsteuer, die für Gewinne von Unternehmen und Gesellschaften anfiel, eine herausragende Rolle (vgl. 66–73).

Doch dann kam es zum „Triumph der Ungerechtigkeit". Mit der zunehmenden Globalisierung der Wirtschaft funktionierte die Körperschaftsteuer nicht mehr, und die Einkommensteuer konnte vermieden werden, indem sich reiche Leute nur wenig von den unternehmerischen Gewinnen auf ihre Privatkonten auszahlen ließen. Außerdem entwickelte sich das politische Klima in eine Richtung, die vom Neoliberalismus und von einer Weltsicht geprägt war, bei der der Vorteil des Aktionärs und die Maximierung des Shareholder-Value noch mehr im Vordergrund standen, als das ohnehin im Kapitalismus üblich ist (vgl. 74–123).

Saez und Zucman (2020) beschreiben diese Entwicklung unter der Überschrift „Willkommen in Bermuland" auf den Seiten 100–123. Danach begann in den siebziger und achtziger Jahren des vergangenen Jahrhunderts ein Steuervermeidungswettbewerb, der in den Neunzigern nochmal richtig Fahrt aufgenommen hat. Zunächst wurden überhöhte Kreditzinsen genutzt, die Firmen an Tochtergesellschaften in Niedrigsteuerländern zahlten und die halfen, in den Mutterländern entsprechend Steuern zu sparen. Nachdem diese Lücke Mitte der achtziger Jahre geschlossen worden war, folgten andere Methoden der Steuervermeidung. Nun wurden Vermögenswerte und Dienstleistungen in großem Stil zwischen eigenständig agierenden Tochtergesellschaften hin- und hergeschoben. Das wurde z. B. mit Technologien, Logos, Warenzeichen, Patenten oder irgendwelchen „nebulösen Dienstleistungen" praktiziert, mit dem Vorzug, dass es kaum möglich war, für solche Vermögenswerte einen Marktpreis zu ermitteln, sodass ihr Wert weitgehend willkürlich festgesetzt werden konnte. Der Gewinnverschiebung in

Steueroasen wie Irland, Bermudas, Puerto Rico, Niederlande, Singapur, Kaimaninseln, Bahamas oder gar in „staatenlose Entitäten" sind damit kaum noch Grenzen gesetzt. Saez und Zucman gehen davon aus, dass der weltweite Durchschnittssteuersatz der Körperschaftsteuer, der zwischen 1985 und 2018 von 49 auf 24 Prozent sank, bis 2050 auf null Prozent sinken könnte, wenn nicht gegengesteuert wird (vgl. 123).

Auf den Seiten 145 bis 148 widmen sich Saez und Zucman (2020) dem „Ende der progressiven Einkommensteuer". Sie weisen darauf hin, dass die Steuerfluchtmöglichkeiten bei der Körperschaftsteuer Wohlhabende dazu einladen, ihre Einnahmen in Kapitaleinkünfte umzuwandeln. Wer die Möglichkeit dazu hat, weil er über Millionen- oder Milliardeneinnahmen verfügt, kann sein Vermögen in Firmengeflechte investieren und sich nur auszahlen lassen, was er unmittelbar zum Leben benötigt. So transformieren sich Reiche zu Unternehmen, profitieren von den Steuerfluchtmöglichkeiten bei der Körperschaftsteuer und zahlen wenig oder gar keine Einkommensteuer. Laut Saez und Zucman wird so der Schutzmechanismus, den die Körperschaftsteuer eigentlich ausübt, unterlaufen, mit dem Resultat, dass die Einkommensteuer – zumindest die Reichen betreffend – zu einer reinen Verbrauchsteuer verkommt.

Saez und Zucman (2020) weisen auf einen weiteren problematischen Aspekt hin (vgl. 134f.): Eine entscheidende Konsequenz der Steuerfluchtmöglichkeiten ist, dass die Bildung von Vermögenskonzentrationen gefördert wird. So sei in den USA der Anteil des Vermögens, der sich im Besitz des reichsten einen Prozents der Bevölkerung befindet, zwischen den siebziger Jahren und 2018 von 22 auf 37 Prozent gewachsen, und das Vermögen der unteren 90 Prozent sank zugleich von 40 auf 27 Prozent.

Für jede Art der Steuerpolitik – so auch für den Rückgang der Kapitalbesteuerung und die Erhöhung der Besteuerung von Arbeitseinkommen – findet sich, so Saez und Zucman (2020), auch eine passende theoretische Fundierung. So sei die Volkswirtschaftslehre überall auf der Welt auf in den siebziger und achtziger Jahren des 20. Jahrhunderts entwickelte Theorien ausgerichtet, nach denen der optimale Steuersatz auf Kapital null Prozent beträgt oder zumindest sehr niedrig anzusetzen ist (vgl. 135f.).

So weit zur Analyse der Steuertrends. Saez und Zucman (2020) warten darüber hinaus mit weitreichenden Empfehlungen zur Behebung der Steuerungerechtigkeit auf. Hier soll nun nur kurz angedeutet werden, in welche Richtung diese Vorschläge gehen. Laut Saez und Zucman basiert ein *effektiver Aktionsplan* auf „vier Säulen: Vorbildlichkeit, internationale Koordination, Abwehrmaßnahmen und Sanktionen gegen Trittbrettfahrer" (154). Im Detail wird das auf den Seiten 155 bis 166 erklärt. *Vorbildlichkeit* und *internationale Koordination* bedeuten, dass jedes Land seine multinationalen Unternehmen überwacht und Steuern einzieht, die in Steueroasen nicht erhoben werden. Für diese Art der Maßnahme könnte man einen Mindeststeuersatz ansetzen (z. B. in Höhe von 25 Prozent). In diesem Zusammenhang reden Saez und Zucman vom Nationalstaat als „Steuereintreiber letzter Instanz" (156). Sie verweisen darauf, dass die Informationsbasis dafür bereits gegeben ist – in Form der BEPS-Initiative der OECD, die großen Unternehmen auferlegt, den Steuerbehörden ihre Gewinne und Steuern bekannt zu machen (vgl. 155f.). Unternehmen mit Sitz in Ländern, die die Zusammenarbeit verweigern, könnte man mit *Abwehrmaßnahmen* beikommen. Das heißt, dass in allen Ländern, in denen ein solches Unternehmen Gewinne macht, die Steuern eingezogen werden, die das Land, in dem das Unternehmen seinen Hauptsitz hat, nicht erhebt. Saez und Zucman verweisen darauf, dass diese Methode bereits von vielen US-Bundesstaaten praktiziert wird, um Körperschaftsteuereinnahmen zu generieren (vgl. 161f.). Zur Bekämpfung weiterer Steuerschlupflöcher, die in Zukunft entdeckt und ausgenutzt werden, sollten *unkooperative Steueroasen* mit *Sanktionen* bedacht werden. Es ist jedem Staat überlassen, seine eigenen Gesetze zu erlassen. Wenn dadurch jedoch kleinere Staaten die eigenen Kassen auf Kosten aller anderen Länder füllen, seien Sanktionen gerechtfertigt. Eine Möglichkeit wären z. B. Steuern auf Finanztransaktionen mit solchen Staaten (vgl. 164–166).

Bewertung

Emmanuel Saez und Gabriel Zucman stellen ihre Ausführungen unter das Motto der *Ungerechtigkeit*, die heutzutage zu *triumphieren* scheint und gegen die etwas getan werden könnte oder sollte. Diese egalitäre Herangehensweise ist löblich, wird jedoch sicher in konservativen oder rechten Zirkeln nicht auf viel Gegenliebe stoßen. Denkt man sich jedoch diese politische Dimension einmal weg und betrachtet die analytische Essenz sowie die Vorschläge, die unterbreitet werden, unabhängig von der Frage, ob Ungleichheit ein (vorrangiges) Problem ist oder nicht, so ergibt sich folgende Erkenntnis:

Der Schwenk von der progressiven Besteuerung der Nachkriegszeit (speziell in den USA) zum heutigen Ausmaß des Steuerdumpings und der Steuervermeidung durch Großkonzerne und reiche Personen (von denen alle Länder betroffen sind) sieht aus wie eine Torheit, durch die sich Staaten um die ihnen zustehenden Steuern gebracht sehen. Diese Torheit ist der scheinbaren Ohnmacht geschuldet, mit der diese Staaten der globalisierten Wirtschaft und dem globalisierten Finanzsystem gegenüberstehen. Das hat sich so entwickelt, weil niemand auf die Herausforderungen der Globalisierung vorbereitet war. Die Staaten könnten die ihnen zustehende Hoheit über die Steuergesetzgebung zurückgewinnen, wenn sich der politische Wille dafür sowie für die entsprechend notwendige internationale Kooperation bilden würde.

Die genannte Torheit ist insbesondere eine Torheit der kleinen Leute und der Mittelschicht, also der absoluten Mehrheit. Sie ist doppelt fatal, weil sie ihnen einerseits den Hauptteil der Steuerlast aufbürdet und weil sie zunehmende Kapital- und Machtkonzentrationen befördert, was die Lage nicht besser macht. Zerstrittenheit über alltäglichen und politischen Kleinkram ist jedoch der beste Weg, um die Lösung der wirklich wichtigen Probleme wie dieses zu verfehlen.

So gesehen kann man, unabhängig davon, wo man politisch steht, Saez und Zucman dankbar sein, dass sie eine wichtige Dimension unseres politischen Handelns aufgezeigt und mit ausführlichen Analysen und konstruktiven Vorschlägen hinterlegt haben. Unabhängig davon, wie man zum Staat steht, welche Staatsquote man befürwortet und ob man eher nationalistisch, pluralistisch, liberal, sozialistisch oder konservativ eingestellt ist, sollte es in jedem Fall nicht akzeptabel sein, dass sich der Staat mittels Steueroasen massiv bestehlen lässt. Außerdem ist eine Reichensteuer oder Vermögensteuer, wie sie von Anhängern des linken Spektrums gelegentlich gefordert wird, nichts als eine Farce, solange nicht mit mindestens der gleichen Vehemenz dafür plädiert wird, die Steuerpolitik auf internationaler Ebene einer saubereren Regelung zuzuführen.

Saez und Zucman plädieren ergänzend für eine Vermögensbesteuerung. Wenn es gelingt, bei der Unternehmensbesteuerung und der Einkommensbesteuerung auf internationaler Ebene einen vernünftigen Nenner zu finden, dürfte die Frage der Vermögensbesteuerung jedoch eine weniger kritische Entscheidung sein, die je nachdem, welche politischen Einflüsse die Oberhand gewinnen, sehr unterschiedlich getroffen werden kann.

Aktuelle Entwicklung

Seit Saez und Zucman ihr Buch „Der Triumph der Ungerechtigkeit" veröffentlicht haben, ist die Entwicklung in Steuerfragen nicht stehen geblieben. Seitdem gibt es gewisse Schritte in die richtige Richtung, zugleich jedoch auch gehörige Restprobleme, wie die folgenden Statements exemplarisch zeigen:

- Die Europäische Kommission hat eine „Europäische Steuerbeobachtungsstelle" eingerichtet – siehe Europäische Kommission 2021: „Unter der Leitung von Professor Gabriel Zucman wird die an der Paris School of Economics angesiedelte Steuerbeobachtungsstelle neue Ideen zur Bekämpfung der Steuervermeidung entwickeln und eine internationale Referenz für Forschung über Besteuerung in einer globalisierten Welt darstellen."
- „Die OECD hat am 20.12.2021 ihr finales Rahmenkonzept für eine globale Mindeststeuer von 15 % für internationale Konzerne veröffentlicht, auf deren Einführung sich die Staats- und Regierungschefs der G20 Ende Oktober in Rom geeinigt hatten. […] Die globale Mindeststeuer ist […] der zentrale Teil des Reformkonzepts – sie soll bereits ab dem Jahr 2023 für jeden Staat gelten, in dem ein Konzern durch Betriebsstätten oder Tochterunternehmen präsent ist. […] In krassem Kontrast zur einfach klingenden Idee einer globalen Mindeststeuer von 15 % steht allerdings die technische Komplexität des nun veröffentlichten Rahmenkonzepts." (Fuss und Hundeshagen 2022).
- „Die 15 Prozent sind ein Kompromiss. Bei dieser vergleichsweise niedrigen Schwelle besteht die Hoffnung,

dass der Widerstand der Gegner das Vorhaben nicht zum Kippen bringen wird. Die neue US-Regierung hatte zuvor einen Satz von 21 Prozent vorgeschlagen und war später dann auf 15 Prozent zurückgerudert. / Der Wirtschaftswissenschaftler Rudolf Hickel würdigte die Einführung einer globalen Mindeststeuer im Deutschlandfunk-Interview als Gamechanger. Das jahrzehntelange System des Steuerdumpings würde durchbrochen. Allerdings betonte er: ‚Steueroasen werden nicht ausgetrocknet werden.‘ Ab 15 Prozent werde unter den Unternehmen zukünftig weiter konkurriert. […] Entwicklungshilfeorganisationen wie Oxfam International kritisieren zudem, dass die geplante weltweite Mindeststeuer den niedrigen Steuersätzen in Steueroasen wie Irland, der Schweiz oder Singapur zu ähnlich sei.“ (Geers 2021)

- „OECD: Globale Steuerreform wird nicht vor 2024 umgesetzt“ (Handelsblatt/Reuters 2022)

W3 – Das befremdliche Überleben des Neoliberalismus

Zusammenfassung ausgewählter Inhalte

Laut Colin Crouch (2011) ist festzustellen, dass die Geschicke des Volkes wenigstens von der Viererkonstellation „Volk – Staat – Markt – Großunternehmen“ bestimmt werden und dass die Großunternehmen hierbei heute in einem Maß eine Rolle spielen, die so nicht wirklich gut sein kann und in diesem Ausmaß eigentlich nicht vorgesehen ist. Kleine bzw. national aufgestellte Unternehmen können dabei sehr wohl dem Markt und seiner segensreichen Wirkung für Wohlstand und Demokratie zugerechnet werden. Großunternehmen entfalten hingegen eine Wirkung, die die sogenannte Konsumentenwohlfahrt im Prinzip zwar mehrt, jedoch zugleich die zunehmende Konzentration wirtschaftlicher wie auch politischer Macht in den Händen weniger besonders reicher und einflussreicher Mitmenschen impliziert.

Nach Wirthensohn (2011) spiegelt die traditionelle Differenzierung zwischen Markt und Staat für Crouch nicht mehr die ökonomische Realität wider, sondern die Realität lässt sich besser durch die Trias „Markt, Staat und Großunternehmen" darstellen. Bei Großunternehmen sei eine ausgeprägte Neigung zu beobachten, Einfluss auf die Politik auszuüben. Wirthensohn verwendet in diesem Zusammenhang die Ausdrücke „Lobbyarbeit", „Beratung und Expertise" sowie „Vertreter in den Ministerien".

Colin Crouch selbst (2011) äußert sich im Kapitel 1 „Der Aufstieg des Neoliberalismus" zur *Chicagoer Deregulierungslehre* auf den Seiten 38f. Folgt man dieser Lehre, ginge es nicht mehr um optimalen Wettbewerb mit vielen Konkurrenten, gut funktionierenden Märkten und *Wahlfreiheit für die Konsumenten*, sondern es zählten allein die Ergebnisse. Danach sei der Wohlstand insbesondere durch sinkende Preise zu steigern, und das könne durch Großkonzerne besser geleistet werden.

Im Kapitel 2 „Grenzen der klassischen Marktwirtschaft" konstatiert Crouch (2011, 49), dass der Neoliberalismus den Privatunternehmen generell „effizientes Wirtschaften und Kundenorientierung" zumisst und *staatlichen Dienstleistern* zugleich „pauschal Inkompetenz und Arroganz unterstellt".

Im Kapitel 3 äußert sich Crouch (2011) zum Thema „Marktbeherrschende Konzerne" (vgl. 94f.). Er hebt dort insbesondere hervor, dass sich die *Chicagoer Schule* auf die „Konsumentenwohlfahrt" ausrichten würde. Diese könne dann am besten gewährleistet werden, wenn die größte Steigerung des Gesamtwohlstands erzielt werde, und zwar ohne Rücksicht auf seine Verteilung. Zur Frage der Verteilungsgerechtigkeit verweist laut Crouch die neoliberalistische Lehre auf den (heute so genannten) Trickle-down-Effekt (vgl. auch Crouch 2011en, 62) und darauf, dass das eine Frage sei, die die Politik zu beantworten habe, nicht jedoch die Ökonomie oder die Wirtschaftstheorie.

Im Kapitel 4 „Die Wirtschaft und der Staat" expliziert Crouch u. a., dass Großunternehmen häufig dem Markt zugerechnet würden, dies sei jedoch ein Irrtum (vgl. 138f.). Es sei vielmehr so, dass Großkonzerne die Nähe zum Staat suchten, um ihn so zu beeinflussen, dass sie den Markt dominieren können, ohne dabei durch Regulierung behindert zu werden. In diesem Sinne habe sich der Neoliberalismus „vom politischen und ökonomischen Erbe des Liberalismus verabschiedet".

Laut Colin Crouch hat sich eine neoliberale Rechte entwickelt, die gerne vom Markt spricht, dabei jedoch hauptsächlich das Wohl von Großkonzernen im Blick hat. Der Staat, der lange als „Gegengewicht zur Macht des Marktes und der Unternehmen" gesehen wurde, befinde sich nun vorwiegend auf Seiten der Großkonzerne (vgl. Kapitel 7 „Zivilgesellschaft und Moral", 203).

Laut Crouch ist auch die Eigentümerverantwortung weitgehend verloren gegangen (vgl. Kapitel 5 „Neoliberaler Keynesianismus: Privatverschuldung statt Staatsverschuldung", 154). Es gehe nur noch um Handelsgewinne und „die Maximierung des Shareholder value". Den Zusammenhang zwischen Eigentum, Leistungskraft und Gewinnaussichten dauerhaft zu gewährleisten, sei dabei nicht von entscheidender Bedeutung, solange der Aktienmarkt genügend alternative Handelsware zu bieten hat.

Im Weiteren stellt Colin Crouch fest, dass Großunternehmen zu jeder Art der Rücksichtnahme erst gezwungen werden müssen. Er zieht die Schlussfolgerung, dass auch die Zivilgesellschaft als wichtiger das Gemeinwohl fördernder und die *Machtbalance* aufrechterhaltender Faktor in Betracht zu ziehen ist. Im Hinblick auf die vier oben genannten Pole der Machtkonstellation – Volk, Staat, Markt, Großunternehmen – könne die Zivilgesellschaft dem Volk zugerechnet werden. Colin Crouch (2011) nennt und beschreibt insbesondere die folgenden fünf Gruppen (vgl. 212–223).

- Die Parteien
- Die Kirchen
- Die Bürgerinitiativen
- Gruppen, die sich dem freiwilligen ehrenamtlichen Engagement und der Wohltätigkeit widmen
- Die Berufsverbände

Colin Crouch hält es nicht für nötig, die Welt grundlegend zu verändern, sondern er macht sich zum Fürsprecher derjenigen Mitmenschen, die bereit sind, um kleine Fortschritte zu kämpfen (vgl. Kapitel 8 „What's left of what's right?", 243f.). So würde es oft gelingen, den Staat zu motivieren, sich in Konflikten zwischen Bürgern und Unternehmen auf die Seite der Bürger zu stellen. In diesem Zusammenhang verweist Colin Crouch u. a. auf *Gruppen von Fachleuten und Gutwilligen, Kunden*, die Druck ausüben können, *Aktivisten in Ökogruppen und Gewerkschaften, Bürgerinitiativen, Journalisten* und *Wissenschaftler.*

Bewertung

Nicht nur laut Colin Crouch hat der sogenannte Neoliberalismus in jüngster Zeit die Wirtschaftspolitik der westlichen Welt geprägt. Dieser bedeutet sehr weitgehende Deregulierung zur Mehrung der Gesamtwohlfahrt und des Reichtums, jedoch mit geringer Rücksicht auf den pluralistischen marktwirtschaftlichen Wettbewerb und eine gerechte Einkommensverteilung. Die Anhäufung ausgeprägter Kapital- und Machtkonzentrationen gehört zum Konzept. Der Staat wird zunehmend für die Interessen von Großkonzernen instrumentalisiert.

Dem ist nur noch hinzuzufügen, dass die neoliberalistische Tendenz und die Übermacht, mit der transnationale Konzerne Nationalstaaten vor sich hertreiben, ganz offensichtlich etwas mit der Globalisierung der Wirtschaft zu tun hat. Auf internationalem Parkett buhlen die Nationalstaaten um die Gunst der Großunternehmen, und zugleich können sie sich weder über rechtliche Mindeststandards einigen noch darüber, wie diese ggf. exekutiv durchzusetzen wären. So gelingt es Großkonzernen und Kapitalgesellschaften, erhebliches Erpressungspotenzial anzuhäufen, die Nationalstaaten gegeneinander auszuspielen und die Politik nach ihren Vorstellungen zu formen. Das ist derselbe Mechanismus, wie er auch in Saez und Zucman (2020) im Zusammenhang mit der Steuerpolitik beschrieben wird.

So gesehen geht es hier wiederum um eine Torheit der kleinen Leute und der Mittelschicht, also der absoluten Mehrheit, und darum, dass wegen der allgemeinen Zerstrittenheit über alltäglichen und politischen Kleinkram die wirklich wichtigen Themen vernachlässigt werden. Gewiss, zivilgesellschaftliches Engagement entwickelt sich und gewinnt an Einfluss, doch eine Bündelung der Kräfte, wo sie angebracht ist, und eine regelrechte Machtbalance zwischen Volk, Staat, Markt und Großunternehmen sind bei weitem noch nicht in Aussicht.

W4 – Finanzmärkte, Effizienz und Wohlstand

Zusammenfassung ausgewählter Inhalte

In seinem Buch „Zehn Mythen der Krise" wertet Heiner Flassbeck (2012) die Finanzkrise von 2008 aus. Unter der Überschrift „Mythos I: Finanzmärkte sind effizient und fördern unseren Wohlstand" polemisiert er gegen „Mainstream-Ökonomen" und „dem Markt zugeneigte Politiker", die auf den Markt als optimalen Mechanismus schwören (vgl. 11–14). Laut Flassbeck gehen die meisten Ökonomen von Preisbildungsmechanismen aus, die auf der Annahme basieren, dass den Marktteilnehmern „alle (vorhandenen) Informationen" (11) zur Verfügung stehen. Das sei jedoch ein Mythos. Laut Flassbeck ist diese Annahme bereits in Bezug auf Arbeitsmärkte falsch, weil hier angesichts hoher Arbeitslosigkeit die Unternehmen die Löhne diktieren. Ebenso sei sie für Güter- und Dienstleistungsmärkte unzutreffend, weil dort oft „wenige Unternehmen um die ‚Marktführerschaft' kämpfen" (11). *Grotesk* falsch sei diese Annahme jedoch, wenn sie auf Finanzmärkte bezogen werde. Dort würden die Fundamentaldaten der jeweiligen Vermögenstitel eine untergeordnete Rolle spielen. Entscheidend seien „Informationen über die Informationen, die voraussichtlich die Erwartungen der Masse der Marktteilnehmer in ihrer Kaufentscheidung leiten werden" (12). So käme es regelmäßig zur Herdenbildung, die teilweise längerfristig gegen die Fundamentaldaten ausgerichtet sein kann. Das habe manchmal verheerende Auswirkungen für die Realwirtschaft. Flassbeck verweist insbesondere auf Währungsspekulationen, die z. B. auf Island und Ungarn Auswirkungen hatten sowie auf steigende Rohstoff- und Nahrungsmittelpreise, die *Revolten in vielen Län-*

dern verursacht haben (vgl. 13). Laut Flassbeck hätten sich *die Mainstream-Ökonomen* sowie *die Politik* über den Fakt, dass Märkte oft von *Herdenphänomene* gesteuert werden, hinweggesetzt und weiterhin auf die Annahme gesetzt, dass sich ein stabiler *Gleichgewichtspreis* einstellt. Das sei jedoch falsch, denn die *realen Märkte* könnten diesen Gleichgewichtspreis nicht bilden, da sie nicht bedeutend genug seien, und in den *Finanzmärkten* funktionierte das nicht, weil sich die Teilnehmer am *Verhalten der blinden Herde* orientierten. Laut Flassbeck beseitigen normale Märkte Knappheit und tendieren zu Preissenkungen. Finanzmärkte würden hingegen Knappheit und Preiserhöhungen schaffen, und es werde der Investor belohnt, dem es gelinge, andere in einen Markt zu locken und selber rechtzeitig wieder auszusteigen (vgl. 13f.).

Bewertung

Sicherlich kommt der Mythos, von dem hier berichtet wird, dem Meinungsbild eines einflussreichen Teils der eher neoliberalistisch geprägten Ökonomen und Politiker recht nahe. Aber davon, dass er unwidersprochen im Raum steht, kann nicht die Rede sein. Vielmehr ist klar, dass Märkte nur effizient sind, wenn sie vernünftig reguliert werden. Auf der Basis dieses Grundkonsenses unterscheiden sich die Meinungen lediglich durch unterschiedliche Positionen zur Frage, wie stark der Staat regulierend eingreifen soll und welche konkreten Rahmenbedingungen dafür am besten geeignet sind.

Ein weiterer Kritikpunkt an Flassbecks Darstellung lautet, dass Marktteilnehmer nicht den Gleichgewichtspreis kennen müssen, um an seiner Ermittlung teilnehmen zu können. Dieser Gleichgewichtspreis pendelt sich vielmehr erst durch die Angebote und Nachfragen aller Marktteilnehmer ein. Aus der Sicht des einzelnen Teilnehmers basiert dieser Prozess niemals auf Wissen, sondern auf einer Versuch-und-Irrtum-

Strategie, die auch nach der Erstermittlung eines Gleichgewichtspreises fortgesetzte Nachkorrekturen beinhaltet. Das haben Märkte, auf denen real existierende Waren gehandelt werden, mit Finanzmärkten gemeinsam.

Abgesehen davon zeigt Heiner Flassbeck (2012) einen Ausschnitt aus dem Stimmungsbild, von dem die Wirtschafts- und Finanzpolitik bis 2012 geprägt war. Gleichwohl ist er hier zitiert worden, weil er den Finger in eine offene Wunde des Kapitalismus unserer Zeit legt – die des Missverhältnisses zwischen Finanz- und Realwirtschaft. Insofern hat seine Darstellung nichts mehr mit Polemik oder Meinung zu tun, sondern sie ist ein Bericht über die Realität des Marktgeschehens.

Zu Flassbecks berechtigter Kritik, dass die Finanzmärkte unter Herdenbildung leiden würden und die realen Märkte (im Vergleich dazu) zu unbedeutend seien, um einen Gleichgewichtspreis stabilisieren zu können (13f.), muss man fragen: Warum ist es denn so weit gekommen? Die realen Märkte sind zu unbedeutend, weil bei den Finanzmärkten – bei aller Einsicht – doch letztlich sehr weitgehend auf Deregulierung gesetzt wurde. Das hat insbesondere über Derivate und Hochfrequenzhandel (sowie Kredite) zu ausgeprägter Finanzblasenbildung geführt, d. h. zu einer Entwicklung, bei der virtueller Finanzmarktreichtum den realen (wirtschaftlichen) Reichtum in den Hintergrund drängt. Die Realwirtschaft ist jedoch das, worauf wir letztlich angewiesen sind. Sie ist zum Spielball finanzmarktwirtschaftlicher Launen und „Naturereignisse" geworden.

Wenn Heiner Flassbeck auf Seite 11 unter anderem beklagt, dass Güter- und Dienstleistungsmärkte nicht richtig funktionieren, weil dort oft nur „wenige Unternehmen um die ‚Marktführerschaft' kämpfen", so spricht er damit zwei weitere wunde Punkte an – den der Monopol- und Oligopol-

Bildung sowie den der unzureichenden Regulierung dieser Phänomene durch gelebtes Kartellrecht.

Letztlich wird hier das grundlegende Problem aller Märkte angesprochen: Dass sie nur dann effizient sind, wenn die kartellrechtliche Regulierung so konsequent betrieben wird, dass sich ein pluralistischer Wettbewerb mit vielen, eher kleinen und mittelgroßen Teilnehmern einstellt. Es gibt durchaus Marktsegmente, in denen das (zumindest teilweise) gut funktioniert. Im Großen und Ganzen ist die Weltwirtschaft jedoch heute sehr stark vom Einfluss transnationaler Konzerne geprägt, denen die schwachen Nationalstaaten kaum etwas entgegenzusetzen haben, sodass sie das Kartellrecht ad absurdum führen können. Das ist das gleiche Problem, wie es oben im Abschnitt „Der Triumph der Ungerechtigkeit" in Hinsicht auf das Steuerrecht beschrieben wurde.

W5 – Verhältnis zwischen Finanz- und Realwirtschaft

Zusammenfassung ausgewählter Inhalte

Zum Verhältnis zwischen Finanz- und Realwirtschaft zitieren die Wissenschaftliche(n) Dienste des Deutschen Bundestages (2020, 7f.) aus Sony Kapoor (2011, 30):

> „Die Globalisierung der Finanzwirtschaft hat ein größeres, schnelleres und internationaleres Finanzsystem hervorgebracht. Der Umsatz auf Finanzmärkten ist von rund dem 15-fachen des weltweiten BIP 1990 auf fast das 70fache des weltweiten BIP im Jahr 2007, kurz vor Ausbruch der Krise, gewachsen. Verantwortlich dafür war eine Erhöhung der Transaktionsgeschwindigkeit und der gesamten im Umlauf befindlichen Werte. Nach

Angaben der BIZ-Bank für Internationalen Zahlungsausgleich hat allein das Derivategeschäft vom 10-fachen
des weltweiten BIP in 1990 auf über das 55-fache des
weltweiten BIP bis heute zugenommen."

Dazu wird ergänzend zitiert aus Der Inflationsschutzbrief
(2015):

„Diese Erkenntnis sagt natürlich noch nichts darüber
aus, wo die Ressourcen letztendlich landen. Es könnte
zum Beispiel sein, dass Gelder im Finanzmarkt erst vielfach hin und hergereicht werden, bevor sie dann doch
noch in die Realwirtschaft abfließen und dort Gehälter
bezahlen oder Sachinvestitionen finanzieren. Allerdings
würde dies trotzdem die Frage aufwerfen, welcher (real-
wirtschaftliche) Mehrwert durch die Rotation von Gel-
dern im Finanzmarkt entsteht bzw. warum dies überhaupt geschieht."

Dieses Missverhältnis ist ständiger Gegenstand kritischer
Reflexion und politischer Auseinandersetzung (siehe auch
vorangehender Abschnitt). Der bekannteste Versuch, ihm
entgegenzuwirken, besteht in der Konzeption der Tobin-
Steuer. Dabei geht es um eine *Steuer auf Devisentransaktionen*,
mit der *Spekulation auf Währungsschwankungen* eingedämmt
werden kann – vgl. Elke Pickartz 2013. Laut Pickarz war die
Grundidee zu einer solchen Steuer bereits im Hauptwerk
von John Maynard Keynes (1936) angelegt. Nach der Erfahrung der großen Depression sei es Keynes darum gegangen,
„die Dominanz der Spekulation über das Unternehmertum
einzudämmen". Für die weitere Ausarbeitung durch Tobin
habe es mit dem Zusammenbruch des Bretton-Woods-Sys-
tems 1971 wieder einen konkreten Anlass gegeben. Elke
Pickartz berichtet, dass Tobin eine Alternative zur vorge-
schlagenen Steuer gesehen hatte, die er jedoch für weniger

realistisch hielt: „eine weltweite Integration der Geld- und Fiskalpolitik“.

Wie es um die Transaktionssteuer heute steht, kann man z. B. bei Notker Blechner (2020) nachlesen. Die Bundesrepublik habe mit Gesetzesvorgaben versucht, den Missbrauch des Hochfrequenzhandels einzudämmen, jedoch ohne großen Erfolg (Hochfrequenzhandelsgesetz, 2013). Außerdem gebe es seit 2011 auf EU-Ebene Bestrebungen, eine Finanztransaktionssteuer einzuführen. Im Rahmen der deutschen EU-Präsidentschaft ab 1. Juli 2020 habe sich der damalige Bundesfinanzminister Olaf Scholz für dieses Projekt engagiert. Der resultierende deutsch-französische Vorschlag zu einer Transaktionssteuer sei jedoch von verschiedenen Ländern, allen voran Österreich, abgelehnt worden, da ausgerechnet Hochfrequenzhandel und Derivategeschäfte von dieser Steuer ausgenommen werden sollten.

Bewertung

Mit einfacher Algebra kann man sich ausrechnen, dass eine minimale Transaktionssteuer, die auf alle Geschäfte weltweit einheitlich erhoben würde, nur den problematischen, riesige Mengen virtuelles (nicht vorhandenes) Geld erzeugenden Hochfrequenzhandel träfe. Gehen wir von einer Transaktionssteuer in Höhe von 0,1 Prozent aus, so trifft das einen gut situierten Privatanleger, der Wertpapiere in Höhe von 1 Million Euro in einem Jahr kauft bzw. verkauft, mit 1000 Euro, während ein Hochfrequenzhändler, der gleichzeitig aus einem vergleichbaren Vermögen einen Börsenumsatz von 100 Millionen Euro generiert, mit einer zusätzlichen Steuerlast in Höhe von 100 000 Euro konfrontiert ist (zuzüglich zur Ertragssteuer!). Eine solche Steuer wäre also sehr gut geeignet, um eine wohldosierte Bremswirkung auf Transaktionsgeschwindigkeit und Hochfrequenzblasenbildung einwirken zu lassen, ohne dass das für konventionelle Anleger größere Nachteile hätte (insofern sie sich nicht indirekt, d. h. über entsprechende Fondsprodukte, von Hochfrequenzhändlern abhängig gemacht haben).

Die Realwirtschaft verkörpert die Auseinandersetzung des Menschen mit der Realität. Sie schafft greifbare Werte, die das Wohlergehen der Gesellschaft sicherstellen. Bricht sie zusammen, hat das unabsehbare Konsequenzen für Wohlbefinden, Versorgung und gesellschaftlichen Frieden.

Die Finanzwirtschaft stellt wichtige Dienstleistungen bereit, ohne die die Realwirtschaft nicht denkbar wäre. Sie ermöglicht Austausch- und Regulierungsprozesse zwischen unterschiedlichen Marktteilnehmern sowie zwischen Vergangenheit, Zukunft und Gegenwart. Grundsätzlich schafft sie dabei keine Werte, sondern sie fördert Wertschöpfungsprozesse der Realwirtschaft.

Vor diesem Hintergrund scheint ein Aufblähen des Finanzmarktes auf ein Vielfaches der verfügbaren realen Werte, wie es heute u. a. vermittels des Derivate- und Hochfrequenzhandels praktiziert wird (bis zum Faktor 50 oder 70), zumindest sehr fragwürdig. Diese Art der magischen Wertevermehrung vermittelt zwar den Akteuren vorübergehend gute Gefühle, die ein starker Anreiz zum Handeln sein können, doch das funktioniert nur, solange der irrationale Glaube an diese (nicht vorhandenen) Werte nicht verloren geht – und es beinhaltet das stark gesteigerte Risiko, der Realwirtschaft von einem Moment auf den nächsten die finanzielle Basis zu entziehen und die Gesellschaft in die Wirtschaftskrise zu führen, und zwar mit allen bekannten möglichen Konsequenzen wie Radikalisierung und Krieg.

So scheint es eher sinnvoll, eine gewisse Balance zwischen Real- und Finanzwirtschaft zu wahren. Eigentlich ist das ein Gebot der Klugheit, das auch in vergangenen Zeiten ernst genommen wurde. Heute – mit großem Abstand von Weltwirtschaftskrise und Zweitem Weltkrieg – wird diese Art der Klugheit zwar akademisch kultiviert (siehe Keynes, Tobin Tax und alle Diskurse darüber; siehe Diskurse nach jeder „kleineren" Finanzmarktkrise wie der von 2008), ihr wird jedoch offenbar keine so hohe Priorität eingeräumt, dass adäquate politische Konsequenzen daraus folgen.

Mittlerweile gibt es Anstrengungen, eine europaweite Finanztransaktionssteuer durchzusetzen, jedoch spielt dabei offenbar die langfristige Wiederherstellung eines gewissen Gleichgewichts zwischen Real- und Finanzwirtschaft nicht die entscheidende Rolle, sonst würde man nicht auf die merkwürdige Idee verfallen, ausgerechnet den Hochfrequenzhandel zu verschonen.

W6 – Krise? Welche Krise?

Zusammenfassung ausgewählter Inhalte

Dieter Schnaas veröffentlichte 2013 in der Wirtschaftswoche online einen zweiteiligen Artikel mit der Überschrift „Krise? Welche Krise?". Mittlerweile (2023) ist Teil 1 dieses Artikels nicht mehr online verfügbar. Hier beziehen wir uns auf Teil 2.

Dieter Schnaas (2013) beklagt, „dass wir Gefangene der Krise sind, die wir angeblich bekämpfen". Die Frage, wie die Krise zu lösen ist, sei nur zu beantworten, wenn man sie als Systemfrage begreife. Dazu müsse man die Gesetze des Kapitalismus verstehen, also verstehen, was Geld (heute) ist und „welcher Logik die Märkte folgen".

Zu den **Gesetzen des Kapitalismus** verweist Dieter Schnaas auf drei Begriffe: *Beschleunigung, Wachstum und Instabilität* sowie auf Benjamin Franklin (1706–1790). Dem

Geld käme eine zentrale Rolle zu, es will arbeiten und werde ständig mobilisiert, investiert und vermehrt. Geld sei dabei nicht nur Gegenstand der Vermehrung, sondern würde auch als Sachzwang wirken, der die Welt vorantreibt und ihre Stabilität angreift. Schnaas verweist in diesem Zusammenhang auf den Ökonomen Joseph Schumpeter (1883 – 1950), der „das Gleichgewichtsdenken der Klassiker (die „unsichtbare Hand") […] auf den Müllhaufen der Theoriegeschichte geworfen" habe.

Laut Schumpeter ist der Kapitalismus eine *evolutionäre Entwicklung*, die *Expansion*, *Wandel* und „kreative Zerstörung" umfasse. Geld würde dabei nicht nur als Vermögen oder Kapital eine Rolle spielen, sondern auch als geschaffenes Versprechen bzw. Kredit.

Schnaas wendet sich nun der Frage zu: **„Was ist heute Geld?"** Geld sei heute unbegrenzt herstellbar. Bei Krediten handele es ich nicht mehr um vorhandenes, durch Spareinlagen oder Goldreserven gedecktes Geld, sondern um eine *Illusion von Geld*, um Geld, das aus der Behauptung „entsteht", dass es Geld sei. Heute sei es üblich, dass sich Staat und Banken solches *Als-ob-Geld* leihen, um das Einkommen und die Geschäftsgewinne zu erzielen, die wiederum die Tilgung der Schulden ermöglichen könnten. Dieter Schnaas spricht in diesem Zusammenhang von Banken als „Schuldfabriken, in denen wie am Fließband (Anti-)Geld produziert wird." Zentralbanken würden den Geschäftsbanken solches (Anti-) Geld grenzenlos bewilligen, Schulden würden nicht mehr getilgt, sondern refinanziert, und die Schuldenspirale drehe sich „mit beängstigender Zwangsläufigkeit ins Unendliche". Schnaas schlussfolgert, dass das Zentralbank-Geld nicht mehr fruchtbar sei, sondern dass es davon kündet, dass wir in der Vergangenheit „die Zukunft aufs Spiel gesetzt und verloren haben".

Zur dritten Frage „**welcher Logik die Märkte folgen**", bezieht Dieter Schnaas unter der Überschrift „Entkopplung von der Realwirtschaft" Stellung. Die Finanzmärkte hätten früher unter anderem die Funktion übernommen, der Wirtschaft über ihren Zustand Auskunft zu geben. Das sei längst überholt. Mittlerweile ginge es nur noch um die weitgehende „Entkopplung" von der Realwirtschaft und darum, Geld möglichst unbegrenzt vermehren zu können. „Die ‚Entkopplung' der Finanzmärkte von der so genannten Realwirtschaft ist unbedingt gewollt, ja: zwingende Voraussetzung dafür, dass das Wohlstandsversprechen überhaupt noch einigermaßen aufrechterhalten werden kann." In diesem Zusammenhang würden die Notenbanken nicht mehr unabhängig agieren, sondern sie seien gezwungen, immer mehr Geld zur Verfügung zu stellen, um „die Refinanzierbarkeit von Banken und Staaten sicherzustellen".

Dieter Schnaas (2013) zieht folgendes **Fazit**: Die politischen Fragen, die derzeit diskutiert werden, thematisieren ein aktuelles konjunkturelles Problem, eine zukunftsweisende Perspektive zeigten sie jedoch nicht auf. Für jede denkbare Maßnahme gibt es negative Folgewirkungen. Sparen und Steuern erhöhen führte zur Flucht der Reichen und ginge zulasten der normalen Bürger. Staatliche Konjunkturprogramme mit gedrucktem Geld verschärften die Verschuldungsspirale, mit dem Risiko des Währungsschnitts und Staatsbankrotts. Inflation könne Schuldnern helfen, würde jedoch Sparer bestrafen. Eine einfache Lösung gibt es nicht. Alle denkbaren Maßnahmen hätten nur aufschiebende Wirkung auf den endgültigen Bankrott des *finanzmarktliberalen Staatsschuldenkapitalismus*. Es gelte die Systemfrage zu beantworten. „Sie lautet nicht wie damals: Kapitalismus oder Sozialismus. Sondern Kapitalismus – oder Marktwirtschaft."

Bewertung

Mit dem zweiteiligen Artikel von Dieter Schnaas von 2013 liegen eher eine Meinungsäußerung und ein Stimmungsbild vor als eine Sammlung wissenschaftlich fundierter Erkenntnisse. Dennoch kann man daraus Erkenntnisse zu Wirtschaft, Wirtschaftspolitik und zur entsprechenden Psychologie ableiten.

In der Draghi-Ära wurde die europäische Zentralbankpolitik offenbar auf einen Pfad gelenkt, auf dem nahezu zwangsläufig immer mehr Geld gedruckt werden musste und immer mehr Staatsanleihen aufzukaufen waren, um die Märkte ruhig zu halten. Die Staatsschulden wuchsen ins Unermessliche. Der Leitzins war am unteren Ende des Spielraums angelangt und konnte aus diesem Extrem nicht gerettet werden, ohne dass Staatsbankrotte drohten. Der Verschuldungs-Keynesianismus wurde auf die Spitze getrieben. Der Frage, inwiefern vielleicht auch in dieser Hinsicht die Dosis das Gift macht, wurde nicht gestellt oder ihr wurde nicht nachgegangen. Letzte Vorstöße zur Wahrung einer gewissen minimalen Sparsamkeit wurden als Austeritätspolitik beschimpft.

Diese krisenhafte Entwicklung, die das marktwirtschaftliche System in der Ära Draghi ernsthaft bedrohte und heute noch bedroht, impliziert viele Teilaspekte, von denen hier drei herausgehoben werden sollen.

(1) Es handelt sich um eine Systemkrise des Euro-Verbunds. Vor dem Euro konnten unterschiedliche Wirtschaftsleistungen durch Währungsab- und -aufwertungen reguliert werden. Dieses Mechanismus hat man sich beraubt, und es ist offenbar nicht möglich gewesen, ihn adäquat abzulösen. Vor dem Euro gab es ärmere und reichere Länder mit mehr oder weniger intakten Finanzsystemen, die sich untereinander regulieren konnten. Heute herrscht in

gewisser Weise Gleichheit, der Preis sind jedoch unheilvolle Schuldenspiralen. Konsequenzen, wie die partielle Auflösung des Euro-Verbunds oder die Transferunion, will niemand verantworten. Kreative Auswege, bei denen niemand nass werden muss, sind nicht in Aussicht.

(2) In diesem Satz von Dieter Schnaas steckt wohl ein gehöriges Körnchen Wahrheit: „Die ‚Entkopplung‘ der Finanzmärkte von der so genannten Realwirtschaft ist unbedingt gewollt, ja: zwingende Voraussetzung dafür, dass das Wohlstandsversprechen überhaupt noch einigermaßen aufrechterhalten werden kann." Das passt zur Weigerung, das Missverhältnis zwischen Finanz- und Realwirtschaft einzudämmen. Siehe vorangehende Abschnitte.

(3) Die Fähigkeit der kapitalistischen Gesellschaft, Wohlstand und Wachstum zu erzeugen, ist zu einer Art selbstbezogenem Suchtverhalten verkommen, von dem man sich nicht mehr lösen will und kann. Je besser situiert die Teilnehmer, desto größer ihr Anspruch auf mehr. Ein gewisses Vorsorge- und Krisenbewusstsein, in das die gesamte Gesellschaft eingeschlossen ist – insbesondere auch die Unter- und Mittelschicht sowie künftige Generationen –, hat keine Hochkonjunktur. Inwiefern das angestrebte *Mehr* real oder fiktiv ist und inwiefern es der Endabrechnung, die eines Tages ins Haus steht (wenn der Glaube bröckelt), standhält, spielt ebenfalls kaum noch eine Rolle. In diesem Zusammenhang sei noch darauf verwiesen, dass erfolgreiche Marktwirtschaft auch unter völlig anderen Vorzeichen möglich ist, nämlich mit ausgeprägtem Anspruch auf Ausgleich und Vorsorge – siehe dazu die Einlassungen und Zitate zur Roosevelt-Ära im Abschnitt „W2 – Der Triumph der Ungerechtigkeit".

W7 – Das Coase-Theorem – die guten Seiten der Umweltschäden

Zusammenfassung ausgewählter Inhalte

In der WirtschaftsWoche online erschien am 21.7.2013 ein Artikel von Jürgen Klöckner (2013) mit dem Titel „Das Coase-Theorem – Die guten Seiten der Umweltschäden". Das Coase-Theorem wird auf den Wirtschafts-Nobelpreisträger Ronald Coase zurückgeführt. Laut Klöckner setzt es sich mit Schäden bzw. *externen Effekten* auseinander, die ein ökonomischer Akteur anrichtet (Verursacher) und durch die andere Akteure geschädigt werden (Betroffene). Die externen Effekte würden oft nicht durch Marktmechanismen behoben, sondern es müssten Maßnahmen ergriffen werden, um die Beeinträchtigungen auf anderen Wegen zu regulieren. Eine Möglichkeit bestünde in staatlicher Intervention, z. B. in Form von Umweltsteuern. Coase schlägt jedoch, so berichtet Klöckner, einen anderen Weg vor. Ganz ohne staatlichen Einfluss könnten sich die Marktteilnehmer selbst über den Ausgleich einigen. Der Verursacher der externen Effekte könnte dem/den Betroffenen z. B. Entschädigungen zahlen oder der Betroffene zahlt dem Verursacher Prämien für die Vermeidung von externen Effekten. Klöckner führt dazu ein Beispiel an, bei dem eine Fabrik Abwässer in einen Fluss leitet, die den Fischreichtum verringern, sodass die Fangquoten einer Fischerei beeinträchtigt werden.

Klöckner charakterisiert das Coase-Theorem als *zentralen Lehrsatz der Mikroökonomie, wichtigen Baustein der Umweltökonomie* und „wissenschaftliche Grundlage des Emissionshandels in der Europäischen Union, also des Handels mit CO_2-Verschmutzungsrechten für Unternehmen". Er zitiert Martin Leschke, Professor für Institutionenökonomik an der Universität Bayreuth, mit der Aussage: Das Coase-Theorem ist „eines der wenigen ökonomischen Theoreme, die sich in die Realität übersetzen lassen – und auch in die Realität übersetzt wurden".

„Umweltschäden sind in der Gedankenwelt des Coase-Theorems nicht per se schlecht", schreibt Klöckner. Ein Nutzen könne dadurch gegeben sein, dass eine Fabrik, die externe Effekte auslöst, Produkte ausliefert, Mitarbeiter beschäftigt und Wohlstand erzeugt. Laut Klöckner hat Coase „mit seinem Theorem ein ökonomisches Instrument für die goldene Mitte geliefert".

Mögliche Kritikpunkte bestünden darin, dass die Informationen, die den Verhandlungen zwischen den Marktteilnehmern zugrunde liegen, niemals vollständig seien und dass zusätzlich hohe *Transaktionskosten* entstehen können.

Bewertung

Das Coase-Theorem ist bezeichnend für den Kapitalismus wie auch für das Verhältnis des Menschen zu seiner Umwelt. Externe Effekte spielen nur insofern eine Rolle, wie andere Marktteilnehmer geschädigt werden. „Umweltschäden sind in der Gedankenwelt des Coase-Theorems nicht per se schlecht". Die Verschmutzung eines Flusses oder der Ausstoß von CO_2 ist nur insofern zu bedauern und zu verhandeln, als andere Nutzer dieser Ressourcen dadurch beeinträchtigt werden. Die Natur oder Schöpfung an sich spielt keine Rolle, lediglich ihr Nutzwert ist ein bewahrenswertes Gut.

Unter der Bedingung, dass eine kleine Population der menschlichen Spezies um ihr Überleben kämpft, würde das noch angehen. Dann wäre die schier übermächtige Natur in der Lage, für sich selbst einzutreten. Heute ist diese Zeit längst vorbei. Sie war schon längst vorbei, als der Kapitalismus entstanden ist, umso mehr ist sie es heute, da der Mensch mit seiner flächendeckenden Ausbreitung und extrem entwickelten Wirkmächtigkeit längst zum maßgeblichen Umweltfaktor (bzw. -zerstörer) geworden ist. So gesehen ist das hochgelobte Coase-Theorem völlig aus der Zeit gefallen, wie auch die Wachstumswirtschaft und das Agieren des Menschen überhaupt.

Politik

Po1 – Das politische Links-Rechts-Schema

Zusammenfassung ausgewählter Inhalte

Auf der Webseite der Bundeszentrale für politische Bildung wird zum „Rechts-Links-Schema" Folgendes mitgeteilt (Thurich 2011, 103):

„Politische Einstellungen werden häufig vergröbernd als rechts oder als links bezeichnet. Die Unterscheidung soll auf die Sitzordnung in der französischen Abgeordnetenkammer von 1814 zurückgehen. Dort saßen – vom Präsidenten aus gesehen – auf der rechten Seite diejenigen Parteien, die für den Erhalt der gegenwärtigen politischen und gesellschaftlichen Verhältnisse eintraten. Auf der linken Seite saßen diejenigen Parteien, die eine Änderung der politischen und sozialen Verhältnisse anstrebten.

Die heutige Verwendung der Begriffe ist teilweise verwirrend. So bezeichnet sich die SPD in ihrem Programm als *linke Volkspartei*, Presseartikel sprechen aber auch von *rechten Sozialdemokraten*. Bei den Liberalen werden *Linksliberale* von (rechten) *Nationalliberalen* unterschieden. *Faschismus* gilt gemeinhin als Sammelbezeichnung für rechtsextremistische Bewegungen, aber der deutsche Philosoph Habermas prangerte vor vielen Jahren auch einen *linken Faschismus* an.

Die Meinungsforscherin Noelle-Neumann hat beschrieben, was Menschen unter *rechten* und was sie unter *linken* Werten verstehen. Als *linke* Werte gelten danach: Gleichheit, Gerechtigkeit, Nähe, Wärme, Formlosigkeit, das ‚Du', Spontaneität, das Internationale und Kosmopolitische. Ihnen stehen als rechte Werte gegenüber: Betonung der Unterschiede,

Autorität, Distanz, geregelte Umgangsformen, das ‚Sie‘, Disziplin, das Nationale.

In der Wirtschaft sind *linke* Werte: staatliche Planung, öffentliche Kontrolle; *rechte* Werte: Privatwirtschaft und Wettbewerb. Freiheit verstehen *Linke* zuerst als Freiheit von Not. Der Staat soll sich um soziale Sicherheit und Geborgenheit kümmern. *Rechte* verstehen Freiheit umgekehrt zuerst als Freiheit von staatlicher Gängelung und staatlichem Zwang. Sie schätzen Anstrengung, Risikobereitschaft, Eigenaktivität. Das zentrale linke Anliegen ist Solidarität mit den Schwächeren.“

Hierzu eine tabellarische Zusammenfassung einiger Schlagwörter, die tendenziell mit den Begriffen „politische Linke“ und „politische Rechte“ verknüpft werden können.

Tabelle 1 – Schlagwörter zum politischen Links-Rechts-Schema nach Thurich 2011, 103

Links	Rechts
Werte	
Gleichheit, Gerechtigkeit, Nähe, Wärme, Formlosigkeit, das „Du“, Spontaneität, das Internationale, das Kosmopolitische, Solidarität mit den Schwächeren	Betonung der Unterschiede, Autorität, Distanz, geregelte Umgangsformen, das „Sie“, Disziplin, das Nationale, Anstrengung, Risikobereitschaft, Eigenaktivität
Staat & Wirtschaft	
Staatliche Planung, öffentliche Kontrolle	Privatwirtschaft, Wettbewerb

Links	Rechts
Freiheitsbegriff	
Freiheit von Not	Freiheit von staatlicher Gängelung und staatlichem Zwang

Nach Fuchs und Klingemann (1989) lassen sich der politischen Linken bzw. Rechten unter anderem die folgenden Schlagwörter zuordnen.

Tabelle 2 – Schlagwörter zum politischen Links-Rechts-Schema nach Fuchs und Klingemann 1989, 489–490

Links	Rechts
Werte	
Gleichheit, Solidarität, Freiheit, Gerechtigkeit, progressiv, Systemwandel	Individualismus, Freiheit, konservativ, Systemerhaltung
Staat & Wirtschaft	
Verstaatlichung, Wohlfahrtsstaat, Protest	Marktwirtschaft, Privateigentum, Ordnung

Bewertung

Die Charakterisierung des politischen Spektrums vermittels eines Links-(Mitte-)Rechts-Schemas ist einerseits gewagt und vieldeutig, sie wird in unterschiedlichen Teilen der Welt unterschiedlich gedeutet und sie unterliegt einem Wandel der Zeiten. Andererseits ist diese Art der Abstraktion nach wie vor gebräuchlich, Menschen verknüpfen mit den Begriffen „Rechts" und „Links" konkrete Wertvorstellungen und diese Art der Unterscheidung prägt den politischen Diskurs sehr stark, sodass man bei der Beschreibung politischer Entwicklungen eher nicht am Links-Rechts-Schema vorbeikommt.

Wie das Links-Rechts-Schema möglicherweise mit der in diesem Buch vertretenen Neuromodell-Perspektive zu verknüpfen ist, wird an anderer Stelle beschrieben (siehe Teil 2, Abschnitt „Das politische Spektrum").

Sozialwissenschaft

S1 – Kapitalarten

Zusammenfassung ausgewählter Inhalte

Der renommierte Soziologe Pierre Bourdieu unterscheidet mindestens drei Kapitalarten: ökonomisches, kulturelles und soziales Kapital. Sasa Bosancic (2007) fasst die entsprechenden Definitionen, basierend auf Kreckel (1983) und Schwingel (2000), wie folgt zusammen:

„Definition von Kapital: Verfügungsgewalt über spezifische Ressourcen

Bourdieu unterscheidet vier Kapitalformen: ökonomisches, kulturelles, soziales und symbolisches Kapital

Ökonomisches Kapital: jegliche Formen des materiellen Besitzes, meist direkt in Geld umtauschbar

Kulturelles Kapital: Wird unterteilt in drei Formen

1. Objektiviertes Kulturkapital: jegliche Form von kulturellen Gütern wie Kunstwerke, Gemälde etc. Unterschied zu ökonomischem Kapital nicht deutlich zu erkennen

2. Inkorporiertes Kulturkapital: sämtliche kulturelle Fähigkeiten und Wissensformen die durch Bildung erworben und verinnerlicht werden

3. Institutionalisiertes Kulturkapital: existiert in Form von Bildungstiteln wie Schulabschluss oder Universitätsdiplom

Soziales Kapital: Ausnutzung eines Beziehungsnetzes zu dem der Akteur gehört, also Ressourcen die auf der Zugehörigkeit zu einer spezifischen Gruppe wie bei-

spielsweise der Familie oder einer politischen Partei beruhen
Symbolisches Kapital: Bildungstitel und das daraus resultierende Prestige, jegliche Art gesellschaftlicher Anerkennung"

Diese Definitionen sowie die sonstigen Theorien von Bourdieu erfreuen sich einer gewissen Beliebtheit. Sie werden z. B. gern herangezogen, wenn es darum geht, Mechanismen der Reproduktion von sozialer Ungleichheit zu erklären.

Hier soll nun lediglich auf die durch die verwendete Terminologie gegebene Rahmensetzung eingegangen werden, nicht jedoch auf die soziologischen Theorien Bourdieus und seiner Anhänger.

Bewertung

Die sich hier darbietenden sprachlichen Welten, die sich an den Begriff „Kapital" anlehnen, sind typisch für unsere vom Kapitalismus geprägte Zeit. Alle möglichen Sachverhalte, die sich zwar heute in einem Wechselwirkungszusammenhang mit der kapitalistischen Ökonomie entwickeln, aber von ihrem Wesen her nichts damit zu tun haben, werden gern in dem langen Schatten betrachtet, den diese allgegenwärtige, die Lebenswirklichkeit unserer Zeit prägende ökonomische Dimension wirft. Danach leben wir in einer Welt, in der sich alles um die Akkumulation verschiedener Formen von Kapital und um die Verfügbarmachung von Ressourcen dreht. Formen von sozialer Vernetzung sowie mentale Qualitäten und Fähigkeiten sind, wenn es danach geht, ebenfalls nur Formen von Kapital, wobei sich allerdings der Eindruck aufdrängt, dass es sich dabei um Ressourcen zweiter Wahl handelt, die sich nur im Kontext des wahren ökonomischen Kapitals entfalten. Fähigkeiten und Wissen sind inkorporier-

444

tes Kulturkapital, d. h., sie entstehen irgendwie in der Gesellschaft – im Zusammenhang mit allen anderen Kapitalformen – und der einzelne Mensch kann über sie verfügen, nachdem er sie von der Gesellschaft empfangen oder im kulturellen Kontext „inkorporiert" hat.

In Wirklichkeit, und dafür bieten solche sprachlichen Formen keinen Raum, ist es jedoch umgekehrt: Der Mensch, sein Wille zur Selbstregulierung und seine sich entwickelnden Fähigkeiten sind die Quelle allen Reichtums. Ressourcen entstehen nur dort, wo der Mensch entsprechende Bedürfnisse hat und danach strebt, adäquate Kompetenzen und Technologien zu entwickeln. Erst daraus ergeben sich (potenziell) alle weiteren Formen von Akkumulation und alle sonstigen Wertesysteme.

Das wird einsichtig, wenn man den Menschen einmal gedanklich auf seinen Ursprung zurückwirft und in einer hypothetischen Lage betrachtet, in der er über keinerlei externe Ressourcen verfügt – weder materiell noch sozial. Er ist also ganz allein und hat nichts (wie Robinson Crusoe). Was passiert dann – ist er dann nicht mehr existent? Nein, er würde damit mehr oder weniger gut zurechtkommen, denn im Kern seines Wesens verfügt auch der verwöhnteste Städter über genügend Überlebenstüchtigkeit, um sich neu einzurichten und um sich – mit bescheidenen Anfängen – erneut ein Umfeld zu schaffen, in dem er bald wieder über *genügend* materielle und ggf. auch soziale Ressourcen verfügen kann (zumindest, wenn die Umstände nicht gerade extrem ungünstig sind).

Um dieser Tatsache Rechnung tragen zu können – dass der Reichtum im Wesen des Menschen begründet ist –, benötigt man eine Sichtweise, die den Menschen von seinen naturgeschichtlichen Wurzeln ausgehend betrachtet. Ein großer Teil der heutigen Diskurse, Theorien und Haltungen ist jedoch so stark von den allgegenwärtigen Imperativen der künstlichen kulturellen Überformung und der kapitalistischen Wachstumswirtschaft geprägt, dass die biologischen und anthropologischen Wurzeln dabei im Nebel verschwinden. Die Bourdieu'schen Kapitalarten und das Coase-Theorem (siehe Klöckner 2013 und Teil 5, Abschnitt W7) sind nur zwei Beispiele von unzähligen, die bereits sprachlich, aber auch konzeptionell im Wind des dominanten ökonomischen Kapitals segeln und die die aktuellen Diskurse auf ungute Art prägen, sodass der Blick für den besten Ausweg aus der Wachstumswirtschaft verstellt ist.

Eines der Anliegen des vorliegenden Buches ist es, sprachlich aus dem Windschatten des solcherart ökonomie-zentristisch geprägten Denkens herauszufinden.

Anmerkung zum Thema „soziale Ungleichheit": Aus Sicht der in diesem Buch vorgestellten Konzepte hat die Reproduktion von Ungleichheit vor allem etwas mit mentaler Gravitation und mit sozialen Integrationsgefällen zu tun (siehe Teil 3, Kapitel „Anschlusskonzepte", Abschnitte „Soziale Vernetzung und mentale Gravitation" und „Soziales Integrationsgefälle"). In diesem Zusammenhang spielen dann auch materielle Ressourcen eine wichtige Rolle, aber eben nicht die allein entscheidende, was die üblichen, vom *kapitalistischen* Denken geprägten Diskurse jedoch als naheliegend erscheinen lassen.

Schlussbemerkung

Das vorliegende Buch bemüht sich nicht zuletzt um Bereiche der sozialwissenschaftlichen Domäne. Diese Domäne bietet einen großen Fundus an Theorien, Konzepten, Studien und Erkenntnissen. Warum wildert das vorliegende Buch in diesem Fachgebiet, ohne sich in nennenswerter Weise auf den entsprechenden Fundus zu stützen?

Weil hier ein Neuanfang versucht wird, der sich maßgeblich auf Erkenntnisse aus den Neurowissenschaften stützt, die für das Verhalten des Menschen im natürlichen und sozialen Umfeld grundlegend sind, und weil viele sozialwissenschaftliche Konzepte diesem eigentlich naheliegenden, jedoch schwer umzusetzenden Anspruch, wenn überhaupt, noch deutlich unzulänglicher folgen als das vorliegende Buch.

Verzeichnis der Abbildungen, Übersichten und Tabellen

Literaturverzeichnis

Blechner, Notker (2020): Wem nützt die Finanztransaktionssteuer? Boerse.ARD.de, 06.05.2020. https://www.tagesschau.de/wirtschaft/boerse/europa-finanztransaktionssteuer-101.html (Stand: 27.11.2020).

Bosancic, Sasa et al. (2007): Kapitalformen und Klassen bei Bourdieu. Zusammenfassung aus Kreckel (1983) und Schwingel (2000). Universität Augsburg, Lehrstuhl für Soziologie. https://nanopdf.com/download/kapitalformen-und-klassen-bei-bourdieu_pdf (Stand: 12.04.2023).

Buffett, Warren (2011): „Firmen müssen Preise setzen können“. Frankfurter Allgemeine Zeitung v. 18.02.2011.

Crouch, Colin (2011): Das befremdliche Überleben des Neoliberalismus. Postdemokratie II. Suhrkamp Verlag, Berlin.

Daly, Herman E. (2007): Ecological Economics and Sustainable Development. Selected Essays of Herman Daly. Cheltenham/Northampton.

Der Inflationsschutzbrief (2015): Die Zerstörungskraft der Derivate. 15.05.2015. http://inflationsschutzbrief.de/zerstoerungskraft-der-derivate (Stand: 24.01.2020).

Europäische Kommission (2021): Neue Europäische Steuerbeobachtungsstelle: Spitzenforschung zur Bekämpfung von Steuermissbrauch. Pressemitteilung. Brüssel, 01.06.2021.

Festinger, Leon (2020): Theorie der kognitiven Dissonanz. 3., unveränd. Aufl. (basierend auf der Originalausgabe von 1957 und der deutschen Erstausgabe von 1978), Hogrefe Verlag, Bern.

Flassbeck, Heiner (2012): Zehn Mythen der Krise. Suhrkamp Verlag, Berlin.

Fourest, Caroline (2020): Generation Beleidigt. Von der Sprachpolizei zur Gedankenpolizei. Über den wachsenden Einfluss linker Identitärer. Edition TIAMAT, Verlag Klaus Bittermann, Berlin.

Fromm, Erich (1999a): Wege aus einer kranken Gesellschaft. In: Erich-Fromm-Gesamtausgabe, München (Deutsche Verlags-Anstalt und Deutscher Taschenbuchverlag) 1999, Band IV, 1–254. Übernommen von https://fromm-online.org/intelligenz-oder-vernunft-vernunft-oder-intelligenz (Stand: 12.04.2023).

Fromm, Erich (1999b): Die Pathologie der Normalität des heutigen Menschen. In: Erich-Fromm-Gesamtausgabe, München (Deutsche Verlags-Anstalt und Deutscher Taschenbuchverlag) 1999, Band XI, 211–266. Übernommen von https://fromm-online.org/intelligenz-oder-vernunft-vernunft-oder-intelligenz (Stand: 12.04.2023).

Fuchs, Dieter; Klingemann, Hans-Dieter (1989): Das Links-Rechts-Schema als politischer Code: ein interkultureller Vergleich auf inhaltsanalytischer Grundlage. In: Haller, M., Hoffmann-Nowotny, H.-J. und Zapf, W. (Hrsg.), Kultur und Gesellschaft: Verhandlungen des 24. Deutschen Soziologentags, des 11. Österreichischen Soziologentags und des 8. Kongresses der Schweizerischen Gesellschaft für Soziologie in Zürich 1988 (484–498). Campus Verlag, Frankfurt am Main. https://nbn-resolving.org/urn:nbn:de:0168-ssoar-148705 (Stand: 12.04.2023).

Fuss, Max Robert; Hundeshagen, Christian (2022): OECD legt finales Rahmenkonzept für globale Mindeststeuer vor. Handelsblatt.com, 05.01.2022. https://blog.handelsblatt.com/steuerboard/2022/01/05/oecd-legt-finales-rahmenkonzept-fuer-globale-mindeststeuer-vor (Stand: 03.03.2022).

Gazzanega, Michael S.; Mangun, George, R. (Hrsg.) (2014): The Cognitive Neurosciences. Fifth Edition. A Bradford Book. The MIT Press, Massachusetts Institute of Technology, Cambridge, Massachusetts.

Geers, Theo (2021): Kampf gegen Steueroasen / Was hinter der globalen Mindeststeuer steckt. Deutschlandfunk. de, 14.10.2021. https://www.deutschlandfunk.de/kampf-gegen-steueroasen-was-hinter-der-globalen-100.html (Stand: 4.4.2024).

Glaubrecht, Matthias (2019): Das Ende der Evolution. Der Mensch und die Vernichtung der Arten. C. Bertelsmann Verlag, München.

Handelsblatt/Reuters (2022): OECD: Globale Steuerreform wird nicht vor 2024 umgesetzt. Handelsblatt/Reuters, 11.7.2022. https://www.handelsblatt.com/politik/international/weltwirtschaft-oecd-globale-steuerreform-wird-nicht-vor-2024-umgesetzt/28497426.html (Stand 4.4.2024).

Harris, Paul G. (2010): World Ethics and Climate Change. From International to Global Justice. Edinburgh.

Heider, Fritz (1958): The psychology of interpersonal relations. New York.

Kahneman, Daniel (2012): Schnelles Denken, langsames Denken. 14. Aufl., Siedler Verlag, München.

Keynes, John Maynard (1936): A General Theory of Employment, Interest and Money.

Klöckner, Jürgen (2013): Das Coase-Theorem – die guten Seiten der Umweltschäden. WirtschaftsWoche Online, 21.07.2013. Handelsblatt GmbH, Düsseldorf. https://www.wiwo.de/politik/konjunktur/serie-geistesblitze-ii-das-coase-theorem-die-guten-seiten-der-umweltschaeden/8486852-all.html (Stand: 12.04.2023).

Kreckel, Reinhard, Hrsg. (1983): Soziale Ungleichheiten. Verlag Otto Schwartz & Co., Göttingen.

Lanier, Jaron (2019): Zehn Gründe, warum du deine Social Media Accounts sofort löschen musst. Atlantik, Hoffmann und Campe Verlag, Hamburg.

Löhr, Dirk (2008): Die Plünderung der Erde. Anatomie einer Ökonomie der Ausbeutung. Verlag für Sozialökonomie, Kiel.

Maslow, Abraham H. (2010): Motivation und Persönlichkeit. 12. Aufl., Rowohlt Taschenbuch Verlag, Reinbek bei Hamburg.

McNeill, John R. (2005): Blue Planet. Die Geschichte der Umwelt im 20. Jahrhundert. Campus-Verlag, Frankfurt am Main, New York.

Osgood, C. E.; Tannenbaum, P. (1955): „The principle of congruity and the prediction of attitude change". Psychological Review, 1955, 62, 42–55.

Paech, Nico (2013): Wege aus der Wachstumsdiktatur. In: Welzer & Wiegandt (2013), 200–219.

Paetsch, Martin (2008): Was ist Intelligenz? In GEO kompakt Nr. 15 – 06/08. https://www.geo.de/magazine/geo-kompakt/7220-rtkl-das-gehirn-was-ist-intelligenz (Stand: 12.04.2023).

Patzelt, Werner J. (2007): Perspektiven einer evolutionstheoretisch inspirierten Politikwissenschaft. In: Ders. (Hrsg.) (2007): Evolutorischer Institutionalismus. Theorie und exemplarische Studien zu Evolution, Institutionalität und Geschichtlichkeit. Ergon Verlag, Würzburg, 183–235.

Patzelt, Werner J. (2013): Einführung in die Politikwissenschaft. Grundriss des Faches und studienbegleitende Orientierung. Wissenschaftsverlag Richard Rothe, Passau.

Pickartz, Elke (2013): Tobins Steuer ist populärer denn je. WirtschaftsWoche Online, 28.07.2013. Handelsblatt GmbH, Düsseldorf. https://www.wiwo.de/politik/konjunktur/geistesblitze-der-oekonomie-iii-tobins-steuer-ist-populaerer-denn-je/8518842-all.html (Stand: 11.12.2022).

Randers, Jørgen (2012): 2052. Der neue Bericht an den Club of Rome. Eine globale Prognose für die nächsten 40 Jahre. Oekom, München.

Riedl, Rupert (1985): Die Spaltung des Weltbildes. Biologische Grundlagen des Erklärens und Verstehens. Berlin/Hamburg.

Saez, Emmanuel; Zucman, Gabriel (2020): Der Triumph der Ungerechtigkeit. Steuern und Ungleichheit im 21. Jahrhundert. Suhrkamp Verlag, Berlin.

Sceptical Science (2021): PLURV Taxonomie und Definitionen. Taxonomie der Merkmale der Wissenschaftsleugnung. https://skepticalscience.com/PLURV-Taxonomie-und-Definitionen.shtml (Stand: 12.04.2023).

Schindler, Eckhard (2020): The Brain is a Suitability Probability Processor. A macro model of our neural control system. Author's Edition.

Schmidt-Bleek, Friedrich (2007): Nutzen wir die Erde richtig? Frankfurt/Main.

Schnaas, Dieter (2013): Krise? Welche Krise? WirtschaftsWoche Online, 13.10.2013 (Teil 2), https://www.wiwo.de/politik/europa/tauchsieder-krise-welche-krise/8887434-all.html. Handelsblatt GmbH, Düsseldorf. (Stand: 31.12.2023; der Teil 1 dieses Artikels vom 6.10.2013 war an diesem Stichtag nicht mehr online).

Schwingel, Markus (2000): Pierre Bourdieu zur Einführung. Junius Verlag, Hamburg.

Sinn, Hans-Werner (2008): Das grüne Paradoxon. Plädoyer für eine illusionsfreie Klimapolitik. Econ, Berlin.

Sommer, Bernd (2013): Entkopplung: Sind stetiges Wirtschaftswachstum und eine nachhaltige Entwicklung vereinbar? In Welzer & Wiegandt (2013), 12–34.

Sony Kapoor (2011): Die Finanzkrise – Ursachen & Lösungen (Originaltitel: „The financial crisis – causes & cures"). Europäisches Gewerkschaftsinstitut, Bertelsmann Stiftung, Friedrich-Ebert-Stiftung, Hans-Böckler-Stiftung. https://www.etui.org/Publications2/Books/The-financial-crisis-causes-cures (Stand: 12.04.2023).

Stangl, Werner (2020). Stichwort: ‚Dunbar-Zahl‘. Online Lexikon für Psychologie und Pädagogik. https://lexikon.stangl.eu/12337/dunbar-zahl (Stand: 12.04.2023).

Thaler, Richard H. (1999): Mental Accounting Matters. Journal of Behavioral Decision Making, 12, 1999, S. 183-206.

Thurich, Eckart (2011): pocket politik. Demokratie in Deutschland. 4. Aufl., Bundeszentrale für politische Bildung, Bonn. https://www.bpb.de/shop/buecher/pocket/34360/politik-demokratie-in-deutschland (Stand: 12.04.2023).

Wagner, Dylan D.; Heatherton, Todd F. (2014): Self-Regulation and Its Failures. In: Gazzanega and Mangun (2014), 709–717.

Welzer, Harald; Wiegandt, Klaus (Hrsg.) (2013): Wege aus der Wachstumsgesellschaft. Forum für Verantwortung. FISCHER Taschenbuch, Frankfurt am Main.

Wenninger, Gerd, Mitherausgeber (2000): Lexikon der Psychologie. Spektrum Akademischer Verlag, Heidelberg. Online verfügbar unter: https://www.spektrum.de/lexikon/psychologie/bandbreite/1907 (Stand: 12.04.2023).

Wiegandt, Klaus (2013): Hindernisse auf dem Weg zu einer nachhaltigen Entwicklung. In: Welzer & Wiegandt (2013), 60–89.

Wirthensohn, Andreas (2011): Es hat gar nicht wehgetan. Sächsische Zeitung, 21.09.2011, S. 8.

Wissenschaftliche Dienste des Deutschen Bundestages (2020): Zu den Begriffen Finanz- und Realwirtschaft. Dokumentation. Wissenschaftliche Dienste; Aktenzeichen WD 5 – 3000 – 003/20; Abschluss der Arbeit: 27.01.2020; Fachbereich: WD 5 Wirtschaft und Verkehr, Ernährung, Landwirtschaft und Verbraucherschutz. Deutscher Bundestag.

Worldwatch Institute (Hrsg.) in Kooperation mit der Heinrich-Böll-Stiftung und Germanwatch (2010): Zur Lage der Welt 2010: Einfach besser leben. Nachhaltigkeit als neuer Lebensstil. München.

Wuppertal Institut für Klima, Umwelt, Energie (2013): In Wiegandt 2013 angegeben als „http://www.mips-online.info", diese Webseite ist jedoch nicht mehr erreichbar.